Das verborgene Wissen
der Welt

W0060493

BASTEI
LÜBBE

ATLANTIS

wird herausgegeben von
Dr. Hans Christian Meiser.

Über den Autor:

Paul G. Zolbrod setzte sich schon 1971/72 auf die Spur der *Navajo legends*. Er erlernte die Sprache, recherchierte in Archiven und Bibliotheken alles, was gedruckt und ungedruckt vorlag, befragte Häuptlinge und Stammesälteste. In 12jähriger Arbeit fügte er die Bruchstücke des »Buches vom Ursprung der Navajo« zusammen. Heute lehrt er als Englischprofessor und Spezialist für die Dichtkunst der Ureinwohner Amerikas am Allegheny College in Meadville, Pennsylvania.

ATLANTIS

Paul G. Zolbrod

Auf dem Weg des Regenbogens

Das Buch vom Ursprung der Navajos (Diné bahane')

Aus dem Amerikanischen von
Jochen Eggert

BASTEI
LÜBBE

BASTEI-LÜBBE-TASCHENBUCH
Band 70144

Erste Auflage: Dezember 1999

Sie finden uns im Internet unter
http://www.luebbe.de

Inhalt

Wie dieses Buch entstand

Meine ursprüngliche Absicht war, eine englische Fassung der Navajo-Schöpfungsmythe als Dokument einer noch bestehenden poetischen Tradition aus vorkolumbischer Zeit vorzulegen. Entstanden ist daraus ein erweitertes – in den Konturen fließendes – Bild der Poesie und Poetik dieses Indianervolkes. Inzwischen erstaunt es mich immer mehr, daß wir uns wie selbstverständlich und so ausschließlich auf niedergeschriebene Texte beziehen. Wissen wir überhaupt mehr über Dichtung, als schon in der »Morgenröte der Zivilisation« bekannt war?

Anfang der sechziger Jahre, ich hatte gerade meine akademische Lehrtätigkeit aufgenommen, begann mich die Frage zu beschäftigen, ob es vielleicht irgendwo noch bedeutende »Vorkommen« von ausschließlich mündlich überlieferter Dichtung gab. Ich arbeitete damals gerade an meiner Doktorarbeit über die Poetik der Renaissance und bezog mich dabei vor allem auf Sir Philip Sidneys *Defence of Poetry* (1890). Bei allem, was Sidney zugunsten der gedruckten Literatur schreibt, räumt er doch ein, daß ihn einmal die Worte einer bestimmten Ballade ganz besonders berührten: »Immer, wenn ich das alte Lied von Percy und Douglas hörte, wurde mein Herz mehr bewegt als von Trompetenklang«, schrieb er, »auch wenn ich es nur von einem Blinden aus dem Straßenpöbel hörte, der es mit rauher Stimme und in rüder Vortragsweise sang. In seinem Gewand aus Staub und Spinnweben derart in jenes unzivilisierte Zeitalter eingebettet, wie könnte es, prunkvoll mit der Sprachgewalt eines Pindar herausgeputzt, noch wirken?«

Diese Passage beeindruckte mich. Ich war am südlichen Stadtrand von Pittsburgh aufgewachsen, wo nachts der Himmel vom Widerschein brennender Schlacke gerötet war. In diesem Arbeiterviertel hatte ich vor Haustüren und auf der Straße einprägsame Geschichten über Leben und Tod in der Alten Welt gehört. Einwanderer und Flüchtlinge, die Englisch nur sprechen, aber noch nicht lesen oder schreiben konnten, legten aus irgendeinem Grund Wert darauf, daß wir Jungen von den früheren Zeiten erfuhren, und sie hatten offenbar etwas an sich, das Eindruck auf uns machte: die Erinnerung an ihre Stimmen und an die Dinge, die sie uns vortrugen, hat mich stets begleitet. Während meines Studiums der Literatur blieb mir, wenn auch nicht immer deutlich, das poetische Element in den Erzählungen bei diesen zwanglosen Zusammenkünften von Jung und Alt gegenwärtig. Doch weder auf dem College noch beim Graduiertenstudium kam ich jemals auf den Gedanken, all das, was ich in den späten Jahren der Weltwirtschaftskrise und in den ersten Jahren des Zweiten Weltkriegs in der Nachbarschaft gehört hatte, mit den Gedichten in Verbindung zu bringen, die ich jetzt in Büchern las.

Dann fiel mir 1967 beim Besuch eines indianischen Museums in Browning, Montana, zufällig ein Buch mit dem Titel *By Cheyenne Campfires* in die Hände: Erzählungen der Cheyenne, die George Bird Grinnell 1928 gesammelt hatte. Beim Lesen entdeckte ich plötzlich meine Neigung, mich mit mündlichen Überlieferungen zu befassen. Meine Dissertation war inzwischen fertig, meinen Titel hatte ich so gut wie in der Tasche. Nichts sprach also dagegen, einmal zu untersuchen, ob es bei den Ureinwohnern Amerikas so etwas wie Dichtung in nennenswertem Umfang gab. Wie ich bald herausfand, war die ernsthafte Erforschung dieser Überlieferungen schon seit über hundert Jahren im Gang, doch die Literaturkritik, zumindest die akademische, hatte diese Tatsache weitgehend ignoriert. Vorurteile aufgrund der jahrhundertelangen Vormachtstellung des gedruckten Wortes in den europäischen Kulturen mögen dazu beigetragen haben, daß diese Arbeiten unbemerkt blieben, und diese Vorurteile sind vielleicht durch rassistische und vulgärdarwinistische Anschauungen noch verstärkt worden. Oder *vice versa*.[1] Aber wo auch immer die Gründe liegen mögen, während meiner formalen Ausbildung bin ich jedenfalls niemandem begegnet, der von der Existenz einer ursprünglichen amerikanischen Dichtung auch nur andeutungsweise gesprochen hätte – und ich vermute, daß ich unter den Studenten der Literaturwissenschaft keine Ausnahme bildete.[2]

Als Professor für englische Literatur bin ich darin geschult, auf ziemlich genau vorgeschriebene Weise mit gedrucktem Material umzugehen. Ohne es selbst zu bemerken, wurde ich dazu ausgebildet, Sprache in erster Linie zu *sehen*, und in den ersten Jahren meiner Lehrtätigkeit brachte ich dies wiederum Studienanfängern bei. Sofern ich im Umgang mit Literatur überhaupt etwas hörte, war das eher eine Begleiterscheinung, das stumme Nachempfinden des Klanges, und nachher gelegentlich ein lautes Lesen. Nichts gab mir den Anstoß, mich einmal bewußt mit der Beziehung zwischen der linearen Form des Gedruckten und der Dynamik von Sprache und Gesang auseinanderzusetzen. Gewiß, eine kursorische Ausbildung in Linguistik gehörte zum obligatorischen Teil meines Studiums, aber das galt damals unter meinen Kollegen als recht entlegenes Anhängsel des »Eigentlichen« – der bedruckten Seite.[3]

Vielleicht war es dieses anerzogene Vorurteil, das mich nach meinem Entschluß, die ursprüngliche Dichtung Amerikas zu erforschen, mit solcher Naivität ans Werk gehen ließ. Ich glaubte nämlich, ich brauchte mir nur irgendwo einen Stamm zu suchen und mich mit seiner Sprache vertraut zu machen, um dann die vergrabenen Elemente einer mündlichen Überlieferung ans Licht zu fördern. Danach brauchte ich dann nur noch die schönsten Dichtungen dieses Stammes zusammenzustellen, zu transkribieren und zu übersetzen. Kinderleicht!

Aber ein Impuls ist noch kein ausführbarer Plan. Zunächst einmal war es gar nicht leicht, Informanten zu finden, zumal ich nicht über das Rüstzeug verfügte wie etwa ein ausgebildeter Ethnologe. Ich mußte auf eigene Faust lernen, daß man nicht einfach in ein indianisches Dorf fährt und irgendjemanden auffordert, etwas zum besten zu geben. Im Sommer 1969 fuhr ich nach New Mexico und dort flußauf, flußab den Rio Grande von Pueblo zu Pueblo entlang, ohne zuvor auch nur mit einem einzigen Ethnographen gesprochen zu haben. Nachdem ich immer wieder abgewiesen worden war, traf ich schließlich Mr. Martin Vigil, der damals der Verwaltung des Tesuque-Pueblo bei Santa Fe vorstand. Als ich ihm erzählte, was ich eigentlich vorgehabt hatte, sah er mich nur ungläubig an: »Haben Sie fünfzig Jahre Zeit? Soviel werden Sie nämlich allein in diesem Dorf hier brauchen.« Er wußte natürlich, wie vielgestaltig die esoterischen Überlieferungen in den verschiedenen Keres- und Tewa-Pueblos des Rio-Grande-Tals sind. Das gleiche ließe sich über jede andere indianische Kultur sagen, doch davon hatte ich damals noch keine Ahnung.

Dennoch fand Mr. Vigil sich bereit, mir ein wenig vom Leben in Tesuque und bei den anderen Gruppen und Stämmen der Gegend zu erzählen – und sei es auch nur, um mir einen Eindruck vom Umfang der vor mir liegenden Arbeit zu geben, falls ich mich wirklich ernsthaft mit indianischer Dichtung befassen wollte. Viele der Pueblo-Gemeinschaften, so berichtete er, hielten in ihren Kivas geheime Zeremonien ab, zu denen Fremde nicht zugelassen wurden. In einigen Dörfern wurde jede Weitergabe der Stammesüberlieferung an Wissenschaftler abgelehnt, während man anderswo wiederum die Erlaubnis für die Niederschrift des Materials verweigerte. Groll gegenüber den Weißen war fast überall verbreitet, und die Sprachen unterschieden sich so stark von einem Dorf zum nächsten, daß die einzelnen Sprachgemeinschaften zu klein waren, als daß man anhand der gesammelten Informationen irgendwelche Generalisierungen hätte wagen können. Vielleicht, so meinte er, sei es klüger, meine Arbeit beim größten Stamm zu beginnen, bei den Navajo, da sie erstens mitteilsamer seien als die eher konservativen Pueblovölker, und ihre Sprache außerdem im gesamten Reservatsgebiet ziemlich einheitlich sei.

Was ich vorhatte, war also durchaus zu bewältigen, wenn auch unter Schwierigkeiten – schwierig zumindest für jemanden wie mich, der keine ethnographische Ausbildung besaß und von Feldforschung keine Ahnung hatte.

Ich fuhr nach Hause zurück und vertiefte mich in vorbereitende Studien. Ich sah mich nach Literatur zum Thema um und bekam Bücher in die Hand, die ich noch nie zuvor gesehen hatte. Das Bureau of American Ethnology fördert beispielsweise seit seiner Gründung vor über eineinhalb Jahrhunderten die Erforschung der indianischen Kulturen Nordamerikas und hat in seinen Bulletins und Berichten zahlreiche Transkriptionen von Gebeten, Liedern und Erzählungen veröffentlicht. Viele dieser Arbeiten sind lineare, wörtliche Übertragungen von Texten, die ursprünglich vielleicht poetischer Art waren. Sie waren kaum jemals als Beitrag zur »literarischen« Entwicklungsgeschichte der indianischen Kultur oder als Versuch über »Poetik der Primitiven« beabsichtigt, ließen aber doch erkennen, daß die amerikanischen Ureinwohner überall in diesem Land Traditionen besaßen, die außerhalb der »zuständigen« akademischen Disziplinen wie Volkskunde, Ethnographie und Linguistik kaum Beachtung fanden. Ich las, soviel ich finden und aufnehmen konnte, und ganz allmählich entwickelte ich ein

Gespür dafür, wie treffend oder mißglückt die bis dahin vorliegenden gedruckten Versionen indianischer »Literatur« waren.[4] Und ich gewann einen Eindruck davon, mit welcher Art von Material ich bei meiner eigenen Arbeit zu rechnen hatte, welche Hürden ein Übersetzer überwinden mußte – einschließlich der Vorstellungen, aufgrund derer es der Literaturwissenschaft kaum möglich war, diese Art von volksliterarischer Überlieferung angemessen zu erfassen.

Schließlich kam ich an den Punkt, wo es notwendig wurde, primäre Quellen ausfindig zu machen oder eine indianische Sprache zumindest so weit zu erlernen, daß ich gedruckt vorliegendes Material eingehender untersuchen konnte. Ich entschloß mich, mein Forschungsjahr 1971/72, in dem ich von Lehrverpflichtungen befreit war, an der University of New Mexico in Albuquerque zu verbringen. Mr. Vigils Rat noch im Ohr, begann ich, Navajo zu studieren, suchte mir Leute, deren Muttersprache es war, und las, was ich in örtlichen Zeitschriften und Archiven dazu finden konnte. Ich entdeckte, daß Washington Matthews (1843-1905) in den letzten beiden Jahrzehnten des vorigen Jahrhunderts wegbereitende Forschungsarbeit bei den Navajo geleistet hatte. Unter seinen Veröffentlichungen befindet sich ein Buch mit dem Titel *Navajo Legends,* das neben zwei kürzeren Erzählungen eine der frühesten Wiedergaben des Navajo-Schöpfungsberichts enthält, den umfassendsten englischen Text dieser Art, den ich bis dahin gefunden hatte. Bis heute gehört er zu den vollständigsten Übertragungen von Schöpfungsberichten aus indianischen Sprachen.

Diese Mythe berichtet vom Aufstieg der insektenartigen *Nílch'i dine'é* oder »Luft-Geist-Leute« aus einer tief in der Erde gelegenen Ur-Sphäre. Sie beschreibt, wie diese Wesen sich allmählich zur Erdoberfläche hinaufarbeiten, wo sie sich zu *Nihookáá' dine'é* oder »Erdoberflächen-Leuten« entwickeln, um schließlich einen Zusammenschluß menschlicher Sippen oder Clane zu bilden, die Vorstufe einer komplexen Gesellschaftsstruktur.

Ähnlich dem Alten Testament verlieren sich die Ursprünge der Geschichte im Dunkel urvordenklicher Zeiten. Für alle, die mit ihr vertraut sind, bedeutet sie etwas Heiliges. Sie ist in ihrer Struktur einheitlicher als die Heilige Schrift und läßt sich in dieser Hinsicht eher mit Hesiods *Theogonie* vergleichen.

Ihr zentrales Thema ist das Erlangen von *hózhó* – ein nicht mit einem Wort übersetzbarer Begriff, den wir in unserer Sprache durch eine Kombination von Worten wie »Schönheit«, »Ausgewogenheit« und »Harmonie« nur annäherungsweise erfassen können. Je komplexer die Menschen in biologischer, psychischer, spiritueller und sozialer Hinsicht werden, desto besser gelingt es ihnen, zum Übernatürlichen und zueinander Beziehungen zu knüpfen und so dem Bösen durch das Gute entgegenzuwirken. Der Angelpunkt für die Bildung dieses verwickelten Beziehungsgeflechts ist die fundamentale Beziehung zwischen dem Männlichen und dem Weiblichen, zuerst repräsentiert durch *Áłtsé hastiin*, den Ersten Mann, und *Áłtsé asdzáá̧*, die Erste Frau, später dann durch *Asdzáá̧ nádleehé*, die Sich Wandelnde Frau, und *Jóhonaa'éí*, die Sonne. Die Unfähigkeit der beiden ersteren, miteinander auszukommen, läßt das Geschlecht der *Naayéé'* oder Ungeheuer entstehen und erzeugt dadurch das Böse. Die Vereinigung des zweiten Paares ist der erste Schritt zur Vernichtung der bösen Ungeheuer. Wirkliche Harmonie kann sich jedoch erst bilden, wenn sich die Beziehung zwischen der Sich Wandelnden Frau und der Sonne zu reifer Ausgewogenheit entwickelt hat, erst dann beginnt die eigentliche Erschaffung des Navajo-Volks. Alles, was im Verlauf dieser Geschichte geschieht, hat direkt oder indirekt mit dem labilen Gleichgewicht zwischen dem Männlichen und dem Weiblichen zu tun.[5]

Im Zyklus dieser Erzählungen wird ein ganz anderes Bild von menschlicher Vielschichtigkeit gezeichnet als in unserer Literatur. Emotionen sind hier so intensiv wie etwa in *Oedipus Rex* oder *Othello*, doch die Motive lassen sich nicht so leicht identifizieren; dennoch zeigen die Protagonisten eine Unverwechselbarkeit, wie sie uns etwa in den Charakteren eines Dickens oder Balzac begegnet. Zwar sind Erster Mann und Erste Frau zunächst praktisch nicht mehr als abstrakte Prototypen des Männlichen und Weiblichen, doch alsbald erkennen wir in ihnen Impulse, die offenbar zum Grundbestand der Beziehung von Ehemann und Ehefrau gehören, einer Verbindung, in der Anziehung und Abstoßung einen Ausgleich suchen. Ihr erster Streit ist zugleich sexueller (verbindender) und egozentrischer (trennender) Natur. Sie wirft ihm vor, daß er das Wild, das er jagt, nur gegen Sex mit ihr teilt; sein Gegenvorwurf lautet, daß er sie bestens versorgt, ohne wirkliche Anerkennung dafür zu finden. In unserer eigenen Literatur wird sich kaum ein einzelner Titel finden lassen, wo Mann und Frau sich genau auf diese Weise – durch Verletztheit und Zorn, Demütigung und Auflehnung, tragische Blindheit verbunden mit geradezu komischem Starrsinn – in die Haare geraten. Ihr Streit erinnert uns an die sexuelle Erpressung in Aristophanes' *Lysistrata*, an die abstoßende Leidenschaftlichkeit in Strindbergs *Der Vater* und die knüppeldicke Ironie in Shaws *Candida*. Die Geschichte vom Ersten Mann und der Ersten Frau wird jedoch mit viel weniger bewußtem Bemühen um künstlerischen Ausdruck erzählt. Die beiden haben zunächst gar nicht vor, einander zu verletzen; vielmehr ist der Zorn, den sie aufeinander haben, eine zerstörerische Folge ihrer Sexualität. Da sie aus Maiskolben hervorgegangen sind, bleiben sie letztlich etwas so Einfaches und Grundlegendes wie keimende Samen. Da sie aber andererseits auch wohlunterschiedene Persönlichkeiten ausbilden, nehmen sie spezifisch menschliche Züge an. Und mit wachsender Erfahrung und Umsicht entwickeln sie sogar gottähnliche Dimensionen: ihre Intelligenz wächst mit ihrer Weisheit; eine Kraft wächst in ihnen, die magisch erscheint, ja, sie erfassen sogar das Schicksal, das der noch unerschaffenen Menschheit bestimmt ist. Die ganze Geschichte spielt sich vor einem Hintergrund ab, bei dem sich das Reale und Erdhafte mit dem Mystischen und Kosmischen verbindet, wo Geister und Menschen auf eine Weise miteinander umgehen, die wir in keinem der uns vertrauten literarischen Werke wiederfinden – außer vielleicht in den homerischen Epen, in Ovids *Metamorphosen* und verwandten Werken. Hier spiegelt sich eine poetische Vielschichtigkeit, die viele von uns wohl überraschen würde, da wir von der tradierten Annahme ausgehen – und darüber kann auch der gegenwärtige Trend einer tiefempfundenen Sympathie für diese Rasse nicht hinwegtäuschen –, daß die Indianer es zu keiner »Hoch«-Kultur gebracht haben.

Die Schöpfungsmythe der Navajo ist kein isoliertes Werk einer Kultur, die ansonsten keine Dichtung vorzuweisen hat. Die Navajo besaßen schon immer eine bewegliche mündliche Überlieferung, und sie hat bis auf den heutigen Tag überlebt. Nur ist es bis heute nicht gelungen, in unserer Sprache ein poetisches Idiom zu entwickeln, das eine angemessene Übertragung dieser Überlieferung erlaubt. Das gilt insbesondere für Matthews' Übertragung, die fast durchweg in normaler, diskursiver Prosasprache abgefaßt ist und in erster Linie den Inhalt der Geschichte und Informationen über Grundanschauungen der Navajo wiedergeben möchte. Aus diesem Text kann man daher nur wenig über die Kunst des mündlichen Geschichtenerzählens in irgendeiner der indianischen Sprachen erfahren.

Wie er sein Material beschaffte, ist mir nie ganz klar geworden, und aufgrund der vorhandenen Dokumente werden wir wahrscheinlich nie erschöpfenden Aufschluß erhalten. Gesichert erscheint jedoch, daß er sein Material – vielleicht über einen Zeitraum von zwölf oder mehr Jahren – nach und nach unter großen Schwierigkeiten zusammentrug. Als er 1880 zum erstenmal in Fort Wingate, New Mexico, eintraf, hatte er bereits eine Monographie über einen anderen Indianerstamm, die Hidatsa, veröffentlicht. Er blieb bis zu seiner Versetzung nach Washington 1884 dort und veröffentlichte in dieser Zeit etliche Artikel über die Kultur der Navajo und seine Erlebnisse bei diesem Volk. Während seiner Stationierung in Washington schrieb er weitere Texte über sie und besuchte immer wieder die Gegend um Fort Wingate, bis er nach Washington zurückgerufen wurde und aus gesundheitlichen Gründen seinen Abschied nahm. Erst danach scheint er mit der eigentlichen Arbeit am Manuskript zu *Navajo Legends* begonnen zu haben.[6]

So kann es durchaus sein, daß das Werk in der Hauptsache aus Notizen erwachsen ist, die er in Gesprächen mit Informanten wie Old Torlino, Jake the Silversmith und Hataalii nez gesammelt hatte – Stammesmitglieder, die er in seinen Jahren bei den Navajo kennengelernt hatte und die er in der Einleitung seines Buches erwähnt. Es kann aber auch sein, daß er sein Manuskript aus dem Gedächtnis niederschrieb, denn im Laufe der Jahre hatte er ein Gespür für die Sprache entwickelt, und die Geschichte war ihm immer vertrauter geworden, je öfter er an den Zeremonien der Navajo teilnahm und auch sonst jede Möglichkeit des Datensammelns nutzte. In Briefen spricht er gelegentlich von Freunden und Bekannten bei den Navajo, mitunter voll schwärmerischer Begeisterung und stets mit einer Achtung, die ihm nur aus einer unvoreingenommenen Beobachtung erwachsen sein kann. Nirgendwo verfällt er jedoch ins Romantisieren, und seine mit größter Akribie erworbenen Kenntnisse des Navajo treten immer deutlicher zutage, wenn man seine Notizen und Briefe in chronologischer Reihenfolge liest. Es ist durchaus denkbar, daß er seine Kenntnisse des Navajo bis zum Ende seines zweiten Dienstaufenthalts in Fort Wingate so weit vertiefte, daß er die Sprache fließend beherrschte, ihre Nuancen, Wortspiele und Eigentümlichkeiten verstand, den charakteristischen Stil ihrer Lieder und Gebete und die Feinheiten des Geschichtenerzählens einzuschätzen wußte. Seine veröffentlichten und unveröffentlichten Schriften lassen eine besondere Beobachtungsgabe für winzige Details erkennen, wie auch seine Briefe von einem guten Gedächtnis zeugen. Was in dem Band von 1897 als »The Navajo Origin Legend« erscheint, ist also vermutlich eine Kompilation aus Aufzeichnungen und Erinnerungen, als zusammenhängender Text angelegt und im Hinblick auf die bewußte oder unbewußte Absicht bearbeitet, einem englischsprechenden Publikum zu demonstrieren, daß die Navajo über eine den Griechen vergleichbare literarische Tradition verfügten.

Dennoch wird Matthews' Version den besonderen poetischen Qualitäten des mündlichen Vortrags dieser Geschichte nicht ganz gerecht. Er war gewiß ein begabter Übersetzer, doch scheint er teilweise das Gehör verloren zu haben, noch bevor er alles aufzeichnen konnte, was er später transkribierte. Dennoch mühte er sich um die Beherrschung einer Sprache mit sehr komplexem Lautbestand, einer holophrastischen (ganze Sätze oder Gedankenkomplexe mit einem Wort ausdrückenden) Sprache mit Zeit- und Modalpartikeln, für die es in keiner der ihm bekannten indoeuropäischen Sprachen eine genaue Entsprechung gab. Außerdem mußte er bei seinen Lernbemühungen ohne die linguistischen Bildungs- und Informationsmöglichkeiten auskommen, die ihm heute zur Verfügung stehen würden.

Wichtiger scheint mir jedoch zu sein, daß auch er – wie wir Heutigen – dazu erzogen worden war, unter Dichtung in erster Linie Gedrucktes zu verstehen. Die Grundeinheit der Prosa ist nach dieser Anschauung der Abschnitt auf der gedruckten Seite, während wir etwas als poetische Dichtung erst dann erkennen, wenn eine besondere Schriftanordnung vorliegt, die auf lyrische Absichten schließen läßt. Auf dieses ungeprüfte Vorurteil konditioniert und fixiert, scheint Matthews den Navajo-Erzählern nicht so aufmerksam zugehört zu haben, wie es nötig gewesen wäre – jedenfalls nicht bei den Erzählungen, die er schließlich als »The Navajo Origin Legend« veröffentlichte. In dieser Hinsicht unterscheidet er sich wahrscheinlich kaum von anderen frühen Ethnographen, die transkribierten und übersetzten. Die Ironie liegt nun darin, daß er die poetischen Züge, die erst im Vortrag einer Geschichte zur Geltung kommen, durchaus erkannte: »... das Original war häufig ausgeschmückt mit den Mitteln der Pantomime und Stimm-Modulation und brachte dadurch weit mehr zum Ausdruck, als es bloße Worte können«, schrieb er in der Einleitung zu *Navajo Legends* (S. 53). Auch ging er mit geradezu dichterischer Sensibilität ans Werk, wenn er Passagen transkribierte und übersetzte, bei denen er eine lyrische Gestaltung für angemessen hielt. Dies geschah jedoch ausschließlich bei Texten, die klar als Gebete oder Lieder zu erkennen waren; bei der Niederschrift von erzählenden Passagen, mochten sie noch so poetisch sein, füllte er die Zeilen stets fortlaufend von Rand zu Rand, ohne auch nur den Versuch zu machen, verborgene poetische Elemente herauszuarbeiten. »Buchstaben können diese improvisierten lautmalerischen Einlagen nicht wiedergeben«, fährt er fort und legt dabei die Barriere frei, die die Fähigkeit zu lesen und zu schreiben zwischen dem gesprochenen und gedruckten Wort errichtet zu haben scheint.

Was er seine Informanten an Erzählungen vortragen hörte, schrieb er also entweder direkt oder später beim Abfassen des Druckmanuskripts als Prosa nieder. Jedenfalls wirkt seine Fassung der Schöpfungsmythe recht kompakt und ganz entschieden unpoetisch. Offenbar war er doch nicht sensibel genug, den Unterschied zwischen dem geschriebenen und dem gesprochenen Wort zu begreifen und glaubte, die Stimme des Erzählers neben dem reinen Wortgehalt des Erzählten vernachlässigen zu können. Dies mag ihm und seinen Zeitgenossen als ausreichend erschienen sein, um den Mitgliedern einer äußerst Schrift-orientierten Kultur zu beweisen, daß die Navajo tatsächlich eine »literarische« Tradition besaßen. Seinem Text fehlen dadurch jedoch wichtige Ausdrucksmittel des mündlichen Vortrags, von denen einige durchaus auch in einer Transkription wiederzugeben sind, etwa die Wiederholung als wichtiges Stilmittel oder auch die lange Pause, der jäh hervorgestoßene Satz, die geflüsterte Aussage, das ganze feinfühlige »Timing«, mit dem ein Geschichtenerzähler seinen Vortrag aufbaut, um eine gewisse Intimität zwischen sich und seiner Zuhörerschaft zu erzeugen.

Alles, was er hörte, teilte Matthews also nur in zwei Kategorien: Prosa oder Lyrik – Zwischenformen gab es für ihn nicht. Er selbst äußert sich in einem Brief bewundernd über die von ihm als lyrisch empfundenen Passagen indianischer Dichtung, und seine Übersetzungen von Gebeten und Liedern können heute noch als einige der besten Beispiele für diese Dichtung bestehen. Er hätte als einer der ersten Euro-Amerikaner jene in den Gebeten, Rezitationsgesängen und Liedern vieler Indianerstämme so häufig vorkommende poetische Technik dokumentieren können, die E. Gummere inzwischen »steigernde Wiederholung« (*incremental repetition*) genannt hat und die Nellie Barnes in ihrer bahnbrechenden Studie über indianische Poetik untersucht.[7] Matthews' Versagen ist nicht ohne Folgen geblieben, denn er übte einen so starken Einfluß auf spätere Übersetzer aus, daß die poetischen Elemente des indianischen Geschichtenerzählens bis in die jüngste Zeit mehr oder weniger unbemerkt blieben.

Ein weiterer Grund läßt Matthews' »Navajo Origin Legend« als eine nur unvollkommene Wiedergabe der Navajo-Schöpfungsmythen erscheinen. Anscheinend hat er nach eigenem Gutdünken Passagen von eindeutig sexuellem Charakter ausgelassen. Da die Sexualität in anderen Versionen, die ich fand, sehr freimütig thematisiert wird, muß man wohl davon ausgehen, daß er solchen Dingen auch begegnet ist. Alle Passagen dieser Art vertiefen das Verständnis für das empfindliche Gleichgewicht zwischen Weiblichem und Männlichem, wie es für die Weltsicht der Navajo so kennzeichnend ist.

Im Navajo-Denken ist die Harmonie der Geschlechter und der Weg zur Verwirklichung und Erhaltung dieser Harmonie von zentraler Bedeutung, denn sie ist der Inbegriff jenes universalen Grundmusters, das die Navajo *hózhó* nennen. *Hózhó* regiert nicht nur die Beziehung der Geschlechter, sondern manifestiert sich direkt oder indirekt in der Harmonie der Beziehungen zwischen allen nur denkbaren Entsprechungen im großen kosmischen Rahmen: Erde und Himmel, Nacht und Tag, Sterbliche und Übernatürliche, Sommer und Winter. Unter den Menschen findet dieses Prinzip seinen wichtigsten Ausdruck in der Beziehung zwischen Mann und Frau: die Geschlechtlichkeit erklärt, weshalb gewisse – auch in Matthews' Version der Schöpfungsmythen enthaltene – Ereignisse eintreten. Sexuelle Verirrungen und andere Störungen in der Beziehung zwischen den Geschlechtern führen andererseits zum Zusammenbruch von *hózhó*, Passagen mit sexueller Thematik sind für das Geschehen stets von großer Bedeutung.

So bekommt zum Beispiel der Streit zwischen dem Ersten Mann und der Ersten Frau, der zu einer zeitweiligen Trennung von Männern und Frauen führt, eine weitere Bedeutungsdimension aus einem an anderer Stelle auftauchenden Fragment, in dem beschrieben wird, wie die Erste Frau die männliche und weibliche Sinnlichkeit erschuf. Sie machte die Sexualität zu etwas Angenehmem und Lustvollem für beide, damit die Partner zusammenhielten. Ob Matthews nun diesen Bericht von der Entstehung des Penis und der Klitoris gekannt hat oder nicht, er taucht in seinem Text jedenfalls nicht auf. Ein anderer Fall: Als *Mą'ii*, der Coyote, das Sich Verwandelnde Bärenmädchen (*Asdzáni shash nádleehé*) zur Frau gewonnen hat, rundet er seinen Erfolg ab, indem er sie mit List zum Beischlaf verführt. Ich las die Verführungsszene in einer unveröffentlichten Version dieser Episode, die Matthews entweder ignorierte oder nie kennengelernt hat.[8] Die Verführung wird hier genau beschrieben; indem sie seinen Penis in sich aufnimmt, geht seine böse Macht auf sie über.

Obgleich also die Sexualität ein wichtiges Motiv der Schöpfungsgeschichte darstellt, hat Matthews dieses Thema offenbar so gut er konnte umgangen. Dadurch zerstörte er einen großen Teil dessen, was er eigentlich bewahren wollte. So verwunderlich uns heute sein Vorgehen erscheinen mag, wir dürfen nicht vergessen, daß er seine Bücher in einer anderen Zeit veröffentlichte: Der viktorianische Geschmack jener Tage hätte an der englischen Version einer indianischen Schöpfungsgeschichte Anstoß genommen, die noch die deftigen sexuellen Passagen des Originals enthielt. Am heutigen Standard gemessen, mag er die Geschichte allzu kleinlich zensiert haben, aber er war gewiß nicht prüder als andere Autoren seiner Zeit.

Bei näherer Betrachtung stellte sich mir seine Fassung also als verstümmelt und unpoetisch dar, doch immerhin befreite sie mich von der kaum zu bewältigenden Aufgabe, bei den Navajo selbst eine eigene vollständige Fassung zu erarbeiten. Ich habe heute den Eindruck, daß das Geschichtenerzählen zwar bei den Navajo noch lebendig ist, aber mir scheint, auch hier fallen mit der Zeit immer mehr Teile des Schöpfungszyklus fort. Ich glaube, niemand könnte heute mehr alle Geschichten zusammentragen, die Matthews damals sammelte. Von den genannten Einschränkungen abgesehen, erschien mir seine Übersetzung genau und vollständig genug, um darauf aufzubauen, anstatt bei Null zu beginnen. Andere Transkriptionen und Übersetzungen, die später veröffentlicht wurden, erlaubten mir, seine Arbeit zu verifizieren und fehlende Teile einzufügen. Zudem fand ich mehrere Navajo-Informanten, die bereit waren, mir zu helfen; sie trugen die ihnen bekannten Teile der Erzählung vor und erklärten Passagen, die mir unverständlich waren. Und ich lernte die Sprache, um ein Gefühl dafür zu bekommen, wie solch eine Darbietung im Original klingt und wirkt.

Auf diese Weise hoffte ich, die Geschichte zu einem Text gestalten zu können, der nicht die Schwächen von Matthews' kompakter Prosa besaß und dem Original gerecht wurde. Als ich aber mit der Sprache genug vertraut war, merkte ich, daß dieses Problem keineswegs leicht zu lösen war. Gewisse Züge des Navajo geben dem Geschichtenerzähler Mittel in die Hand, die im Englischen entweder gar nicht existieren oder unangenehm gestelzt und künstlich klingen, wenn man sie nachzuahmen versucht. Es ist eine holophrastische Sprache mit einem höchst komplizierten Verbsystem, dessen verwickelte Morphologie in krassem Gegensatz zu den relativ einfachen Verbformen des Englischen steht. Grob gesagt, stellt ein Satz im Navajo eine syntaktische Einheit dar, in der sich die substantivischen und bestimmte adjektivische und adverbiale Elemente im Verbteil in der Gestalt einer Verkettung pronominaler Partikel wiederholen und so eine abstrakte Sinneinheit bilden, die eine bestimmte Bewegungskategorie kennzeichnet. Das Navajo eignet sich zudem für bestimmte Arten von Wortspielen und zu Klangfiguren, die wir als Assonanz, Alliteration und Dissonanz bezeichnen können. Es bietet also einen breiten Fächer von Möglichkeiten für Sondereffekte. Jeder Vokal hat ein nasalisiertes Gegenstück, wodurch es beispielsweise möglich ist, Coyotes Stimme durch eine bestimmte Wortanordnung so klingen zu lassen, als spräche er durch die Nase.[9] Komplexe Sätze können ganze Ketten von fast gleichklingenden nebensatzartigen Einschüben haben, so daß beim Sprechen ein Klangbild entsteht, das an musikalische Modulation erinnert.

Diese aufeinanderfolgenden »Nebensätze« unterscheiden sich meist nur durch eine oder zwei Silben, und dies gibt dem Sänger oder Erzähler die Möglichkeit, die Bedeutung bei fast gleichbleibendem Klang von Satz zu Satz leicht zu verändern. Es entsteht eine Sequenz, die man zunächst als variierende Wiederholung auffassen könnte, die sich dann aber selbst wieder zu einem neuen, umfassenden Gesamtsinn zuspitzt. Nun kann der Vortragende dieser systematisch durchkonstruierten Sequenz eine lockerer gefügte Passage folgen lassen, in der er das Gesagte noch einmal anders ausspricht und zugleich einen schroffen klanglichen und syntaktischen Kontrast schafft. Betrachten wir etwa das folgende Chantway-Gebet: [10]

Shikee' sháádiłiił	Meine Füße mache mir gesund
Shijááni sháádiłiił	Meine Beine mache mir gesund
Shats'íís sháádiłiił	Meinen Körper mache mir gesund
Shíni' sháádiłiił	Meinen Geist mache mir gesund
Shiné sháádiłiił	Meine Stimme mache mir gesund
Jíídisdzíí naalíl shá'adilel	Diesen Tag noch nimm deinen Bann fort für mich
Naalíl sha'anéinla'	Dein Bann ist nun fortgenommen für mich

23

Shitsadzhe ts'i'ndinla'	Fort von mir hast du ihn genommen
Nizhágo nastʑíí	Weit fort ist er gegangen
Hozhógo nadedishdááł	Glücklich werde ich genesen.

Die ersten fünf Zeilen stehen durch ihren gleichbleibenden Aufbau in scharfem Kontrast zu den folgenden fünf Zeilen. Inhaltlich drücken jedoch beide Teile den Wunsch nach Genesung aus. Zu beachten ist die Reihenfolge der Aufzählung im ersten Teil von den Füßen über die Beine, den Körper und den Geist bis zur Sprache – denn die Sprache ist für die Navajo das höchste menschliche Vermögen, und die Gesundung gipfelt in der Wiederherstellung dieses Vermögens, womit zugleich der »Bann« gelöst wird.

Dies ist natürlich nur ein kleines Beispiel zur Veranschaulichung; eine systematische und erschöpfende Poetik des Navajo bleibt noch zu entwickeln, doch das ist im Rahmen des vorliegenden Buches nicht möglich.[11] Vielleicht vermittelt aber schon das angeführte Beispiel einen Eindruck von diesem Sinn für Ausgewogenheit, der für die Navajo-Dichtung so kennzeichnend ist. So groß der strukturelle Kontrast zwischen den beiden Fünfergruppen von Zeilen auch sein mag, insgesamt beschreibt diese Passage doch einen vollen Kreis, indem der Sprecher am Schluß auf das zurückkommt, was offensichtlich schon den Anfang und auch den Anlaß des Gebets gebildet hat.

Dieselbe Struktur kommt noch deutlicher in der Anlage der Schöpfungsmythe zum Ausdruck. Der Zyklus beginnt mit der fast graphischen Beschreibung einer Örtlichkeit, an der vier Flüsse von einem zentralen Punkt aus in die vier Himmelsrichtungen auseinanderstreben. Danach erzählt die Geschichte von den Ureinwohnern dieses Gebiets, die untereinander in ständigem Streit lagen, bis die Götter schließlich die Geduld verloren und sie vertrieben. Den letzten Teil bildet jedoch ein Bericht, der in eher lockerem Erzählton die Vereinigung verstreut lebender Gruppen an einer genau festgelegten zentralen Örtlichkeit schildert, wo die Menschen fortan in Eintracht zusammenleben sollten. Insgesamt ist es die ausgewogene Darstellung einer großen Bewegung, die mit dem örtlichen und geistigen Auseinanderstreben anhebt und schließlich in die Wiedervereinigung mündet – ebenso wie das zitierte Gebet die Wiederherstellung der verlorengegangenen Harmonie beschreibt. In beiden Fällen sind Stil und Ausdruckswahl die Mittel, die den Inhalt transportieren. Ganz im Sinne dieser Gesamtstruktur wird in der Schöpfungsmythe innere Bewegung gegen äußere ausgespielt, Komisches mündet in Pathos, Leben und Tod werden gegeneinander abgewogen – und in der Aussöhnung der zunächst aufeinanderprallenden Gegensätze liegt ein Trost, der die Furcht mindert. Am Ende lernen die Menschen, großmütig miteinander umzugehen und in Harmonie zu leben, und gewinnen dadurch das Vertrauen der Übernatürlichen zurück. In jedem Detail spiegelt sich dieser Rhythmus von Ebbe und Flut, und die Navajo-Sprache ist in der Lage, diese zyklische Balance durch die ganze Geschichte hindurch aufrechtzuerhalten; in jeder Abschweifung, ja sogar in jedem einzelnen Satz oder Satzglied zeigt sich dieser planvolle Aufbau, der entweder das Gefühl von Ordnung oder die Illusion der Gegensätzlichkeit erzeugen kann. Einem mündlichen Vortrag dieser Geschichte beizuwohnen, vermittelt gewiß einen ähnlichen Eindruck wie die Betrachtung eines Navajo-Teppichs oder eines ihrer Sandbilder, in denen die dynamische Symmetrie des Navajo-Weltbildes so deutlich zutage tritt.[12]

Als ich diese Zusammenhänge begriffen und genügend Material gesammelt hatte, kehrte ich nach Hause zurück und untersuchte verschiedene Möglichkeiten, Matthews' Texte zu revidieren. Ich hoffte einen Text erarbeiten zu können, der die »immanenten Werte« des Originals »nicht entstellt« (Austin 1931, S. 428). Mein Englisch sollte die sprachliche Parallelstruktur aufweisen, deren sich ein Geschichtenerzähler der Navajo bedient. Ich wollte auch die charakteristische schlichte Diktion wiedergeben, ohne daß die Geschichte den Tonfall eines Kindermärchens annahm, wie es bei der Adaption indianischer Überlieferungen leider nur allzu häufig geschieht. Um die traditionelle Diktion der alten Navajo-Geschichten zu wahren, fand ich es überdies angebracht, mich auch altmodischer Ausdrücke und Wendungen zu bedienen, ohne dem Text dadurch etwas betont Wunderliches zu geben. Ich wußte, daß die rhythmischen Effekte des Originalvortrags im Englischen künstlich klingen würden und daher kaum zu verwirklichen waren, doch wollte ich zumindest das stetige, aber gemächliche Tempo einer solchen mündlichen Darbietung in meinem Text gewahrt wissen. Auf keinen Fall konnte ich etwa eine trockene Prosa zulassen, in der der Klang der menschlichen Stimme gänzlich hinter der mitgeteilten Information verschwindet. Ich wollte sozusagen das *Ohr* des Lesers erreichen; er sollte sich beim Lesen vorstellen können, einem wirklichen Vortrag zu lauschen.

Aber all diesen Absichten schien sich der Gegensatz der Sprachen und Kulturen zunächst in den Weg zu stellen. Dennis Tedlocks Übersetzung von Zuni-Erzählungen (1972 a) half mir ein wenig weiter. Er hatte jahrelang eng mit indianischen Informanten zusammengearbeitet, zahlreiche zeremonielle Darbietungen von Geschichten auf Band aufgenommen und diese Aufzeichnungen dann mit der Hilfe eines Zuni sorgsam erarbeitet. Eine seiner Schlußfolgerungen aus dieser Arbeit lautet, daß sogenannte Prosa »außerhalb der geschriebenen Seite keine reale Existenz besitzt« (S. XIX).[13] Dadurch schärfte er meinen Blick für die Tatsache, daß die Geschichte, die ich nacherzählen wollte, direkt aus der Realität der sprechenden Stimme erwuchs. Er hatte jedoch sein Material bei den Zuni unter ganz anderen Umständen zusammengetragen. Mir würde es aufgrund meines Ausgangsmaterials nicht möglich sein, ähnlich viele Konturen der Navajo-Sprache nachzuzeichnen. Bestenfalls konnte ich eine Art modifizierte Prosa erarbeiten, die einige Züge des ursprünglichen Erzählens noch erkennen ließ. Jedenfalls konnte ich Tedlocks typographische Gestaltung des Textes nicht übernehmen, geschweige denn, mich der Hoffnung hingeben, die syntaktischen Züge des Navajo würden sich im Englischen reproduzieren lassen. Tedlock gab Geschichten wieder, die er tatsächlich auf Zuni gehört hatte, zuerst vor Ort und immer wieder als Bandaufzeichnung; er besaß daher bessere Anhaltspunkte und konnte die typographische Gestaltung gezielt und in manchmal drastischer Weise als Darstellungsmittel verwenden. Zudem übersetzte er kürzere Geschichten. Insgesamt schien sein Stil sich für meinen Zweck nicht zu eignen, also für die Wiedergabe einer langen und inhaltsreichen Geschichte, deren poetische Züge subtiler über einen sehr viel größeren Raum verteilt waren.[14]

Immerhin machte Tedlocks Beispiel mir deutlich, daß die gedruckte Seite sorgfältig gestaltet werden mußte, und so suchte ich mir in der näheren Umgebung Quellen, bei denen ich Anhaltspunkte für meine Arbeit finden konnte. Ich wußte von einem kleinen Seneca-Reservat im ländlichen Teil von New York State, das ich von zu Hause aus in wenigen Stunden erreichen konnte. Einige Jahre lang hielt ich mich dort ziemlich häufig auf und hörte mir die Reden, Gesänge und Geschichten an, die hier noch weitgehend unabhängig von schriftlicher Fixierung kursierten. Hier hatte ich Gelegenheit, Tedlocks Behauptung zu überprüfen, daß eine Prosaniederschrift keine angemessene Wiedergabe einer mündlichen Erzählung sein kann, da sie »ganze Abschnitte gleichmäßig füllt, ohne auch nur einmal Luft zu holen: es gibt darin kein Schweigen« (S. XIX). Ich konnte aus erster Hand verfolgen, welchen Gebrauch die mündliche Darbietung von den melodischen und rhythmischen Möglichkeiten der Sprache macht. Hier erlebte ich, wie ausgiebig die Geschichtenerzähler die Mittel der Stimm-Modulation und Rhythmik nutzen. Wenn sie Sequenzen wiederholen, geschieht das häufig mit einer so ausgefeilten Metrik, daß kein noch so klug konstruiertes Druckbild dieser Darbietung gerecht werden könnte. Ich beobachtete hier auch eine kinetische Dimension der Darbietung, die sich im Druck nicht nachvollziehen läßt – etwa die ausladende Geste oder das plötzliche Erstarren an einem bestimmten Punkt, aber auch der gezielte Augenkontakt, ein Grinsen, mimische Untermalung, ein Absinken der Stimme zu einem Flüstern oder ein plötzlicher Schrei. Noch nie war mir so bewußt geworden, über wieviele wirkungsvolle poetische Mittel der mündliche Vortrag verfügt.

Ich machte mir keinerlei Hoffnung, die kinetische Aktivität eines indianischen Geschichtenerzählers – von seiner Stimmführung ganz zu schweigen – im Druck repräsentieren zu können, doch zumindest wurde mir klar, daß ein übersetzter Text nicht einfach aus vollgedruckten Seiten bestehen konnte. Auf diese Weise schärfte ich meine Wahrnehmung für alle Elemente, die meine Version der Navajo-Schöpfungsmythe enthalten mußte.

Nebenher arbeitete ich außerdem für das Fernsehen an einer historischen Dokumentation mit, die in einer ländlichen Gegend im nordwestlichen Pennsylvania gedreht wurde – ein Projekt, das vier Jahre in Anspruch nahm, während derer ich mich weiterhin um die Revision von Matthews' »Navajo Origin Legend« bemühte. Über zweihundert Stunden auf Video- oder Tonband aufgezeichneter Erzählungen waren durchzugehen, und dazu hörte ich zahllose direkte Augenzeugenberichte – noch einmal etwa zweihundert Stunden. Hier hatte ich Gelegenheit, die subtileren Züge des mündlichen Erzählens auch einmal an englischsprechenden Menschen zu beobachten und mir zu überlegen, wie man sie auf einer gedruckten Seite wiedergeben könnte. Ich bemerkte beispielsweise, daß viele der Interviewten bestimmte Ereignisse gern immer wieder erzählten und dabei, ohne es unbedingt zu bemerken, in eine stilisierte Erzählweise verfielen. Ich beobachtete wiederkehrende formelhafte Ausdrücke, körperliche Bewegungsmuster und den effektvollen Einsatz von Sprechrhythmus und Stimmlage. Bei einer Frau konnten wir anhand der Videoaufzeichnung eine genaue Übereinstimmung der Körperbewegungen mit dem Sprechrhythmus feststellen. Sie war eine besonders gute Erzählerin, und jedesmal, wenn sie zu sprechen begann, sammelten sich die Mitglieder der Produktionscrew um sie. »Ich weiß zwar nicht, was es ist«, sagte einer von ihnen, »aber sie hat irgendwas an sich.« Dieses »Etwas« war, wie ich heute glaube, das mehr oder weniger unbewußte Zusammenspiel einer ganzen Palette von Ausdrucksmöglichkeiten. Diese Ausdrucksmöglichkeiten sind jedoch Komponenten unserer normalen Alltagsgespräche und uns daher so vertraut, daß wir sie kaum noch bemerken – so wie wir auch die poetischen Züge gewöhnlicher Prosa übersehen, weil sie so üblich sind. Vieles von dem, was die Erzählweise dieser Leute so wirkungsvoll machte, ließe sich mit dem entsprechenden Feingefühl auf eine gedruckte Seite übertragen – ebenso wie es einem guten Erzähler mit demselben Feingefühl möglich ist, seinem Vortrag poetische Qualitäten zu verleihen.

All diese Erfahrungen gaben mir die Überzeugung, daß für meinen Text ein Mittelweg notwendig war zwischen Matthews' trockener und kompakter Übersetzung und dem anderen Extrem, wie es in Tedlocks Wiedergabe von

Zuni-Erzählungen zum Ausdruck kommt. Die Abschnitte sollten in der Regel kurz sein, und Zwischenräume sollten daran erinnern, wie wichtig Pausen für das Timing eines Geschichtenerzählers sind. Um die Poesie einer guten mündlichen Darbietung zu erhalten, arbeitete ich behutsam mit der Syntax der einzelnen Sätze und versuchte meiner Prosa jenen Rhythmus zu geben, wie man ihn bei einem guten englischsprechenden Erzähler hört, etwa bei manchen der alten Leute, die ich in Crawford County interviewte. Die Wiederholung, ein wichtiges Stilmittel, war ohne besondere Schwierigkeiten zu übernehmen, und ähnliches gilt auch für andere Stilfiguren wie etwa den Parallelismus. Dieser Mittelweg erschien mir als das beste Verfahren, die charakteristischen Grundzüge des Originals – seine Spannung, Ausgewogenheit und Symmetrie – zu vermitteln und zugleich zu verhindern, daß die englische Fassung allzu sperrig wird. Anstatt mich abzumühen, sämtliche Züge einer Originaldarbietung mit allerlei ausgefallenen Mitteln einzufangen, wollte ich lieber versuchen, die Stimmung des Originals durch Umsetzung bestimmter Elemente in ein einigermaßen umgangssprachliches Englisch zu wahren.

Sechs Jahre lang hatte ich zahllosen mündlichen Erzählungen zugehört und an der Revision der Matthews'schen Fassung gearbeitet, als ich 1979/80 wieder in den Südwesten reiste. Dort fand ich, im Museum of Northern Arizona in Flagstaff deponiert, an die vierzig Manuskripte, die viele meiner Vermutungen bestätigten. Sie waren zu Anfang dieses Jahrhunderts von zwei hervorragenden Ethnographen, Father Bernard Haile und Gladys Reichard, zusammengetragen worden und bestanden in der Hauptsache aus Transkriptionen nach der damaligen Standard-Navajo-Umschrift, ergänzt durch wortwörtliche Übersetzungen besonders alter Geschichten. Einige dieser Manuskripte enthielten Fragmente des Schöpfungszyklus, denen ich noch nirgendwo sonst begegnet war. In manchen fand ich Varianten von Episoden, die ich zum Grundbestand der Geschichte zählte, während andere mit reichhaltigen Ausschmückungen versehen waren.[15]

Reichard und Haile beherrschten beide das Navajo und hatten das Vertrauen von Geschichtenerzählern und Medizinmännern der alten Schule gewonnen. Offenbar hatten sie das Glück, von tatsächlichen mündlichen Darbietungen ausgehen zu können, die in manchen Fällen vielleicht sogar in ihren eigentlichen zeremoniellen Rahmen eingebettet waren. Bei der Transkription ihrer Aufzeichnungen wiederholten sie jedoch Matthews Fehler, jede Seite mit langen, kompakten Abschnitten zu füllen, in denen die poetischen Qualitäten der Erzählung mehr oder weniger untergingen. Immerhin konnte ich an ihren Arbeiten noch ablesen, daß es bei den Navajo tatsächlich einen durchgängigen poetischen Stil des Erzählens gab und daß jeder Erzähler darüber hinaus über ganz eigene, typische Stilmittel verfügte. Alle Informanten beachteten bestimmte syntaktische Konventionen, hoben besondere Details hervor und hielten sich an entscheidenden Stellen mehr oder weniger eng an eine festgelegte Ausdrucksweise. Doch wo der eine sich einer eher formalen archaischen Diktion befleißigte, rezitierte ein anderer in schlichtem, fast umgangssprachlichem Tonfall, und dadurch ergaben sich Unterschiede der Wirkung (wie sie für uns etwa zwischen Emersons Prosa und Poes Versen bestehen mögen). Ein dritter trug fast ausschließlich in Dialogform vor, wobei er die Rollen der einzelnen Charaktere spielte, während ein vierter diskursiv erzählte. Innerhalb des verbindlichen Rahmens von Erzähltechniken gab es für jeden einzelnen Erzähler genügend Raum für die Gestaltung seiner besonderen künstlerischen Identität – so wie das auch für jeden guten Schriftsteller zutrifft.

Darüber hinaus wurde an diesen Manuskripten sehr deutlich, daß die Navajo-Schöpfungsmythen wie die Bibel eigentlich keine einheitliche, fortlaufende Geschichte darstellen, sondern ein uferloses, endlos verzweigtes Gebilde, das nur jeweils bei einer bestimmten Darbietung zu einem besonderen Anlaß etwas fest Umgrenztes wird. Von Mal zu Mal konnte sie sich in Darbietungsweise und Inhalt verändern, je nach der Person des Vortragenden, der Zuhörerschaft, dem besonderen Zusammenspiel aller Umstände und dem jeweiligen zeremoniellen Rahmen, der mit Krankheit, Aufbruch, Rückkehr, Festen oder zahllosen anderen sozialen Anlässen zu tun haben konnte. Je mehr dieser Fragmente ich entdeckte, desto deutlicher wurde mir, daß jeder niedergeschriebene Text notwendigerweise eine mehr oder weniger willkürliche Textauswahl sein würde.[16] Wenn Matthews' Version unvollständig ist, so liegt das daran, daß jede einzelne Darbietung der Geschichte nur eine begrenzte Manifestation einer in ihren Möglichkeiten grenzenlosen Überlieferung sein kann. Die Navajo-Schöpfungsmythe ist die Seele einer Stammesidentität, die unter bestimmten sozialen und zeremoniellen Umständen zu ihrer Gestalt findet. Sie kann ebensowenig in ihrer Gesamtheit niedergeschrieben werden wie die Geschichte des trojanischen Krieges und seiner Folgen oder die gesamte Arthus-Überlieferung in einem erschöpfenden und letztgültigen Werk zu erfassen wären.

Und plötzlich ging mir auf, was für eine ungeheure Aufgabe ich mir da vorgenommen hatte. Wie konnte ich mir die Entscheidung anmaßen, was aufzunehmen und was wegzulassen war? Ich wußte nicht einmal, ob ich jemals eine nennenswerte Anzahl von Navajo dazu bringen konnte, sich über so etwas wie eine »Standardfassung« zu verständigen. Als jemand, der eine Buchveröffentlichung anstrebte, würde ich schließlich doch willkürliche Entscheidungen treffen müssen – womöglich nach Kriterien, die der Darbietung der Geschichte in ihrem natürlichen Rahmen ganz fremd waren. Eine gedruckte Ausgabe würde sich zu der lebendigen Tradition bestenfalls so verhalten wie eine versteinerte Trittspur zu einem wirklichen prähistorischen Riesentier in seiner natürlichen Umgebung.

An vielen Beispielen aus der europäischen Kultur, aber auch aus Indien und dem Fernen Osten ließe sich auch darstellen, daß sich längst nicht alles in unserem Pantheon gedruckter Werke urplötzlich aus der Eingebung eines einzelnen Autors als fertiges Manuskript materialisiert. Oft genug bilden Jahrhunderte der mündlichen Überlieferung eine notwendige Vorstufe: das gesprochene und gesungene Wort – nicht die Schrift – ist der Ursprung der Dichtkunst.

Doch das Verhältnis, in dem mündliche Überlieferungen und niedergeschriebene Texte zueinander stehen, ist komplexer Natur. War ich mir der Tücken dieser Beziehung zu Beginn meiner Arbeit noch nicht restlos bewußt, so wurden sie mir ganz klar, als ich verschiedene Navajo um Mithilfe bat. Die meisten zeigten sich zwar dazu bereit, doch es gab auch einige, bei denen ich mit meiner Idee auf strikte Ablehnung stieß. Wenn diese alte Kultur zum Sterben verurteilt war, so bekam ich mehr als einmal zu hören, dann sollten die überlieferten Geschichten mit ihr sterben. Manche wandten ein, Papier sei ein ungeeignetes Medium für Geschichten, die eigentlich vorgetragen werden müßten; Wörter auf einer Seite seien stumm und leblos. Unter den Stammesmitgliedern aus verschiedenen Teilen des Reservats war keine Einigkeit darüber zu erzielen, welche Teile unbedingt in eine niedergeschriebene Fassung gehörten und welche auszulassen waren. Und dann spürte ich, vor allem unter den traditionellen Navajo, eine generelle Abneigung gegenüber jeder Version, die nicht die Autorität der Medizinmänner widerspiegelte. Häufig genug hörte ich auch eine mißtrauische Ratlosigkeit in der unausgesprochenen Frage mitschwingen, was denn – vor allem für einen Nicht-Navajo – so wichtig daran sein konnte, diese Geschichte aufzuschreiben.

Andere, die vor mir Ähnliches versucht haben, müssen wohl ebenfalls auf diese Vorbehalte gestoßen sein. So können sich also an dieser Grenze von gesprochener und geschriebener Sprache sehr unbequeme Fragen stellen. Wie kommt jemand überhaupt dazu, solch eine Erzählung aufschreiben zu wollen? Ist es ein selbstbezogener künstlerischer Versuch, oder zeigt sich hier lediglich ein gewisser Hang zum Aufzeichnen? Wieviel Eigenes schleicht sich in die Niederschrift des Autors ein? Was verändert sich im einzelnen, wenn die Stimmführung oder Gestik des Geschichtenerzählers durch graphische Symbole ersetzt werden? Welche Veränderungen sind unumgänglich, welche von Absicht geleitet? Wo und in welchem Ausmaß kollidieren die gesellschaftlichen und kulturellen Wertvorstellungen des Vortragenden und seiner Zuhörerschaft mit denen des Aufzeichnenden und *seiner* Zuhörerschaft?

Manch einer wird dagegen einwenden, dies seien müßige akademische Fragen. Was zählt, sei doch schließlich der Text in der Form, in der er überlebt habe, und zum anderen die Fähigkeit des Lesers, in dieser Form einen Zugang zu ihm zu finden.

Dies ist der etablierte Standpunkt, und er mag seine Gültigkeit haben. Mir jedenfalls ist allzu deutlich bewußt geworden, wieviel die Schöpfungsmythe den Menschen bedeutet, deren Leben so tief in der von dieser Erzählung umschriebenen Überlieferung verwurzelt ist.

Ich habe Navajo in derselben Weise über *Asdzą́ą́ nádleehé*, die Sich Wandelnde Frau, oder *Naayéé neizghání*, den Töter Der Ungeheuer, reden hören, wie meine Nachbarn sich über die Figuren einer Seifenoper unterhalten. In einem

34

langen Gespräch erörterte ich einmal mit einem Navajo mittleren Alters das schürzenjägerhafte Verhalten von *Jóhonaa'éí*, der Sonne (die im Englischen und in indianischen Sprachen männlichen Geschlechts ist), und wir kamen dadurch auf das Thema der ehelichen Untreue. Seine sehr entschiedenen Ansichten zu diesem Gegenstand waren deutlich von seinem Verständnis der Schöpfungsmythe geprägt. In mehr als einer Unterredung mit Navajo, die sich noch an den Weltkrieg erinnerten, stellte ich fest, daß sie sich Hitler zu vergegenwärtigen versuchten, indem sie ihn mit dem gefräßigen Ungeheuer *Yé'iitsoh* identifizierten. Immer wieder wird man von Navajo auf Geländeformationen im Reservat hingewiesen, die in den Episoden der Schöpfungsmythe eine Rolle spielen. Das scheint insbesondere für junge Leute zu gelten, die von diesen Dingen ebenso begeistert sind wie meine Kinder von ihrer Lieblingssendung im Fernsehen. »Da ist das getrocknete Blut von Großer Riese«, hörte ich mehr als einmal von zufällig mitfahrenden Navajo, wenn ich mich auf der Überlandstraße 40 zwischen Albuquerque und Gallup oder auf der nicht ausgebauten Straße vom Pueblo Pintado nach Prewitt in New Mexico befand. Und zu diesen Worten pflegte mein Mitfahrer auf die schwarzen Lavaablagerungen in den westlichen Vorbergen des Mount Taylor zu zeigen. Oder wenn man sich auf der U.S. Route 89 von Tuba City nach Flagstaff südlich von Cameron oder Gray Mountain befindet und die San Francisco Peaks immer weiter in die Ferne rücken, so kann man hören: »*Shash*, der Bär, ist irgendwo da oben. Er hat den Kindern der Sich Wandelnden Frau geholfen, von Kalifornien ins Navajoland zu kommen.« Vor allem wenn meine Mitfahrer länger fort gewesen waren, zum Studium oder zur Arbeit in Städten wie Phoenix oder Albuquerque, rutschten sie aufgeregt auf ihrem Sitz hin und her und erzählten etwas zu all den Stellen, die in ihrer Geschichte vorkommen.

Wenn die Navajo zu ihrem Land eine besondere Beziehung haben, so deshalb, weil jedem von ihnen – ob alt oder jung, traditionell oder fortschrittlich – irgendeine Version des Schöpfungszyklus vertraut und unmittelbar gegenwärtig ist.

Unter günstigen Umständen kann es sogar gelingen, einen alten Navajo – vielleicht sogar einen Medizinmann – zu Äußerungen über die zutiefst heilige Dimension der Geschichte zu bewegen. In den siebziger Jahren gab es einen gerichtlichen Streit über die Frage, ob die kommerziellen Skieinrichtungen in den San Francisco Peaks, die bei den Navajo *Dook'o'oosłííd* heißen, erweitert werden dürften. Wie ihre Nachbarn, die Hopi, legten sie Widerspruch ein und beschlossen, sich öffentlich zu der Frage zu erklären. Im Verlauf des Rechtsstreits sammelten Anwälte Aussagen und Erklärungen, darunter auch von einigen Navajo, die, wenn auch ungern, auf ihre Schöpfungsgeschichte verwiesen und geltend machten, manche darin enthaltene Episoden seien ein Beweis dafür, daß jeder weitere Skilift und jeder weitere Quadratmeter Asphalt in der Umgebung der Arizona Snow Bowl eine Entweihung dieses heiligen Geländes darstellen würde.[17]

Neben ihrer ästhetischen Bedeutung, die für Außenstehende nicht leicht zu erkennen ist, hat die Navajo-Schöpfungsmythe also auch eine noch schwerer zu verstehende soziale und religiöse Bedeutung, die mehr wiegt als der künstlerische Wert, den ein akademischer Literaturkritiker einem anerkannten poetischen Werk zuschreiben mag. Manch einer meiner Informanten fand sich nur deshalb schließlich zur Zusammenarbeit bereit, weil zu befürchten war, daß Teile ihrer Geschichte sonst gänzlich verschwinden würden. Dadurch, so glaubten sie, konnte die Gefahr des Untergangs ihrer Kultur verringert werden. Noch heute vermittelt die Erzählung manchen Navajo jenes Identitätsgefühl, das die Alten bewahren möchten. Sie definiert die Beziehungen zwischen allen Mitgliedern der Gemeinschaft und zwischen der Gemeinschaft und dem umgebenden Kosmos. Diese Beziehungen werden von den traditionellen Navajo immer noch als sehr real und sehr wichtig empfunden.

Ich bin bei meinen Forschungen darauf gestoßen, daß bei den Navajo eine direkte Beziehung zwischen ihrer dichterischen Tradition und ihrer alltäglichen Lebensführung besteht. Den Elfenbeinturm, der für unsere Kultur so kennzeichnend ist, gibt es bei den Navajo einfach nicht, und namentlich ihre Dichtung läßt sich weder aus ihrem sozialen Kontext, noch aus ihrer Verankerung in der Ganzheit des Lebens lösen. Im übrigen ist künstlerischer Ausdruck bei den Navajo so innig in sämtliche Lebensvollzüge eingeflochten, daß wir dem häufig völlig verständnislos gegenüberstehen. Poetische Rezitationen sind praktisch allgegenwärtig, sei es beim Bau eines Hauses, bei der Behandlung eines gebrochenen Beins, der Schlichtung eines Streits, dem unwillkommenen Eindringen eines Fremden oder der Bekanntmachung einer Schwangerschaft. Manche alltäglichen Verrichtungen sind ohne diese Begleitung gar nicht möglich.[18]

Bis heute ist also die Schöpfungsgeschichte für viele Navajo das Medium ihrer ethnischen Identität. Sie definiert die Beziehungen zwischen den Einzelnen und zwischen der Gemeinschaft und dem Kosmos. Diese Beziehungen sind für die traditionellen Navajo immer noch sehr real und von größter Bedeutung.[19] Die Dichtung der Navajo verstehen zu wollen, ohne die Details ihrer soziokulturellen Matrix zu berücksichtigen, kommt dem Versuch gleich, das Christentum zu verstehen, ohne die Bibel zu lesen. Das alles hätte mich eigentlich nicht wundern sollen, war es mir doch auch als Student ganz selbstverständlich gewesen, daß ich beim

Studium von Dantes *Divina Commedia* vieles über die florentinische Kultur erfuhr oder bei der Lektüre von Miltons *Paradise Lost* kaum an der Geschichte der protestantischen Bewegung vorbeisehen konnte.

Was mich heute wundert und mit recht gemischten Gefühlen erfüllt, ist der Umstand, daß wir die Spezialisierung in der zweiten Hälfte unseres Jahrhunderts so maßlos weit getrieben haben. Unser akademisches System verstärkt die Isolierungstendenz, die sich allenthalben zeigt, immer weiter, sei es, daß wir Gedichte und andere Kunstwerke außerhalb des Kontexts betrachten, in dem sie entstehen und wirken, oder uns bei naturwissenschaftlichen Experimenten nicht darum kümmern, was aus ihnen wird, wenn die Theorien, zu denen sie gerinnen, schließlich ihren Weg auf den Markt finden. Dieses System droht letztlich, uns voneinander zu isolieren, und vielleicht ist diese Isolierung schon längst in Gang. Vielleicht liegt darin der Grund, weshalb die wichtigen Entdeckungen, die Franz Boas und Washington Matthews um die Jahrhundertwende machten, oder die anregenden Ideen, die später von Paul Radin ausgingen, in der Literaturwissenschaft weitgehend unbemerkt blieben. Mag sein, daß deshalb die poetische Tradition Nordamerikas ziemlich unerforscht blieb, obwohl es zu Beginn dieses Jahrhunderts Versuche gegeben hatte, sie für ein breiteres Publikum zu erschließen. Bis in die jüngste Zeit sind die Ethnographen ihre eigenen Wege gegangen und wir Literaturwissenschaftler die unseren; viele Kunstwerke der indianischen Überlieferung sind aufgrund dieses Umstands in einem kulturellen Vakuum gestrandet.

Das sind einige der Schlußfolgerungen und Fragen, auf die ich stieß, während ich mich um eine dem Original gerecht werdende englische Version der Navajo-Schöpfungsmythe bemühte. Was ganz unbefangen als ein Versuch begonnen hatte, eine mündlich überlieferte Erzählung in angemessener Druckform zu rekonstruieren, erwies sich als ein viel größeres Unternehmen mit einer Fülle unerwarteter Implikationen.

Nun liegt also mein Text vor, ergänzt um einen Anmerkungsteil, in dem ich auf einige der oben aufgeworfenen Fragen näher eingehe, aber auch auf andere, die noch nicht erwähnt wurden, etwa das Alter der Erzählung oder seine mutmaßlichen Ursprünge. Ich hoffe natürlich, daß der Text für sich selbst spricht und auch ohne Erläuterungen eine lohnende literarische Erfahrung ist. Außerdem hoffe ich, daß er einen noch nicht genügend erkannten Bereich amerikanischer Dichtung sichtbar macht. Allen meinen Lesern möchte ich nahelegen, diesen Text als ein Beispiel zu betrachten für all das, was vielleicht noch zu retten oder wiederherzustellen ist, wenn mehr Menschen die mündlichen Überlieferungen auch als dichterische Kunstwerke ernst nehmen. Den Erforschern der uramerikanischen Kulturen präsentiere ich ihn einfach als ein weiteres Dokument, das vielleicht unseren Verständnishorizont erweitert. Und dem Ethnographen empfehle ich ihn als ein zusätzliches Instrument für die Erforschung einer anderen Kultur: es könnte doch sein, daß auch die Dichtung eines bestimmten Volks brauchbare Anhaltspunkte bei der konventionellen Feldarbeit und Datenanalyse gibt.

Ich hoffe jedoch darüber hinaus, daß der Text Dinge berührt und anklingen läßt, die nicht allein Gegenstand irgendeiner der etablierten akademischen Disziplinen sind und nicht nur eines der Wortmedien, etwa den Druck, betreffen. Und da die Dichtung der Navajo ohne Zweifel mit dem Gesamtgefüge ihres Lebens in Beziehung steht, wünsche ich mir, daß die Schöpfungsgeschichte auch als Einführung in die Kultur dieses Volkes gelesen wird. Vielleicht erneuert sie sogar das Interesse an der vielschichtigen Verbundenheit eines bestimmten Kunstwerks mit seiner kulturellen Matrix oder zieht gar die Möglichkeit in Betracht, daß die bedruckte Seite nicht das Kunstwerk ist, sondern nur sein Medium. Dichtung umfaßt weit mehr als gedruckte Werke: in ihr manifestiert sich das Wesen menschlicher Gemeinschaften, ob sie nun eine Schrift besitzen oder nicht. Letztlich hoffe ich also, mit meiner Arbeit einen Anstoß zu geben für eine Zusammenarbeit von Geistes- und Sozialwissenschaftlern bei der Erforschung dieser Möglichkeit.

Zur Aussprache des Navajo

Die folgenden Hinweise verstehen sich als eine stark vereinfachte Anleitung für Leser, die sich erstmals mit dem Klang der hier verwendeten Navajo-Ausdrücke vertraut machen möchten. Detaillierte Anweisungen finden sich in: Goosen; Young und Morgan 1943; Young und Morgan 1980.

1. Das Navajo kennt vier Grundvokale:

   a wie in *Fahrt*
   e wie in *Bett*
   i wie in *Sinn*
   o wie in *Brot*

2. Vokale können kurz oder lang sein; Länge wird durch Verdoppelung angedeutet. Die Länge beeinflußt die Eigenheit der Vokale nicht; nur das lange i wird etwas höher intoniert, wie in *Maschine.*
3. Vokale können auch nasalisiert sein. Dies wird durch einen Haken unter dem betreffenden Vokal angedeutet. Beispiel: *Mą'ii*
4. Das Betonungszeichen über einem Vokal wie in *Tó* oder *dine'é* zeigt eine Tonerhöhung an. Lange und kurze Vokale können gleichermaßen hoch oder tief sein.
5. Folgende Diphtonge sind besonders zu erwähnen:

   ai wie in *Mai*
   ei wie in engl. *May*
   oi wie in engl. *buoy.*

6. Viele Navajo-Konsonanten klingen anders als im Englischen oder Deutschen, aber für den nicht speziell linguistisch interessierten Leser ist die angenäherte Aussprache vollkommen ausreichend. Zwei Besonderheiten kommen jedoch in unserem Alphabet überhaupt nicht vor, der harte Kehlverschlußlaut oder »Knacklaut« (') wie in *Mą'ii* oder *dine'é* und der stimmlose Gleitlaut (*ł*) wie in *Nilch'i*.

I

Aufstieg

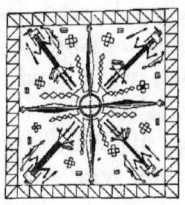

1

Von einer Zeit, lang, lang vorbei, ist dies gesagt.

Es ist gesagt[1], am *Tó bił dahisk'id* Weiß im Osten aufging und Tag wurde genannt. Wir nennen diese Stelle jetzt Ort-wo-die-Wasser-sich-kreuzten.

Blau ging im Süden auf. Auch Blau wurde als Tag ange-sehen, und so regten sich die *Niłch'i dine'é*, die dort schon lebten. In der Sprache derer, die den Namen *Bilagáana* be-kamen, das bedeutet Weißer Mann, würden wir sie Luft-Geist-Leute nennen.[2]

Im Westen ging Gelb auf und zeigte, daß der Abend ge-kommen war. Dann ging im Norden Schwarz auf.[3] Da leg-ten sich die Luft-Geist-Leute hin und schliefen.

Am *Tó bił dahisk'id*, wo die Wasserläufe zusammenkamen, floß Wasser in alle Richtungen. Ein Strom floß nach Osten. Ein Strom floß nach Süden. Ein Strom floß nach Westen. Ein Strom floß nach Norden.[4]

An drei von diesen Strömen gab es Wohnplätze. Es gab Wohnplätze an dem Strom, der ostwärts floß. Es gab Wohn-plätze an dem Strom, der südwärts floß. Es gab Wohnplätze an dem Strom, der westwärts floß. Doch an dem Strom, der nordwärts floß, gab es keine.

Gegen Osten lag ein Ort namens *Dą́ą́*. In der Sprache von *Bilagáana*, dem Weißen Mann, bedeutet dieser Name Nah-rung. Gegen Süden lag ein Ort namens *Nahodoolá*. Niemand weiß, was dieser Name bedeutet. Und gegen Westen lag ein Ort namens *Lók'aatsoh sikaad*. In der Sprache des Weißen Mannes bedeutet dieser Name Stehendes Schilf. Nichts ist über einen Ort im Norden gesagt.

Ebenfalls im Osten gab es einen Ort namens *Ásaa Łą́ą́'íí*, das bedeutet Eine Schüssel. Und ebenfalls im Süden gab es einen Ort namens *Tó hadziłtił*, das bedeutet in der Sprache von *Bilagáana* Eine-große-Menge-Wasser-kommt-heraus. Und ebenfalls im Westen gab es einen Ort namens *Dziłłichíí bee hooghan*. Dieser Name bedeutet Haus aus Rotem Berg. Im Norden gab es keine Orte, die Namen erhalten hatten.

Dann gab es noch im Osten einen Ort namens *Leeyaa hooghan*. In seiner Sprache würde ihm der Weiße Mann den Namen Unterirdisches Haus geben. Und es gab einen weiteren Ort namens *Chiiłchintah* im Süden. In der Sprache, die er spricht, würde der Weiße Mann ihn Inmitten von Aromatischem Sumach nennen. Und es gab im Westen einen weiteren Ort namens *Tsé łichíí' bee hooghan*. In der Sprache seines Volks würde der Weiße Mann ihm den Namen Haus aus Rotem Fels geben. Wir hören von keinen Orten mit Namen im Norden.

In diesen frühen Zeiten wohnten dort dunkle Ameisen. Rote Ameisen wohnten dort. Libellen wohnten dort. Gelbkäfer wohnten dort. Hartkäfer lebten da. Steinträgerkäfer lebten da. Schwarzkäfer lebten da. Coyotemistkäfer lebten da.

Fledermäuse hatten dort ihre Wohnung. Weißgesichtkäfer hatten dort ihre Wohnung. Wanderheuschrecken hatten dort ihre Wohnung. Weiße Heuschrecken hatten dort ihre Wohnung.[5]

Dies sind die zwölf Gruppen, die dort das Leben begannen. Wir nennen sie *Niłch'i dine'é*. In der Sprache von *Bilagáana*, dem Weißen Mann, bedeutet dieser Name Luft-Geist-Leute. Denn diese Leute gleichen nicht den fünffingrigen Erdleuten, die heute auf die Welt kommen, eine Weile auf ihrer Oberfläche leben, in gesegnetem Alter sterben und dann die Welt verlassen. Es sind Leute, die sich durch die Luft bewegen und geschwind wie der Wind fliegen und nirgends wohnen als dort.

Fern im Osten lag ein Meer. Fern im Süden lag ein Meer. Fern im Westen lag ein Meer. Und fern im Norden lag ein Meer.

Im östlichen Meer wohnte *Tééhooltsódii*. Er war Oberhaupt der Leute dort. In der Sprache des Weißen Mannes kann man ihn Der-Dinge-im-Wasser-ergreift nennen. Im südlichen Meer wohnte *Táltl'ááh alééh*. Sein Name bedeutet Blauer Reiher. Im westlichen Meer hatte *Ch'ál* sein Zuhause und war Oberhaupt dieser Leute. In der Sprache des Weißen Mannes würde man ihn Frosch nennen. Und im nördlichen Meer wohnte *Ii'ni'jilgaii*. In der Sprache des Weißen Mannes bedeutet dieser Name Winterdonner. Er war Oberhaupt der Leute, die dort lebten – wer auch immer sie waren –, so ist gesagt.[6]

2

Auch ist gesagt, daß die Luft-Geist-Leute untereinander stritten. Und das kam so: Sie begingen Ehebruch, einer mit dem anderen.[7] Viele Männer waren schuld daran, aber auch viele der Frauen.

Sie versuchten davon zu lassen, aber sie konnten nicht anders.[8]

Tééhooltsódii, Der-Dinge-im-Wasser-ergreift, der Anführer im Osten, beklagte sich mit diesen Worten: »Es gefällt ihnen hier wohl nicht«, sagte er.

Und auch *Táltl'ááh alééh*, der Blaue Reiher, der im Süden Anführer war, beklagte sich: »Was sie tun, ist falsch«, sagte er.

Auch *Ch'ál*, der Frosch, der im Westen Anführer war, beklagte sich. Doch er trug seine Klage direkt zu den Luft-Geist-Leuten und hatte ihnen dies zu sagen:

»Ihr sollt nicht länger willkommen sein, wo ich Oberhaupt bin«, das sagte er.

»Jetzt wißt ihr, was ich von euch halte.«

Und aus seiner Heimat im Norden, wo er Anführer war, sprach auch *Ii'ni'jiłgaii*, der Winterdonner, zu ihnen:

»Hier seid ihr ebenfalls nicht willkommen«, sagte auch er zu ihnen.

»Geht fort aus diesem Land. Verlaßt es auf der Stelle!«

Aber die Leute konnten immer noch nicht davon lassen; einer mit dem anderen begingen sie weiter Ehebruch. Und als sie es wieder taten und daraufhin erneut miteinander in Streit gerieten, mochte *Tééhoołtsódii*, Der-Dinge-im-Wasser-ergreift, nicht länger mit ihnen reden. *Táłtł'ááh alééh*, der Blaue Reiher, mochte nicht länger mit ihnen reden. Auch *Ch'ał*, der Frosch, wollte nichts mehr zu ihnen sagen. Und *Ii'ni'jiłgaii*, der Winterdonner, sprach kein Wort mehr.

Vier Tage und vier Nächte vergingen.

Dann geschah wieder dasselbe. Die im Süden lebten, wiederholten ihre Sünden, die Männer mit den Frauen und die Frauen mit den Männern. Sie begingen Ehebruch. Und wieder stritten sie hernach miteinander.

Eine Frau und ein Mann wollten versuchen, die Sache ins reine zu bringen, und suchten *Tééhoołtsódii* im Osten auf Doch sie wurden weggejagt. Dann gingen sie zu *Táłtł'ááh alééh*, dem Blauen Reiher, im Süden. Doch auch hier wurden sie weggejagt. Nun suchten sie im Westen nach *Ch'ał*, dem Frosch. Aber auch hier wurden sie wieder weggejagt. Zuletzt gingen sie nach Norden, um mit *Ii'ni'jiłgaii*, dem Winterdonner, zu sprechen. Auch er jagte sie fort, brach aber sein Schweigen, um ihnen dies zu sagen:

»Keiner von euch soll hier eintreten«, sagte er zu ihnen.

»Ich will nicht hören, was ihr zu sagen habt.

Geht weg und bleibt nicht mehr stehen!«

In dieser Nacht hielten die Leute im Süden in *Nahodoolá* Rat. Aber sie konnten sich über nichts einig werden. Sie stritten und stritten, bis Weiß im Osten aufging und es wieder Tag war. Da sprach *Tééhooltsódii*, Der-Dinge-im-Wasser-ergreift, zu ihnen:

»Überall in dieser Welt stiftet ihr Unordnung«, sagte er zu ihnen.

»Deshalb wollen wir euch hier nicht haben.

Sucht euch einen anderen Ort zum Leben.«

Aber die Leute gingen nicht sofort. Vier Nächte lang redeten und zankten sich die Frauen, und jede gab der anderen die Schuld für das, was geschehen war. Und vier Nächte lang zankten sich und redeten die Männer. Auch sie machten einander Vorwürfe.

Am Ende der vierten Nacht, als sie ihre Versammlung endlich auflösen wollten, bemerkten sie alle etwas Weißes im Osten. Sie sahen es auch im Süden. Im Westen erschien es ebenfalls. Und auch im Norden erschien es.

Es sah aus wie eine endlose Kette weißer Berge. Zu allen Seiten war es zu sehen. Es umgab sie, und sie bemerkten, daß es schnell näherkam. Es war eine unüberwindlich hohe Wasserwand! Und sie stürzte von allen Seiten auf sie zu, so daß sie weder nach Osten noch nach Westen entkommen konnten; weder nach Süden noch nach Norden konnten sie entkommen.

Da sie sich nirgendwohin mehr wenden konnten, flogen sie auf. In die Lüfte erhoben sie sich. Höher und höher schwangen sie sich, so ist gesagt.

3

Auch ist gesagt, daß sie kreisend hinaufflogen, bis sie die glatte, harte Schale des Himmels erreichten.[9] Als sie nach oben nicht mehr weiterkamen, schauten sie hinab und sahen, daß jetzt alles von Wasser bedeckt war. Nirgends konnten sie landen, weder oben noch unten.

Plötzlich tauchte jemand mit einem blauen Kopf auf und rief ihnen zu:

»Hierher«, rief er.

»Kommt hier entlang.

Hier im Osten ist ein Loch!«

Sie fanden die Öffnung und schlüpften hindurch. Einer nach dem anderen gelangte auf die andere Seite des Himmels. So kam es, daß sie die Oberfläche der zweiten Welt erreichten.

Das blauköpfige Wesen gehörte zu den Schwalbenleuten. Sie waren es, die da oben lebten.

Die erste Welt war rot gewesen. Diese war blau. Die Schwalben wohnten in blauen Häusern, die über eine weite blaue Ebene verstreut lagen. All ihre blauen Häuser waren kegelförmig; sie liefen spitz nach oben zusammen, wo sie ein blaues Einflugloch hatten.

Zunächst versammelten sich die Schwalbenleute um die Neuankömmlinge und betrachteten sie schweigend. Keiner der einen Schar sprach zu einem aus der anderen Schar. Als es schließlich dunkel wurde und die verbannten Luft-Geist-Leute ihr Nachtlager bereiteten, ließen die blauen Schwalbenleute sie allein.

Am Morgen kamen die Insektenleute aus der tieferen Welt überein, daß jemand diese neue Welt erkunden sollte. Sie schickten daher eine einfache Heuschrecke und eine weiße Heuschrecke nach Osten aus und trugen ihnen auf, nach Leuten wie ihresgleichen Ausschau zu halten.

Zwei Tage kamen und vergingen, bis die Heuschrecken zurückkehrten. Sie sagten, sie seien einen ganzen Tag unterwegs gewesen.

Als es dunkelte, waren sie an eine Stelle gekommen, die das Ende der Welt gewesen sein mußte. Sie hatten nämlich den Rand eines großen Felsens erreicht, der sich aus einem tiefen Abgrund erhob, so tief, daß man seinen Grund nicht sah. Weder auf dem Weg dorthin noch auf dem Weg zurück hatten sie Leute oder Pflanzen oder Flüsse oder Berge gesehen. Nichts als kahlen, blauen, ebenen Grund hatten sie vorgefunden.

Danach wurden sie südwärts ausgeschickt, um die Gegend zu erkunden. Wieder kamen und gingen zwei Tage, bevor sie zurückkehrten. Und wieder berichteten sie, daß sie nach einer vollen Tagesreise das Ende der Welt erreicht hatten. Und auch diesmal hatten sie weder auf dem Weg dorthin noch auf dem Weg zurück Leute oder Pflanzen, Berge oder Flüsse finden können.

Sie wurden nach Westen ausgesandt. Danach wurden sie nach Norden ausgesandt. Beide Male blieben sie zwei Tage fort und berichteten anschließend, daß sie nach einer vollen Tagesreise das Ende der Welt erreicht hatten. Sie berichteten, daß sie weder Leute noch Pflanzen, weder Berge noch Flüsse gefunden hatten.

Zu den anderen konnten sie nur eines sagen:

»Es scheint, daß wir uns in der Mitte einer weiten blauen Ebene befinden«, das war alles, was sie sagen konnten.

»Wohin wir uns in dieser Welt auch wendeten, wir fanden weder Gesellschaft noch Nahrung; weder Flüsse noch Berge konnten wir finden.«

Nachdem die Kundschafter von ihrem vierten Ausflug zurückgekehrt waren, besuchten die Schwalbenleute das Lager der Neuankömmlinge. Und sie fragten, weshalb sie Kundschafter nach Osten ausgeschickt hatten.

Da gaben die Insektenleute aus der tieferen Welt dies zur Antwort:

»Wir haben sie geschickt, um herauszufinden, was in diesem Land ist«, erwiderten sie.

»Wir haben sie geschickt, um zu erfahren, ob es hier unseresgleichen gibt.«

Dann fragten die Schwalben:

»Was haben eure Kundschafter euch denn erzählt?«

Worauf die Neuankömmlinge so antworteten:

»Sie sagten uns, sie hätten nach einer vollen Tagesreise das Ende der Welt erreicht«, antworteten sie.

»Sie sagten uns, wohin sie in dieser Welt auch gegangen seien, nirgends hätten sie Leute oder Pflanzen finden können. Weder Flüsse noch Berge fanden sie.«

Darauf fragten die Schwalben die Insektenleute, weshalb sie ihre Kundschafter nach Süden ausgesandt hatten. Und sie erfuhren, daß sie nach Süden ausgesandt wurden, um nachzuschauen, was es im Land gab. Und als die Schwalben fragten, weshalb die Kundschafter nach Westen ausgesandt wurden, sagte man ihnen wiederum, daß die Heuschrecken nachschauen sollten, was in dieser blauen Welt zu finden war. Diese Antwort bekamen sie auch auf die Frage, weshalb die Kundschafter nach Norden ausgesandt worden seien.

Zu all dem hatten die Schwalbenleute nun dies zu sagen:

»Eure Kuriere sprechen die Wahrheit«, sagten sie dann.

»Doch ihre Erkundungsgänge wären nicht nötig gewesen.

Hättet ihr uns gefragt, wie dieses Land beschaffen ist, wir hätten es euch gesagt. Hättet ihr uns gefragt, wo diese Welt endet, wir hätten es euch erzählt.

Wir hätten euch all die Zeit und Mühe ersparen können.

Bevor ihr kamt, hat außer uns nie jemand anderes in dieser Welt gelebt. Wir sind die einzigen, die hier leben.«

Darauf machten die Neuankömmlinge den Schwalben diesen Vorschlag:

»Ihr seid in vielem wie wir«, sagten sie.

»Ihr versteht unsere Sprache.

Wie wir habt ihr Beine; wie wir habt ihr Körper; wie wir habt ihr Flügel; wie wir habt ihr Köpfe. Laßt uns doch Freunde werden!«

Worauf die Schwalben erwiderten:

»Es sei, wie ihr sagt«, erwiderten sie.

»Ihr seid bei uns willkommen.«

So begannen die Angehörigen beider Völker miteinander umzugehen, als seien sie ein Stamm. Sie vermischten sich miteinander und sprachen sich gegenseitig mit Namen an, die man innerhalb der Familie gebraucht. Sie nannten einander Großeltern und Enkel, Bruder und Schwester; sie nannten einander Vater und Sohn, Mutter und Tochter.

Dreiundzwanzig Tage lang lebten sie einträchtig zusammen. Doch in der Nacht zum vierundzwanzigsten Tag nahm sich einer der Fremdlinge zuviel bei der Frau des Schwalbenhäuptlings heraus.

Als der am nächsten Tag erfuhr, was in der Nacht geschehen war, hatte er dies zu den Fremdlingen zu sagen:

»Wir haben euch hier bei uns willkommen geheißen«, das hatte er ihnen zu sagen.

»Wir haben euch wie Freunde, wie unseresgleichen behandelt.

Und so vergeltet ihr unsere Freundlichkeit.

Ohne Zweifel seid ihr wegen solcher Verfehlungen aus der tieferen Welt verjagt worden.

Und darum müßt ihr diese Welt auch verlassen; wir wollen euch hier nicht mehr haben.

Dies ist ohnehin kein gutes Land. Es ist nicht genug Nahrung für uns alle da.

Jeden Tag sterben hier Leute vor Hunger. Selbst wenn wir euch bleiben ließen, könntet ihr hier nicht lange leben.«

Nach diesen Worten des Schwalbenhäuptlings erhoben sich die Heuschrecken in die Lüfte. Alle anderen folgten ihnen. Da sie sich nirgendwohin mehr wenden konnten, flogen sie dem Himmel entgegen.

Höher und höher schwangen sie sich auf. Sie flogen kreisend hinauf, bis sie die glatte, harte Schale des Himmels erreichten, so ist gesagt.

4

Auch ist gesagt, daß dieser Himmel, gleich dem Himmel der tieferen Welt, keine Öffnung zu haben schien. Als die Insektenleute ihn erreichten, flogen sie immer im Kreis herum, weil sie nirgends landen konnten, weder oben noch unten.

Doch während sie kreisten, gewahrten sie ein weißes Gesicht, das sie anstarrte. Es war das Gesicht von *Nilch'i*. In der Sprache von *Bilagáana*, dem Weißen Mann, würde man ihn Wind nennen. Und sie hörten, wie er ihnen zurief:

»Hierher!« rief er.

»Hier im Süden werdet ihr eine Öffnung finden.

Kommt hier entlang.«

So flogen sie südwärts, und bald fanden sie einen Spalt im Himmel, der in südlicher Richtung schräg nach oben führte. Einer nach dem anderen flogen sie hindurch auf die andere Seite. Und so kam es, daß sie die Oberfläche der dritten Welt erreichten.

Die zweite Welt war blau gewesen. Diese war gelb. Hier fanden die Verbannten nur gelbe Grashüpferleute. Sie wohnten in gelben Erdlöchern an den Ufern eines Flusses, der ostwärts durch ihr gelbes Land floß.

Zunächst sagten die gelben Grashüpferleute gar nichts. Sie versammelten sich schweigend um die Neuankömmlinge und starrten sie an. Keiner der einen Schar sprach zu einem aus der anderen Schar. Als es schließlich dunkel wurde und die Leute aus der tieferen Welt ihr Nachtlager bereiteten, ließen die Grashüpfer sie allein.

Am Morgen schickten die Heimatlosen wieder die beiden Heuschrecken aus, die schon die zweite Welt erkundet hatten.

Sie flogen zuerst nach Osten und blieben zwei Tage fort. Dann flogen sie nach Süden und blieben wieder zwei Tage fort. Dann flogen sie nach Westen, und wieder blieben sie zwei Tage fort. Schließlich flogen sie nach Norden und blieben zwei weitere Tage fort. Jedesmal kehrten sie mit derselben Kunde zurück.

Einen ganzen Tag waren sie unterwegs gewesen, bis sie bei Einbruch der Dunkelheit an den Rand eines Abgrunds gelangten, der sich aus ferner, unsichtbarer Tiefe erhob. Und weder auf dem Weg dorthin noch auf dem Weg zurück hatten sie Leute oder Pflanzen, Berge oder Gewässer finden können. Der Fluß, an dessen Ufer die Grashüpferleute wohnten, verlor sich bald nach Osten hin, bis er nur noch eine schmale trockene Rinne war. Sonst gab es in dieser Welt nichts als flaches, gelbes Land zu sehen und die gelben Grashüpfer, die darin lebten.

Als die Kundschafter von ihrem vierten Ausflug zurückkehrten, suchten die beiden großen Häuptlinge der Grashüpferleute die Neuankömmlinge auf und fragten, warum sie Kundschafter nach Osten und Süden, nach Westen und Norden hatten fliegen lassen.

Darauf erwiderten die Insektenleute aus der tieferen Welt:

»Wir haben sie geschickt, damit sie schauen, was in diesem Land ist«, erwiderten sie.

»Sie sollten nachsehen, ob es hier vielleicht unseresgleichen gibt.«

Da fragten die Grashüpferhäuptlinge:

»Und was fanden sie?« fragten sie.

Worauf die Neuankömmlinge antworteten:

»Sie fanden nichts als kahles Land«, antworteten sie.

»Sie fanden nichts als die Klippen am Rand dieser Welt.

Sie fanden keine Pflanzen und keine Leute, keine Berge und keine Flüsse.

Selbst der Fluß, an dessen Ufern eure Leute hier in der Mitte dieser Welt leben, verliert sich bald und ist dann nur noch eine schmale, trockene Rinne.«

Die Grashüpferhäuptlinge erwiderten:

»Ihr hättet uns ruhig fragen können, was es in diesem Land gibt«, erwiderten sie.

»Wir hätten euren Kundschaftern all die Mühe ersparen können.

Wir hätten euch sagen können, daß es in diesem Land nichts anderes gibt, als was ihr hier sehen könnt.

Wir leben hier schon lange Zeit, doch auch wir sahen nie etwas anderes, als was ihr jetzt seht. Und bevor ihr kamt, haben wir nie andere Leute gesehen.«

Nun sprachen die Insektenleute aus der tieferen Welt mit den Grashüpferhäuptlingen so, wie sie schon mit den Schwalbenleuten der zweiten Welt gesprochen hatten, und dies sagten sie ihnen:

»Uns will scheinen, daß ihr in vielem wie wir seid«, sagten sie.

»Wie wir habt ihr Köpfe. Wie wir habt ihr Flügel. Wie wir habt ihr Körper. Wie wir habt ihr Beine.

Ihr sprecht sogar wie wir.

Vielleicht können wir uns euch anschließen.«

Die Grashüpfer willigten ein, und alsbald vermischten sich die beiden Gruppen. Sie fielen sich in die Arme, und es dauerte nicht lange, bis sie untereinander die Verwandtschaftsbezeichnungen gebrauchten. Sie nannten einander

Mutter und Tochter, Vater und Sohn, Bruder und Schwester, Großeltern und Enkel. Es war, als seien sie alle vom selben Stamm.

Wie zuvor ging dreiundzwanzig Tage lang alles gut. Doch wie zuvor tat einer der Neuankömmlinge dem Grashüpferhäuptling in der vierundzwanzigsten Nacht das gleiche an, was schon dem Schwalbenhäuptling in der zweiten Welt geschehen war.

Als der Grashüpferhäuptling entdeckte, wie man ihn hintergangen hatte, sprach er dies zu den Insektenleuten:

»Ohne Zweifel seid ihr wegen solcher Fehltritte aus der tieferen Welt verjagt worden!« sprach er.

»Ohne Zweifel verbreitet ihr Unordnung, wo immer ihr hingeht.

Ohne Zweifel mangelt es euch an Klugheit.

Nun, auch hier sollt ihr nicht länger von unserem Wasser trinken. Auch hier sollt ihr nicht länger unsere Nahrung essen. Auch hier sollt ihr nicht länger unsere Luft atmen.

Fort mit euch!«

Und so erhoben die Insektenleute sich wieder in die Luft. In Kreisen stiegen sie auf in den Himmel, bis sie seine glatte, harte Außenschale erreichten, so ist gesagt.[10]

5

Auch ist gesagt, daß sie wieder eine ganze Weile kreisen mußten und vergeblich nach einem Ausweg durch den Himmel suchten. Endlich hörten sie eine Stimme, die ihnen nach Westen zu fliegen und dort zu suchen gebot. Und sie gewahrten einen roten Kopf, der sie anstarrte. Die Stimme, die sie hörten, und der Kopf, den sie sahen, gehörten *Nítch'i łichíí'*. In der Sprache von *Bilagáana*, dem Weißen Mann, würde er den Namen Roter Wind tragen.

Als sie taten, wie ihnen geheißen wurde, fanden sie einen Durchschlupf, der sich wie eine Ranke durch die Himmelsschale wand. Der Wind hatte ihn so gemacht. Sie flogen durch diesen Wendelgang zur anderen Seite hinauf. Und so kam es, daß sie die Oberfläche der vierten Welt erreichten.

Vier der Grashüpfer waren mit ihnen gekommen. Einer war weiß. Einer war blau. Einer war gelb. Einer war schwarz. Bis auf den heutigen Tag leben Grashüpfer dieser vier Farben unter uns.

Die Oberfläche der vierten Welt war anders als die der tieferen Welten. Sie war nämlich eine Mischung aus Schwarz und Weiß. Der Himmel darüber war abwechselnd weiß, blau, gelb und schwarz, genau wie in den unteren Welten. Doch hier waren die Farben von anderer Dauer.

In der ersten Welt hatten alle Farben jeden Tag ungefähr gleich lange angedauert. In der zweiten Welt dauerten Blau und Schwarz ein klein wenig länger als Weiß und Gelb. Doch hier in der vierten Welt erschienen Weiß und Gelb kaum noch, so lange blieben Blau und Schwarz am Himmel. Noch gab es keine Sonne und keinen Mond; noch gab es keine Sterne.

Als die aus den tieferen Welten Verbannten an die Oberfläche der vierten Welt gelangten, sahen sie nichts Lebendiges. Sie gewahrten jedoch vier hohe, schneebedeckte Gipfel ringsum am Horizont. Ein Gipfel lag im Osten. Ein Gipfel lag im Süden. Ebenso lag ein Gipfel im Westen. Und im Norden lag ein Gipfel.

Die Insektenleute sandten zwei Kundschafter nach Osten, und sie kehrten nach zwei Tagen zurück. Die beiden sagten, sie hätten den östlichen Gipfel auch nach einem ganzen Tagesflug nicht erreichen können. Und obgleich sie wahrlich weit gekommen waren, hatten sie kein einziges Lebewesen erspäht. Weder Spur noch Pfad waren da zu sehen; kein Lebenszeichen war zu entdecken.

Darauf wurden zwei Kundschafter nach Süden gesandt. Und als diese beiden nach zwei vollen Tagen zurückkehrten, berichteten sie, nach einem ganzen Tagesflug hätten sie einen niedrigen Gebirgszug diesseits des hohen Gipfels im Süden erreichen können.

Auch sie waren sehr weit geflogen. Sie hatten keine Lebewesen gesehen. Sie fanden jedoch zwei verschiedene Arten von Spuren, dergleichen sie noch nie gesehen hatten. Sie beschrieben sie genau, und nach dieser Beschreibung schienen sie jenen Spuren zu ähneln, die heute von Hirschen und Truthähnen gemacht werden.

Als nächstes wurden zwei Kundschafter nach Westen gesandt. Nach zwei vollen Tagen kehrten sie zurück und berichteten, sie hätten den Gipfel im Westen auf keinerlei Weise erreichen können, wie schnell und wie weit sie auch an einem Tag fliegen mochten. Weder auf dem Weg dorthin noch auf dem Weg zurück hatten sie irgendein Lebewesen sehen können. Nicht ein einziges Lebenszeichen fanden sie.

Zuletzt wurden zwei Kundschafter in das nördlich gelegene Land geschickt. Diese hatten nun bei ihrer Rückkehr etwas anderes zu erzählen. Sie berichteten nämlich, daß sie eine fremde, nie gesehene Rasse gefunden hatten. Es waren Leute, die ihr Haar vorn gerade abschnitten. Sie lebten in Häusern, die auf der Erde standen. Sie bearbeiteten den Boden, so daß etwas darauf wachsen konnte. Sie waren gerade dabei zu ernten, was sie gepflanzt hatten, und die Kuriere hatten bei ihnen zu essen bekommen.[11]

Nun wußten die Neuankömmlinge, daß die vierte Welt größer war als jede der tieferen.

Gleich am nächsten Tag kamen zwei Angehörige der neu entdeckten Bewohner ins Lager der Verbannten. Sie nannten sich *Kiis'áanii*, und das bedeutet in der Sprache von *Bilagáana*, dem Weißen Mann, Leute,-die-in-aufrechten-Häusern-wohnen. Sie wollten die Verbannten einladen, ihr Dorf zu besuchen.

Unterwegs kamen sie an einen Bach, der rot war. Die *Kiis'áanii* warnten ihre Gäste vor dem Wasser. Sie sollten nicht hindurchwaten, weil es ihre Füße verletzen würde.

Dafür zeigten sie den Insektenleuten ein Floß aus vier Stämmen. Ein Stamm war von einer Weißkiefer. Ein Stamm war von einer Blaufichte. Ein Stamm war von einer Gelbkiefer. Und ein Stamm war von einer Schwarzfichte. Auf diesem Floß setzten sie alle ans andere Ufer über, wo die Leute, die aus der dritten Welt gekommen waren, die Häuser der Leute besuchten, die hier in der vierten Welt wohnten.

Die Verbannten bekamen Mais und Kürbis zu essen. Und ihre neuen Freunde luden sie ein zu bleiben. Und wirklich blieben sie eine lange Zeit im Dorf der aufrechten Häuser. Sie lebten gut von dem, was die *Kiis'áanii* ihnen zu essen gaben. Bald lebten sie alle zusammen wie ein einziger Stamm. Und sie alle sprachen einander mit Namen an, die man innerhalb der Familie gebraucht. Sie nannten einander Vater und Sohn, Mutter und Tochter, Großeltern und Enkel, Bruder und Schwester.

Das Land der *Kiis'áanii* war ein trockenes Land. Es gab hier weder Regen noch Schnee, und Wasser war nur ganz wenig zu finden.

Doch die Leute, die hier schon gewohnt hatten, wußten, wie man das Land bewässert, damit etwas auf ihm gedeihen kann, und sie zeigten den Neulingen, wie man es macht.

Dreiundzwanzig Tage kamen und gingen, dreiundzwanzig Nächte verstrichen, und alles war gut. In der vierundzwanzigsten Nacht hielten die Verbannten eine Ratsversammlung ab. Sie sprachen in aller Ruhe miteinander und kamen überein, sich zu bessern und nichts Unkluges mehr zu tun, das nur Unordnung stiften würde.

Dies war eine gute Welt, und die umherziehenden Insektenleute wollten gern bleiben, so ist gesagt.

6

Auch ist gesagt, daß die Neuankömmlinge im Spätherbst jenes Jahres eine ferne Stimme hörten, die ihnen weit von Osten her etwas zurief.

Sie lauschten und warteten, lauschten und warteten. Bald hörten sie die Stimme wieder, diesmal war sie aber näher und lauter. Wieder lauschten und warteten sie, lauschten und warteten, bis sie die Stimme ein drittes Mal hörten, noch viel näher, noch viel lauter.

Als sie weiter lauschten, hörten sie abermals die Stimme, jetzt noch lauter als beim letzten Mal und so nah, daß sie mitten unter ihnen zu sein schien.

Im nächsten Augenblick standen sie vier geheimnisvollen Wesen gegenüber. Solchen Geschöpfen waren sie noch niemals irgendwo begegnet. Es waren nämlich jene, die dereinst als die *Haashch'ééh dine'é* bekannt sein würden.[12]

In der Sprache von *Bilagáana*, dem Weißen Mann, bedeutet dieser Name Heilige Leute. Denn es sind andere Leute als die Erdoberflächenleute, die heute auf die Welt kommen, ein Weilchen auf ihr leben, in gesegnetem Alter sterben und dann weiterziehen. Es sind mit Geist begabte Leute, die Wunder wirken können. Sie kennen nicht die Leiden des Sterblichseins. Diese Leute können große Entfernungen überwinden, indem sie dem Pfad des Regenbogens folgen. Und sie überwinden die Entfernung im Nu, wenn sie dem Pfad des Sonnenstrahls folgen. Die Winde und Blitzstrahlen machen sie sich dienstbar; auf diese Weise üben sie die Herrschaft über die Welt aus, wenn sie es wollen.

Die Leute, die auf der Oberfläche der vierten Welt lebten, erblickten *Bits'íís łigaii*, dessen Name Weißer Körper bedeutet. Er wird von den Navajoleuten, die in unserer eigenen Welt leben, *Haashch'éélti'í* genannt, und in der heutigen Sprache bedeutet das Sprechender Gott.

Und sie erblickten *Bits'íís dootł'izh*. Dieser Name bedeutet Blauer Körper. Ihn würden die Navajo-Leute unserer eigenen Welt später einmal *Tó neinilí* nennen, und das bedeutet Wassersprenger.

Und sie erblickten *Bits'íís łitsoii*, den Gelben Körper. Er wird von den Navajo-Leuten jetzt *Hashch'éoghan* genannt. Niemand weiß mehr genau, was dieser Name in der heutigen Sprache bedeutet. Manche sagen, es bedeute Rufender Gott; manche sagen, es bedeute Hausgott; manche sagen, es bedeute Grollender Gott.

Und sie erblickten *Bits'íís łizhin*. In der Sprache des Weißen Mannes bedeutet dieser Name Schwarzer Körper. Er ist unter den Navajo dieser Welt als *Haashch'éézhzhiní* bekannt, was Schwarzer Gott bedeutet. Manchmal wird er auch Feuergott genannt.

Ohne zu sprechen, machten die Heiligen Leute den dort Versammelten Zeichen, als wollten sie ihnen etwas auftragen. Doch die Verbannten konnten diese Gesten nicht deuten. Hilflos standen sie da und schauten zu.

Als die Götter sich entfernt hatten, sprachen die Leute den Rest des Tages und die ganze Nacht über diesen geheimnisvollen Besuch und versuchten zu ergründen, was er bedeuten mochte.

Die Götter aber wiederholten ihren Besuch an vier aufeinanderfolgenden Tagen. Doch am vierten Tag, als die drei anderen wieder gingen, blieb *Bits'íís łizhin*, der Schwarze Körper, zurück. Und als er mit den Umstehenden allein war, redete er in ihrer eigenen Sprache mit ihnen. Dies sagte er:

»Ihr scheint die Heiligen Leute nicht zu verstehen«, sagte er.

»Ich werde euch also erklären, was sie euch mitteilen wollen.

Sie wollen, daß in dieser Welt mehr Leute erschaffen werden. Aber sie wollen geistbegabte Leute, nach ihrer Art geschaffen, nicht nach eurer.

Gewiß, ihr habt Körper wie sie.

Aber ihr habt die Zähne von Tieren! Ihr habt die Mäuler von Tieren! Ihr habt die Füße von Tieren! Ihr habt die Klauen von Tieren!

Die neuen Geschöpfe sollen Hände wie unsere haben. Sie sollen Füße wie unsere haben. Sie sollen Münder und Zähne wie unsere haben. Sie müssen lernen vorauszudenken, wie wir es tun.

Und außerdem seid ihr unsauber.

Ihr riecht schlecht.

Ihr habt also den Auftrag, euch zu säubern, bevor wir in zwölf Tagen wiederkommen.«

Dies sagte *Bits'íís łizhin*, der Schwarze Körper, zu den Insektenleuten, die von der ersten Welt zur zweiten, von der zweiten Welt zur dritten und von der dritten Welt zur vierten aufgestiegen waren, wo sie jetzt lebten.

Gehorsam badeten die Leute am Morgen des zwölften Tages mit aller Sorgfalt. Die Frauen trockneten sich mit gelbem Maismehl. Die Männer trockneten sich mit weißem Maismehl.

Bald nach dem Bad hörten sie wieder die ferne Stimme von weither aus dem Osten.

Sie lauschten und warteten wie zuvor, lauschten und warteten. Bald darauf hörten sie die Stimme wieder, diesmal war sie näher und lauter. Weiter lauschten sie und warteten, lauschten und warteten, bis sie wiederum ein drittes Mal die Stimme hörten, noch viel näher, noch viel lauter.

Als sie weiter lauschten, hörten sie abermals die Stimme, noch lauter als beim letzten Mal und so nah, daß sie wieder mitten unter ihnen zu sein schien. Und wie zuvor standen sie denselben vier *Haashch'ééh dine'é* oder Heiligen Leuten gegenüber, wie *Bilagáana*, der Weiße Mann, sie vielleicht nennen würde.

Bits'íís dootł'izh, der Blaue Körper, und *Bits'íís łizhin*, der Schwarze Körper, trugen jeder ein heiliges Hirschfell.[13] *Bits'íís łigaii*, der Weiße Körper, trug zwei Maiskolben.

Ein Maiskolben war gelb. Der andere Maiskolben war weiß. Beide Kolben waren am Ende ganz mit Körnern bedeckt, so wie die heiligen Maiskolben in unserer jetzigen Welt.

Schweigend legten die Götter nun ein Hirschfell auf die Erde, wobei sie darauf achteten, daß der Kopf nach Westen zeigte. Auf dieses Fell legten sie die beiden Maiskolben, auch hier sorgsam darauf achtend, daß die Spitzen nach Osten wiesen. Darüber breiteten sie das andere Fell, dessen Kopf nach Osten zeigte.

Unter den weißen Kolben steckten sie die Feder eines weißen Adlers. Und unter den gelben Kolben steckten sie die Feder eines gelben Adlers.

Dann hießen sie die zuschauenden Leute, sich in einiger Entfernung hinzustellen.

Damit der Wind eindringen konnte.

Dann fuhr von Osten her *Nilch'i łigai*, der Weiße Wind, zwischen die Hirschfelle. Und als er blies, kam jeder der Heiligen Leute herbei und umschritt viermal die Dinge, die sie dort so sorgsam hingelegt hatten.

Und während sie schritten, regten sich sacht die Adlerfedern, deren Spitzen zwischen den Fellen hervorschauten.

Ganz sacht.

Nur die genau hinschauten, bemerkten es.

Und als die Heiligen Leute die Felle viermal umrundet hatten, hoben sie das obere Fell.

Und siehe da! Die Maiskolben waren verschwunden.

An ihrer Stelle lag da ein Mann, und es lag da eine Frau.[14]

Der weiße und der gelbe Maiskolben waren in unsere frühesten Vorfahren verwandelt worden.

Der Wind hatte ihnen Leben gegeben, eben jener Wind, der uns auch den Atem gibt, wenn wir unseren täglichen Verrichtungen hier in dieser Welt nachgehen.

Wenn dieser Wind in uns erstirbt, verlieren wir die Sprache. Dann sterben wir.

In der Haut unserer Fingerkuppen sehen wir die Spuren dieses lebenspendenden Windes.

Betrachtet eure Fingerkuppen genau.

Da werdet ihr sehen, wie der Wind wehte, als er eure frühesten Vorfahren aus zwei Maiskolben erschuf, so ist gesagt.[15]

7

Auch ist gesagt, die beiden so erschaffenen Leute seien *Áłtsé hastiin* und *Áłtsé asdzą́ą́* gewesen. In der Sprache von *Bilagáana*, dem Weißen Mann, würde man sie Erster Mann und Erste Frau nennen.

Die Götter trugen den Leuten auf, dem Paar ein Obdach aus Reisigholz zu bauen. Sobald es fertig war, betraten *Áłtsé hastiin*, der Erste Mann, und *Áłtsé asdzą́ą́*, die Erste Frau, ihr Heim. Und die Heiligen Leute hatten ihnen dies zu sagen:

»Lebt hier zusammen«, sagten sie zu ihnen.

»Wohnt hier als Mann und Frau.«

Nach vier Tagen gebar *Áłtsé asdzą́ą́*, die Erste Frau, Zwillinge.[16] Doch sie waren weder ganz männlich noch ganz weiblich. Sie waren, was man bei den Navajo-Leuten *nádleeh* nennt; in der Sprache von *Bilagáana* würden sie Hermaphroditen heißen.

Vier Tage darauf wurden wieder Zwillinge geboren. Diesmal war jedoch eines der Kinder ganz männlich und das andere ganz weiblich. Diese beiden reiften in weiteren vier Tagen gänzlich heran und lebten fortan als Mann und Frau miteinander.

Wieder vergingen vier Tage, und *Áłtsé asdzą́ą́*, die Erste Frau, gebar abermals Zwillinge. Wie die beiden vor ihnen waren sie ganz männlich und ganz weiblich. Auch sie reiften in vier Tagen heran und beschlossen, als Mann und Frau zusammenzuleben.

Noch zweimal gebar *Áłtsé asdzą́ą́*, die Erste Frau, Zwillinge, und zusammen hatten nun sie und *Áłtsé hastiin*, der Erste Mann, fünf Zwillingspaare. Unter diesen fünf Paaren waren nur die ersten beiden weder ganz männlich noch ganz weiblich. Und nur diese beiden lebten nicht als Mann und Frau zusammen, nachdem sie in vier Tagen ganz herangereift waren.

Vier Tage nachdem das letzte Zwillingspaar geboren war, kamen die *Haashch'ééh dine'é*, die Heiligen Leute, wieder. Sie nahmen *Áłtsé asdzą́ą́*, die Erste Frau, und *Áłtsé hastiin*, den Ersten Mann, mit zu ihrem eigenen Wohnort auf dem östlichen Berg und behielten sie dort vier Tage lang bei sich. Dann brachten sie das Paar in das Reisigobdach zurück, das sein Zuhause war. Nacheinander nahmen die Heiligen Leute auch die Zwillingspaare zu ihrem Wohnort auf dem östlichen Berg mit und behielten sie dort vier Tage lang.[17]

Bald nachdem *Áłtsé hastiin* und *Áłtsé asdzą́ą́* und nach ihnen alle ihre Kinder beim östlichen Berg gewesen und zurückgekehrt waren, bemerkte man, daß sie hin und wieder Masken trugen, ähnlich den Masken, wie sie *Haashch'ééłti'í*, der Sprechende Gott, trug, aber auch *Haashch'éoghan*, der manchmal Hausgott genannt wird, manchmal auch Rufender Gott oder Grollender Gott.

Wann immer diese Masken getragen wurden, beteten die sie trugen für die guten, die notwendigen Dinge. Sie beteten für Dinge wie stetigen Regen und reiche Ernte.

Diese Leute scheinen jedoch bei ihren Reisen zum östlichen Berg auch in furchtbare Geheimnisse eingeweiht worden zu sein. Hexen besitzen ja auch solche Masken, und auch sie heiraten ihre nahen Verwandten.

Was aber die vier Geschwisterpaare angeht, die als Mann und Frau zusammengelebt hatten, so trennten sie sich, als sie vom Ostberg zurückkehrten. Anscheinend schämten sie sich jetzt ihres Inzests.

Sie hielten ihre schändlichen Ehen jedoch geheim und gingen neue Ehen ein. Die Brüder heirateten Frauen von den *Hadahoniye' dine'é* oder Trugbildleuten, wie man sie heute nennen würde. Und die Schwestern heirateten Männer dieses Volks. Sie beschlossen, die Dinge, in die man sie auf dem Ostberg eingeweiht hatte, geheimzuhalten.

Áłtsé asdzą́ą́, die Erste Frau, war froh, daß ihre Kinder *Hadahoniye' dine'é* oder Trugbildleute geheiratet hatten. jetzt würde der Inzest endlich aufhören. Sie war aber doch bekümmert darüber, wie leicht die Kinder ihre ersten Ehen, mochten sie auch schändlich gewesen sein, gelöst hatten.

Die Ehe ist nützlich, dachte sie. Denn es gibt viel Arbeit zu tun. Die Leute müssen jagen. Sie müssen Nahrungsmittel anpflanzen, und sie müssen ernten. Sie müssen Holz sammeln. Sie müssen zubereiten, was sie essen. Es ist am besten, wenn sie heiraten und sich die Arbeit teilen.[18]

Durch Heirat, dachte *Áłtsé asdzáá*, ist auch dafür Sorge getragen, daß die Leute Kinder bekommen. Doch ihre Ehen sollten dauerhaft sein, damit die Harmonie bliebe. Bisher war es für einen Mann oder eine Frau allzu leicht gewesen, Ehebruch zu begehen. Eine Frau konnte ihren Mann allzu leicht verlassen; allzu leicht konnte ein Mann seine Frau verlassen.

Als sie so darüber nachdachte, beschloß sie, diese Sache selbst in die Hand zu nehmen. Es sollte für einen Mann schwieriger sein, seine Frau zu verlassen, nachdem er sie geheiratet hatte. Es sollte auch für eine Frau schwierig sein, den Mann im Stich zu lassen, wenn sie ihn geheiratet hatte. Es sollte ein Band bestehen zwischen Frau und Mann. Das Band sollte stark, es sollte dauerhaft sein.

So dachte *Áłtsé asdzáá*, die Erste Frau. Und so dachte sie weiter, bis sie entscheiden konnte, was zu tun war.

Unterdessen bauten die Nachkommen von *Áłtsé hastiin* und *Áłtsé asdzáá* eine große Landwirtschaft auf. Sie errichteten einen Damm und hoben einen breiten Bewässerungsgraben aus. Sie fürchteten jedoch, daß die *Kiis'áanii* ihren Damm zerstören oder ihren Feldfrüchten schaden könnten. Daher machten sie einen der nichtgebärenden *Nádleeh*-Zwillinge zum Bewacher des Dammes und hießen den anderen das untere Ende des Feldes bewachen.

Da der hermaphroditische Dammwächter sonst nichts zu tun hatte, erfand er die Töpferei. Zuerst machte er einen Teller. Dann machte er eine Schale. Dann machte er eine Schöpfkelle. Und die Leute bewunderten, was er gemacht hatte. Sie erkannten sofort, wie nützlich diese Gerätschaften sein würden.`

Der andere Zwilling aber, der am unteren Feld Wache stand, besaß ebenso genügend Zeit und Geschicklichkeit, etwas Nützliches zu ersinnen. Also erfand er die Korbflasche.

Auch seine Tat bewunderten die Leute, denn sie sahen gleich, wie nützlich dieses Gefäß sein würde.

Andere Leute fertigten aus geschlitzten Pappelholzbrettern Sensen an, mit denen sie den Boden freilegten. Wieder andere bauten Hacken aus den Schulterblättern von Hirschen. Und noch andere machten Äxte aus Stein. Von den *Kiis'áanii* bekamen die Leute Samen. Und so gediehen sie als ein Volk, das den Boden bebaute.

Einmal erlegten sie einen jungen Hirsch, und einer von ihnen kam auf den Gedanken, aus dem Kopffell eine Maske zu machen. Damit könnten sie sich lebendigen Hirschen bei der Jagd als einer der ihren nähern. Auf diese Weise würden sie in der Lage sein, einen ordentlichen Vorrat an Wild zu erlegen. Doch als sie die Maske anzufertigen versuchten, wollte es ihnen nicht gelingen. Sie schafften es einfach nicht, sie ihren Gesichtern anzupassen.

Sie besprachen lange, wie dies nun zu bewerkstelligen sei. Vier Tage lang schien es, als könnten sie nichts anderes tun oder reden. Aber wie sie sich auch mühten, es fruchtete nicht. Wie sie sich auch mühten, sie kamen zu keiner Einigung.

Am Morgen des fünften Tages hörten sie dann aus der Ferne eine Stimme zu ihnen rufen. Fern aus dem Osten kam sie.

Sie lauschten und warteten, lauschten und warteten, bis sie die Stimme wieder hörten, wie zuvor. Weiter lauschten und warteten sie, lauschten und warteten, bis sie die Stimme ein drittes Mal hörten, diesmal viel näher und viel lauter.

Als sie weiter lauschten, hörten sie die Stimme wieder, noch lauter als beim letzten Mal, und jetzt so nah, daß sie mitten unter ihnen zu sein schien.

Es waren die *Haashch'ééh dine'é,* die Heiligen Leute, die da gerufen hatten. Es war *Bits'íís łigaii,* der Weiße Körper. Es war *Bits'íís dootł'izh,* der Blaue Körper. Es war *Bits'íís łitsoii,* der Gelbe Körper. Und es war *Bits'íís łizhin*, der Schwarze Körper. Und als sie erschienen, sah man sie Köpfe von Hirschen und Antilopen mit sich führen.

Dann zeigten sie den Leuten, wie man die Masken macht, die sie gern haben wollten. Sie zeigten den Leuten, wie man sie anpaßt. Sie zeigten ihnen, wie man die Augenlöcher schneidet und wie man die Bewegungen der Hirsche nachahmt. Alle Geheimnisse dieser herrlichen Tiere erklärten sie den Leuten.[20]

Am nächsten Tag zogen die Jäger aus und erlegten einige Hirsche. Aus ihren Kopfhäuten fertigten sie weitere Masken an. Mit diesen neuen Masken konnten sich viele weitere Männer den Jägern zugesellen. Von da an hatten die Leute immer Fleisch in Hülle und Fülle. Außerdem gerbten sie die Häute und machten daraus Kleider. Seither hatte jedermann etwas Warmes zum Anziehen, so ist gesagt.

8

Auch ist gesagt, daß *Áłtsé asdzáá*, die Erste Frau, während dieser Geschehnisse weiter darüber nachdachte, wie sie das Band zwischen Mann und Frau stärken könne. Und nach langer sorgfältiger Erwägung hatte sie einen Plan gefaßt.[21]

Männer und Frauen sollen über die Kraft verfügen, einander ein Leben lang anzuziehen, dachte sie. Sie formte ein Glied aus Türkis. Dann schabte sie lose Oberhaut von der Brust einer Frau, vermischte sie mit Yuccafrucht und steckte diese Mischung in das Glied aus Türkis. Und sie nannte das Organ *'aziz*.

Danach machte sie eine Scheide aus weißer Muschelschale und fügte einen Kitzler aus roter Muschelschale hinzu. Dann schabte sie lose Oberhaut von der Brust eines Mannes, vermischte sie mit Yuccafrucht und gab diese Mischung in den Kitzler. Sie vermengte Wasser mit mancherlei Kräutern und brachte diese Mischung tief in die Scheide ein. Dadurch konnte die Schwangerschaft eintreten. Dieses Organ nannte sie *ajóózh*.

Sie legte die Scheide auf die Erde. Daneben stellte sie das Glied. Dann hauchte sie aus ihrem Mund Medizin über beide. Und sie sprach diese Worte zum Glied:

»Jetzt denke!« sagte sie zu ihm.

»Denk an die zu deiner Linken.«

Das Glied tat, wie ihm geheißen, und sein Geist streckte sich sehr weit. Darauf sagte *Áłtsé asdzáá* zur Scheide:

»Denk du auch!« sagte sie zu ihr.

»Denk an den zu deiner Rechten.«

Auch die Scheide streckte und dehnte sich, aber nur halb so weit wie das Glied. Dann zog sie sich an den Platz zurück, wo sie gelegen hatte. Darum reicht das Verlangen der Frau nicht so weit wie das des Mannes.

Und zu beiden sprach *Áłtsé asdzáá*, die Erste Frau, diese Worte:

»Nun ruft!« sagte sie zu beiden zugleich.

»Ruft beide.

Glied, rufe, damit deine Gefährtin die Kraft deiner Stimme spürt.

Scheide, rufe, damit dein Gefährte die Berührung deiner Stimme fühlt.«

Glied rief sehr laut. Doch Scheide hatte nur eine schwache Stimme. Da sagte *Áłtsé asdzáá*:

»Macht es noch einmal«, sagte sie zu ihnen.

»Berührt einander und ruft noch einmal.

Glied, rufe, daß deine Gefährtin es fühlen kann.

Scheide, rufe, daß dein Gefährte es fühlen kann.«

Beide versuchten es noch einmal. Diesmal konnte Glied jedoch nicht so laut rufen wie beim ersten Mal. Dafür hatte Scheide diesmal eine gute Stimme.

70

Áłtsé asdzą́ą́ war mit ihrem Werk zufrieden. Jetzt würden Männer und Frauen lernen, füreinander da zu sein. Sie würden ganz erpicht darauf sein, Kinder zu bekommen. Sie würden die Arbeit gleichmäßig aufteilen. Und ein jeder würde gern geben, wessen der andere bedurfte.

Sie bestimmte, daß jedem Mädchen und jedem Jungen, die ein gewisses Alter erreicht hatten, solch eine Scheide und solch ein Glied gegeben würden, den Jungen ein Glied, den Mädchen eine Scheide.

Bald darauf, als die Ältesten gerade einem reif gewordenen Jungen ein Glied und einem reif gewordenen Mädchen eine Scheide gaben, sahen die Leute den Himmel herabstürzen. Es war, als wollte er die Erde umarmen. Und sie sahen die Erde sich aufwölben, als drängte sie dem Himmel entgegen.

Einen Augenblick lang berührten sie einander. Der Himmel berührte die Erde, und die Erde berührte den Himmel. Und da, genau an der Stelle, wo Himmel und Erde sich begegnet waren, schnellte *Mą́'ii*, der Coyote, aus dem Boden.[22] Und *Nahashch'id*, der Dachs, schnellte aus dem Boden.

Wir glauben, daß *Mą́'ii*, der Coyote, und *Nahashch'id*, der Dachs, Kinder des Himmels sind. Coyote erschien zuerst, deshalb nehmen wir an, daß er der ältere Bruder von Dachs ist.

Nahashch'id, der Dachs, schnüffelte an dem Loch herum, das hinab in die untere Welt führte. Schließlich verschwand er darin und ward lange nicht mehr gesehen.

Mą́'ii, der Coyote, sah gleich, daß in der Nähe Leute wohnten. Sofort lief er in ihr Dorf. Er trat hinzu, als der Junge gerade sein Glied bekam und dem Mädchen gerade seine Scheide gegeben wurde.

Als das männliche Organ an seine Stelle gesetzt wurde, zupfte sich *Mą́'ii* der Coyote, etwas von seinem Bart aus dem

Gesicht und hauchte seinen Atem darüber. Dann setzte er die Barthaare zwischen die Beine des Jungen.[23] Und dies hatte er zu sagen:

»Das sieht ganz gut aus da zwischen den Beinen des Jungen«, sagte er.

»Aber ich kann machen, daß es noch besser aussieht.«

Und als das weibliche Organ an seine Stelle gesetzt wurde, zupfte er sich noch mehr Barthaare vom Kinn ab und blies darauf. Dann setzte er sie zwischen die Beine des Mädchens. Und dies sagte er:

»So gut das auch aussieht da zwischen den Beinen des Mädchens, es läßt sich noch besser machen«, sagte er.

»Schaut einmal hin, ob ihr das nicht auch findet.«

Alle stimmten zu. Coyote hatte den Jungen und das Mädchen noch anziehender gemacht. Nur *Áłtsé asdzą́ą́*, die Erste Frau, fürchtete, daß Frauen und Männer nun doch allzu leicht zueinander hingezogen würden.

Deshalb gebot sie dem Jungen, sich augenblicklich zu bedecken. Und sie gebot auch dem Mädchen, sich zu bedecken. So sollten sie sich fortan stets in Gegenwart des anderen kleiden.

Auch den übrigen Leuten gebot sie, sich in Gegenwart anderer zu bedecken. Seitdem achten die Leute darauf, sich schicklich zu kleiden, so ist gesagt.

9

Auch ist gesagt, daß acht Winter seit dem Auszug der Leute aus der dritten Welt vergingen. Acht Jahre lang ging es ihnen gut; sie verhielten sich klug und taten nichts, das Unordnung stiftete.

Áłtsé hastiin, der Erste Mann, war Häuptling all derer geworden, die in dieser Welt lebten, mit Ausnahme der

Kiis'áanii. Als ihr Häuptling lehrte er die Menschen die Namen der vier Berge, die sich in der Ferne erhoben und die vier Weltrichtungen anzeigten.[24]

Sisnaajiní lag im Osten, lehrte er sie. Was dieser Name genau bedeutet, ist unbekannt, aber heute wird dieser Berg Sierra Blanca Peak genannt. *Tsoodził* lag im Süden, lehrte er sie. In der Sprache von *Bilagáana* wird dieser Gipfel Mount Taylor genannt. Im Westen lag *Dook'o'oosłííd,* lehrte er sie, und das bedeutet Ist-oben-nie-abgetaut; heute nennt der Weiße Mann diesen Berg San Francisco Peak. Und im Norden lag *Dibé nitsaa,* das heißt auf englisch Big Mountain Sheep.

Diese Namen wurden auch in der jetzigen Navajowelt beibehalten. Und *Áłtsé hastiin,* der Erste Mann, lehrte die Leute, daß die *Haashch'ééh dine'é* die Heiligen Leute, in diesen Bergen wohnten. Er erklärte ihnen, daß sie eine andere Art von Leuten waren. Denn es waren kluge Leute, die zaubern konnten. Sie konnten im Nu große Entfernungen zurücklegen. Sie verstanden es, auf dem Sonnenstrahl zu reiten und dem Pfad des Regenbogens zu folgen. Sie kannten keine Schmerzen, und es gab nichts in irgendeiner der Welten, das ihre Art zu sein verändern konnte.

Dieserart lehrte *Áłtsé hastiin* seine Leute die Namen der Dinge und das Walten der Götter. Dieserart lehrte er sie, was sie tun und was sie lassen mußten. So gewannen die Leute Achtung vor ihm. Und so kam es, daß sie ihm gehorchten.

Áłtsé hastiin wurde in der vierten Welt ein großer Jäger. Dadurch konnte er seine Frau, *Áłtsé asdzáá,* reichlich mit Nahrung versorgen.

Dies hatte zur Folge, daß sie sehr dick wurde.

Nun brachte er eines Tages einen schönen Hirsch mit viel Fleisch heim.

Seine Frau kochte etwas davon, und sie langten beide herzhaft zu. Als sie ihr Essen beendet hatten, wischte *Áłtsé asdzáá* ihre fettigen Hände an ihrem Kleid ab.

Nach einem tiefen Rülpsen hatte sie dies zu sagen:

»Dank dir, *shijóózh*, meine Scheide«, sagte sie.

»Danke für dieses köstliche Abendessen.«

Worauf *Áłtsé hastiin* so antwortete:

»Warum sagst du das?« erwiderte er.

»Warum dankst du nicht mir?

War nicht ich es, der den Hirsch erlegte, an dessen Fleisch du dich gerade gütlich getan hast?

Habe ich ihn nicht für dich hergetragen?

Habe ich ihn nicht abgehäutet?

Wer hat ihn zerlegt, damit du ihn kochen konntest?

Ist etwa *nijóózh*, deine Scheide, der große Jäger, daß du ihr dankst und nicht mir?«

Worauf *Áłtsé asdzą́ą́* diese Antwort gab:

»Um die Wahrheit zu sagen, ja«, antwortete sie.

»In gewisser Weise ist tatsächlich *jóósh*, meine Scheide, die Jägerin.

Wäre *jóósh* nicht, du hättest den Hirsch nicht erlegt.

Wäre sie nicht, du hättest ihn nicht hergetragen.

Du hättest ihn nicht abgehäutet.

Ihr Männer seid so faul, daß ihr gar nichts tun würdet, wäre *jóósh* nicht da.

In Wahrheit tut *jóósh* alles, was hier zu tun ist.«

Darauf hatte *Áłtsé hastiin* dies zu sagen:

»Dann glaubt ihr Frauen wohl, daß ihr ohne uns Männer leben könntet«, sagte er.

»Vielleicht braucht ihr nur *nihijóózh*, eure Scheiden.

Nihijóózh, eure großen Jägerinnen.

Nihijóózh, eure unermüdlichen Arbeiterinnen.«

Auf der Stelle kam diese Antwort von *Áłtsé asdzą́ą́*, der Ersten Frau:

»Es sind nicht alle Dinge nur euch zu verdanken«, erwiderte sie.

»Wir könnten ohne euch leben, wenn wir wollten.

Schließlich sind wir es, die die Felder hacken.

Schließlich sind wir es, die Nahrung sammeln.

Wir können von dem leben, was wir anbauen. Wir können von den Beeren leben, die wir finden, und von den Früchten, die wir heimbringen.[25]

Daß die Dinge existieren, ist ebenso uns zu danken wie euch. Wir bedürfen eurer nicht.«

So stritten sie immer weiter. *Áłtsé hastiin* ließ sich von jeder Antwort seiner Frau zu immer größerem Zorn hinreißen; *Áłtsé asdzą́ą́* wurde mit jeder ihrer Antworten immer schnippischer.

Schließlich stampfte er aus der Hütte, in der sie als Mann und Frau zusammengelebt hatten. Hinaus stampfte er und sprang über das Feuer vor der Hütte. Dort blieb er die ganze Nacht, und nur sein Zorn leistete ihm Gesellschaft.[26]

Früh am Morgen ging er in die Dorfmitte und rief so laut, daß jeder ihn hören konnte:[27]

»Ihr Männer alle!« rief er.

»Versammelt euch hier bei mir.

Ich möchte mit euch reden.

Ich möchte euch etwas mitteilen.

Die Frauen laßt nur, wo sie sind.

Keine einzige Frau will ich hier sehen.

Keiner von den Frauen hier habe ich etwas zu sagen.«

Bald hatten sich alle Männer um *Áłtsé hastiin* versammelt. Und er wiederholte ihnen, was seine Frau am vergangenen Abend zu ihm gesagt hatte.

Dann sprach er zu ihnen:

»Die Frauen glauben, daß sie ohne uns leben können«, sagte er zu den Männern. »Sie glauben, die Dinge können ebensosehr durch sie wie durch uns weiterbestehen.

Nun, wir wollen doch einmal sehen, ob das so ist.

Wir wollen sehen, ob sie jagen und die Felder bearbeiten können, wenn ihnen niemand als *jóósh*, ihre Scheide, dabei hilft. Wir wollen sehen, wie sie sich wohl ernähren werden, wenn nur *jóósh* ihnen zur Hand geht.

Wir werden den Fluß überqueren und von ihnen getrennt leben. Und von *jóósh.*

Wir werden das Floß auf unserer Seite des Wassers behalten, und mögen sie dann noch so schmachten, sie werden nicht zu uns kommen können.

Und wenn sie Gesellschaft brauchen, sollen sie sich doch *jóósh,* ihre Scheide, zum Gefährten nehmen.

Und wenn *jóósh* rufen will, soll sie doch sich selber rufen.

Wir wollen doch einmal sehen, was *jóósh,* die Scheide, zustandebringt, wenn sie nur ihre eigene Stimme hört. Wir werden ja sehen, was geschieht, wenn sie das Leben ohne unsere Hilfe zu bewältigen versuchen.«

So kam es, daß alle Männer sich am Fluß versammelten.

Áłtsé hastiin ließ sogar die beiden *nádleeh*-Zwillinge herbeirufen, die weder ganz männlich noch ganz weiblich waren. Als sie kamen, waren sie mehlbestäubt, denn sie hatten gerade Mais gemahlen.

Und dies fragte *Áłtsé hastiin* die beiden:

»Was habt ihr, das ihr ganz allein hergestellt habt?« fragte er sie.

»Was gibt es, das ihr ohne die Hilfe irgendeiner Frau gemacht habt?«

Da antworteten die *nádleeh*-Zwillinge, die nicht mehr Weiblichkeit als Männlichkeit besaßen:

»Wir haben jeder ein Paar Mahlsteine, die wir gemacht haben«, antworteten sie.

»Wir haben kleine und große Schalen. Wir haben Körbe und andere Gebrauchsgegenstände.

Wir haben diese Dinge ganz allein, ohne die Hilfe einer Frau gemacht.«

Dazu hatte *Áłtsé hastiin* dies zu sagen:

»Geht und holt diese Dinge her, denn ihr müßt mit uns kommen«, sagte er.

»Ihr seid ebenso Mann, wie ihr Frau seid. Und ihr habt diese Dinge ohne die Hilfe einer Frau gemacht.

Nun sollen die Frauen erfahren, was es heißt, ganz ohne männliche Hilfe zu leben.

Nichts von dem, was jemand gemacht hat, der auch nur teilweise Mann ist, soll ihnen bleiben.«

So setzten also die Männer über den Fluß und nahmen die nichtgebärenden *nádleeh*-Zwillinge mit. Sie flößten sich hinüber ans Nordufer. Und mit sich nahmen sie ihre Steinbeile, ihre hölzernen Sensen, ihre Hacken aus Knochen und all die von den Zwillingen ersonnenen Gerätschaften. Ja, sie nahmen alles mit, was sie selbst gemacht hatten.

Nach der Überfahrt schickten sie das Floß stromabwärts und luden die Männer der *Kiis'áanii* ein, sich ihnen anzuschließen; sechs ihrer Clane schlossen sich an. Auch sie hatten sich von ihren Frauen ärgern lassen.

Manche der jungen Männer weinten bei der Überfahrt, weil sie von ihren Frauen scheiden mußten. Sie waren nicht von ihren Frauen erzürnt worden. Aber sie hatten sich daran gewöhnt, alles zu tun, was *Áłtsé hastiin* ihnen sagte.

Die Männer ließen alles zurück, was die Frauen allein gemacht hatten. Und sie ließen alles zurück, wobei die Frauen ihnen geholfen hatten. Sie nahmen nur das mit, was sie ohne die Hilfe irgendeiner Frau angefertigt hatten.

Am Nordufer angekommen, machten einige der Männer sich gleich auf die Jagd. Denn die kleinen Jungen brauchten Nahrung. Andere schnitten Weidenzweige für die Hütten. Denn die kleinen Jungen brauchten auch eine Unterkunft.

Sie schienen damit gut zurechtzukommen. In vier Tagen beschafften sie reichlich Nahrung und bauten standfeste

Wohnungen für sich und die Jungen. Schon nach vier Tagen waren sie sicher, daß sie auch ohne Frauen zurechtkommen würden.

Sie waren sicher, daß es ihnen ohne die Frauen gut gehen würde, die sie doch nur ärgerten. Sie waren, zumindest am Anfang, guter Dinge, so ist gesagt.

10

Auch ist gesagt, daß die Frauen am Anfang ebenso guter Dinge waren.

In jenem Winter fehlte es ihnen nicht an Nahrung. Sie arbeiteten, und sie aßen. Sie sangen Lieder und erzählten Geschichten. Oft kamen sie hinunter ans Flußufer, wo die Männer sie hören und sehen konnten. Und dort verspotteten sie die Männer.

Eine von ihnen zog dann ihr Kleid bis über den Kopf hoch und rekelte ihren entblößten Körper. Eine andere tat es ihr nach. Dann kehrte sie den Männern den Rücken und beugte sich vor und wackelte mit dem Hinterteil.

»He, ihr Männer!« rief währenddessen eine dritte. »Schaut hierher. Seht euch das an!«

»Sehr ihr jetzt, was ihr versäumt?« rief eine vierte.

Auch andere entblößten sich dann vor den Männern. Sie riefen und lachten alle durcheinander. So neckten sie die Männer; mal riefen sie ihnen zotige Dinge zu, mal lockten sie schmeichelnd. Mit ihrem Körper reizten sie die Männer, bis sie gewiß sein konnten, daß es die Männer so sehr nach ihnen verlangte wie sie nach den Männern.[28]

Im Frühjahr legten die Männer ein paar kleine Felder an, und es gelang ihnen, ein wenig Mais zu ziehen. Damit hatten sie jedoch noch nicht viel zu essen und mußten sich für ihre Ernährung überwiegend auf die Jagd verlegen.[29]

Derweil bebauten die Frauen alles, was sie an Ländereien hatten. Doch ohne Hacken konnten sie den Boden nicht richtig bearbeiten. Und ohne Sensen war die Ernte schwierig. So mußten sie im zweiten Winter ihres Alleinseins mit weniger Nahrung auskommen. Sie sangen nicht mehr so viel und erzählten weniger Geschichten als im vorangegangenen Winter.

Im zweiten Frühjahr konnten die Frauen noch weniger anbauen, während die Männer noch mehr Land urbar machten als im vergangenen Jahr. Die Ernte der Männer wuchs, während die der Frauen noch kleiner ausfiel. In diesem Winter litten die Frauen zum erstenmal Nahrungsmangel. Manche mußten die Samen wilder Pflanzen sammeln, um genug essen zu können.

Im Herbst des dritten Jahres der Trennung sprangen viele Frauen in den Fluß und versuchten das Norduferzu erreichen, wo ihre Männer lebten. Doch die Strömung trug sie fort, und niemand hat sie je wieder gesehen.

Am Ende des vierten Jahres hatten die Männer mehr Nahrung, als sie verzehren konnten. Mais und Kürbisse blieben unberührt auf den Feldern stehen, während die Frauen hungerten.

Dennoch setzte die Trennung den Männern hart zu, mochten sie auch für sich selbst genügend Feldfrüchte angebaut haben. Denn während der ganzen Zeit des getrennten Lebens sehnten sich die Männer genauso nach ihren Frauen, wie die Frauen sich nach ihnen sehnten. Ja, beiderseits des Flusses wurde diese Sehnsucht immer stärker.

So stark wurde sie, daß sich bei beiden Geschlechtern manche der Selbstbefriedigung hingaben. Die Frauen suchten sich mit länglichen Steinen oder dicken Federn zu befriedigen. Mit einem Kaktus oder Knochen täuschten sie sich selbst den Beischlaf vor. Die Männer versuchten ihr Verlangen im aufgeweichten Erdreich zu stillen oder nahmen Fleisch von frisch erlegtem Wild. Namentlich war da einer, der *K'íídeesdizí* hieß. Sein Name bedeutet in der Sprache des Weißen Mannes Mann mit Hüllen. Eines Morgens ging er allein auf die Jagd und fand weit vom Dorf entfernt eine Stelle, wo niemand ihn sehen würde. Als das Tageslicht zu schwinden begann, erlegte er einen Hirsch.

Er baute einen Kreis aus Reisig und entfachte darin ein Feuer, so wie es damals üblich war. In das Feuer legte er ein Stück Fleisch von seiner Jagdbeute; er wollte ein wenig davon essen, dann die Nacht dort verbringen und seine Sehnsucht nach der Gesellschaft seiner Frau stillen. Am nächsten Morgen würde er mit dem restlichen Fleisch zurückgehen und es mit den anderen teilen.

Als es dunkelte, aß er das Fleisch. Und während er zusah, wie die Dunkelheit über den Himmel zog, begann er an seine Frau am anderen Flußufer zu denken.

Je mehr er an sie dachte, desto stärker sehnte er sich nach ihr. Und je größer seine Sehnsucht wurde, desto mehr wuchs sein Verlangen, ganz besonders, als der Himmel im Westen dunkel wurde und der schwarzen Nacht wich.

»Nicht ich war es, der von einer Frau erzürnt wurde«, dachte er. »Und es war nicht meine Frau, die sagte, sie könne ohne uns Männer auskommen.«

Und während er solchen Dingen nachsann, spürte er sein Sehnen immer weiter wachsen. Und im Dunkel erschien vor ihm das Bild der Frauen, wie sie am anderen Ufer standen und den Männern winkten. Er bildete sich ein zu sehen, wie sie vielsagend ihre Brüste mit den Händen wölbten. Er stellte sich vor, wie sie herausfordernd ihre nackten Körper rekelten. Er glaubte zu sehen, wie sie mit dem Hinterteil wackelten.

Gewiß war seine Frau unter denen, die sich nach der Gesellschaft ihrer Männer sehnten.

Erfüllt von derlei Gedanken und Sehnsucht nach seiner Frau nahm er die Leber aus dem Körper des erlegten Hirsches und schnitt einen Schlitz hinein. Dann legte er sie zum Wärmen neben das Feuer.

»So sei es denn«, sagte er, als die Leber sich so warm anfühlte, wie seine Frau immer gewesen war, wenn sie nah beieinander gelegen hatten. »Ich hege keinen Groll gegen meine Frau oder irgendeine andere Frau.

Nicht die Spur von Groll.«

Dann legte er die Leber vorsichtig unter sich, dorthin, wo seine Beine zusammentrafen.

Doch in diesem Augenblick rief *Né'éshjaa'*, der Uhu. Unbemerkt hatte er sich Mann mit Hüllen genähert.

»Wu'hu'hu'hu'«, erklang seine Stimme hinter dem Reisigkreis.

»Wu'hu'hu'hu'«, hörte man ihn rufen.

»Hör auf, *K'íídeesdizí*, hör auf damit!

Tu nichts mit dieser Leber, wenn du nicht vorhast, sie zu essen.«

Erschrocken legte der Mann mit Hüllen die Leber zurück ans Feuer. Dann trat er aus dem Reisigkreis, umschritt ihn und suchte vergeblich nach dem, der gerade gesprochen hatte.

Da er niemanden fand, ging er ans Feuer zurück, legte sich nieder und gedachte zu schlafen. Doch zuerst versuchte er seine Frau aus seinen Gedanken zu drängen und seine Sehnsucht zu vergessen.

Bis tief in die Nacht lag er da und konnte nicht schlafen. So redlich er sich auch mühte, er konnte nicht aufhören, an sie zu denken, und je mehr er an sie dachte, desto ärger vermißte er sie. Und je mehr er sie vermißte, desto stärker verlangte es ihn nach ihr. Schließlich griff er wieder nach der Leber, die immer noch warm am Feuer lag. Als er sie in die Hand nahm, lauschte er gespannt auf den Ruf, den er zuvor gehört hatte. Doch er hörte nichts.

»Ah«, dachte er. »Jetzt ist die rechte Zeit.

Komm, Weib-Leber.

Komm her zu mir!«

Und dies im Sinn, legte er die Leber abermals unter sich. Doch kaum hatte er das getan, als er wieder den Ruf von *Né'éshjaa'*, dem Uhu, hörte.

»Wu'hu'hu'hu'«, hörte er ihn rufen.

»Hör auf, *K'iídeesdizi*, hör auf damit!

Iß die Leber; verkehre nicht mit ihr.«

Abermals erschrocken, legte Mann mit Hüllen die Leber schnell wieder weg. Dann rollte er sich ein und versuchte erneut zu schlafen und gab sich redlich Mühe, seine Frau zu vergessen. Doch es gelang ihm nicht. In der Tiefe der Nacht lag er da und vermißte sie. Und je mehr er sie vermißte, desto stärker verlangte es ihn nach ihr. Je mehr es ihn aber nach ihr verlangte, desto leichter bildete er sich ein, er spüre sie nah bei sich liegen. So wartete er und horchte auf jeden Laut, der die Stille unterbrechen und ihn wieder stören könnte. Er hörte nichts, und es zog ihn wieder zu der warmen Leber hin.

»Vielleicht ist der törichte Störenfried jetzt weg«, dachte er, als er sie in die Hände nahm und wieder unter sich legte.

»Jetzt«, flüsterte er.

»Jetzt soll es sein, ganz gleich, wer da draußen ist.«

Kaum hatte er das gesagt, tönte wieder die Stimme aus der Stille.

»Wu'hu'hu'hu'«, rief die Stimme.

»*K'iídeesdizi*, hör auf, hör auf damit!

Wenn du die Leber nicht essen willst, so halte sie fern von dir.«

Erschrocken legte *K'iídeesdizi* die Leber ans Feuer zurück. Wieder versuchte er die Begierde loszuwerden, um dann zu schlafen. Da ihm das aber nicht gelang, lag er da, bis sich am östlichen Himmel der erste Schimmer des Morgengrauens zeigte. Er lag da und begehrte seine Frau, sehnte sich immer heftiger nach ihr, je länger er an sie dachte, stellte sich immer begieriger vor, daß sie neben ihm läge und sich mit ihrer Wärme an die ganze Länge seines großen Verlangens drängte. So lag er inmitten der Stille da, bis er es nicht mehr ertragen konnte, bis er aufschrie, seiner Sinne kaum noch mächtig.

»Es ist mir gleich«, keuchte er.

»Es ist mir gleich, wer da draußen ist. Es ist mir gleich, wo er ist. Jetzt muß es sein. Es muß jetzt sein.« Und er griff nach der Leber und preßte sie gegen sein Glied.

In diesem Augenblick erschallte wieder die Stimme von *Né'éshjaa'*, dem Uhu.

»*K'íídeesdizi!* Du mußt damit aufhören. Hör auf!

Verkehre nicht mit dieser Leber. Laß sie in Ruhe.«

Mann mit Hüllen warf die Leber ans Feuer zurück und sprang auf. »Wer bist du überhaupt?« wollte er wissen. Er schaute in eine Richtung, dann in eine andere. Er trat vor den Kreis aus Reisig und umschritt ihn, erst in der einen Richtung, dann zweimal anders herum und dann noch einmal wie zuerst. »Wo bist du?« fragte er.

»Kannst du einen denn nicht in Ruhe lassen?

Oder kannst du dich nicht wenigstens zeigen und dich erklären, wie es sich gehört?«

Worauf *Né'éshjaa'*, der Uhu, plötzlich erschien. Und leise sprach er diese Worte:

»Ich habe wirklich nichts Böses gegen dich im Sinn, Enkel«, sprach er.

»Aber ich muß bei dem bleiben, was ich dir sage.

Was du zu tun versuchst, ist ganz und gar nicht in Ordnung. Du kannst die Dinge nicht in Ordnung bringen, indem du die Leber eines erlegten Hirschs behandelst, als wäre sie deine Frau.«

Einen Augenblick erwog *K'íídeesdizi* diese Worte.

Die Leber war in der Tat nicht seine Frau.

Nichts, was er mit ihr tun mochte, würde seine Frau herschaffen. Nichts, was er mit ihr tun mochte, würde ihn zu seiner Frau bringen.

»Warte hier, Großonkel«, sagte er zu *Né'éshjaa'.* Dann ging er in die Mitte des Reisigkreises zurück und entfachte ein neues Feuer. Aus dem Körper des erlegten Hirschs schnitt er das zarteste Lendenstück. Er schnitt es fein auf und kochte es zusammen mit der Leber. Diese aß er selbst, doch das Lendenfleisch bot er dem Uhu an.

»Hier, Großonkel«, sagte er und reichte es *Né'éshjaa'.*

»Iß das hier, während ich die Leber esse.«

»Danke, mein Enkel«, sagte er. »Doch kehre mir den Rücken. Ich esse nicht, wenn jemand direkt zusieht.«

So aß er also hinter dem Rücken von *K'íídeesdizí,* dem Mann mit Hüllen, und versprach, daß er sich hernach erklären werde, und so gehört es sich ja auch.

»Es ist jetzt fast vier Jahre her«, erklärte *Né'éshjaa',* der Uhu, »daß ihr Männer die Frauen dort am anderen Ufer zurückgelassen habt, du weißt es selbst.

»Ob nun aber den Frauen der Vorwurf gebührt oder den Männern, aus dieser Trennung kann nichts Gutes erwachsen.

Weniger Frauen sind jetzt noch da, als ihr Männer zurückgelassen habt. Viele sind ins Wasser gesprungen und verschwunden. Und die Übriggebliebenen mißbrauchen sich selbst auf jede erdenkliche Weise, solange ihr Männer nicht da seid. Sie verkehren mit länglichen Steinen. Sie suchen sich mit dicken Federn zu befriedigen. Manche führen Kakteen in sich ein. Andere gehen mit Tierknochen um, als wären es ihre Männer.

Und schlimmer noch, sie leiden Hunger, weil es an Nahrung fehlt.

Was, wenn die übrigen sich schließlich auch noch ins Wasser werfen, weil sie in solch einem Elend leben? Dann lebt nur noch ihr Männer auf dieser Erde. Glaubst du, ihr könnt das Leben ganz allein fortführen? Wird die Leber eines erlegten Hirsches euch Kinder gebären?

Ich weiß nicht, wie lange sie da drüben noch ausharren können. Erst gestern bekam ich mit, wie *Áłtsé asdzáá*, die Erste Frau, vor den anderen jammerte. Sie beklagte jene, die in den Fluten verschwunden waren, und es erbarmten sie die übrigen, die nur überlebt haben, um sich mit leerem Magen nach ihren Männern zu sehnen. Sie gestand sogar ein, daß sie gern einmal wieder die Stimme ihres Mannes hören würde, die Stimme von *Áłtsé hastiin*, dem Ersten Mann.

Ich erwähne all dies um deinetwillen, Enkel. Und um der anderen Willen.

Du mußt etwas ersinnen, wie die Frauen über den Fluß zu holen sind, damit sie sich wieder den Männern zugesellen können. Sonst wird diese Unordnung anhalten, bis die Welt, wie wir sie jetzt kennen, zu Ende geht. Selbst der Himmel wird verschwinden und mit ihm das ganze Werk, das bisher getan wurde. Das Leben kann nur fortbestehen, wenn Frauen und Männer wieder zusammenfinden.

Jetzt muß ich gehen, Enkel«, sagte *Né'éshjaa'*, der Uhu, abschließend zu *K'íídeesdizí*, dem Mann mit Hüllen. »Mehr habe ich nicht zu sagen.

Außer daß ich es dir überlasse, einen Plan zu ersinnen, um Männer und Frauen wieder zusammenzuführen.«

K'íídeesdizi überdachte gründlich, was er gehört hatte, und kehrte dann ins Dorf zurück. Unverzüglich ging er auf *Áłtsé hastiin* zu und wollte ihm geradeheraus wiederholen, was *Né'éshjaa'* gesagt hatte., Doch dann fiel ihm ein, wie zornig jener nach seinem Streit mit *Áłtsé asdzáá* gewesen war, und er besann sich eines anderen.

Er versammelte einige der älteren Männer und besprach die Sache mit ihnen.

»Denkt einmal nach«, redete er ihnen zu, nachdem er erklärt hatte, was ihm gesagt worden war. »Dort drüben hungern eure Frauen. Was nützt uns hier die Nahrung, wenn sie drüben nichts haben?

Eine nach der anderen stürzt sich ins Wasser. Oder sie mißbrauchen sich selbst mit länglichen Steinen und dicken Federn oder mit Kaktus und mit Tierknochen. Was, wenn sie alle umkämen und nur wir überlebten? Kann weiche Erde uns Kinder gebären? Können die Lebern erlegter Hirsche unsere Nachkommen großziehen?

Soll das Leben weitergehen, so müssen wir und die Frauen uns wieder vereinigen. Sonst wird diese Unordnung anhalten, bis die Welt, wie wir sie kennen, verschwindet.

Wer weiß?

Selbst der Himmel könnte an sein Ende kommen, zusammen mit dem ganzen Werk, das bisher getan wurde.«

So sprach er die Männer an und konnte sie überzeugen. Zusammen wollten sie nun *Áłtsé hastiin*, den Ersten Mann, dazu bewegen, seinen Sinn zu ändern und die Wiedervereinigung herbeizuführen.

Einer nach dem anderen gaben sie ihm Anstöße, die Angelegenheit noch einmal zu überdenken.

»Hast du vergangene Nacht die klagenden Stimmen da drüben am anderen Ufer gehört?« fragte ihn etwa jemand früh am Morgen.

»Wenn ich mich nicht irre, scheint wieder eine Frau in den Fluß gesprungen zu sein«, mochte ein anderer sagen. »Da drüben, jenseits des Wassers, wo sie ums Überleben kämpfen.«

»Wie schrecklich muß es am anderen Ufer sein«, sagte wieder ein anderer. »Nichts zu essen. Keine Männer als Gefährten.«

Und noch ein anderer sagte: »Vielleicht habe ich nur geträumt, aber die ganze Nacht glaubte ich eine flehende Frauenstimme zu hören. Genau weiß ich es nicht – denn schließlich habe ich ihre Stimme ja seit vier Jahren nicht mehr aus der Nähe gehört –, aber sie klang wie die von *Áłtsé asdzą́ą́*, der Ersten Frau. Nun, was geht's mich an? Hat sie doch selbst gesagt, daß Frauen genauso gut ohne Männer zurechtkommen können.«

Am Ende des vierten Jahres der Trennung begann *Áłtsé hastiin* in der Tat daran zu zweifeln, ob er weise gehandelt hatte. So rief er denn die Männer zusammen und fragte, was sie dächten.

Und dies nun sagte einer von ihnen:

»Dort drüben hungern unsere Frauen«, sagte er.

Und ein anderer fügte hinzu:

»Was nützt uns Nahrung auf dieser Seite des Flusses, wenn drüben unsere Frauen hungern?« fügte er hinzu.

Und ein dritter sprach diese Worte:

»Eine nach der anderen springen sie ins Wasser. Und die übrig bleiben, mißbrauchen sich mit länglichen Steinen oder dicken Federn oder mit Kaktus oder mit Tierknochen«, waren seine Worte.

Und ein vierter fragte:

»Was, wenn wir überleben, während sie alle umkommen?« fragte er. »Könnten wir wohl das Leben ohne sie aufrechterhalten? Kann aufgeweichte Erde uns Kinder gebären? Können die Lebern von erlegten Hirschen unsere Nachkommen großziehen?

Wenn diese gegenwärtige Unordnung anhält, wird die Welt, wie wir sie kennen, zu Ende gehen.

Wer weiß?

Selbst der Himmel würde verschwinden und mit ihm alles, was bis jetzt erschaffen wurde.«

Áłtsé hastiin erwog gründlich, was die Männer gesagt hatten. Und endlich schickte er einen an den Fluß hinunter. Er trug ihm auf hinüberzurufen und zu fragen, ob *Áłtsé asdzą́ą́* noch da sei. Und wenn ja, ob sie bereit sei, ans Wasser zu kommen und sich anzuhören, was ihr Mann zu sagen hatte.

Mit Freuden kam sie ans Ufer, als sie diese Botschaft hörte.

Da stellte ihr *Áłtsé hastiin* diese Frage:

»Glaubst du immer noch, du kannst allein leben?« fragte er sie.

Worauf sie diese Antwort gab:

»Ich glaube nicht länger, daß ich es kann«, antwortete sie.

»Ich glaube, keine Frau hier kann allein leben.

Und ich bedaure jetzt, was ich zu dir gesagt habe.«

Das also sagte sie ihm.

Und dies gab er ihr zur Antwort:

»Und mir tut es leid, daß ich mich von deinen Worten so habe aufbringen lassen«, antwortete er.

So kam es, daß die Männer und die Frauen ihren Streit beilegten. *Áłtsé asdzą́ą́*, die Erste Frau, hieß ihre Gefährtinnen, sich am Flußufer zu versammeln. Und *Áłtsé hastiin*, der Erste Mann, ließ seine Männer am anderen Flußufer zusammenkommen.

Dann sandte er ein Floß zur Frauenseite hinüber, und sie setzten über ans Ufer der Männer. Dort wurde ihnen aufgetragen zu baden und sich mit Mehl zu trocknen.[30] Die beiden Geschlechter hatten einander bis zum Anbruch des Abends fern zu bleiben. Dann würden sie sich zueinander gesellen und ihr gemeinsames Leben wieder aufnehmen, so ist gesagt.[31]

Auch ist gesagt, nachdem die Frauen sich wieder zu den
Männern gesellt hätten, habe man bald bemerkt, daß drei
von ihnen fehlten. Eine Mutter wurde vermißt und zwei ihrer Töchter.

Da war aber der Tag schon fast vorüber.

Nach Einbruch der Dunkelheit hörten die Leute die
Stimmen der drei Vermißten vom anderen Ufer. Irgendwie
waren sie zurückgeblieben, und nun baten sie laut, herüber-
geholt zu werden. Auch sie wollten wieder bei den Männern
und Jungen sein.

Es sei jetzt zu dunkel für die Überfahrt, erklärten ihnen
die Männer. Sie würden bis zum Morgen warten müssen.
Dann könnte man das Floß hinüberschicken, und jemand
würde sie holen.

Indes, die drei wollten nicht warten. Sie sprangen in den
Fluß und wollten im Dunkeln hinüber schwimmen. Die
Mutter erreichte das Nordufer, wo sie ihren Mann wieder-
fand. Die beiden Töchter jedoch ergriff *Tééhooltsódii*, das
Große Wasserwesen; er zog sie hinab ins Wasser, und sie
verschwanden.

Drei Nächte und drei Tage suchten die Leute nach den
beiden Mädchen. Sie fanden aber keine Spur von ihnen und
gaben sie auf

Doch am Morgen des vierten Tages hörten sie eine Stimme fern von Osten rufen. Sie lauschten und warteten, bis sie
die Stimme wieder hörten, näher und lauter. Weiter lauschten sie und warteten, bis sie sie ein drittes Mal hörten, noch
viel näher, noch viel lauter. Weiter lauschend und wartend,
hörten sie die Stimme abermals, und diesmal so nah, daß sie
da zu erschallen schien, wo sie gerade standen.

Und nach dem vierten Ruf erschien *Bits'íís łigaii*, der
Weiße Körper, der zwei Finger erhob und auf den Fluß deu-

tete. Es schien den Leuten, daß er ihnen etwas über die beiden vermißten Mädchen sagen wollte. Also steuerten zwei der Männer das Floß über das Wasser und suchten nach den Spuren der Mädchen.

Sie verfolgten ihre Fußabdrücke bis zum Wasser, aber nicht weiter. Während die Männer weitersuchten, entfernte sich *Bits'íís łigaii,* der Weiße Körper. Doch bald darauf kehrte er mit *Bits'íís dootł'izh,* dem Blauen Körper, zurück. Er trug eine große Schale aus einer weißen Muschel, und sein Gefährte trug eine große Schale aus einer blauen Muschel. Sie winkten einem Mann und einer Frau, ihnen zu folgen, und gingen zum Fluß hinunter.

Unten am Ufer setzten die beiden Götter die Schalen aufs Wasser und versetzten sie in Drehbewegung. Und wo die Schalen sich drehten, öffnete sich das Wasser.

In der Öffnung, die die Schalen gemacht hatten, zeigte sich unten ein großes Haus mit vier Zimmern. Das Zimmer im Osten war aus dunklen Wassern gemacht. Das Zimmer im Süden war aus blauen Wassern gemacht. Das Zimmer im Westen war aus gelben Wassern gemacht. Und das Zimmer im Norden bestand aus Wassern aller Farben.

Der Mann und die Frau, die *Bits'íís łigaii,* dem Weißen Körper, und *Bits'íís dootł'izh,* dem Blauen Körper, gefolgt waren, stiegen durch das Loch im Wasser und betraten das große Haus. Sie bemerkten nicht, daß *Mą'ii* der Coyote, ihnen gefolgt war. Niemand sah, daß auch er in das Haus unter dem Wasser eingetreten war.

Zuerst gingen sie ins Ostzimmer, fanden dort aber nichts. Dann gingen sie ins Südzimmer, fanden dort aber auch nichts. Sie gingen ins Westzimmer, doch wieder fanden sie nichts. Endlich gingen sie ins Nordzimmer, und dort fanden sie *Téehoołtsódii,* das Große Wasserwesen.

Da saß er.

Auf der einen Seite neben ihm saßen seine eigenen beiden Kinder. Und auf der anderen Seite neben ihm saßen die beiden Mädchen, die er geraubt hatte.

Der Mann und die Frau forderten die Mädchen zurück. Und als *Tééhoołtsódii* nichts darauf erwiderte, nahmen sie die Mädchen und gingen fort. Doch während sie sich entfernten, schnappte sich *Mą'ii*, der Coyote, die beiden kleinen Wasserkinder. Von niemandem bemerkt, trug er sie unter seinem Gewand davon.

Coyote trug sein Gewand immer so fest um sich geschlagen. Er schlief sogar so. Niemand wunderte sich also, als er mit den anderen aus dem Wasser stieg und sein Gewand wie immer fest um sich gefaltet hatte. Und nicht im entferntesten hätte irgend jemand vermutet, daß er gerade die Kinder von *Tééhoołtsódii*, dem Großen Wasserwesen, geraubt hatte, so ist gesagt.

12

Auch ist gesagt, daß etwas gleich am nächsten Tag die Leute in große Verwunderung versetzt habe. Denn sie sahen *Bįįh*, den Hirsch, direkt an ihnen vorbeikommen. Und sie sahen *Tązhii*, den Truthahn, direkt vor ihrer Nase vorbeihasten. Und sie sahen *Jádí*, die Antilope, vorbeisausen. Alle drei flohen sie Hals über Kopf von Osten nach Westen.

Unterdessen strömten andere Tiere wie gehetzt ins Dorf und suchten Zuflucht. *Atseełtsoii*, der Gelbschwanzfalke, kam mit seiner Frau und ihren Jungen. *Hazéétsoh*, das Eichhörnchen, kam mit seiner Frau und ihren Jungen. *Dah yiitįhí*, der Kolibri, kam mit seiner Brut. Und so kam auch *Jaa'abaní*, die Fledermaus.

Den ganzen Tag und auch an den folgenden drei Tagen flohen andere Tiere durch das Dorf oder blieben und baten um Schutz. Irgend etwas hatte sie in Angst versetzt.

Am Morgen des vierten Tages, als das weiße Licht der Morgendämmerung an der Wand des östlichen Himmels emporklomm, bemerkten die Leute ein seltsames weißes Glitzern am Horizont. Sie sandten daher ihre Heuschreckenkuriere aus, um zu erkunden, was dort geschah.

Bevor es dunkelte, kehrten die Heuschrecken zurück und berichteten den Leuten, daß von Osten her eine riesige Wasserwoge heranbrauste.

Diese Kunde ließ alle Leute, auch die *Kiis'áanii*, zu einer großen Menge zusammenströmen. Manche schrien. Manche weinten. Einige versuchten wegzulaufen, kamen aber bald zurück, als sie erkannten, daß sie nirgendwohin flüchten konnten. Denn auch von Westen her kam eine hohe Flutwelle. Und Wasser kam jetzt auch von Süden und ebenso von Norden her. Manche der Leute rannten kopflos davon und wurden nie mehr gesehen.

Die übrigen jammerten und klagten oder redeten miteinander. Keiner von ihnen schlief in jener Nacht, so sehr fürchteten sie sich, so ist gesagt.

13

Auch ist gesagt, daß am nächsten Morgen das weiße Licht der Dämmerung im Osten wie an den vergangenen Tagen aufging. Doch diesmal ging es mit einem stetigen Getöse auf, das zuerst fern klang und dann lauter wurde. Und dann sahen die Leute, wie das Wasser, am Horizont ringsum zu Bergen getürmt, sie einschloß.

Es kam von Osten auf sie zu. Es kam von Süden auf sie zu. Auch von Westen kam es auf sie zu. Und von Norden her kam es auf sie zu. Nur im Westen war eine kleine Öffnung in der Flutwelle. Doch sie war zu schmal, als daß sie alle hätten entkommen können.

So schnell sie konnten, packten die Leute ihre Habselig-
keiten zusammen und suchten Zuflucht auf einem nahegelegenen Hügel. Sie wußten aber, daß sie dort nicht auf Dauer
sicher waren.

Oben auf der Kuppe hielten sie Rat und versuchten herauszufinden, was nun zu tun sei. Jemand schlug vor, daß
vielleicht *Hazéétsoh*, das Eichhörnchen, und seine Frau helfen konnten. Sie sagten:

»Wir werden es versuchen«, sagten sie.

»Wir werden tun, was wir können.«

Worauf einer von ihnen einen Samen der Piñonkiefer
setzte und der andere einen Wacholdersamen. Beide wuchsen so schnell, daß die Leute wahrhaftig mitansehen konnten, wie sie größer wurden.

So schnell wuchsen sie, daß manche Leute hofften, sie
würden sich über die Fluten erheben. Doch sie wuchsen nur
ein wenig höher. Dann verzweigten sie sich und blieben, wie
sie waren.

Da wandten sich die Leute an *Dló'ii*, das Wiesel, und seine Frau und baten sie um Hilfe. Sie sagten:

»Wir werden es versuchen«, sagten sie.

»Was wir tun können, werden wir tun.«

Worauf einer von ihnen einen Fichtensamen setzte und
der andere einen Kiefernsamen. Und wie zuvor wuchsen
beide so schnell, daß die Leute zusehen konnten, wie sie
größer wurden.

Ja, so schnell wuchsen sie, daß manche Leute glaubten,
die neuen Bäume könnten höher wachsen, als die Flut reichte. Aber wie die Piñonkiefer und der Wacholder, die *Hazéétsoh*, das Eichhörnchen, und seine Frau gepflanzt hatten,
wuchsen sie nur noch ein wenig weiter. Dann verzweigten
sie sich und gingen eher in die Breite als in die Höhe.

Nun fürchteten die Leute sich mehr als je zuvor. Denn
das Wasser war weiterhin auf sie zugestürzt, von Osten und

von Westen her, vom Norden und vom Süden her. Sie alle glaubten, ihr Ende sei nah. Da erschienen plötzlich zwei Männer auf dem Hügel, auf dem die Leute standen, so ist gesagt.

14

Auch ist gesagt, daß einer der beiden Männer, die plötzlich erschienen, alt und grauhaarig gewesen sei. Der andere, der dem Älteren vorausging, war jung und geschmeidig. Sein Haar glänzte, und Lichtstrahlen funkelten aus seinen Augen.

Die beiden sprachen zu niemandem, als sie den Hügel heraufkamen. Sie schritten schweigend durch die Menge und gingen direkt auf die Hügelkuppe zu. Als sie ganz oben waren, setzte sich der junge Mann nieder. Dann setzte sich der alte Mann direkt hinter ihn. Und aus einem für niemanden ersichtlichen Grund setzte sich *Wóóneeshch'įįdii,* die Heuschrecke, direkt hinter ihn. Alle drei blickten nach Osten.

Dann holte der Alte sieben Beutel unter seinem Umhang hervor und öffnete sie. Jeder enthielt ein wenig Erde. Diese Erde, verkündete er sodann, stamme von den heiligen Bergen, die die Grenzen der vierten Welt markierten. Darauf sprachen einige der Leute Worte wie diese:

»Ah, vielleicht kann doch noch etwas getan werden«, sprach einer.

»Vielleicht kann unser Großvater uns helfen«, sagte ein anderer.

»Vielleicht finden wir eine andere Welt, in der wir leben können«, sagte noch ein anderer.

Worauf der Alte erwiderte:

»Ich selbst kann nicht mehr tun, als was ich getan habe«, erwiderte er.

»Aber vielleicht kann mein Sohn euch helfen.«

Worauf die Leute den jungen Mann mit dem glänzenden Haar und den funkelnden Augen anflehten, etwas zu tun. Und dies nun sagte er zu ihnen:

»Ja, ich kann etwas tun, euch zu helfen,« sagte er zu ihnen.

»Doch da sind zwei Dinge, die ihr tun müßt. Und es gibt zwei Dinge, die ihr nicht tun dürft. Ihr müßt alle von der Stelle wegtreten, an der ihr steht. Und ihr müßte euch alle nach Westen wenden.

Doch ihr dürft mich nicht anschauen, bevor ich euch rufe. Und ihr dürft mir keine Fragen stellen.

Niemand darf mir bei meinem Werk zusehen. Und niemand darf wissen, was ich getan habe und wie ich es getan habe.«

Die Leute waren alle bereit zu tun, was er ihnen sagte. Und sie waren bereit zu unterlassen, was er ihnen verbot.

Sie traten von der Stelle fort, an der sie standen. Sie wandten sich alle nach Westen. Keiner sah ihn an. Und niemand stellte ihm eine Frage. Nach einer Weile rief er sie alle wieder an die Stelle zurück, wo sie zuvor gestanden hatten.

Als sie hinzutraten, sahen sie, daß er die Heilige Erde auf dem Boden ausgebreitet hatte. Und sie sahen, daß er darin zweiunddreißig Schilfpflanzen gesetzt hatte, von denen jede zweiunddreißig Knoten besaß.

Sie sahen die Schilfpflanzen an, und während sie nachschauten, schlugen sie Wurzeln im Boden, und diese Wurzeln drangen rasch in die Tiefe. Und im nächsten Augenblick vereinigten sich alle zweiunddreißig und bildeten einen mächtigen Stengel, der an seiner Ostseite eine Öffnung besaß, so ist gesagt.[32]

15

Auch ist gesagt, daß der junge Mann den Leuten gebot, durch die Öffnung in das Schilfrohr zu steigen. Als sie alle sicher im Inneren angelangt waren, verschwand die Öffnung. Und keinen Augenblick zu früh, denn sie hatte sich kaum geschlossen, als die Leute draußen schon das furchtbare Tosen des heranbrausenden Wassers hörten: »Yin! yin! Yin! yin!«

Das Wasser stieg schnell. Doch das Schilf wuchs schneller. Es wuchs so hoch, daß die Leute darinnen fürchteten, es werde unter ihrem Gewicht knicken und ins Wasser stürzen.

Zum Glück waren jedoch *Bits'íís łigaii*, der Weiße Körper, und *Bits'íís dootł'izh*, der Blaue Körper, mit ihnen im Schilfstengel. *Bits'íís łizhin*, der Schwarze Körper, war auch da, und er hauchte einen langen Atemzug durch ein Loch oben im Schilf, woraus sich um die Spitze eine schwere schwarze Wolke bildete und sie aufrecht hielt.

Und weiter wuchs das Schilf. Bis es wieder zu schwanken begann und die Leute abermals von Furcht ergriffen wurden. Doch *Bits'íís łizhin*, der Schwarze Körper, blies einen zweiten langen Atemzug und machte noch eine Wolke, um das hoch aufragende Schilf geradezuhalten.

Als es zu dunkeln begann, war das Schilf geradewegs bis hinauf zum Scheitel des Himmels gewachsen. Es schwankte und bog sich so sehr, daß die Leute die Bewegung nicht ausgleichen konnten. Bis endlich *Bits'íís łizhin*, der Schwarze Körper, der jetzt ganz oben im Schilfrohr war, den Federschmuck aus seinem Stirnband zog. Er steckte ihn durch die Spitze des Schilfrohrs und machte ihn am Himmel fest.

Daher ist das Schilf bis auf den heutigen Tag gefiedert, so ist gesagt.

16

Auch ist gesagt, daß die Leute die ganze Nacht im Schilfrohr geblieben seien. Und als das weiße Licht des Tages sich am nächsten Morgen über den Himmel ausbreitete, schauten sie hinaus. Aber sie sahen kein Loch im Himmel.

Daher schickten die Leute *Atseeltsoii*, den Falken, aus, damit er einen Weg zur anderen Seite suchte. Hinaus flog er und begann sofort mit seinen Klauen am Himmel zu kratzen.

Er kratzte und kratzte, bis man ihn aus den Augen verlor. Einige Zeit später kehrte er zurück und sagte, er habe sich so weit in die Himmelsschale hineingegraben, daß er einen Lichtschimmer von der anderen Seite erkennen konnte. Nun aber sei er müde und könne nicht weiter graben.

Danach schickten sie *Wóóneeshch'įįdii*, die Heuschrecke, zum Graben. Auch sie blieb lange Zeit fort. Doch endlich kam sie zurück, und als sie wieder da war, hatte sie dies zu erzählen.

Sie hatte sich zur Oberwelt auf der anderen Seite des Himmels hindurchgegraben. Heraus kam sie auf einer kleinen Insel inmitten eines weiten Sees. Als sie den Fuß auf diesen Boden setzte, sah sie einen schwarzen Seetaucher von Westen näherkommen. Und sie sah einen gelben Seetaucher von Osten näherkommen.

»Wer bist du, und woher kommst du?« fragte einer der Seetaucher. Darauf gab *Wóóneeshch'įįdii* keine Antwort.

»Uns beiden«, sagte der andere Seetaucher, »gehört die Hälfte dieser Welt.

Der Osten gehört mir. Und der Westen gehört meinem Vetter hier.

Höre also.

Wenn du tun kannst, was wir tun, werden wir dir die andere Hälfte der Welt geben. Wir werden dir den Norden und den Süden geben.

Kannst du aber nicht tun, was wir tun, so wirst du sterben.«

Jeder Seetaucher hatte einen Pfeil aus schwarzem Wind. Und beide stachen sich den Pfeil durch den Körper, von einer Seite zur anderen und direkt durch das Herz.

Nachdem sie das getan hatten, warf jeder seinen Pfeil *Wóóneeshch'įįdii*, der Heuschrecke, vor die Füße.

Sie nahm nun einen der Pfeile und stieß ihn sich durch den Körper, von einer Seite zur anderen und direkt durchs Herz, wie sie es bei den Seetauchern gesehen hatte.

Dann nahm sie den anderen Pfeil und stieß ihn sich durch den Körper, von einer Seite zur anderen, so daß er das Herz durchstach. Und als die Seetaucher sahen, wie leicht sie diese Aufgabe löste, ließen sie sich ins Wasser gleiten und schwammen von der Insel fort. Einer schwamm nach Osten, und der andere schwamm nach Westen. Und sie belästigten *Wóóneeshch'įįdii*, die Heuschrecke, nicht länger.

Als sie fort waren, erschienen zwei andere Seetaucher. Ein blauer stieg von Süden aus dem Wasser. Und ein glänzender stieg von Norden aus dem Wasser.

Sie sprachen zu *Wóóneeshch'įįdii* genau dasselbe, was auch die beiden anderen Seetaucher gesagt hatten. Und sie stellten sie auf dieselbe Probe.

Wieder stieß sie sich zwei Pfeile von einer Seite zur anderen durch den Körper, daß sie das Herz durchstachen. Und wieder geschah ihr nichts dabei. Worauf die beiden Seetaucher fortschwammen wie die anderen beiden und *Wóóneeshch'įįdii* nicht länger belästigten. Sie überließen ihr das Land gänzlich.

Bis auf den heutigen Tag kann man Löcher an den Seiten einer Heuschrecke erkennen, wenn man genau hinschaut. Das sind die Löcher von den beiden Pfeilen, die *Wóóneeshch'įįdii* sich von einer Seite zur anderen durch den Körper stieß.

Die Öffnung im Himmel aber war immer noch zu klein für die größeren Leute. Daher schickte man *Nahashch'id*, den Dachs, sie zu erweitern.

Als er von der Arbeit zurückkehrte, waren seine Beine von der Erde im Inneren der Himmelskuppel, die die vierte Welt überspannt, schwarz geworden. Und deswegen haben alle Dachse seither schwarze Beine.

Endlich konnten *Áłtsé hastiin*, der Erste Mann, und sein Weib, *Áłtsé asdzą́ą́*, die Erste Frau, die Leute durch die Öffnung führen. Einer nach dem anderen folgten sie dem Paar. Und endlich in Sicherheit, kletterten sie durch das Loch auf die Oberfläche dieser fünften Welt, so ist gesagt.[33]

All diese Dinge geschahen vor langer, langer Zeit, so ist gesagt.

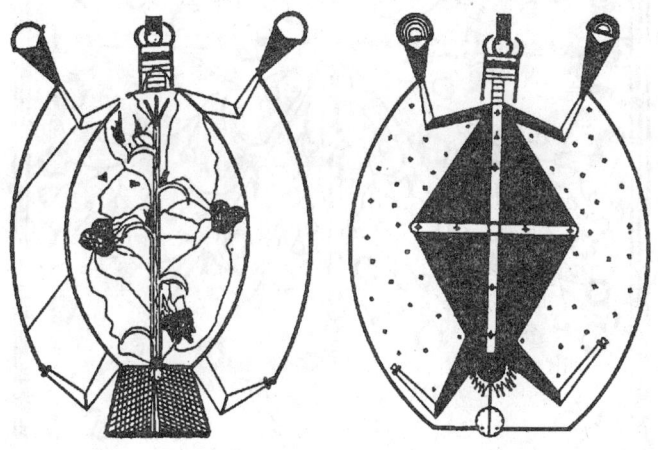

II

Die fünfte Welt

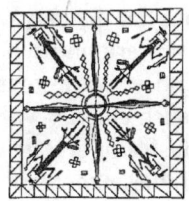

1

Von einer Zeit, lang, lang vorbei, ist auch dies gesagt.[1]

Es ist gesagt, daß hohe Steilufer den See umgaben, in dem die Insel lag. Und hinter dem oberen Rand dieser Steilufer erstreckten sich in alle Richtungen weite Ebenen. Berge ragen jetzt über dem See auf, aber sie waren noch nicht da, als die Leute in die fünfte Welt gelangten.

Anfangs wußten die Leute nicht, wie sie von der Insel aus über das Wasser ans andere Ufer kommen sollten. Darum baten sie *Bits'íís dootł'izh*, den Blauen Körper, um Hilfe.

Offenbar hatte er aus der tieferen Welt vier Steine mitgebracht. Einen davon warf er nun nach Osten. Dann warf er einen nach Süden. Und er warf einen nach Westen. Und nach Norden warf er auch einen.

Wo die Steine auf die Steilufer trafen, schlugen sie Löcher in den Fels. Und durch diese Löcher floß das Wasser in vier verschiedene Richtungen ab.

Der See verlor dadurch nicht all sein Wasser. Es floß jedoch genügend Wasser ab, daß sich an einer Stelle der Grund zeigte. Nun bestand ein Verbindungsweg zwischen der Insel und dem Land auf der anderen Seite.

Zuerst fürchteten die Leute sich, diesen Weg zu betreten, denn er war schlammig, und der Schlamm schien sehr tief zu sein. Sie baten *Níłch'i dilkǫǫh*, den Sanften Wind, ihnen zu helfen.

Da blies er stetig den ganzen Tag. Und bevor es dunkel wurde, trocknete der Schlamm. So konnten die Leute am nächsten Tag leicht zum anderen Ufer hinübergehen.

Während sie darauf warteten, daß der Schlamm trocknete, hatten die *Kiis'áanii* an der Ostseite der Insel gelagert. Dort errichteten sie eine Steinmauer, die heute noch steht. Sie wollten etwas haben, an das sie sich anlehnen konnten und das sie gegen den Wind abschirmte.

Die anderen bauten notdürftige Unterkünfte aus Reisig-holz. Diese wurden auf der Westseite der Insel gebaut.

Während die Leute warteten, stellten die Frauen vier Pfäh-le auf. Über diese Pfähle spannten sie ein Hirschfell. Und unter dem Fell spielten sie *tsindil.* In der Sprache von *Bila-gáana*, dem Weißen Mann, würde man das Spiel Stockwür-feln nennen.[2] Die Frauen hatten es aus der tieferen Welt mit-gebracht. Noch heute spielen die Frauen gern dieses Spiel.

Als schließlich alle das Festland erreicht hatten, wollten sie wissen, was aus ihnen werden würde. Da warf einer einen Fellschaber ins Wasser und hatte dies zu sagen:

»Wenn er versinkt, werden wir irgendwann sterben. Doch wenn er schwimmt, werden wir alle weiterleben.«

Er schwamm, und alle waren froh.

Doch dann stand *Mą'ii*, der Coyote, auf. Und er hatte dies zu sagen:

»Wartet einen Augenblick«, sagte er.

Und bevor jemand etwas einwenden konnte, nahm er ei-nen Stein und sprach:

»Wenn er schwimmt, werden wir ewig leben. Geht er aber unter, so wird jeder früher oder später sterben.«

Natürlich versank der Stein, und alle wurden böse. Sie beschimpften und verfluchten *Mą'ii*. Einige der Leute mach-ten sogar Anstalten, ihn ins Wasser zu werfen. Doch er schrie laut, und dies sagte er:

»Wartet!« sagte er.

»Hört mich an.

Wenn wir alle immer weiter leben und die Frauen weiter Kinder bekommen, wird es zuviele Leute geben. Niemand wird sich mehr bewegen können. Nirgends mehr wird Platz sein, Mais anzubauen.

Ist es nicht besser, wenn hier jeder von uns nur ein Weil-chen lebt, bis das Alter uns langsam macht?

Nicht nur bis wir nicht mehr jagen können. Nicht nur bis wir nicht mehr säen und ernten können. Sondern bis wir nicht mehr denken können. Bis wir nicht mehr sprechen können.

Dann sollten wir weiterziehen. Alles der Jugend hinterlassen, der nächsten Generation Platz machen.«[3]

Als die Leute hörten, was *Mą'ii* zu sagen hatte, erkannten sie die Weisheit in seinen Worten. Widerwillig räumten sie ein, daß er recht hatte. Und einer nach dem anderen verstummten sie.[4]

Später an jenem Tag hatten die Leute zwei Besucher. *Náshdóítsoh*, der Berglöwe, besuchte sie. Und *Mą'iitsoh*, der Große Wolf, besuchte sie.

Sie hatten dies zu sagen:

»Wir haben gehört, daß neue Leute gekommen sind«, sagten sie.

»Wir haben gehört, sie seien da drüben auf der Insel aus der Erde gekommen.

Jetzt sind wir hier, sie zu sehen«, sagten sie.

Und sie betrachteten die Neuankömmlinge. Lange Zeit betrachteten sie sie von Kopf bis Fuß. Und unter den unverheirateten Frauen suchte sich *Náshdóítsoh*, der Berglöwe, eine Braut aus, so ist gesagt.

2

Auch ist gesagt, daß vier Tage vergingen. Viermal ging das weiße Licht des Tages im Osten auf. Und viermal fiel die schwarze Dunkelheit der Nacht herein.

Am fünften Tag in dieser neuen Welt ging einer der Leute noch einmal auf die Insel zurück, wo sie alle an die Oberfläche gelangt waren.

Er ging zu dem Loch, durch das die Leute aus der überschwemmten vierten Welt entkommen waren. Und als er hineinschaute, sah er darin das Wasser wallen und schäumen. Er bemerkte, daß es stetig stieg. Es stand schon fast bis zum Rand. Und mit jedem Augenblick schien es höher zu kommen!

Der Mann rannte zurück, um den anderen zu berichten, was er gesehen hatte. Sofort wurde eine Ratsversammlung einberufen, damit die Leute diese neue Gefahr erörtern könnten.

Eine Zeitlang redeten sie und tauschten Meinungen aus, kamen aber zu keinem Schluß, was nun zu geschehen hatte. Doch dann erhob sich *Áłtsé hastiin*, der Erste Mann, um zu sprechen. Bevor er anhob, blickte er sich um, bis er *Mą'ii*, den Coyoten, sah. Und als ihre Blicke sich trafen, schaute Coyote auf seine Füße herab.

Daraufhin zeigte *Áłtsé hastiin* auf *Mą'ii* und hatte dies zu sagen:

»Da!« sagte er.

»Da ist der Halunke, der die Schuld trägt!

Er benimmt sich so seltsam; irgend etwas stimmt da nicht.

Nie zieht er sein Gewand aus. Nicht einmal, wenn er sich hinlegt. Ich habe ein Auge auf ihn, seit wir hier sind. Und jetzt bin ich ganz sicher, daß er etwas unter seinem Umhang versteckt hält.

Etwas Gestohlenes vielleicht?

Durchsuchen wir ihn!«

Sie fielen über *Mą'ii* her und zerrten ihm das Gewand von den Schultern.

Natürlich! Zwei fremdartig aussehende Kreaturen fielen zu Boden. Sie waren winzigen Büffelkälbern nicht unähnlich, nur waren sie gänzlich mit Flecken verschiedener Farben bedeckt. Es waren die Kinder von *Tééhoołtsódii*, dem

Großen Wasserwesen, wahrhaftig seine eigenen Kinder, geraubt von *Mą'ii*, dem Coyoten.

Sofort liefen die Leute hinüber zur Insel und warfen die Kinder in das Loch, aus dem sie aufgestiegen waren. Und im Nu hörten die Wasser darin auf zu wallen und zu wogen. Mit ohrenbetäubendem Getöse wurden sie in die tiefere Welt zurückgesaugt.

Spät am folgenden Tag, nachdem die Nacht hereingebrochen war, hörte die eine der nichtgebärenden *nádleeh*-Zwillinge auf zu atmen. Voller Furcht ließen die Leute sie die ganze Nacht allein. Und als es Morgen wurde, schlug *Mą'ii* vor, sie zum Ausruhen zwischen die Felsen zu legen.

Dies wollten sie tun. Doch als sie zu der Stelle gelangten, wo sie den Körper zurückgelassen hatten, konnten sie ihn nicht finden. Erstaunt fragten sie sich, was aus ihm geworden sei, und schauten sich um.

Sie suchten in allen Richtungen. Sie schauten ostwärts. Südwärts schauten sie. Westwärts schauten sie auch. Und auch nordwärts schauten sie. Doch sie fanden keine Spur des verschwundenen *nádleeh*-Zwillings.

Schließlich gerieten zwei Männer in die Nähe der Öffnung, durch die sie aus der vierten Welt entkommen waren. Und einem von ihnen kam der Gedanke, einen Blick hineinzuwerfen. Er beugte sich so weit er konnte vor und schaute hinunter in die vierte Welt. Und dort, weit drunten, erspähte er die Tote, die an einem Fluß saß und sich das Haar kämmte.

Er rief seinen Kameraden her, damit auch er es sähe. Zusammen schauten sie noch einmal hinunter. Dann gingen sie zu ihren Leuten zurück und erzählten, was sie gesehen hatten.

Doch vier Tage später starben auch diese beiden Männer.

Von da an vermieden es die Leute, einen Leichnam anzuschauen. Nie wieder würden sie den Toten nachspüren. Und daher haben sich die Navajoleute seither stets gefürchtet, einen Geist anzustarren, so ist gesagt.[5]

3

Auch ist gesagt, daß die *Kiis'áanii* ihr Lager ganz in der Nähe aufschlugen. Und bald verbreitete sich die Kunde, daß sie einen Maiskolben besaßen. Anscheinend hatten sie ihn aus der tieferen Welt mitgebracht, um ihn als Saatgut zu benutzen.

Einer der noch ungebärdigen jungen Männer schlug vor, nun zum Lager der *Kiis'áanii* zu gehen und ihnen den Mais wegzunehmen. Doch die älteren, besonneneren Männer wiesen mit Nachdruck darauf hin, daß es unrecht wäre, den Mais einfach wegzunehmen.

Schließlich hatten die *Kiis'áanii* ebensoviele Widrigkeiten durchgestanden wie die Wind-Geist-Leute. Wenn sie die Voraussicht besaßen, Maissamen mitzubringen, so sprach das nur noch mehr für sie.

Trotz dieses Rats machte sich eine Gruppe der jungen Heißsporne zum Lager der *Kiis'áanii* auf und verlangte den Maiskolben. Nachdem einiges an zornigen Worten gewechselt worden war, machten die *Kiis'áanii* ein Angebot. Einer von ihnen hatte dies zu sagen:

»Wir werden den Kolben in zwei Stücke brechen«, sagte er.

»Wir geben euch die Hälfte, die ihr haben wollt. So werden beide Parteien Saatgut haben.«

Diesem Handel stimmten die jungen Männer zu. Daher zerteilte die Frau, der der Mais eigentlich gehörte, den Kolben in der Mitte und legte die Stücke vor die anderen hin, damit sie wählen konnten.

Die jungen Männer sahen sich die beiden Kolbenhälften genau an. Zuerst betrachteten sie das eine Stück, dann das andere. Dann steckten sie die Köpfe zusammen, um über ihre Wahl zu entscheiden.

Darüber wurde *Mą'ii*, der Coyote, der den anderen ungesehen bis zu der Stelle gefolgt war, wo die *Kiis'áanii* lagerten, ungeduldig. Während die anderen noch ihre Wahl erwogen, nahm er einfach die Spitze des Kolbens und machte sich damit aus dem Staub.

Darauf erklärten die *Kiis'áanii* die Wahl für getroffen. Die Leute hatten das kärglichere Ende mit seinen kleinen, unregelmäßigen Körnern gewählt. Und sie, die *Kiis'áanii*, konnten das dickere Ende mit seinen großen, regelmäßig angeordneten Körnern behalten. Daher ist bei den Pueblo bis auf den heutigen Tag stets besserer Mais gewachsen als bei den Navajo.

Die *Kiis'áanii* aber waren sehr verärgert über die Drohungen und Beschimpfungen der jungen Männer, die einfach gekommen waren und den Mais von ihnen forderten. Was würde sie davon abhalten, ein andermal wiederzukommen und wieder etwas für sich zu beanspruchen?

Deshalb zogen sie von ihren Nachbarn fort und bauten sich in größerer Entfernung ein Dorf. Aus diesem Grund leben die Navajo und die Pueblo bis auf den heutigen Tag mit großem Abstand voneinander, so ist gesagt.

4

Auch ist gesagt, daß bald nach dem Fortziehen der *Kiis'áanii* *Áłtsé hastiin*, Erster Mann, und *Áłtsé asdzą́ą́*, Erste Frau, beschlossen, diese neue Welt zu verschönern.[6]

Zusammen mit *Bits'íís łizhin*, dem Schwarzen Körper, und *Bits'íís dootł'izh*, dem Blauen Körper, machten sie sich zuerst daran, die sieben Berge zu errichten, die den Navajo bis auf den heutigen Tag heilig sind. Sie erbauten diese Berge aus Dingen, die sie mitgebracht hatten, aus Dingen, die sie ähnlichen Bergen in der vierten Welt entnommen hatten.

Im Osten errichteten sie *Sisnaajiní*, den Sierra Blanca Peak, wie *Bilagáana* ihn heute nennt. Im Süden errichteten sie *Tsoodził* oder Mount Taylor. Im Westen errichteten sie *Dook'o'ooslííd*, den San Francisco Peak, wie er heute genannt wird. Und im Norden bauten sie *Dibé nitsaa* oder Big Mountain Sheep.

Diese vier Berge errichteten sie in den vier Himmelsrichtungen. Wo das Wasser sich sammelte, das aus dem See abgeflossen war, nachdem *Bits'íís dootł'izh* mit vier Steinen aus der vierten Welt Löcher in die Steilufer geschlagen hatte, standen nun diese Berge.

Auch schufen sie drei Berge in der Mitte des Landes. Sie schufen *Dził ná'oodiłii*, den Berg, den *Bilagáana* Kreis der Reisenden nennen würde. Sie schufen *Ch'óol'í'í*, den Berg, den manche jetzt Riesenfichtenberg nennen würden, während andere behaupten, die Bedeutung dieses Namens sei unbekannt. Und sie formten *Ak'i dah nást'ání*, den Berg, dessen Name in der Sprache des Weißen Mannes Butte-auf-Butte-getürmt bedeutet.[7]

Durch *Sisnaajiní* im Osten sandten sie einen Blitzstrahl, mit dem sie ihn am Firmament befestigten. Dann schmückten sie ihn mit weißen Muscheln. Sie schmückten ihn mit weißen Blitzen. Sie schmückten ihn mit weißem Mais. Sie schmückten ihn mit dunklen Wolken, aus denen der jähe, heftige männliche Regen fällt.

Auf den Gipfel des *Sisnaajiní* im Osten legten sie eine Muschelschale. In diese Schale legten sie zwei Eier, die *Hasbídí*, der Grauen Taube, gehörten, denn sie wünschten sich Federn auf dem Berg. Über die Eier breiteten sie eine heilige Hirschhaut, damit sie ausgebrütet würden. Darum gibt es auf diesem Berg bis heute so viele Wildtauben.

Alles, was sie auf den *Sisnaajiní* im Osten gelegt hatten, bedeckten sie nun mit einem Tuch aus Tageslicht. Und aus kleinen Steinbildnissen, die sie aus der tieferen Welt mitgebracht hatten, bildeten sie *Tséghádi'nídínii ashkii*, den Bergkristalljungen, und *Tséghádi'nídínii at'ééd*, das Bergkristallmädchen.[8] Diese beiden sollten dort für immer als die männliche und weibliche Gottheit des *Sisnaajiní* wohnen.[9]

Durch den *Tsoodzil* im Süden stachen sie von unten nach oben ein großes Steinmesser, um ihn am Firmament zu befestigen.[10] Dann schmückten sie ihn mit Türkisen. Sie schmückten ihn mit dunklem Nebel. Sie schmückten ihn mit vielen Tieren. Sie schmückten ihn mit dem dichten Nebel, der den langsamen, sanften weiblichen Regen bringt.

Auf den Gipfel des *Tsoodzil* stellten sie eine große Schale aus Türkis. In diese Schale legten sie zwei Eier von *Dólii*, dem Hüttensänger, denn auch auf diesem Berg wünschten sie sich Federn. Danach bedeckten sie diese Eier mit einer heiligen Hirschhaut, damit sie ausgebrütet würden. Daraus erklärt sich, daß dort bis auf den heutigen Tag so viele Hüttensänger leben.

Über alles, was sie auf den *Tsoodzil* gebracht hatten, breiteten sie nun blauen Himmel. Und aus Dingen, die sie aus der tieferen Welt mitgebracht hatten, formten sie *Dootł'izhii náyoo'ałí ashkii*, den Jungen,-der-Türkis-mitbringt. Und sie formten *Naadą́ą́'łą́'i náyoo'áłí at'ééd*, das Mädchen,-das-viele-Maiskolben-mitbringt. Diese beiden sollten dort für immer als die männliche und weibliche Gottheit des *Tsoodzil* leben, des Mount Taylor, wie er in der Sprache heißt, die *Bilagáana* spricht.

Sie nahmen einen Sonnenstrahl, um *Dook'o'oosłííd* im Westen am Firmament zu befestigen. Dann schmückten sie ihn mit Abalonenschneckenschalen. Sie schmückten ihn mit einer Vielfalt von Tieren. Und auch ihn schmückten sie mit den schwarzen Wolken, aus denen der jähe, heftige männliche Regen kommt.

Auf den Gipfel von *Dook'o'ooslííd* stellten sie eine große Abalonenschneckenschale. In diese Schale legten sie zwei Eier von *Tsídiiłtsooí*, dem Gelben Waldsänger, denn auch auf diesem Berg wünschten sie sich viele Federn. Dann bedeckten sie diese Eier mit einer heiligen Hirschhaut, um zu gewährleisten, daß sie ausgebrütet würden. Darum leben heute noch so viele Gelbe Waldsänger auf diesem Berg.

Über alles, was sie auf den *Dook'o'ooslííd* im Westen gebracht hatten, breiteten sie eine gelbe Wolke. Und aus Dingen, die sie an sich genommen hatten, bevor sie die tiefere Welt verließen, formten sie *Naadáłgaii ashkii*, den Weißmaisjungen, und *Naadáłtsoii at'ééd*, das Gelbmaismädchen. Diese beiden sollten dort für immer als die männliche und weibliche Gottheit des *Dook'o'ooslííd* leben, des San Francisco Peak, wie man ihn jetzt in der Sprache nennt, die der Weiße Mann spricht.

Sie befestigten *Dibé nitsaa* im Norden mit einem Regenbogen am Firmament.[11] Dann schmückten sie den Berg mit schwarzen Perlen. Sie schmückten ihn mit vielen verschiedenen Pflanzen. Und auch ihn schmückten sie mit dem grauen Nebel, der den langsamen, sanften weiblichen Regen bringt.

Auf den höchsten Punkt des *Dibé nitsaa* stellten sie eine große Schale aus schwarzen Perlen. In diese Schale legten sie zwei Eier von *Ch'agii*, der Amsel, denn sie fanden, auch dort oben sollten Federn sein. Deshalb fliegen bis heute so viele Amseln auf diesem Berg umher.

Über alles, was sie auf den *Dibé nitsaa* im Norden gebracht hatten, breiteten sie eine Decke aus Dunkelheit. Und aus einem Bündel von Dingen, die sie gesammelt hatten, als sie noch in der tieferen Welt lebten, formten sie *Tádídíín ashkii*, den Blütenstaubjungen, und *Nahachagii at'ééd*, das Grashüpfermädchen. Diese beiden sollten dort für immer leben, als die männliche und weibliche Gottheit des *Dibé nitsaa* oder Ort der Großen Bergschafe, wie man ihn heute in der Sprache, die *Bilagáana*, der Weiße Mann, spricht, nennen würde.

Nachdem sie die Berge der vier Himmelsrichtungen befestigt hatten, errichteten sie die drei mittleren Berge.[12]

Dziłʼ ná'oodłii befestigten sie mit einem Sonnenstrahl am Firmament. Sie schmückten ihn mit allerlei Dingen, auch mit den dunklen Wolken, die den männlichen Regen bringen. Nichts taten sie auf den Gipfel, denn der sollte leer bleiben, damit die Krieger dort kämpfen konnten. Doch brachten sie eine männliche und eine weibliche Gottheit dorthin, die für immer da leben sollten: *Yódí neidiitsi ashkii*, den Jungen,-der-Güter-erzeugt, und *Yódí neidiitsi at'ééd*, das Mädchen,-das-Güter-erzeugt.

Ch'óolʼį́'į́ befestigten sie mit einem Streifen fallenden Regens am Firmament. Sie schmückten ihn mit Blütenstaub und mit dem dunklen Nebel, der weiblichen Regen bringt. Auf seinen Gipfel setzten sie *Choozhghááłi*, den Goldstirntrupial, den man auch heute noch häufig dort antrifft. Auch brachten sie eine männliche und eine weibliche Gottheit dorthin, die für immer da leben sollten: *Nitłʼiz neidiitsi ashkii*, den Jungen,-der-Edelsteine-erzeugt, und *Nitłʼiz neidiitsi at'ééd*, das Mädchen,-das-Edelsteine-erzeugt.

Und schließlich befestigten sie *Ak'i dah nástʼání* mit einem heiligen Trugbildstein am Firmament.[13] Sie schmückten ihn mit vielen verschiedenen Pflanzen und mit den schwarzen Wolken, die den männlichen Regen bringen. Auf den Gipfel setzten sie *Nahachagii*, den Grashüpfer, dessen Nachkommen bis heute in Scharen dort leben. Und dorthin brachten sie auch *Tsé hadahoniye' ashkii*, den Trugbildsteinjungen, und *Yoo'łichí'í at'ééd*, das Karneolmädchen, auf daß sie für immer dort lebten, so ist gesagt.[14]

5

Auch ist gesagt, daß die Dunkelheit droben sich mit drei Arten von blassem Licht abwechselte, gerade so, wie es in der vierten Welt gewesen war.

Da faßten *Áłtsé hastiin*, der Erste Mann, und *Áłtsé asdzą́ą́*, die Erste Frau, den Plan, die fünfte Welt heller als alle darunterliegenden zu machen.

Eine ganze Weile dachten sie darüber nach. Und noch viel länger sprachen sie darüber, was für eine Art von Licht sie wollten. Schließlich kamen sie überein, eine Sonne und einen Mond zu machen.[15]

Zuerst wurde Sonne gestaltet.[16] Aus *tséghádi'nídínii*, einem klaren Gestein, das *Bilagáana* heute Bergkristall nennt, formten sie einen runden Gegenstand, etwa wie eine flache Schüssel.

Den Rand dieser Schüssel besetzten sie mit Türkisen. Um diese Türkise setzten sie Strahlen aus rotem Regen, um diese Strahlen ein Gitter aus Blitzen und um dieses Gitter schimmernde Wirbel.

Anfangs dachten sie, Sonne sollte vier Spitzen haben, wie sie die Sterne später bekommen würden. Doch im letzten Augenblick änderten sie ihren Plan und ließen Sonne rund.

Dann wurde Mond gestaltet. Wieder formten sie einen runden Gegenstand, ähnlich einer flachen Schüssel, doch kleiner als die erste. Diese machten sie aus *tsésǫ'*, aus Glimmer, wie der Weiße Mann sagen würde.

Diese Scheibe umgaben sie mit weißen Muscheln. Darüber breiteten sie das Licht des Wetterleuchtens und eine heilige Mischung aus Quellwasser, Regenwasser, Schneewasser und Hagelwasser, dem sie noch Wasser aus dem Osten, dem Süden, dem Westen und dem Norden hinzufügten.

Sie schauten sich an, was sie bis jetzt geschafft hatten. Und sie dachten noch ein Weilchen darüber nach und sprachen darüber. Denn nun mußte noch entschieden werden, wo Sonne aufgehen und wo er untergehen sollte.

Niłch'i ha'a'aahdéé'go, der Ostwind, bat darum, Sonne in sein Land zu bringen, damit er seine Reise dort beginnen könne. Also trugen die Leute Sonne an den Rand der Welt, wo der Ostwind zu Hause war.

Nun mußte Sonne noch Leben gegeben werden. Außerdem mußten sie ihm eine Aufgabe zuweisen, damit er für die *Nihookáá' dine'é* die Erdoberflächenleute, die später geschaffen werden sollten, von Nutzen sein konnte. Auch Mond mußte Leben gegeben werden. Und auch sie sollte eine nützliche Aufgabe erhalten. Also beschlossen sie, Sonne in die Obhut des wendigen jungen Mannes mit dem glänzenden Haar und den funkelnden Augen zu geben. Er war es gewesen, der in der vierten Welt die heilige Erde auf dem Boden ausgebreitet hatte; derselbe junge Mann, der zweiunddreißig Schilfrohre gepflanzt hatte, so daß die Leute der Flut entkommen und in diese fünfte Welt gelangen konnten. Fortan sollte er der Sonnenträger sein.

Mond gaben sie in die Obhut des grauhaarigen alten Mannes, der zusammen mit dem Jungen in der tieferen Welt erschienen war. Er war es, der die Erde mitgebracht hatte, die der Jüngere dann ausstreute. Und die Leute sagten, fortan solle er der Mondträger sein.

Bis dahin hatten diese beiden Männer noch keine Namen. Doch nun, so sagten *Áłtsé asdzą́ą́* und *Áłtsé hastiin*, sollte der Sonnenträger *Jóhonaa'éí* heißen. In der Sprache von *Bilagáana* bedeutet dieser Name Der-den-Tag-regiert.

Und nun, so sagten *Áłtsé hastiin* und *Áłtsé asdzáá̜*, sollte der Mondträger *Tł'éhonaa'éí* heißen. In der Sprache des Weißen Mannes bedeutet dieser Name Der-die-Nacht-regiert.

Als *Jóhonaa'éí* und *Tł'éhonaa'éí*, Sonne und Mond, zum Aufbruch rüsteten, um sich an die Arbeit zu machen, die nun für immer ihre Aufgabe sein würde, wurden die Leute sehr traurig. Denn alle hatten die beiden liebgewonnen. Doch *Áłtsé hastiin* tröstete sie und hatte dies zu sagen:

»Trauert nicht um sie«, sagte er.

»Denn sie verlassen euch nicht wirklich. Ihr werdet *Jóhonaa'éí* jeden Tag am Himmel sehen. Und in vielen Nächten werdet ihr *Tł'éhonaa'éí* am Himmel sehen.

Und das ist noch nicht alles.

Jeder, der stirbt, wird in die Obhut dieser beiden gelangen – ein gerechter Lohn für das Werk, das er in dieser Welt verrichtet hat.«[17]

Dies also sagte *Áłtsé hastiin*, der Erste Mann.

In dieser frühesten Zeit war die Welt viel kleiner, als wir sie heute kennen. Die Berge, die die Grenzen dieser Welt anzeigen, standen nicht so weit voneinander entfernt wie heute. Und wenn *Jóhonaa'éí* seinen Pfad über den Himmel entlangging, war er der Erde näher als heute.

Daher war Sonne auf seiner ersten Tagesreise unerträglich heiß. Fast kamen die Leute in dieser Hitze zu Tode. Sie flehten die vier Winde an, jeder möge seinen Berg weiter von der Mitte der Welt fortziehen.

Da zog *Níłch'i ha'a'aahdéé'go*, der Ostwind. Und *Níłch'i shádi'aahdéé'go*, der Südwind, zog. Auch zog *Níłch'i e'e'aahdéé'go*, der Westwind. Und ebenso zog *Níłch'i náhookósdéé'go*, der Nordwind.

Sie zogen alle zugleich, wie die Leute sie gebeten hatten. Und die Meere, die das Land umgaben, wichen vor den Bergen zurück. Der nächste Tag kam, und als *Jóhonaa'éí* seinem Pfad über den Himmel folgte, war es auf der Erde immer noch zu heiß, wenn auch die Leute nicht mehr dem Tode nahe waren wie am Tag zuvor.

Wieder flehten die Leute die vier Winde an. Und wieder zogen diese ihre Berge weiter von der Mitte der Erde fort. So war die Welt am dritten Tag ein wenig kühler, doch immer noch fanden es die Leute ein wenig heißer, als ihnen lieb war.

Noch einmal flehten sie die vier Winde an. Und wie zuvor zogen die vier ihre Berge weiter von der Mitte fort. Und endlich, am vierten Tag, war das Wetter den Leuten angenehm. Sie brauchten nicht länger zu bitten, daß das Antlitz der Erde geändert würde.

Nachdem vier Nächte gekommen und gegangen waren, sahen *Áłtsé asdzą́ą́* und *Áłtsé hastiin*, daß der Himmel zu dunkel war. Mehr Licht würde dort oben für jene benötigt, die des Nachts unterwegs waren, vor allem wenn Mond nicht am Himmel stand.[18]

Deshalb sammelten sie soviele Glimmerstücke, wie sie finden konnten. Denn diese könnte man am Himmel leuchten lassen und so mehr Licht gewinnen. Dann entwarf *Áłtsé hastiin* auf dem Boden einen Plan, nach dem er die Himmel beleuchten wollte. Als er mit seinem Entwurf zufrieden war, machte er sich daran, ihn auszuführen.

Sehr bedächtig und sorgfältig setzte er eines der Glimmerstückchen in den Norden. Dort wollte er einen Stern haben, der sich nie bewegte. Danach konnten alle, die nachts unterwegs waren, ihren Weg bestimmen.

Dann setzte er sieben weitere Glimmerstücke in den Himmel. Das sind die sieben Sterne, die wir jetzt im Norden sehen.

116

Danach setzte er ein helles Glimmerstück in den Süden. Ebenso setzte er eins in den östlichen Himmel. Und ein weiteres setzte er in den westlichen Himmel. Sehr sorgsam und wohlbedacht ging er zu Werk.

Und er formte allmählich etliche Sternbilder. Denn das Ergebnis seiner Arbeit sollte vollkommen sein. Doch während er daran arbeitete, kam *Mą'ii*, der Coyote, des Weges.

Eine Zeitlang sah er *Áłtsé hastiin* bei der Arbeit zu. Dann schaute er sich die Glimmerstücke an, die dieser gesammelt hatte. Er fand drei rote Stückchen. Als er sie bemerkte, hatte er dies zu sagen:

»Diese hier nehme ich als meine eigenen Sterne«, sagte er.

»Und ich setze sie so, wie es mir gefällt.«

Gesagt, getan; er setzte sie genau dorthin, wo wir jetzt drei große rote Sterne unter den weißen sehen, die jede Nacht über uns in der Dunkelheit leuchten.

Áłtsé hastiin arbeitete unterdessen so behutsam wie zuvor weiter. Einen nach dem anderen setzte er die Sterne an die Stellen, die er in seinem Plan bezeichnet hatte. Und *Mą'ii* schaute zu und betrachtete die Ergebnisse dieser langsam fortschreitenden Arbeit.

Schließlich wurde er aber doch ungeduldig und rief diese Worte:

»Mach es doch nicht so umständlich!« rief er.

»Weshalb muß ich so lange warten, bis du endlich fertig bist?

Laß die Sterne doch sitzen, wo sie wollen.«

Damit ergriff er auch schon alle von *Áłtsé hastiin* gesammelten Glimmerstücke mit seiner Pfote. Er warf sie hoch in die Luft und blies mächtig hinter ihnen drein. Sofort hefteten sie sich ohne jede Ordnung und in unregelmäßigen Scharen an den Himmel.[19]

Wenigstens blieben die Sterne, die *Áłtsé hastiin* schon angebracht hatte, an ihrem richtigen Platz. Manche Sternbilder waren also sorgfältig gestaltet. Doch die übrigen waren unregelmäßig über den Himmel verstreut.

Bis auf den heutigen Tag kann jeder, der in dunkler Nacht zum Himmel hinaufschaut, die verstreut angebrachten Sterne erkennen. Und dann sieht er die ewige Unordnung, die *Mą'ii* durch seine Ungeduld angerichtet hat, so ist gesagt.

6

Auch ist gesagt, daß, nachdem die fünfte Welt größer geworden war, die Leute begonnen hatten umherzuziehen. Zuerst zogen sie ostwärts. Nach einem Tagesmarsch erreichten sie *Ni'hahoogai*, den Weißen Fleck auf der Erde, wie *Bilagáana* ihn nennen würde.

Dort lagerten sie. Und in dieser Nacht kam eine junge Frau nieder. Sie war eines von den schönen Mädchen gewesen, die während der Zeit der Trennung zwischen Männern und Frauen in der vierten Welt in das Alter gekommen waren, wo sie sich nach der Gesellschaft eines Mannes sehnten.

So hatte sie sich eines Morgens ein Antilopenhorn genommen, das noch, wie alle Antilopenhörner in der Zeit ihres Wachstums, mit Bast bezogen war. Und nachdem sie es den ganzen Tag im Licht gewärmt hatte, führte sie es in ihren Schoß ein, als die Dunkelheit sich senkte. Die ganze Nacht verbrachte sie mit dem Horn und versuchte *bijóózh* ihre Scheide, rufen zu machen.

Nun gebar sie die Frucht ihres Selbstmißbrauchs, ein Wesen, das ganz und gar nicht wie ein normales Kind aussah. Es war eine runde, mißgestaltete Kreatur ohne Kopf.

Als die Leute das sahen, bekamen sie Furcht und schämten sich. Sie hielten Rat und kamen überein, dieses Kind auszusetzen. Sie warfen es in eine tiefe Wasserrinne und hofften, es würde dort sterben.

Doch es blieb am Leben, wie sich später herausstellte. Es sollte zu dem schrecklichen *Déélgééd*, dem Gehörnten Ungeheuer, heranwachsen. Und eines Tages würde es viele von den Leuten töten.[20]

Am nächsten Tag zogen sie weiter ostwärts. Als das gelbe Licht der Abenddämmerung über den Himmel heraufzog, lagerten sie beim *Tseťʼą́ą́'yisgah*, dem Zurückgebogenen Felsen, wie *Bilagáana* ihn nennen würde.

Dort rasteten sie. Und in jener Nacht kam wieder eine junge Frau nieder.

Sie war eine anmutige junge Frau, eine von denen, die sich während der Trennung von Männern und Frauen in der tieferen Welt einen Mann gewünscht hatten.

So hatte sie sich eines Morgens eine Feder aus einer Adlerschwinge gezupft. Der Kiel dieser Feder war dick und rauh, wie es bei neugewachsenen Adlerfedern so ist. Und nachdem sie die Feder den ganzen Tag im Licht gewärmt hatte, führte sie sie in ihren Schoß ein, als die Dunkelheit sich senkte. Die ganze Nacht verbrachte sie mit ihr und brachte *bijóózh*, ihre Scheide, zum Rufen.

Nun mußte sie erfahren, was bei solch einem Selbstmißbrauch herauskommt – ein Kind, das nicht aussieht, wie ein Kind aussehen sollte. Es war ein rundes, kopfloses mißgestaltetes Wesen mit breiten, befiederten Schultern.

Die Leute waren noch entsetzter und schämten sich noch mehr als am Tag zuvor. Sie hielten Rat und beschlossen, auch dieses Kind auszusetzen. Sie warfen es in ein nahegelegens Laugensalzloch und dachten, es würde dort sterben.

Doch es blieb am Leben, wie sich herausstellte. Es sollte zu einer furchtbaren Kreatur namens *Tsé nináhálééh*, dem Adlerungeheuer, heranwachsen. Es sollte später viele Leute verschleppen, die niemals jemand wiedersah.

Am nächsten Tag setzten die Leute ihren Zug nach Osten fort. Und als sich der Himmel im Abendlicht gelb färbte, machten sie halt und lagerten an einem Ort namens *Tsé bináhooteel.* In der Sprache des Weißen Mannes würde man ihn Weite-Fläche-umgibt-den-Felsen nennen.

Dort schliefen sie. Und in der Nacht kam eine dritte junge Frau nieder.

Sie war ein hübsches Mädchen, das in der Zeit der Trennung zwischen Männern und Frauen in der tieferen Welt gemerkt hatte, daß sie sich nach einem Mann dicht an ihrer Stelle sehnte.

So ergriff sie eines Morgens einen glatten, länglichen Stein. Er war hart, wie solch ein Stein eben ist. Und nachdem sie ihn den ganzen Tag im Licht gewärmt hatte, führte sie ihn in ihren Schoß ein, als die Dunkelheit sich senkte. Mit ihm verbrachte sie die ganze Nacht und führte so das Rufen von *bijóózh*, ihrer Scheide, herbei.

Nun sollte sie die Folgen dieses Selbstmißbrauchs erleben – ein Wesen, das einem normalen Neugeborenen in keiner Weise ähnlich sah. Es war eine längliche, kopflose Kreatur mit harter Haut, deren Hals zu einer krustigen, kieselharten Spitze zulief.

Die Leute waren jetzt noch entsetzter und schämten sich noch mehr. Sie trafen sich zur Ratsversammlung und kamen zu dem Schluß, daß auch dieses Kind ausgesetzt werden sollte. Sie warfen es in einen Spalt zwischen den zerklüfteten Felsen und verstopften die Öffnung mit Steinen, in der Hoffnung, daß es dort unten umkommen werde.

Doch es blieb am Leben, wie sich herausstellte. Es sollte aufwachsen und das erbarmungslose Wesen *Tsé dah hodziíł- táłi* werden, Das-Ungeheuer,-das-Leute-in-den-Abgrund-stößt. Es sollte viele Leute am Grund tiefer Schluchten zerschmettern lassen.

Am folgenden Tag zogen sie weiter ostwärts. Und als das gelbe Abenddämmerlicht über ihnen war, machten sie halt und lagerten am *Tséghálzhiníí* oder Schwarzlochfelsen, wie man ihn in der Sprache von *Bilagáana* nennen würde.

Dort verbrachten sie die Nacht. Und währenddessen kam zum vierten Mal eine junge Frau nieder.

Sie war ein reizendes Mädchen, und in der Zeit der Trennung zwischen Männern und Frauen in der tieferen Welt hatte das Verlangen nach der Nähe eines männlichen Körpers sie ergriffen.

So hatte sie in dieser Zeit eines Morgens einen Kaktus ausgerissen und in die rechte Form geschnitzt. Er war feucht und fest, wie es bei einem ausgewachsenen Kaktus so ist. Und nachdem sie ihn den ganzen Tag im Licht gewärmt hatte, führte sie ihn in ihren Schoß ein, als die Nacht sich senkte. Die ganze Nacht verbrachte sie mit ihm und horchte auf die rufende Stimme von *bijóózh*, ihrer Scheide.

Nun entdeckte sie die Folgen dieses Selbstmißbrauchs – Kinder, die normalen Neugeborenen in keiner Weise ähnlich sahen. Ein mißgestaltetes Zwillingspaar. Es waren rundliche, kopflose Wesen, die an einem Ende spitz zuliefen, keine Gliedmaßen besaßen und nahe ihrem oberen Ende zwei Vertiefungen hatten, die Augen nicht unähnlich waren.

Die Leute waren wie von Sinnen vor Furcht und Scham. Sie versammelten sich und erklärten, auch diese Kinder müßten ausgesetzt werden. Sie warfen sie so weit sie konnten und ließen sie dann im Staub der bloßen Erde liegen, wo der Tod ihnen sicher schien.

Doch die schrecklichen Zwillingskinder blieben am Leben. Irgendwie konnten sie in einem Reisighaufen in der Nähe Unterschlupf finden. Sie sollten aufwachsen und zu den gnadenlosen *Binaayéé agháni* werden, den Ungeheuern,- die-mit-den-Augen töten. Viele Leute sollten sie mit ihrem tödlichen Blick erstarren lassen.

So geschah es, daß Ungeheuer in diese Welt kamen und Unordnung stifteten, wohin sie auch gingen. Sie waren die Früchte der Verfehlungen, die in der vierten Welt, als Männer und Frauen getrennt lebten, begangen wurden.

Wie die Männer ertrugen es auch die Frauen nicht, allein zu leben. Und während der Zeit, als sie getrennt an verschiedenen Ufern desselben Flusses lebten, hatten sie die Ehe durch Selbstbefriedigung verhöhnt.

Weitere Ungeheuer kamen zur Welt, als der Zug nach Osten fortgesetzt wurde. Auch sie waren Folge des törichten Streits, der zwischen *Áłtsé hastiin* und *Áłtsé asdzáá* stattgefunden hatte.

Andere Ungeheuer entstanden aus dem Blut, das bei der Geburt der ersten vier geflossen war. Und sie alle wuchsen ebenfalls auf, wie die Leute bald erfahren sollten.

Sie alle wurden blutrünstige Feinde. Bald würden sie beginnen, den Leuten unter Felsen und auf steilen Pfaden aufzulauem. Sie würden Vorbeigehende anspringen und sie töten. Und sie würden die Getöteten verschlingen. Und wegen dieser Ungeheuer sollten die Leute in täglicher Angst leben, so ist gesagt.

7

Auch ist gesagt, daß die Leute sich nun nach Westen wandten und in diese Richtung zogen. Immer weiter wanderten sie, bis sie an einen Ort namens *Tó nts'ósíkooh* kamen, den man heute in der Sprache des Weißen Mannes Mancos Canyon nennt.

Dort blieben sie dreizehn Jahre. Sie ließen sich nieder und bebauten das Land; in jedem Frühjahr säten sie Mais, Bohnen, Kürbis und Squash, und in jedem Herbst ernteten sie die Früchte.

Zu jener Zeit waren die Tiere noch wie Leute. Die vierfüßigen Tiere, die fliegenden Vögel, die sich windenden Schlangen und die krabbelnden Insekten verhielten sich wie die Erdoberflächenleute, die heute die Welt bevölkern.[21]

Sie bauten Häuser und lebten als Nachbarn, wie es heute die Leute tun. Und wie es heute die Leute tun, heirateten sie und vermehrten sich. Wie es heute die Leute tun, arbeiteten sie und kümmerten sich um ihre Angelegenheiten. Zu jener Zeit war der Unterschied zwischen Menschlichem und Nichtmenschlichem nicht annähernd so groß wie er jetzt ist.

Während aber die laufenden und kriechenden und sich schlängelnden Leute ihre Wohnungen am Boden bauten, richteten die Vögel sich hoch in den Felsen ein, wie es viele bis auf den heutigen Tag tun. Dies konnten nur die Vögel gewesen sein; wer sonst hätte die Wohnungen hoch droben erreichen können, wenn er keine starken Flügel besäße?

Anfangs ging alles gut in *Tó nts'ósíkooh.* Doch allmählich begannen die Ungeheuer ihnen nachzustellen; sie töteten und verschlangen die Leute.

Also verließen diese den Ort und zogen zum *Tsé łigaii íí'áhí,* zum Stehenden Weißen Felsen, wie man ihn in der Sprache von *Bilagáana* nennen würde.

Auch dort richteten sie sich ein und bebauten das Land. Wie zuvor säten sie Mais und Bohnen, Kürbis und Squash. Jedes Frühjahr säten sie, und jeden Herbst ernteten sie die Früchte.

Doch die Ungeheuer spürten sie auch hier auf. Und wieder stellten sie ihnen nach, um sie zu töten und zu verschlingen. Und so waren die Leute nach dreizehn Jahren gezwungen, auch diesen Ort wieder zu verlassen. Sie zogen zum *Tsé bee hoolgaií*, zum Weißwandfelsen, wie man ihn in der Sprache des Weißen Mannes nennen würde.

Auch hier versuchten sie sich einzurichten und das Land zu bebauen. Wie zuvor säten sie Mais und säten Bohnen, sie säten Kürbis und sie säten Squash. Jedes Frühjahr säten sie, und jeden Herbst ernteten sie die Früchte.

Doch auch hier spürten die Ungeheuer sie auf. Und wie zuvor stellten sie ihnen nach, um sie zu töten und zu verschlingen. Es ist traurig, aber wahr, daß sie nach dreizehn Jahren auch diesen Ort wieder aufgeben mußten. Und sie zogen zum *Kin nteel*, dem Breiten Haus, wie *Bilagáana* es in seiner Sprache nennen würde.

Kin nteel befindet sich im Chaco Canyon. Die Ruinen dieses großen Dorfes stehen noch und können von jedem besichtigt werden, der sie sehen möchte. Doch als die Heimatlosen ankamen, wurde dieses Pueblo gerade erst erbaut. Es war längst noch nicht fertig.

Wie es überhaupt dazu kam, daß das große Pueblo *Kin nteel* erbaut wurde, ist eine hörenswerte Geschichte, so ist gesagt.[22]

8

Auch ist gesagt, daß das, was in der Folge geschah, höchst hörenswert sei.

Hier ist nun die ganze Geschichte.[23]

Einige Zeit bevor jene, von denen die Navajo abstammen, *Kin nteel* erreichten, kam ein spielender Gott zu den Pueblo, die bereits dort wohnten. Sein Name war *Nááhwííł-*

bį́į́hí, und das bedeutet in der Sprache von *Bilagáana* Der-stets-gewinnt.

Als er erschien, forderte er die Pueblo zu allerlei Spielen und Wettkämpfen heraus. Und stets war der Erfolg auf seiner Seite.

Er war sogar so erfolgreich, daß er den Pueblo binnen kurzem ihren ganzen Besitz abgewonnen hatte. Dann gewann er all ihre Frauen. Danach gewann er ihre Kinder. Und schließlich gewann er auch noch viele der Männer.

Er versprach aber, einiges von seinen Gewinnen zurückzugeben, wenn diejenigen, die noch frei waren, einwilligten, ihm ein großes Dorf zu bauen. Also machten sich die Pueblomänner an die Arbeit. Denn sie wollten gern die anderen Männer befreien, ihre Frauen, ihre Kinder, und ihre Habe zurückbekommen.

Sie sollten auch eine Wettlaufstrecke und einen Spielgrund anlegen. Denn *Nááhwíílbį́į́hí* wollte auch Leute aus anderen Dörfern herausfordern, sich im Spiel mit ihm zu messen. So machten sich denn einige Pueblomänner daran, auch diese Dinge zu verwirklichen.

Gerade zu dieser Zeit erreichten die Leute, die vom *Tsé bee hoolgaií* geflohen waren, den Ort *Kin nteel.* Sie fanden die Pueblomänner eifrig bei der Arbeit. Denn sie bauten das große Dorf, das *Nááhwíílbį́į́hí,* der Spieler, verlangt hatte. Und sie bauten die Wettlaufstrecke und die Arena, die er sich wünschte.

Bald hörten Leute aus dem Nachbarpueblo *Kin dootł'izh* oder Blaues Haus, wie es in der Sprache von *Bilagáana* heißen würde, von *Nááhwíílbį́į́hí* und seiner großen Spielleidenschaft.

Als sie meinten, sie seien bereit, sich mit ihm zu messen, kündigten sie ihr Kommen an, und nach einer Frist von vier Tagen erschienen zwölf Männer aus jenem Dorf, um die

Herausforderung des Spielers anzunehmen. Wie es die Leute von *Kin nteel* getan hatten, setzten sie sich selbst aufs Spiel. Und wie die Leute von *Kin nteel* verloren sie nach wenigen kurzen Wettkämpfen.

Wiederum nach einer Frist von vier Tagen erschienen zwölf weitere Männer aus *Kin dooťizh*, um sich mit *Nááhwíłbįįhí* zu messen. Sie alle waren Verwandte der ersten zwölf Spieler. Und auch sie bestimmten sich selbst als Spieleinsatz. Und wie die anderen verloren sie nach wenigen kurzen Spielen.

Nach einer erneuten Ankündigung aus *Kin dooťizh* erschienen vier Tage später wiederum zwölf Leute, um die Geschicklichkeit und Stärke des großen Spielers zu erproben. Diesmal waren auch Frauen dabei. Doch auch sie verloren, genau wie die anderen. Und immer wenn *Nááhwíłbįįhí* Leute aus dem Nachbardorf gewonnen hatte, ließ er sie sogleich die Arbeit an dem mächtigen Bauwerk aufnehmen, das er errichten wollte.

Und immer noch kamen Leute aus *Kin dooťizh* und versuchten ihre Anverwandten zurückzugewinnen. Nach weiteren vier Tagen kamen Kinder, die ihre Eltern zurückbekommen wollten. Doch auch sie vermehrten nur die Zahl der Sklaven, die *Nááhwíłbįįhí* bereits in seine Gewalt gebracht hatte.

Wieder vier Tage später kamen zwölf der Alten aus dem Dorf. Doch auch sie verloren. Und vier Tage darauf, am nächsten verabredeten Spieltag, kamen zwölf weitere Männer, darunter auch einige hochgeachtete Anführer.

Auch diese Männer bestimmten ihre Freiheit als Einsatz, um ihre Stammesangehörigen zurückzugewinnen. Doch auch sie verloren.

Mit der Arbeitskraft all dieser Sklaven konnte *Nááhwíłbįįhí* sein Vorhaben, das Dorf *Kin nteel* zu bauen, im Nu verwirklichen.

Bei alldem blieben die umherziehenden Luft-Geist-Leute, deren Nachkommen einmal die Navajo sein würden, Zuschauer. Sie lehnten es ab, in irgendeiner Form an den Spielen teilzunehmen. Sie wollten in keiner Weise hineingezogen werden. Sie taten einfach jeden Tag ihre Arbeit und kümmerten sich um ihre Angelegenheiten.

Eines Tages hörten sie jedoch die Stimme des gütigen Gottes *Haashch'éélti'í* von ferne rufen.[24] Er war der Gott, den sie in der vierten Welt als *Bits'íís Łigaii*, als Weißer Körper, gekannt hatten.

»Wu'hu'hu'húú«, rief er, und anfangs erreichte seine Stimme sie kaum.

Sie lauschten und warteten, lauschten und warteten, und bald hörten sie seine Stimme wieder, näher und lauter als zuvor. Weiter lauschten und warteten sie, lauschten und warteten, bis sie die Stimme ein drittes Mal hörten, noch viel näher, noch viel lauter.

Immer noch lauschend, hörten sie die Stimme wiederum. Noch lauter als beim letzten Mal und so nah, daß sie mitten unter ihnen zu sein schien.

Und da erschien *Haashch'éélti'í*, der Sprechende Gott. Er tauchte in der Tür einer Unterkunft auf, wo ein kinderloses junges Paar lebte. Und er teilte ihnen etwas durch Zeichensprache mit, was die jungen Leute zum Glück verstanden.

Er teilte dem jungen Mann[25] und seiner jungen Frau mit, daß die Leute aus *Kin dootł'izh*, dem Blauen Haus, alles verloren hatten. Unter den Dingen, die sie an den Spieler verloren hatten, befänden sich zwei große Muscheln. Sie waren die kostbarsten Schätze des Dorfes.

Doch nicht nur das, so bedeutete er dem jungen Mann und seiner jungen Frau; *Jóhonaa'éí* begehrte eben diese Muscheln, wenn er es auch zufrieden war, daß sie in der Obhut der Leute von *Kin dootł'izh* blieben. Doch als *Nááhwíiłbįįhí* die Muscheln in seinen Besitz brachte, verlangte Sonne die Herausgabe von ihm.

Da aber, so bedeutete *Haashch'ééłti'í*, der Sprechende Gott, der jungen Frau und ihrem Mann, hatte *Nááhwíiłbįįhí*, der Spieler, sich geweigert, *Jóhonaa'éís* Wunsch nachzukommen.

Darüber, so gab *Haashch'ééłti'í* diesem jungen Mann und seiner Frau zu verstehen, war Sonne sehr erzürnt.

Und deshalb, fuhr der Sprechende Gott fort, würden sich einige der *Haashch'ééh dine'é*, der Heiligen Leute, in zwölf Tagen versammeln. Sie würden sich in den Bergen an einem von *Jóhonaa'éí* bestimmten Ort versammeln.

Sie würden dort eine große Zeremonie abhalten. Und diese Zeremonie würden sie ausführen, um herauszufinden, was man tun konnte, um *Nááhwíiłbįįhí*, dem Spieler, der die Wünsche von *Jóhonaa'éí* mißachtete, Einhalt zu gebieten.

Der junge Mann sei ebenfalls zur Zeremonie geladen, teilte *Haashch'ééłti'í* mit. Darauf verschwand er.

Aufmerksam zählte der junge Mann die verstreichenden Tage. Und am zwölften Tag erschien er an dem Ort, wo die Zeremonie stattfinden sollte.

Dort traf er eine große Versammlung von Heiligen Leuten an. Er sah *Haashch'ééłti'í*, den Sprechenden Gott, neben *Hashch'éoghan*, dem Grollenden Gott.[26] Er war der Gott, der in der vierten Welt den Namen *Bits'íís Łitsoii* oder Gelber Körper getragen hatte.

Er sah dessen Sohn *Nílch'i*, welcher Name in der Sprache des Weißen Mannes Wind bedeutet,[27] und seinen guten Freund *Chahałheeł*, dessen Name in der Sprache, die *Bilagáana* heute spricht, Dunkelheit bedeutet.

Er sah *Jaa'abaní*, die Fledermaus, und *Tłiistsoh*, die Große Schlange. Und er sah *Tsíiłkaałii*, den Specht, neben *Na'azísí*, dem Erdhörnchen. Viele der Götter und heiligen Geister waren da.

Wahrhaftig, eine große Versammlung traf er dort an. Sogar viele Haustiere waren gekommen. Es waren Tiere, die jetzt *Nááhwíílbííhí*, dem Spieler, gehörten, nachdem er sie den Leuten aus den beiden Pueblos abgewonnen hatte.

Doch es gefiel ihnen gar nicht, jemand anderes Eigentum zu sein. Sie wollten ihre Freiheit zurückerlangen, und als *Nílch'i* ihnen von diesem Treffen erzählt hatte, waren sie gleich bereit gewesen zu kommen.

Sie versprachen, nach besten Kräften bei der Verschwörung gegen *Nááhwíílbííhí*, Der-stets-gewinnt, zu helfen. Und natürlich würden sie gern ihren Anteil an den Gewinnen entgegennehmen, falls ihr neuer Herr in seinen eigenen Spielen geschlagen werden konnte.

Die ganze Nacht tanzten und sangen die Götter und ihre Gäste. Sie führten Riten aus, die *Nílch'i*, dem Sohn des Grollenden Gottes, Spielerfähigkeiten geben sollten, wie *Nááhwíílbííhí*, der Spieler, sie besaß.

Als der Morgen kam, badeten sie *Nílch'i* den Wind. Dann trockneten sie ihn mit Mehl ab, kleideten ihn, wie *Nááhwíílbííhí* sich kleidete, und machten ihn dem Spieler so ähnlich, wie sie nur konnten.

Sodann faßten sie den Plan herauszufinden, was *Nááhwíílbííhí* darüber empfand, daß er *Jóhonaa'éí* die beidenMuscheln vorenthalten hatte.

»Das kann ich selbst übernehmen«, meinte *Nílch'i*, der Wind.

»Denn ich dringe überallhin. Ich finde meinen Weg durch alles hindurch. Und trotzdem kann niemand mich sehen.«

Doch die anderen waren dagegen.

»Nein«, erwiderten sie.

»Du solltest es lieber nicht versuchen. Es stimmt zwar, daß du überallhin gehen kannst. Aber du kannst nicht verhindern, daß dabei Geräusche entstehen, die die Leute aufstören.

Laß lieber deinen Gefährten *Chahałheeł*, das Dunkel, gehen.

Auch er gelangt an jeden Ort, doch anders als du bewegt er sich lautlos.«

So kam es, daß *Chahałheeł* sich zur Wohnung von *Nááhwíiłbįįhí*, dem Spieler, schlich. Er drang in dessen schlafenden Körper ein, erforschte behutsam seinen Geist und kehrte zu den anderen zurück, um ihnen zu berichten.

»Es tut ihm leid, was er getan hat«, sagte *Chahałheeł*, das Dunkel, zu ihnen.

Doch *Nílch'i* glaubte seinem Freund nicht. Auch er schlich zur Wohnung des Spielers. Auch er drang in seinen schlafenden Körper ein und erforschte behutsam seinen Geist. Und auch er kam zurück, um den anderen zu berichten.

»*Nááhwíiłbįįhí* bereut, was er getan hat«, berichtete auch er. »Es ist, wie mein Gefährte *Chahałheeł* euch gesagt hat.«

Dann besprachen sie noch, wie sie den Spieler überlisten könnten. Und sie dachten sich Spiele aus, die sie mit ihm spielen könnten.[28]

Eines der Spiele, für das sie sich entschieden, war *tsidił táá'ts'áadah* oder Dreizehn Plättchen, wie man es heute in der Sprache von *Bilagáana* nennen würde. Das Spiel wird mit dreizehn flachen Holzstückchen gespielt, die auf der einen Seite rot und auf der anderen weiß sind. Wer gewinnt, hängt davon ab, wieviele der in die Luft geworfenen Plättchen mit der weißen Seite nach oben zu liegen kommen.

»Überlaßt das mir«, sagte *Jaa'abaní*, die Fledermaus.

»Ich habe nämlich dreizehn Plättchen gemacht, die auf beiden Seiten weiß sind. Ich werde mich im Dach seines Hauses verstecken. Und wenn *Nílch'i* seine Plättchen hochwirft, werde ich sie auffangen und meine hinunterwerfen.«

Ein anderes Spiel, auf das sie sich einigten, war *na'azhǫ́ǫ́sh* oder Reifen und Stock, wie man es heute in der Sprache von *Bilagáana* nennen würde.

Bei diesem Spiel wird der Reifen über den Boden gerollt, und dann wirft man den Stock, um ihn anzuhalten. Ein Stock wird mit Rot gekennzeichnet, der andere mit Schwarz. Eine lange Schnur mit vielen Enden, Truthahnklaue genannt, wird an jeden der Stöcke gebunden.

»Überlaßt das mir«, schlug *Tł'iistsoh*, die Große Schlange, vor. »Ich werde mich im Reifen verstecken und ihn umfallen lassen, wo er fallen muß, damit *Niłch'i* gewinnt.«

Noch ein anderes Spiel war *tsin bétsił* oder Stoß-den-Baum, wie man es heute in der Sprache des Weißen Mannes nennen würde. Dabei drücken die Wettkämpfer gegen einen Baum, bis seine Wurzeln nachgeben und er umfällt.

»Überlaßt das mir«, bot sich *Na'azísí*, das Erdhörnchen, an. »Ich werde die Wurzeln des Baums annagen, wenn *Niłch'i* an der Reihe ist, dann kann er ihn leicht umstoßen.«

Und schließlich wählten sie noch das Spiel *jooł* oder Schlag-den-Ball, wie man es heute in der Sprache von *Bilagáana* nennen würde. Hier ging es darum, den Ball möglichst weit über eine bestimmte Linie zu schlagen.

»Überlaßt das mir«, meldete sich *Tsįįłkaalii*, der Specht. »Ich werde mich in den Ball zwängen, so daß keiner mich dort sehen kann. Und wenn er einmal geschlagen ist, kann ich mit ihm fliegen, wohin ich will. *Niłch'i* wird nicht einmal hart zuschlagen müssen. Er braucht dem Ball nur einen Schubs zu geben, den Rest besorge ich.«

Die Haustiere baten *Niłch'i*, den Wind, ordentlich zu blasen. Dann hätten sie gegenüber ihrem Herrn eine Ausrede dafür, daß sie nicht wachten und ihn vor jeder herannahenden Gefahr warnten. Und tatsächlich ging am anderen Morgen ein heftiger Sturm.

In der Morgendämmerung waren die Verschwörer vom Berg herabgestiegen. Sie gingen bis an den Rand des Canyon, in dem *Nááhwíiłbįįhí* zu Hause war. Dort erwarteten sie den Sonnenaufgang und waren bereit, ihren Einfallsreichtum und ihre Geschicklichkeit bei seinen Lieblingsspielen mit ihm zu messen.

Nun besaß *Nááhwíilbįįhí* zwei Frauen, und es waren die hübschesten Frauen weit und breit. Wohin sie auch gingen, trugen sie einen Stock in der Hand, an dessen Ende ein Talisman befestigt war; daran sollte jeder erkennen, wessen Frauen sie waren.

Eine dieser Frauen pflegte des Morgens zum Wasserholen an eine nahegelegene Quelle zu gehen.

Als nun an diesem besonderen Tag die Sonne im Osten aufging, kam eine Frau aus dem Haus des Spielers, die einen Wasserkrug auf dem Kopf trug und in der Hand den Stab mit dem Zeichen des Spielers hielt.

Jetzt war es für die oben am Rand der Schlucht Lauernden an der Zeit, ihren Plan in die Tat umzusetzen. Sie gaben ein Signal, das sie mit *Nílch'i* verabredet hatten. Da stieg der Sohn von *Hashch'éoghan*, dem Grollenden Gott, in den Canyon hinunter und folgte der Frau zu der Quelle, wo sie täglich das Wasser holte.

Er beobachtete sie schweigend, während sie den Krug füllte. Und sie bemerkte ihn erst, als sie sich umwendete und nach Hause gehen wollte.

Als sie ihn sah, hielt sie ihn zuerst für ihren Mann, denn er war gekleidet wie *Nááhwíilbįįhí*. Da ließ sie ihn näherkommen.

Dann entdeckte sie ihren Irrtum. Doch sie brachte kein Wort heraus. Sie wandte sich zum Gehen, und er folgte ihr. Und da sie gar nicht versuchte, ihn daran zu hindern, blieb er den ganzen Weg über bei ihr. Er folgte ihr sogar hinein.

Als er einen Fremden mit seiner Frau eintreten sah, ergriff Eifersucht den Spieler. Doch sogleich verbarg er seinen zornigen Blick; er hielt seine Wut im Zaum und sagte nichts. Da er wußte, daß er früher oder später etwas sagen mußte, wollte er den Anschein der Ruhe wahren. Deshalb fragte er den Fremdling in gemessenem Tonfall, ob er spielen wolle.

Doch *Nílch'i* gab keine Antwort.

»Bist du zum Spielen gekommen?« fragte *Nááhwíílbįįhí*, Der-stets-gewinnt, diesmal schon mit leicht erhobener Stimme.

»Nein«, sagte *Nílch'i*, der Wind, und sonst sagte er nichts.

»Bist du nicht doch gekommen, um mit mir zu spielen?« fragte der Spieler, und in seiner Stimme schwang schon ein wenig Verärgerung mit.

»Nein«, erwiderte *Nílch'i*, und wieder fügte er dem nichts hinzu.

»Ich frage, ob du hier bist, um mit mir um irgendeinen Preis zu spielen«, wiederholte der, Der-stets-gewinnt, und bemühte sich gar nicht mehr, seine Gereiztheit zu verbergen.

»Nein«, erwiderte *Nílch'i* abermals, und er dachte gar nicht daran, dem noch etwas hinzuzufügen.

Je entschiedener der Fremdling ablehnte, desto begieriger wurde *Nááhwíílbįįhí* auf ein Spiel mit ihm, denn er dachte, jener getraue sich aus Furcht nicht, die Herausforderung anzunehmen. Seine Eifersucht hatte er inzwischen schon vergessen. Er wollte den Fremden nur in ein paar Spielen besiegen, um ihn von seinem hohen Roß herunterzuholen. Völlig gedemütigt mochte er dann das Weite suchen.

So begann er ihn herauszufordern, sein Glück zu versuchen; er verspottete ihn und lockte ihn mit immer höheren Spieleinsätzen. Nicht lange, und er brüstete sich mit wahrhaft haarsträubenden Angeboten.

»Ich setze mein gesamtes Eigentum gegen dein gesamtes Eigentum«, trumpfte er schließlich auf.

Doch *Nílch'i* lehnte weiterhin ab, und das brachte *Nááhwíílbįįhí* dazu, bei seinen Einsätzen immer maßloser zu werden.

»Nun, dann setze ich mich selbst gegen dich«, erklärte er endlich.

»Ich setze meine Füße gegen deine Füße. Ich setze meine Beine gegen deine Beine. Ich setze meinen Körper gegen deinen Körper …«

Und so ging es weiter, bis er alle seine Gliedmaßen gegen die des Fremden gesetzt hatte.

»Ich setze meine Hände gegen deine Hände.

Meine Arme gegen deine Arme.

Meine Schultern gegen deine Schultern …«

Immer weiter machte er so. Immer weiter.

»Ich setze meinen Hals gegen deinen Hals. Meinen Kopf gegen deinen Kopf. Meinen Geist gegen deinen Geist. Meine Stimme gegen deine Stimme …«

Während *Nááhwíílbį́į́hí*, der Spieler, sich mittlerweile in einen regelrechten Rausch hineingesteigert hatte und nichts mehr um sich her bemerkte, traten die *Haashch'ééh dine'é*, die Heiligen Leute, schweigend ein.

Von ihrem Ausguck am Rand des Canyon hatten sie alles beobachtet. Sie konnten ihn sehen, und sie konnten ihn hören, und sie wußten jetzt, daß er entschlossen war, gegen *Nílch'i*, den Wind, zu spielen, koste es, was es wolle.

So schritten sie also in den Canyon hinunter und betraten das Haus. Mit ihnen kamen Leute aus den Nachbarpueblos, die gehört hatten, daß der größte Spielwettkampf, den es je gegeben hatte, bevorstand.

Unter denen, die kamen, waren auch zwei als Frauen verkleidete Jungen. Ihre Kleider waren denen sehr ähnlich, die die Frauen des Spielers zu tragen pflegten.

Und kaum waren diese beiden Jungen erschienen, da erhob *Nílch'i* das Wort und nahm die Herausforderung des Spielers an. Dies hatte er zu sagen:

»Hör zu«, sagte er.

»Ich nehme deine Herausforderung an. Und ich akzeptiere den Einsatz all der Dinge, die du genannt hast.

Jedes einzelne nehme ich an.

Und ich werde sogar noch erhöhen.

Zu allem, was du genannt hast, setze ich meine beiden Frauen, die hier stehen, gegen deine Frauen, die da drüben stehen.

Was hältst du davon?«

Das hatte *Níłch'i* schließlich zu sagen. Und das entgegnete *Nááhwíiłbįįhí*, der Spieler:

»Einverstanden, einverstanden«, sagte er zur Erwiderung.

»Ich bin einverstanden!

Ihr habt alle gehört, was dieser Eindringling sagte!« rief er den Zuschauern zu, die sich in seinem Haus versammelt hatten.

»Alle Dinge, die ich genannt habe, sind jetzt gültiger Spieleinsatz.

Jedes einzelne hat er akzeptiert.

Und darüber hinaus setzt er seine beiden Frauen, die hier stehen, gegen meine, die dort drüben stehen.

Ihr habt gehört, was er bietet.

Jetzt kann er keinen Rückzieher mehr machen, wenn er verliert.«

Dies hatte der Spieler zu *Níłch'is* Spieleinsatz zu sagen. Und während er noch sprach, stellte man die beiden verkleideten Jungen und die beiden richtigen Frauen nebeneinander in die Reihe.

Dann begannen die Spiele.

Zuerst spielten die Wettkämpfer das Spiel *tsidił táá'ts' áadah* oder Dreizehn Plättchen, wie man es heute nennen könnte. Wie versprochen half *Jaa'abaní*, die Fledermaus, dem Sohn von *Hashch'éoghan*, dem Grollenden Gott. Bald hatte *Níłch'i* das Spiel gewonnen und erhob Anspruch auf die Frauen des Spielers.

Doch der war nicht bereit, sie so bald herzugeben. Dies hatte er zu sagen:

»Noch nicht! Noch nicht!« sagte er.

»Erst müssen wir noch mehr spielen. Du kannst nicht nur ein einziges Spiel spielen. Du kannst nicht behaupten, der Sieger zu sein, wenn du gerade einmal gewonnen hast. Ich schlage vor, wir gehen nach draußen und versuchen uns noch in einigen anderen Spielen.«

Das sagte *Nááhwíiłbįįhí*. Und *Nítch'i*, der Wind, stimmte zu. Und so gingen sie vors Haus, um sich in weiteren Spielen zu versuchen.

Sie begannen mit *na'azhǫǫ́sh* oder Reif und Stock, wie man es auch nennen könnte. Die Wettkampfstrecke, die der Spieler immer benutzt hatte, lag in Ost-West-Richtung. Doch *Nítch'i* beharrte darauf, daß eine andere in Nord-Süd-Richtung angelegt werden sollte. Außerdem verlangte er, mit dem roten Stock zu spielen.

Der Sohn von *Hashch'éoghan* war als erster an der Reihe. Er warf seinen Reif. Für einen Augenblick sah es so aus, als würde er um den Stab des Spielers fallen, als wollte er sich in der Truthahnklaue verfangen. Doch zu *Nááhwíiłbįįhí* großem Erstaunen befreite er sich wieder, rollte weiter und dann noch weiter und fiel schließlich um *Nítch'is* Stab.

Sobald er gefallen war, eilte *Nítch'i*, ihn aufzuheben, damit sein Gegner ihm nicht zuvorkam und *Tł'iistsoh*, die Große Schlange, im Reif entdeckte oder ihr womöglich etwas zuleide täte.

Als der Spieler aber sah, was geschah, warf er seinen Stab zornig fort. Damit hatte er diese Gewinnmöglichkeit verwirkt. Doch war er voller Vertrauen, daß er im nächsten Wettkampf besser abschneiden würde. Das sollte *tsin bétsił* oder Stoß-den-Baum sein, wie man es heute nennen würde.

Für dieses Spiel suchte *Nááhwíílbį́į́hí* zwei einigermaßen kleine Bäume aus. Doch als *Níłch'i* diese Bäume sah, bestand er darauf, mit größeren zu spielen. Und nachdem sie etliche Bäume genau angeschaut hatten, einigten sie sich auf zwei nah beieinander stehende von ansehnlicher Größe.

Diesmal war *Nááhwíílbį́į́hí* der Spieler, als erster dran. Er stand einen Augenblick lang vor dem Baum, und dann begann er zu drücken. Er drückte und drückte. Er ächzte und gab sein Äußerstes.

Mit aller Macht stemmte er sich gegen den Baum und drückte.

Aber der Baum gab nicht nach. Schließlich gab er auf und hieß seinen Gegner, sich an dem anderen Baum zu versuchen. Mühelos brach *Níłch'i* seinen Baum um, denn wie versprochen hatte *Na'azísí*, das Erdhörnchen, alle Wurzeln durchgenagt.

Und so ging der Wettkampf weiter. Spiel folgte auf Spiel. Bei all diesen Spielen hatte *Nááhwíílbį́į́hí* seinen gesamten Reichtum auf seinen Sieg gesetzt: seine Muscheln, seine kostbaren Steine, seine Häuser, seine Sklaven, seine Frauen, ja selbst seine eigenen Gliedmaßen, von Kopf bis Fuß.

Und Spiel um Spiel gewann *Níłch'i*, der Wind.

Der letzte Wettkampf war *jooł* oder Schlag-den-Ball.

Alle versammelten sich an der Linie, über die der Ball geschlagen werden mußte. Auf der einen Seite standen jene, die immer noch *Nááhwíílbį́į́hí*, dem Spieler, gehörten. Auf der anderen Seite standen die schon Befreiten und mit ihnen alle, die gekommen waren, um sich selbst aufs Spiel zu setzen gegen ihre Verwandten, die immer noch in Gefangenschaft waren.

Bei diesem letzten Wettkampf hatte *Nááhwíílbį́į́hí* seine letzten Sklaven und sich selbst aufs Spiel gesetzt. Das war alles, was er noch zu verwetten hatte.

Er war zuerst an der Reihe, und er versetzte seinem Ball einen so deftigen Schlag, daß er in weitem Bogen durch die Luft flog. Dennoch erreichte er die Linie nicht ganz.

Dann war der Fremdling an der Reihe. Er versetzte seinem Ball nur einen ganz leichten Schlag, doch in dem Ball befand sich *Tsį́įłkaałii*, der Specht, wie er versprochen hatte. Und mit dem Stoß von *Nilch'is* Schläger begann er mit aller Kraft zu fliegen, und er trug den Ball weit über die Linie.

Darauf sprangen die letzten Gefangenen von ihrer Seite hinüber auf die andere, wo die freien Verwandten und Stammesangehörigen standen.

Nááhwiiłbįįhí setzte sich ganz allein abseits nieder.

Dort saß er und redete mit sich selbst voller Bitterkeit über seine Niederlagen und Verluste. Anfangs brummte und murrte er nur leise. Doch bald fluchte er vernehmlich. Er bezeichnete alle als seine Feinde und drohte ihnen. Dinge wie diese hatte er zu sagen:

»Ich werde euch alle mit Blitzen erschlagen«, sagte er.

»Ich werde euch mit Krieg überziehen.

Ich werde euch mit Krankheiten schlagen. Ich werde das Unterste zuoberst kehren in eurem Leben.«

Doch diese Schwüre genügten ihm noch nicht.

Er hatte noch anderes zu sagen, und lauthals fluchte er jedem, der ihm zuhören mochte oder ihn anzuschauen wagte. Dinge wie diese sagte er:

»Mögen die Wasser euch ersäufen!« sagte er. »Möge die Kälte euch gefrieren lassen![29]

Möge Feuer euch verbrennen! Möge der Blitz euch alle erschlagen!«

»Hör dir das an«, flüsterte *Nilch'i*, der Wind, seinem Vater *Hashch'éoghan*, dem Grollenden Gott, zu, der mit allen anderen Heiligen Leuten die Spiele verfolgt hatte.

»Ja«, antwortete der Grollende Gott seinem Sohn. »Aber-
jetzt hat er genug geredet. Tu was du willst, um seinen bösen
Worten ein Ende zu setzen.«

Da rief *Niłch'i* den Spieler zu sich her und sprach diese
Worte zu ihm:

»Erinnere dich, daß du dich selbst verwettet hast«, waren
die Worte, die er sprach. »Und gib zu, daß du verloren hast.
Ich kann mit dir tun, was ich will.

Ich hoffe, dir ist inzwischen klargeworden, daß du keiner
von den Heiligen Leuten bist. Du bist keinesfalls ein Gott.
Du bist nichts weiter als einer von den *Niłch'i dine'é*, den
Luft-Geist-Leuten.

Du magst Macht über einige von deinesgleichen erlangt
haben. Doch über uns hast du keine solche Macht. Nicht
hier in dieser Welt.«

Das also hatte *Niłch'i*, der Wind, zu *Nááhwíiłbįįhí*, dem
Leutegewinner, zu sagen. Und mit diesen Worten zog er seinen Zauberbogen *ałtįį' diłhił*. Dieser Name bedeutet in der
Sprache von *Bilagáana*, dem Weißen Mann, Bogen der Dunkelheit.

Er spannte den Bogen aufwärts und mit solcher Kraft,
daß die Sehne den Boden berührte. Dann befahl er
Nááhwíiłbįįhí, sich auf die Sehne zu stellen und den Hals an
das Bogenholz zu legen. Und ohne noch ein Wort zu sagen,
schoß er den Spieler in den Himmel, als sei er nichts als ein
Pfeil.

Hoch und immer höher schnellte der unselige *Nááhwíiłbįįhí*.

Hoch und immer höher flog er und wurde immer kleiner
für alle, die dort standen und zuschauten. Immer höher flog
er und schwand, bis er nur noch ein Staubkorn war. Und
schließlich war er ganz verschwunden.

Anfangs konnte man ihn noch murren und schimpfen
hören. Doch seine Stimme wurde dünner, je kleiner sein

Körper in der Himmelsferne wurde. Bald war er zu weit weg, als daß irgendwer ihn noch hätte hören können. Selbst kurz nach dem Abschuß hatte eigentlich keiner so recht verstanden, was er sagte, so unsinnig war sein jähzorniges Gerede geworden.

Immer höher flog er hinauf, immer weiter in das Blau des Himmels hinein. Und endlich erreichte er die Wohnung von *Begochídí*. Dessen Name bedeutet in der Sprache von *Bilagáana* Der-nach-den-Brüsten-der-Frauen-grabscht.[30]

Manche Leute glauben, daß *Begochídí*, der Brüstegrabscher, geboren wurde, weil *Jóhonaaʼéí* oder Sonne eines Morgens mit seinen ersten Strahlen eine bestimmte Blume berührte. Die Blume wurde schwanger und gebar *Begochídí*.

Andere glauben, daß er ein Auge auf *Tłʼéhonaaʼéí* geworfen hat, die der Weiße Mann Mond nennt.

Und wieder andere glauben, er habe die Macht, den Jägern, denen er wohlgesonnen ist, Wild zuzuführen, während er den Jägern, die er nicht mag, die Jagd verdirbt.

Fast alle sind sich aber darin einig, daß *Begochídí*, der Brüstegrabscher, ein großer Unheilstifter unter den Göttern ist. Dennoch erbarmt er sich häufig derer, die schwere Zeiten durchmachen, besonders wenn es ihnen deshalb schlecht geht, weil sie die Götter erzürnt haben. Selbst wenn sie ihr Unglück durch ordnungswidriges Verhalten selbst auf sich gezogen haben, erbarmt sich *Begochídí* und nimmt sich liebevoll ihrer an.

Als er nun *Nááhwíílbįįhí* vor sich sah, fragte er ihn freundlich:

»Wer bist du?« fragte er freundlich.

»Wie kommt es, daß du zu meiner Wohnung gefunden hast?«

Worauf *Nááhwíílbįįhí*, der einstmalige Gewinner, seine Geschichte erzählte. Keines seiner Mißgeschicke in der fünften Welt ließ er aus. Er gab sogar bereitwillig zu, daß er mit der

Zeit geglaubt hatte, einer von den Heiligen Leuten zu sein, so mächtig war er unter den Luft-Geist-Leuten geworden.

»Und so bin ich ein armer Mann geworden«, schloß der Spieler. »Deshalb komme ich jetzt zu dir.«

Darauf erwiderte *Begochídí* dies:

»Nun, du sollst nicht länger arm sein«, erwiderte er. »Ich werde für dich sorgen.

Die Götter haben sich gegen dich verschworen, was ungerecht war.

Aber ich werde alles, was sie angerichtet haben, wiedergutmachen.

Ich werde dich wieder reich machen. Und ich werde dich wieder mächtig machen.

Ich will dir Tiere geben, dergleichen niemand in der fünften Welt je gesehen hat. Und ich will dir Tuche geben, die keiner in jener Welt kennt.«

Darauf machte sich der Brüstegrabscher daran, dem Spieler Haustiere zu machen, die anders waren als alle, die er je besessen hatte.

Er machte Schafe für *Nááhwíilbįįhí* und er machte ihm Burros. Er machte Schweine, und er machte Ziegen. Er machte Pferde, die schneller und weiter laufen konnten als jedes andere Wesen, das je gesehen wurde. Er machte Vögel, deren Gefieder strahlender leuchteten als die Farben von *Jóhonaa'éí*, wenn er auf Felsen und in den Wassern schimmerte.

Auch machte er *Bayeta*-Stoff, der weicher und bunter war als jedes andere Tuch, das je gesehen wurde. Er machte Kattun und Wollstoffe, schöner als alles, was die Sklaven des Spielers in *Kin nteel* weben konnten.

Begochídí machte dem Spieler sogar ein neues Volk, das er regieren konnte. Er machte nämlich die *Naakaii dine'é* und deren Name bedeutet in der Sprache des Weißen Mannes Mexikanische Leute.

Nachdem der Brüstegrabscher all das getan hatte, schickte er den Spieler in diese Welt zurück. Er sorgte aber dafür, daß jener ein gutes Stück südlich seiner früheren Heimat abstieg; dort ließ er sich an einem Ort nieder, der *Naakaii bikéyah* heißt, was in der Sprache des Weißen Mannes Alt-Mexiko bedeutet.

Da erging es *Nááhwíłbįįhí* gut, und sein Volk wuchs und mehrte seinen Reichtum.

Eine Zeit später begannen sie nach Norden zu ziehen und bauten ihre Dörfer entlang des Flusses, der jetzt Rio Grande genannt wird.

Nááhwíłbįįhí, Der-stets-gewinnt, begleitete sie bis zu einer Stelle nördlich des heutigen Santa Fe. Hier beendeten sie ihren Zug nach Norden, und er kehrte nach Alt-Mexiko zurück, um dort seine Tage in dieser Welt zu beschließen. Bald nach seiner Rückkehr starb er, und bis auf den heutigen Tag wohnt er dort als Gott der *Naakaii dine'é*, der Mexikanischen Leute.

Der junge Navajo-Bräutigam aber, der von *Haashch'ééłti'í*, dem Sprechenden Gott, eingeladen worden war, der Zeremonie der Heiligen Leute beizuwohnen, als sie sich gegen den Spieler verschworen, blieb bei ihnen, bis jener in den Himmel geschossen wurde.

Dann kehrte er zu seinen Leuten zurück und erzählte ihnen ohne Umschweife, was er gesehen hatte. Er ermahnte sie, niemals gegen den heiligen Willen zu handeln. Und vor allem mahnte er sie, niemals die Armen und Niedrigen zu verachten.

»Die ihr verachtet«, mahnte er, »könnten in Wirklichkeit Günstlinge der Götter sein. Mögen sie heute auch schwach und bedeutungslos wirken, morgen werdet ihr vielleicht Kräfte an ihnen entdecken, die man heute noch nicht vermuten konnte.«[31]

Nachdem er ihnen dies ausgerichtet hatte, kehrte er zurück nach *Tséyi'*, der Heimat der Götter. In seiner Sprache nennt *Bilagáana* diesen Ort jetzt Canyon de Chelly, so ist gesagt.

9

Auch ist gesagt, daß die Leute, deren Nachkommen die Navajo sein würden, nicht länger in *Kin nteel* blieben. Bald nachdem *Nááhwíiłbį́į́hí* in den Himmel geschossen wurde und verschwand, brachen sie auf.

Von *Kin nteel* zogen sie nach *Tó nidoots'os*, und das bedeutet in der Sprache von *Bilagáana* Wo-der-Strom-schmal-wird. Dort war es auch, wo *Mą́'ii* sich ihnen auf immer verband, denn er heiratete eine ihrer Frauen.[32]

Neun Tage blieb er bei den Leuten seiner Frau. Dann ging er *Dahsání*, das Stachelschwein, besuchen. Bei diesem Besuch sah *Mą́'ii*, wie sein Freund mit einem Rindenstück so lange an seiner Nase kratzte, bis es ganz in Blut getaucht war. Dann schaute er zu, wie Stachelschwein die blutige Rinde übers Feuer hielt und sie gemächlich von allen Seiten röstete, bis sie ein feines Stück Braten geworden war.

Dann breitete *Dahsání* saubere Kräuter auf dem Boden aus, legte das gebratene Fleisch darauf und forderte *Mą́'ii* auf zuzulangen.

Coyote war entzückt. Er nahm die Einladung an und sprach dem Braten tüchtig zu. Noch nie hatte er so ein feines Mahl genossen, verkündete er. Und bevor er ging, lud er seinen Gastgeber zu einem Gegenbesuch ein.

Ein Tag kam und ging, und am darauffolgenden Tag erschien *Dahsání*, das Stachelschwein, vor Coyotes Hütte. *Mą́'ii* begrüßte seinen Gast herzlich und bat ihn Platz zu nehmen. Dann eilte er nach draußen, um ein schönes Stück Rinde zu suchen. Und wenig später war er mit einem ordentlichen Stück wieder da, das seiner Meinung nach einen guten Braten abgeben würde.

Mit diesem Stück kratzte er seine Nase blutig, wie er es vor zwei Tagen bei Stachelschwein gesehen hatte. Und genau wie jener ließ er nun auch sein Blut über das Rindenstück rinnen. Und wie *Dahsání* es gemacht hatte, hielt er die blutgetränkte Rinde über das Feuer und gedachte sie langsam und gleichmäßig zu rösten.

Aber es dauerte nicht lange, und sie fing Feuer. Bald war nichts mehr von ihr übrig als pulvrige Asche. Beschämt ließ Coyote den Kopf hängen, und *Dahsání*, das Stachelschwein, ging mit leerem Magen nach Hause.

Bald darauf besuchte *Mą'ii* seinen Vetter *Mą'iitsoh*, den Wolf. Und während Coyote dort war, langte Wolf zwischen die Dachsparren seines Hauses hinauf und zog zwei Schilfrohrpfeile mit Holzspitzen hervor. Es waren Pfeile jener altertümlichen Art, wie sie vorzeiten auch von den Navajo benutzt wurden.

Mą'iitsoh nahm nun die hölzernen Spitzen von den Schilfrohrschäften, und Coyote schaute ihm dabei zu. Und weiter beobachtete er, wie *Mą'iitsoh* die Spitzen auf seinem Schenkel rollte und sie dann im Mund befeuchtete und in die heiße Asche neben dem Feuer schob.

Nun unterhielt sich Wolf eine Weile leutselig mit seinem Gast und stocherte dann aus der Asche, dort, wo er die Pfeilspitzen eingegraben hatte, zwei mit Hackfleisch gefüllte Teigtaschen hervor. Dann breitete er saubere Kräuter auf dem Boden aus. Darauf legte er die beiden Teigtaschen und forderte *Mą'ii* auf zuzulangen.

Entzückt nahm Coyote die Einladung an und aß sich richtig satt. Selten habe er je solch ein vortreffliches Mahl ge-

nossen, beteuerte er. Und bevor er ging, lud er seinen Gastgeber ein, ihn doch bald einmal zu besuchen.

Ein Tag kam und ging, und wer erschien tags darauf vor
Coyotes Hütte? Natürlich *Mą'iitsoh*, der Wolf. Nachdem Coyote seinem Gast beteuert hatte, wie sehr es ihn freute, ihn
zu sehen, bat er ihn, Platz zu nehmen.

Nun zog er, wie er es beim Wolf gesehen hatte, zwei Pfeilspitzen aus ihren Schäften. Und wie er es bei *Mą'iitsoh* gesehen hatte, rollte er sie auf seinem Schenkel, befeuchtete
sie im Mund und grub sie in die heiße Asche neben dem
Feuer.

Nach einer Weile scharrte er in der Asche, fand aber
nichts als zwei verkohlte Holzstückchen.

Diesmal ließ er sich seine Enttäuschung nicht anmerken
wie neulich bei *Dahsání*, dem Stachelschwein. Er verlor kein
Wort über diese Panne. Er blieb einfach sitzen und unterhielt sich mit seinem Gast, als wäre nichts geschehen.

Mą'iitsoh, der sah, daß es kein Abendessen geben würde,
wurde immer hungriger. Schließlich stand er auf und ging
nach Hause, ohne irgend etwas zu essen bekommen zu haben, so ist gesagt.

10

Auch ist gesagt, in jenen Tagen seien *Atseeltsoii*, die Habichte, und *Dah yiitįhí*, die Kolibris, miteinander befreundet gewesen. Sie wohnten im selben Dorf und gingen gemeinsam
auf die Jagd. Weithin waren sie als gute Jäger bekannt.

Eines Tages kam *Mą'ii* auf den Gedanken, ihr Dorf zu besuchen. Als er es erreichte, stolzierte er frech in eines der
Häuser der Kolibris.

Dort traf er zwei schöne Kolibrimädchen an, prächtig
herausgeputzt und mit ganzen Ketten von Hirschhufanhän-

gern an Röcken und Schultern gekleidet. Ohne die geringste Spur von Zurückhaltung zu zeigen, wie sie einem Fremden angestanden hätte, legte *Mą'ii* sich in der Hütte nieder, sprach die beiden jungen Frauen an und fragte dies:

»Wo sind die Leute heute alle?« fragte er.

»Ich habe gehört, hier wohnen viele Leute. *Atseełtsoii,* die Habichtleute, wohnen hier, hörte ich. Und *Dah yiitįhí,* die Kolibrileute, leben hier, hörte ich. Aber im Augenblick sieht hier alles gänzlich verlassen aus.

Warum ist das so?«

Dies fragte Coyote die beiden Mädchen.

»Du hast recht«, antwortete eine von ihnen.

»Viele Leute wohnen hier, auch die Habichtleute und die Kolobrileute. Aber die Männer sind alle auf der Jagd, und auch die Frauen sind unterwegs und gehen ihren Verrichtungen nach.«

Nun müßt ihr bedenken, daß Coyote in jener längst vergangenen Zeit ein aufgeputzter Schönling war. Damals sah er noch nicht so aus wie heute.

Er hatte einen feinen Otterfellköcher umhängen, und sein Gesicht war bemalt. Er trug einen prächtigen, schimmernden Pelzmantel, und sein Schwanz war lang und buschig.

Als die Mädchen ihn näher betrachtet hatten, steckten sie die Köpfe zusammen und tuschelten miteinander, wie gut er doch aussah. Dies flüsterten sie einander zu:

»Schau doch nur«, flüsterte die eine.

»Sieh nur, wie gut er gekleidet ist. Und was für ein volles Fell er hat.«

»Ja«, flüsterte die andere.

»Und welch eine Haltung! Wie die Augen funkeln!«

»Wahrhaftig, das muß ein bedeutender Mann sein«, sagte die erste.

»Ja wirklich, das muß er«, stimmte die zweite zu.

So war *Mą'ii* den beiden Mädchen also willkommen. Den ganzen Tag blieb er bei ihnen, plauderte und scherzte und erzählte ihnen Wundergeschichten, vor allem über sich selbst.

»Möchtet ihr gern wissen, wer ich bin?« fragte er sie schließlich.

Und ohne ihre Antwort abzuwarten, sprach er gleich weiter:

»Ich bin der Gott des *Dził naajiní*, des Sleeping Ute Mountain«, erzählte er ihnen.

»Deshalb muß ich meine Zeit nicht mit Jagen verbringen, wie eure Leute das tun. Für mich ist es überhaupt kein Problem, Wild zu bekommen.

Ich brauche nur an das Tier zu denken, das ich fangen möchte. Ich brauche seinen Tod nur zu wollen, und es rollt sich zu meinen Füßen ein und stirbt.

Bliebe ich hier, so müßten eure Leute sich nicht jeden Tag mit dem Erlegen von Wild plagen. Bliebe ich hier, sie würden soviel Fleisch bekommen, wie sie nur wollten, und ganz ohne Mühe.

Stellt euch vor.

Bliebe ich hier, so könnten eure Männer hier liegen wie ich jetzt. Mit mir in ihrer Mitte, könnten sie ihre Tage auch so verbringen, lachend und scherzend und Geschichten erzählend.«

Als am Abend die Jäger zurückkehrten, liefen die Mädchen hinaus und ihnen entgegen. Sie wollten ihnen von diesem wundersamen Besucher erzählen, der so ohne alle Mühe jagen konnte. Sie wollten ihnen sagen, was für ein leichtes Leben sie hätten, bliebe dieser Besucher bei ihnen.

Als die Mädchen mit ihrer Geschichte zu Ende waren, ließ der Anführer der Jäger einen der jungen Männer zu der Hütte hinübergehen, in der Coyote nun allein saß.

»Spähe einmal durch die Tür hinein«, trug er ihm auf.

»Und laß uns wissen, wie er aussieht.«

Da ging der junge Mann leise auf die Hütte zu, in der Coyote wartend saß. Unbemerkt schaute er hinein.

»Da haben die Mädchen wirklich recht«, sagte der junge Jäger leise zu sich selbst.

»Dieser Fremde ist wirklich ein gutaussehender Bursche.«

Und schon wandte er sich leise ab und eilte, den anderen zu erzählen, was er gesehen hatte.

»Vielleicht ist er wirklich ein Gott«, sagte er zu ihnen.

»Vielleicht ist er einer der *Haashch'ééh dine'é*, der Heiligen Leute.«

Worauf der Anführer dies zu sagen hatte:

»Es könnte durchaus so sein, wie die Mädchen behaupten«, sagte er.

»Vielleicht ist alles wahr, was dieser Fremde über sich sagt.

Und wir wissen ja wirklich alle, wie schwer wir arbeiten müssen, um uns zu ernähren. Wir wissen alle, wie weit wir jeden Tag umherziehen müssen, um nach Wild zu suchen. Wir wissen alle, wieviel Arbeit das Abhäuten und Kochen und Trocknen macht. Wir wissen, wieviel Hitze wir im Sommer und wieviel Kälte wir im Winter ertragen müssen.

Vielleicht kann der Fremde uns wirklich all diese Unbill ersparen.

Wir wollen ihn freundlich aufnehmen.«

Das also hatte der Anführer der Jäger den Männern seines Dorfs zu sagen. Und zu einem der Mädchen sagte er noch dies:

»Geh zu ihm«, sagte er.

»Geh zur Hütte zurück.

Bediene diesen Gast.

Sei nett zu ihm.

Mach es ihm gemütlich.

Gib ihm alles, worum er bittet.«

Das trug der Jagdanführer dem einen der beiden Kolibrimädchen auf.

Begierig zu tun, was ihr gesagt worden war, lief das jüngere der beiden Mädchen zur Hütte zurück. Und dies hatte sie *Má'ii* zu sagen:

»Ich bin gekommen, dir zu dienen«, sagte sie.

»Mir wurde aufgetragen, nett zu dir zu sein.

Mir wurde aufgetragen, es dir gemütlich zu machen.

Mir wurde aufgetragen, dir alles zu geben, worum du bittest.«

Während sie sprach, betrachtete Coyote sie. Er musterte sie sehr genau.

Er bemerkte, daß ihr Kleid mit Anhängern aus Knochen und Huf besetzt war, die bei jeder Bewegung mit leisem Klingen aneinanderstießen.

Ihr Aussehen gefiel ihm. Was sie sagte, gefiel ihm. Der Klang ihrer Stimme gefiel ihm. Am meisten gefiel ihm aber der Klang ihres Schmucks, der bei jeder ihrer Bewegungen zu hören war.

Deshalb gab er ihr einen Namen.

Ch'ikeeh na'azílí nannte er sie. In der Sprache von *Bilagáana* bedeutet das Klingende Junge Frau.

Am anderen Morgen ging *Ch'ikeeh na'azílí*, die Klingende Junge Frau, zu der Hütte, in der ihre Angehörigen wohnten. Dort wurde gerade das Frühstück zubereitet.

Sie füllte eine große Schüssel, die sie ihrem Gast bringen wollte, und als sie sich zum Gehen wandte, trugen ihre Leute ihr auf, Coyote nichts von ihren unordentlichen Nachbarn zu erzählen.

»Schließlich«, so mahnten sie, »könnte er auf den Gedanken verfallen, sie zu besuchen und seine Wunder eher für sie als für uns zu wirken.«

Aber diese Mahnung kam zu spät!

Sie hatte *Mą'ii* schon von diesen Nachbarn erzählt. Und er hatte bereits den Entschluß gefaßt, sie zu besuchen.

Als *Mą'ii* sein Morgenmahl beendet hatte, fiel ihm auf, daß *Ch'ikeeh na'azílí,* die Klingende Junge Frau, immer wieder nach draußen schaute.

Jetzt aber wandte sie sich ihm zu und sprach zu ihm mit diesen Worten:

»Es scheint, daß die Männer nun zur Jagd ausziehen«, sagte sie, nicht ohne Traurigkeit in der Stimme.

»Dann werde ich mitgehen«, erwiderte er.

So kam es, daß er sich dem Zug der Jäger anschloß. So kam es, daß er sich mit ihnen aufmachte.

Sie marschierten zusammen, bis sie die Spitze eines hohen Hügels erreichten, von der aus man nach allen Seiten weit ins Land schauen konnte. Hier gebot Coyote den anderen, sich zu verstecken, während er das Wild aufscheuchen wollte.

»Bleibt ihr hier«, gebot er ihnen.

»Haltet euch versteckt.

Ich werde unterdessen die Ebene da unten überqueren. Ich werde da unten viel Wild für euch zusammentreiben. Und ich werde es hier herauftreiben. Der Rest ist dann eure Sache.«

Als er außer Sichtweite war, band er ein langes Bündel von Zedernrindenstreifen an seinen Schwanz. Dann zündete er die Rinde an. Und mit dem brennenden Bündel am Schweif lief er quer über die Ebene, wo viele Antilopen grasten.[33]

Er rannte, so schnell er konnte, und beschrieb dabei einen weiten Bogen um die grasenden Tiere, bis er sie gänzlich eingekreist hatte. Und mit der Fackel an seinem Schwanzende setzte er im Lauf das Gras in Brand. Auf diese Weise ließ er einen Halbkreis aus Feuer und Rauch um die Antilopenherde aufflammen. Voller Entsetzen preschten viele der Tiere aus dem Flammenring, der sich um sie schloß, und den Hügel hinauf, wo die Jäger lauerten.

So konnten die Jäger eine Antilope nach der anderen erlegen, sobald jene am oberen Rand des Abhangs auftauchten. Und am Ende des Tages machten sie sich, schwer mit Fleisch beladen, auf den Rückweg zum Dorf. Dort waren sie des Lobes voll über ihren neuen Jagdgefährten.

»Was über unseren Gast gesagt wurde, ist wahr«, verkündeten sie.

»Er macht die Jagd für uns wirklich viel einfacher.«

Am nächsten Tag gingen sie erneut auf die Jagd. Und wieder versteckten sich die Jäger oben auf dem Hügel. Unterdessen band *Mą'ii* wieder ein brennendes Zedernrindenbündel an seinen Schwanz und lief aus Leibeskräften. Und mit dem Feuer an seinem Schwanzende entfachte er auch diesmal einen Ring aus Flammen und Rauch um die grasende Antilopenherde. So konnten die Jäger wiederum Antilope um Antilope erlegen, als jene in kopfloser Flucht den Hügel hinaufstürmten. Auch an diesem Tag verkündeten sie nach der Heimkehr, daß Coyote in der Tat ein großer Jäger sei.

Tags darauf zogen sie noch einmal aus. Und zum drittenmal legte *Mą'ii* einen Ring aus Feuer um die grasenden Antilopen. Und noch ein viertes Mal zogen sie aus. Wieder sorgte er so für eine erfolgreiche Jagd. Und diesmal kamen die Männer zu der Überzeugung, daß dieser Fremdling wirklich einer von den *Haashch'ééh dine'é*, den Heiligen Leuten, war.

Denn konnte solch ein großer Jäger etwas Geringeres sein?

Als am fünften Tag der Jagd die Männer auf dem Hügel wieder verfolgten, wie Coyote im weiten Bogen einen Ring aus Feuer legte, bemerkten sie jedoch, daß er den Ring wieder an seinen Anfang zurückführte. Er hatte einen vollen Kreis beschrieben und war dann irgendwie verschwunden.[34]

Wie zuvor liefen die Tiere scharenweise den Hügel hinauf, wo die im Hinterhalt liegenden Jäger sie mühelos erlegen konnten. Doch diesmal kehrte ihr neuer Jagdgefährte nicht zurück. So machten sich die Männer ohne ihn daran, die Tiere zu zerlegen.

Mą'ii aber wollte sich einmal bei den bösen Nachbarn umschauen, von denen *Ch'ikeeh na'azílí*, die Klingende Junge Frau, gesprochen hatte. Dort, wo der Feuerkreis sich schloß, band er sich die Fackel vom Schweif und wandte sich in eine andere Richtung.

Nachdem er eine Weile gegangen war, kam er zu zwei großen Bäumen, die nah beeinander standen. Der eine war eine Fichte, der andere eine Kiefer.

In beiden Bäumen tummelten sich zwitschernde Vögel. In der Fichte waren die *Ch'ishiibeezhii*, die in der Sprache von *Bilagáana* Meisen hießen. In der Kiefer saßen die *Tsídiisháshii*, die der Weiße Mann Seidenschwänze nennt.

All diese Vögel waren in ein Spiel vertieft, das Coyote noch nie gesehen hatte. Sie flogen aufeinander zu und pickten sich gegenseitig die Augen aus. Dann warfen sie die Augen hoch bis in die Baumwipfel und riefen: »Fallt zurück, Augen! Fallt zurück!« Wenn die Augen dann herunterfielen, fingen ihre Besitzer sie mit den leeren Augenhöhlen auf.

Coyote sah den Vögeln lange bei diesem Spiel zu, und es schlug ihn immer mehr in den Bann. Endlich rief er zu den Seidenschwänzen hinüber und sagte:

»Héí! Héí!« rief er.

»Hallo, ihr da oben!

Ich möchte auch mitspielen.

Kann einer von euch mir nicht die Augen auspicken und sie dann hochwerfen, damit ich sie wieder auffange?«

»Nláahdi naniná!« erwiderten die Vögel.

»Geh weg!

Wir wollen nichts mit dir zu tun haben.

Geh weg und laß uns in Ruhe.«[35]

»Héí! Héí!« wiederholte *Mą'íi.*

»Hört doch, ihr da oben!

Ich auch! Ich will auch spielen!

Laßt doch einen von euch mir die Augen auspicken und hochwerfen, damit ich sie auffangen kann.«

»Du hörst wohl schlecht«, erwiderten die Vögel.

»Geh weg! Nláahdi naniná!

Geh weg und laß uns in Ruhe.«

»Aber ich möchte wirklich mitspielen!« beharrte *Mą'íi.*

»Warum kann denn nicht einer auch mir die Augen auspicken? Und sie dann hochwerfen, damit auch ich sie auffangen kann?«

»Du verstehst wohl nicht«, wiederholten die Vögel.

»Wir wollen nicht mit dir spielen. Wir wollen nicht gestört werden. Geh weg! Geh weg!«

»Ich gehe nicht«, erklärte Coyote.

»Ich bleibe jetzt genau hier stehen.

Zuschauen kann ich doch wohl, soviel ich will. Und ich bleibe jetzt hier und schaue zu, bis einer von euch mir die Augen auspickt. Und bis einer von euch sie hochwirft, damit ich sie auffangen kann.

Genau wie ihr das macht.«

Damit setzte sich Coyote hin.

Da saß er nun und bettelte und quengelte, während die Vögel spielten. Endlich flogen einige von ihnen zu ihm hinunter. Und mit spitzen Stöcken bohrten sie ihm die Augen heraus.

Dann warfen sie die Augen, wie sie es mit ihren eigenen gemacht hatten, hoch in die Wipfel hinauf.

»Fallt zurück!« rief *Mą'íi,* wie er es bei den Vögeln gehört hatte.

»Fallt zurück, Augen!«

Und als sie zurückfielen wie zuvor die Augen der Meisen und Seidenschwänze, fing er sie mit den Augenhöhlen auf, und konnte wieder sehen wie eh und je.

Coyote war begeistert.

»Macht es noch mal«, bettelte er. »Los, laßt uns noch mal spielen!«

»Also, jetzt hör mal zu«, erwiderten die Vögel.

»Wir haben keine Lust, mit dir zu spielen. Wir haben schon genug für dich getan. Wir wollen nichts mehr mit dir zu tun haben. Wir wollen einfach nur, daß du verschwindest.«

Doch *Má'ii* blieb sitzen, wo er saß. Und er greinte und bettelte, bettelte und greinte immer weiter. Zu guter Letzt bohrten ihm einige andere Vögel noch einmal die Augen heraus und warfen sie hoch in die Baumwipfel. Auch diesmal rief er ihnen wieder nach, daß sie zurückfielen.

Viermal wurden seine Augen so herausgepickt, und viermal wurden sie hochgeworfen. Auch rief er ihnen viermal nach, sie sollten zurückfallen. Und viermal fing er sie nuit den Augenhöhlen auf.

Doch als er darum bettelte, das Spiel ein fünftes Mal zu spielen, flogen die Vögel weg. Weit genug entfernt, daß er sie nicht mehr hören konnte, hielten sie Rat. Sie faßten den Plan, daß sie *Má'ii* diesmal mit den Augen auch die Sehnerven herausziehen würden.

Als sie nun zurückkehrten, bohrten sie seine Augen heraus wie zuvor, zogen aber auch, wie abgemacht, die Nerven mit aus den Höhlen. Als sie jetzt die Augen in die Bäume hinaufwarfen, hingen die Sehnerven noch an ihnen, so, wie sie auch in seinem Kopf an den Augen gehangen hatten.

Dadurch verfingen Coyotes Augen sich in den oberen Zweigen. Und dort blieben sie auch und baumelten an ihren Nervensträngen, wenn der Wind blies.

154

Armer *Mą'ii!*

Armer, armer Coyote!

»Fallt zurück, Augen! Fallt zurück!« rief er immer wieder und wartete, daß sie endlich zurückkämen.

Da saß er nun mit leeren Augenhöhlen, die Nase nach oben in die Baumwipfel gereckt, am ganzen Körper in die Finsternis eingehüllt, die er jetzt empfand, und sein einziger Gefährte war der Klang seiner eigenen Stimme. Denn jetzt begann er richtig zu heulen, während er da saß und seine Augen anflehte zurückzukommen.

»Bitte, Augen!« jammerte er laut.

»Fallt hierher zurück, Augen! Fallt hierher zurück!«

Schließlich tat er den Vögeln doch leid.

»Er hat genug gelitten«, sagte einer von ihnen.

»Ja«, sagte ein anderer. »Laßt uns ihm neue Augen machen.«

»Vielleicht sollten wir das«, sagte wieder ein anderer.

»Aber vergeßt nicht, wie er uns vorhin belästigt hat.«

»Ja, wenn wir ihm neue Augen machen«, sagte noch ein anderer, »sollten wir ihm zugleich eine Lektion erteilen.«

Da nahmen sie zwei halb vertrocknete Stücke von gelbem Kiefernharz und rollten sie zu zwei Kugeln.

Diese steckten sie ihm in die leere Augenhöhlen. Diese neuen Augen waren nun zwar gewiß nicht so gut wie seine eigenen klaren und schönen Augen, doch konnte er mit ihnen immerhin seinen Weg finden. Sie waren zwar gelb und stumpf, häßlich und gar nicht anziehend, doch wenigstens konnte er einigermaßen mit ihnen sehen.

Und so kam es, daß die Coyoten bis zum heutigen Tag keine schönen Augen haben und schlecht sehen.

Während Coyotes Abwesenheit von dem Ort, wo seine einstigen Jagdgefährten das Wild zerlegten, um das Fleisch haltbar zu machen, war hier ein Bote aus einem nahege-

legenen Dorf erschienen. Er riet den Habichten und Kolibris, auf der Hut zu sein. Jemand, der sich *Mą'ii*, der Coyote, nannte, habe kürzlich sein Dorf verlassen und sei in diese Richtung unterwegs.

»Nehmt euch in acht vor ihm«, warnte der Bote.

»Er ist ein Faulpelz und Tunichtgut. Irgendwie wird er euer Leben in Unordnung bringen. Irgendwie wird er euch be-
trügen und bloßstellen.«

Mą'ii jedoch tappte so gut es eben ging zu der Stelle zurück, an der die Jäger lagerten. Er traf sie beim Zerlegen und
Haltbarmachen der Jagdbeute an.

Ohne ein Wort zu sagen, setzte er sich vors Feuer. Bald
merkte er aber, daß seine Harzaugen in der Feuerhitze
weich wurden. Vorsichtshalber drehte er sich ein wenig zur
Seite, damit seine Augen nicht direkt dem Feuer ausgesetzt
waren.

Die Jäger nahmen seine Rückkehr hin, ohne ernsthaft die
Warnung zu bedenken, die sie erhalten hatten. Nur zu gern
taten sie ihm den Gefallen, die Warnung des Boten anzu-
zweifeln. Schließlich wollten sie ja weiterhin glauben, daß er
über Zauberkräfte verfügte, die ihnen die Jagd erleichtern
würden. So ließen sie jeden Verdacht gegen ihn fallen. Und
nachdem er es sich vor dem Feuer bequem gemacht hatte,
gaben sie ihm ein Stück rohe Leber, damit er sie sich selbst
braten könnte, wie es unter Männern üblich war, wenn sie
Jagdausflüge machten.

Coyote mochte sich jedoch nicht direkt dem Feuer zu-
wenden, weil er fürchtete, seine Augen würden schmelzen.
Also warf er das Stück Leber ohne hinzusehen in die Glut.
Und als er dachte, daß sie gar sei, tastete er, wieder ohne
hinzusehen, im Feuer mit seiner Pfote nach ihr. Er erwisch-
te jedoch nichts als heiße Glutstückchen.

Da er kein Aufsehen erregen wollte, versuchte er das, was
ihm da geschah, mit einem Scherzwort zu überspielen. Sooft

er nach seinem Stück Leber griff und nichts als glühende Holzkohle in der Pfote hielt, sprach er sie scherzhaft an und sang: »Verbrenne mich nicht, Leber. Nichts da. Verbrenne mich nur ja nicht!«

Aber die anderen, die mit *Mą'ii* am Feuer saßen, wurden argwöhnisch.

»Er verhält sich ganz anders als bisher«, flüsterte einer dem anderen zu.

»Irgend etwas an ihm ist verändert«, sagte noch ein anderer zum nächsten.

Und dieser sagte zu seinem Nebenmann: »Schleich dich einmal zu ihm hinüber. Sieh ihn dir genau an und stelle fest, was mit ihm los ist.«

Als dieser Jäger tat, wie ihm geheißen war, sah er das schmelzende Harz aus *Mą'iis* Augen rinnen.

Und als sie jetzt alle sein Gesicht sahen, da erkannten sie, wer er war.

»Das ist kein Jagdgott«, erklärte einer von ihnen.

»Dieser Kerl muß *Mą'ii*, der Coyote, sein, der Faulpelz und Tunichtgut, vor dem wir gewarnt wurden«, sagte ein anderer.

»Ja«, sagte wieder ein anderer. »Der muß er wohl sein. Und es scheint, er hat mit *Ch'ishiibeezhii*, den Meisen, und mit *Tsídiisháshii*, den Seidenschwänzen, gespielt.«

»Ja, es sieht so aus«, sagte noch ein anderer. »Und er hat seine Augen verloren.«

Nachdem sie Coyote erkannt hatten, machten sie sich auf den Rückweg zum Dorf und führten den halbblinden Fremdling mit sich. Unterwegs heckten sie einen Plan aus, wie sie ihn loswerden könnten.

Als sie im Dorf ankamen, nahmen sie *Ch'ikeeh na'azílí*, der Klingenden Jungen Frau, ihr klingendes Kleid fort und gaben ihr einstweilen ein ganz normales. Dann flog einer der Vögel mit dem Kleid dicht über dem Boden vor Coyote her – aber außerhalb dessen Reichweite – und schüttelte es so, daß *Mą'ii* es hören konnte.

Coyote glaubte die Klingende Junge Frau vor sich zu haben, und weil er sich mit ihr trösten wollte, tat er begierig einige Schritte auf dieses sanft klirrende Geräusch zu. Doch während er ging, blieb der Habicht mit dem Kleid immer gerade so weit vor ihm, daß er es nicht erreichen konnte. Und die ganze Zeit schüttelte er immer das Kleid, damit Coyote es stets hörte.

Coyote hastete in seiner Blindheit immer weiter und folgte dem Klang, der ihm so wohl tat, bis er endlich an den Rand eines steilen Canyon gelangte.

Hier schüttelte der Habicht das Kleid noch ein letztes Mal. Doch er schüttelte es einen Schritt jenseits der Felswand, so daß Coyote es beinah erreichen konnte.

Und *Mą'ii* tat einen letzten Satz auf dieses Klingen zu. Aber ach, das Kleid erreichte er natürlich nicht. Dafür stürzte er kopfüber von der Felsklippe auf den Grund der Schlucht hinunter, wo er zerschellte.

Doch trotz alledem starb *Mą'ii*, der Coyote, nicht.

Glaubt ja nicht, daß dieser *Mą'ii* wie andere Kreaturen ist, die wir kennen.

Denn seine Lebenskraft wohnt nicht in der Brust wie bei gewöhnlichen Sterblichen, wo sie so leicht zerstört werden kann.

Vielmehr bewahrt er eine Hälfte davon in der äußersten Nasenspitze. Und er bewahrt die andere Hälfte im allerletzten Ende seines Schweifs, wo niemand sie erwarten würde. Und dort ist seine Lebenskraft vor allen Stürzen und Schlägen sicher, die jedes andere Wesen töten würden.[36]

So kam es, daß Coyote nach einer Weile wieder zur Besinnung kam, sich selbst zusammensetzte, seine Wunden und Schnitte heilte und seine Würde so gut es ging wiederherstellte. Nach dieser Genesung machte er sich auf den

Rückweg zum Dorf der Kolibris und Habichte, wo er nach *Ch'ikeeh na'azílí,* der Klingenden Jungen Frau, fragte.

Da sagte man ihm, sie sei fortgegangen.

Und darauf sagte man ihm noch recht schroff, daß auch er gehen müsse. Denn die Leute des Dorfes wußten nun, wer er wirklich war. Er war ein wertloser Aufschneider. Er war ein Nichtsnutz. Er war ein Tunichtgut. Er war *Mą'ii,* der Coyote. Gewiß würde er das Leben der Kolibris und Habichte in Unordnung bringen, falls er das nicht sogar schon getan hatte.

Deshalb wollten ihn die Leute nie wieder in ihrem Dorf sehen.

Da ging Coyote fort und nahm seine Wanderschaft wieder auf, so ist gesagt.

11

Auch ist gesagt, daß er die Gegend durchstreifte, bis er zufällig von einem Mädchen hörte, das für seine Tugendhaftigkeit und Schönheit berühmt war.

Sie war ein Vorbild unter den Frauen, wahrhaftig. Sie bereitete reichhaltige Mahlzeiten. Sie flocht starke Körbe. Sie führte einen sauberen, ordentlichen Haushalt. Sie versorgte die Männer in ihrer Familie mit Umsicht und Tatkraft.

Sie war die einzige Schwester von zwölf Brüdern und bewohnte mit ihnen ein Haus, in dem es stets Fleisch im Überfluß gab. Denn diese Brüder waren die besten Jäger weit und breit.

Sie verstanden sich aber auch genauso gut auf die Haustierhaltung. Sie hegten seltenes Wild und hatten sich einen eigenen Viehbestand geschaffen. Daher kamen viele Leute zu ihnen auf Besuch oder tauschten mit ihnen Nahrungsmittel.

Manchmal blieben diese Besucher tage- oder sogar monatelang. So wuchs um ihre Hütte ein Dorf von behelfsmäßigen Unterkünften, ganz ähnlich denen, die die Navajoleute heute noch bauen, wenn sie ihre Schafherden auf die Sommerweiden treiben.

Um die ganze Wahrheit zu sagen, die Hütten in der nächsten Nachbarschaft wurden gelegentlich von Freiern bewohnt. Sie hatten von der Schönheit, dem Fleiß, der Tugendhaftigkeit und der Hingabe des Mädchens gehört. So kam einer nach dem anderen, der sie zur Frau haben wollte.

Unter diesen Freiern waren sogar einige *Haashch'ééh dine'é* oder Heilige Leute. Sie ließen verlauten, daß dieses Mädchen allein unter allen Frauen der *Nílch'i dine'é* oder Luft-Geist-Leute würdig sei, einen Gott zu heiraten. Selbst *Jóhonaa'éí* oder Sonne soll versucht haben, sie zur Frau zu gewinnen.

Doch sie hatte bisher jeden Mann abgelehnt. Sie hatte Bedingungen gestellt, die der Mann zu erfüllen hatte, dessen Frau sie werden sollte. Denn war sie nicht die beste aller Frauen, wie ihre Brüder immer wieder bekräftigten? Und stand ihr dafür nicht der beste Mann zu, den es überhaupt gab?

Was aber *Mą'ii*, den Coyoten, angeht, so verkörperte sie gerade jene Art von Frau, die er gern haben wollte. So faßte er den Plan, sie aufzusuchen und durch irgendeine List für sich zu gewinnen. Nach langem Suchen und Schauen, Schauen und Suchen, fand er sie endlich. Und als er sie endlich sah, wurde er augenblicklich von Verlangen nach ihr ergriffen.

Als sie einander begegneten, grüßte *Mą'ii* die junge Frau so höflich und achtungsvoll, wie es ihrer Schönheit angemessen schien. Und dies sagte er zu ihr:

»Sag mir, schöne Jungfrau«, sagte er und nahm eine ergebene Haltung vor ihr ein.

160

»Warum hast du so viele Heiratsangebote abgelehnt? Du hast sogar Heiratsangebote der Heiligen Leute abgelehnt. Warum?«

»Das ist für dich überhaupt nicht von Belang«, erwiderte sie.

»Du könntest nämlich keine einzige der Bedingungen erfüllen, die ich dem stelle, der mein Mann werden soll.«

Das ist die Antwort, die Coyote von der jungen Frau erhielt. Und dies erwiderte nun er:

»Nun wohl, sag es mir doch«, erwiderte er.

»Sage mir, was du von dem verlangst, der dein Mann werden soll.«

»Was hättest du davon?« gab sie wiederum zurück.

»Ganz gewiß könntest du keine der Bedingungen erfüllen, die ich an meinen künftigen Mann stelle.«

Das antwortete ihm die junge Frau. Und dies erwiderte ihr nun *Mą'ii:*

»Wie kannst du so etwas sagen?« erwiderte er.

»Wie kannst du wissen, daß ich keine deiner Forderungen erfüllen kann, wenn du mir nicht sagst, worin sie bestehen?«

Worauf die junge Frau dies zu sagen hatte:

»Du siehst nicht gerade aus wie jemand, der sie erfüllen könnte«, sagte sie.

Das sagte sie zu *Mą'ii,* und dies erwiderte er:

»Du hast dir zu schnell eine Meinung über mich gebildet«, sagte er.

»Du bist der Meinung, daß ich keine deiner Forderungen erfüllen kann, obgleich du mir noch von keiner gesagt hast, worin sie besteht.«

Worauf die junge Frau dies sagte:

»Wenn du es unbedingt wissen mußt«, sagte sie.

»Ich werde niemanden heiraten, der nicht zumindest eines der *Naayéé',* der Ungeheuer, erschlagen hat, die den Leuten nachstellen und so viele von ihnen töten und verschlingen. Und ich sehe auf den ersten Blick, daß du keiner von denen bist, die so etwas können.«

Das sagte diese stolze junge Frau zu *Mą'ii*.

Und er hatte darauf keine Antwort.

Rein gar nichts sagte er.

Er erhob sich einfach wieder auf seine vier Pfoten, schaute sie einen Augenblick lang an, wandte sich still ab und ließ sie allein dort stehen, wo sie stand. Für sie war es so gut wie sicher, daß er ihren Wohnort verließ und sich wieder auf seine ziellose Wanderschaft machte.

In Wirklichkeit hatte er jedoch einen Plan.

Daher kam es, daß Coyote sich zur Wohnung von *Yé'iitsohíbáhí* aufmachte, den man heute in der Sprache von *Bilagáana* Grauer Riese nennen würde. Er war einer von den *Naayéé'*, die Leute töteten und verschlangen. Halb so groß wie die höchste Kiefer weit und breit, war *Yé'iitsohíbáhí* wahrhaftig ein übler und grausamer Bursche.

Und dies nun sagte *Mą'ii* zu ihm:

»Großer Bruder«, sagte er.

»Ich möchte dein Diener sein.

Denn ich glaube, daß ich dir helfen kann.

Vor allem, was die Jagd angeht.

Du muß nämlich wissen, daß du deswegen nicht mehr Leute fangen kannst, weil du nicht sehr schnell bist.

Schau mich dagegen an.

Ich laufe schneller als *Náshdóítsoh*, der Berglöwe, wenn mir der Sinn danach steht.

Ich kann vier Büsche auf einmal überspringen.

Ich fange jeden, nach dem mich hungert.

Deshalb habe ich immer genug zu essen.

Möchtest du, daß ich dir zeige, wie ich es zu so großer Schnelligkeit gebracht habe?«

Das sagte Coyote zum Grauen Riesen, und dies antwortete jener:

»Kleiner Bruder«, antwortete er.

»Es wäre mir wahrlich lieb, wenn du es mir zeigtest.

Denn ich bin langsam, wie du richtig sagst. Und ich bin immer hungrig.

Sag mir, was ich tun muß, um so schnell wie du zu werden, und ich werde es tun.«

Das sagte *Yé'iitsohíbáhí* zu *Mą́'ii.*

Dann wies Coyote ihn an, eine Schwitzhütte zu bauen und ein schönes heißes Feuer vorzubereiten.[37]

Das tat das Ungeheuer.

Und während der Graue Riese fleißig arbeitete, hatte Coyote noch etwas zu besorgen. Er brauchte nämlich den Knochen eines großen Tieres, das sein Vetter *Mą́'iitsoh*, der Große Wolf, erlegt und gegessen hatte. Er fand auch wirklich genauso einen Knochen, wie er ihn brauchte, einen langen Schenkelknochen, der sich für seine Zwecke vorzüglich eignete.

Er verbarg ihn unter seinem Hemd und trug ihn mit sich zurück.

Als er ankam, hatte *Yé'iitsohíbáhí*, der Graue Riese, die Schwitzhütte inzwischen fertiggestellt. Mit Coyotes Hilfe entfachte er dann ein Feuer vor der Hütte, erhitzte einige große Steine darin und breitete einen Teppich von Blättern über den Boden.

Mą́'ii hängte nun vier Himmelsdecken vor den Eingang. Eine weiße Decke hängte er auf. Eine blaue Decke hängte er auf. Eine gelbe Decke hängte er auf. Und eine schwarze Decke hängte er auf.

Dann trug er die heißen Steine in die Hütte. Danach ging er hinaus und sagte dem Grauen Riesen, daß alles bereit sei. Da zogen die beiden sich aus, hängten ihre Kleider an einen Baum, traten ein und setzten sich.

Doch ohne daß das Ungeheuer es bemerkte, hatte Coyote den Schenkelknochen mit ins Schwitzhaus geschmuggelt.

Nun sprach *Mą'ii* den Grauen Riesen an. Und dies sagte er:

»So, mein Freund«, sagte er.

»Wenn du ein schneller Läufer wie ich werden möchtest, mußt du tun, was ich dir jetzt zeigen werde.

Zuerst mußt du das Fleisch an deinem Schenkel einschneiden. Schneide ganz durch bis auf den Knochen.

Dann mußt du den Knochen brechen. Brich ihn ganz durch.

Aber keine Angst, er wird gleich wieder heilen.

Und wenn er geheilt ist, wirst du stärker und schneller sein als je zuvor. Du wirst dann fangen und essen können, wen du willst.

Und sooft du dies wiederholst, wird deine Kraft weiter wachsen. Deine Schnelligkeit wird weiter wachsen.

Ich selbst mache es häufig. Deshalb werde ich immer schneller und schneller.

Und jetzt werde ich es wieder tun.

Hier und jetzt. Sieh selbst, wie leicht und schnell es geht.«

Mit diesen Worten zog *Mą'ii* ein großes Steinmesser hervor und tat so, als schnitte er sich in den eigenen Schenkel. Dabei schrie und jammerte er, als litte er große Schmerzen. Dann legte er den alten Schenkelknochen auf seinen eigenen Schenkel, hielt ihn an beiden Enden fest und schrie laut:

»Endlich!« schrie er.

»Endlich habe ich den Knochen erreicht.

Fühle ihn, Vetter. Aber mach schnell!

Mach schnell! Ich leide großen Schmerz und möchte diese Marter so schnell wie möglich beenden.«

Yé'iitsohíbáhí langte hin, und als er den bloßen Knochen fühlte, glaubte er in der dampferfüllten Dunkelheit der Schwitzhütte tatsächlich *Mą'iis* eigenen Knochen zu fühlen.

Coyote schob die Hand des Riesen fort und schlug mit der Schneide seines Messers mehrmals wuchtig auf den Knochen, bis er brach. Er ließ den Riesen die Bruchenden fühlen. Dann ließ er den alten Knochen verschwinden, rieb ein wenig Speichel auf seinen Schenkel, betete und sang laut und ließ das Ungeheuer schließlich seinen gesunden Schenkel fühlen.

Dann hatte er dies zu sagen:

»Siehst du?« sagte er.

»Mein Bein ist wieder heil.

Es ist so heil wie eh und je. Nicht einmal mehr Schmerzen habe ich.

Nun, mein Guter, versuche du es nach meiner Anleitung.

Und dann wollen wir hinausgehen und sehen, wieviel schneller du danach laufen kannst. All dein Hunger wird ein Ende haben.

Du kannst ihn jetzt ein für allemal loswerden.«

Darauf reichte Coyote dem Grauen Riesen das große Steinmesser. Und dieser schnitt nun langsam in seinen Schenkel hinein, wie er es bei Coyote gesehen zu haben glaubte, und er jammerte und schrie vor Schmerz. Und wie er glaubte, daß Coyote es getan hatte, schlug er anschließend seinen eigenen Schenkelknochen durch.

Dies getan, hielt er die beiden Bruchenden nun zusammen, wie auch Coyote es getan zu haben schien, spie auf die Bruchstelle und sang und betete wie vordem *Mą'ii.*

Doch wie wohl jeder sich denken kann, wollten die beiden Enden sich nicht vereinigen.

»Heile, Knochen! Heile!« befahl der Riese und vermeinte, seine Größe und Kraft würde seiner Stimme den nötigen Nachdruck geben. Aber Größe und Kraft können einen gebrochenen Knochen nicht zum Heilen überreden. Dieser Knochen tat jedenfalls nichts dergleichen.

»Kleiner Bruder«, rief er Coyote an.

»Kleiner Bruder, hilf mir, dieses Bein zu heilen.

Sag mir, was ich falsch gemacht habe, daß die Enden meines Schenkelknochens nicht zusammenwachsen wollen wie deine. Sag mir, warum er nicht heilen will, wie du versprochen hast!«

Doch *Mą'ii*, der Coyote, sagte nichts.

Rein gar nichts sagte er.

Schweigend saß er da, während *Yé'iitsohíbáhí*, der Graue Riese, vor Schmerzen schrie und wimmerte, bis er endlich sicher war, daß dessen Kraft genügend geschwunden sei.

Als er dann den richtigen Moment gekommen glaubte, sprang *Mą'ii* hinaus, ergriff seinen Bogen, ging zurück ins Schwitzhaus und schoß jeden einzelnen Pfeil, den er hatte, in den Körper des unseligen Riesen.

Worauf das Ungeheuer starb, so ist gesagt.

12

Auch ist gesagt, daß *Mą'ii* sein Opfer skalpierte und den Skalp an die Spitze eines Zedernastes band, den er von einem Baum in der Nähe gebrochen hatte.

Er wußte, daß die junge Frau den Skalp erkennen würde. Denn in jenen Tagen besaßen all die furchtbaren *Naayéé'* gelbes Haar, wie man es sonst bei niemandem sah.

Und um ganz sicherzugehen, nahm er Köcher und Pfeile des Riesen mit, als er sich zur Hütte der jungen Frau aufmachte, die er besitzen wollte.

Als er dort ankam, legte er ihr seine Beutestücke vor und hatte dies zu sagen:

»Hier«, sagte er.

»Hier ist der Skalp des mächtigen *Yé'iitsohíbáhí*. Sicher ist dir bekannt, daß er einer der *Naayéé'* ist, die so viele Leute töten und verschlingen, wohin sie auch gehen. Es scheint nun, daß du mich heiraten mußt.«

Das sagte *Mą'ii* der jungen Frau. Und dies erwiderte sie:

»Das ist noch gar nicht sicher«, erwiderte sie.

»Du hast erst eine der Bedingungen erfüllt, die ich dem stelle, der mein Mann werden will.«

Worauf Coyote dies zu sagen hatte:

»Dann mußt du mir mitteilen, was die anderen Bedingungen sind«, sagte er.

Worauf sie erwiderte:

»Wer mich zur Frau haben will, muß viermal sterben.

Viermal muß er getötet werden. Und viermal muß er ins Leben zurückkehren. Das sind die anderen Bedingungen.«

Darauf er:

»Hast du mir jetzt alles gesagt, was ich wissen muß, um mich zu deinen Freiern zählen zu können?«

Und sie:

»Ich habe dir alles gesagt, was du wissen mußt, um dich zu denen zu zählen, die mich zur Frau wollen.«

Darauf fragte er nun dies:

»Ich muß sicher sein, daß du mir alles gesagt hast, was getan werden muß. Ich muß sicher sein, daß du mir die Wahrheit sagst.«

Das sagte der vorsichtige Coyote der wählerischen jungen Frau. Und dies antwortete sie:

»Ich spreche die Wahrheit«, antwortete sie.

»Ich habe dir alles gesagt.«

»Nun, hier stehe ich also«, sagte *Mą'ii*.

»Ich bin bereit, für dich zu sterben. Aber du mußt mich selbst töten. Wenn ich viermal für dich sterben soll, so soll es jedesmal nur durch deine Hand geschehen.«

Da führte ihn diejunge Frau ein Stückweit von ihrer Hütte fort. Und sie legte ihn auf die Erde. Und dann schlug sie mit einer schweren Keule auf ihn ein, bis sie glaubte, sie habe ihm jeden einzelnen Knochen gebrochen. Sie hielt ihn für tot und ging fort.

Sie hatte aber seine Nasenspitze und sein Schwanzende nicht zertrümmert, die Stellen, in denen die beiden Hälften seiner Lebenskraft wohnten.

In dem Glauben, ihn endgültig los zu sein, eilte sie zu ihrer Hütte zurück. Sie hatte nämlich viel zu tun. Schließlich war sie die einzige Frau in einer dreizehnköpfigen Familie. Sie mußte Essen kochen. Sie mußte Kleider anfertigen. Sie mußte Körner sammeln. Sie mußte Körbe flechten.

Zu jener Zeit war sie gerade dabei, vier Körbe zu flechten. Und sie hatte es eilig, wieder an die Arbeit zu gehen. Bei ihrer Hütte angekommen, machte sie sich also gleich wieder ans Werk.

Doch sie hatte noch nicht lange gearbeitet, als sie jemanden in der Tür bemerkte, der sie anstarrte. Und als sie aufblickte, sah sie Coyote.

»Da bin ich«, sagte er.

»Ein Spiel haben wir jetzt schon gespielt. Bleiben nur noch drei, die ich gewinnen muß.«

Daraufhin führte die junge Frau *Mą'ii* weiter fort als beim erstenmal. Und dort hieb sie ihn mit einer Keule in Stücke. Und sie verstreute die Stücke in alle Richtungen. In dem Glauben, daß er nun wirklich tot sei, eilte sie nach Hause und nahm ihre Flechtarbeit wieder auf.

Doch sie war mit ihrem Korb noch nicht viel weiter gekommen, als Coyote schon wieder in der Tür stand. »Das waren jetzt zwei Spiele«, sagte er. »Bleiben nur noch zwei, die ich gewinnen muß.«

Wieder führte sie ihn schweigend weg, diesmal noch weiter. Mit einer noch schwereren Keule schlug sie wieder auf ihn ein, bis er nur noch eine formlose Masse war. Und wieder beseitigte sie seine Überreste, doch diesmal verstreute sie die Stücke über einen heißen Felsen in der brennenden Sonne. Dann eilte sie schnell wieder nach Hause an ihre Arbeit, aber nicht ohne zuvor noch einmal auf die Stücke einzuschlagen, um ganz sicher zu gehen, daß Coyote diesmal wirklich tot sei.

In dem Glauben, nun endlich ihre Arbeit fertigmachen zu können, saß sie still da und flocht eine ganze Weile. Doch abermals erschien *Mậʼii* in der Tür. »Das waren jetzt drei Spiele«, sagte er. »Bleibt nur noch eins, das ich gewinnen muß.«

Diesmal führte sie ihn weit, weit fort an eine Stelle, wo sie sich selbst nicht mehr auskannte. Und diesmal hieb sie ihn nicht nur in Stücke, sondern vermischte die Stücke mit Erde und zerrieb sie zwischen zwei großen Steinen, wie man Korn mahlt, bis nur noch ein feines Pulver übrig war, das sie in alle Winde verstreute. Und diesmal ging sie mit vollkommener Gewißheit, daß sie ihn ein für allemal los sei, an ihre Arbeit zurück.

Doch auch diesmal hatte sie versäumt, Coyotes Nasenspitze und Schwanzende zu zerschlagen.

Wieder in ihrer Hütte, konnte sie eine ganze Weile ungestört weiterflechten. Endlich, dachte sie bei sich, ist er ganz erledigt. Aber kaum hatte sie das zu sich gesagt, als etwas sie aufblicken machte. Und da stand *Mậʼii* in der Tür und sagte dies:

»So«, sagte er.

»Wir haben vier Spiele gespielt. Jetzt bin ich hier, um mich zu deinem Mann zu erklären. Hier bin ich, um dich zu meiner Frau zu erklären.«[38]

Da sie beteuert hatte, daß keine andere Bedingung mehr gestellt würde, konnte sie ihn nun nicht mehr fortschicken. Doch sie fand durchaus keinen Geschmack an dem Gedanken, ihn zum Mann zu nehmen. Deshalb antwortete sie ihm so:

»Nein!« antwortete sie.

»Ich kann trotzdem nicht deine Frau werden.«

»Wie das?« antwortete er.

»Habe ich nicht den Grauen Riesen getötet, wie du es verlangtest?«

»Trotzdem«, antwortete sie.

»Es ist nicht recht.

Es schickt sich einfach nicht, daß so einer wie du mich heiratet.«

»Habe ich nicht zugelassen, daß du mich viermal tötest?« fragte er. »Genau wie es abgemacht war?«

»Das ist wohl wahr«, antwortete sie.

»Dennoch kann ich dich nicht heiraten. Meine Brüder würden es niemals zulassen, auch wenn ich selbst einwilligte.«

»Bin ich nicht viermal ins Leben zurückgekehrt?« begehrte er auf »Genau wie du mir aufgetragen hast?«

»Auch das ist wahr«, gab sie zu.

»Dennoch muß ich dich abweisen. Meine Brüder wollen es gewiß nicht anders.«

»Aber nach allem, was du mir gesagt hast«, beharrte er, »wie kannst du mich da immer noch abweisen?«

»Also gut«, erwiderte sie.

»Du magst hier warten, bis meine Brüder nach Hause kommen. Dann können wir die Sache zumindest einmal mit ihnen bereden.«

So sprach sie zu *Má'ii* und dachte dabei, wenn ihre Brüder kämen, würden sie ihn schon hinauswerfen. Dann wäre sie ihn endlich, endlich los.

Ein für allemal wäre er dann weg.

Inzwischen war es fast dunkel geworden, und sie bereitete am anderen Ende des Raums ihr Nachtlager vor.

Má'ii legte sich nahe der Tür auf den Boden und tat so, als wolle auch er einschlafen.

Als sie sich auf die dicke, warme Decke legte, auf der sie zu schlafen pflegte, beobachtete er sie aus den Augenwinkeln. Die letzten Lichtstrahlen erfüllten die Hütte, und auch das Feuer glimmte noch. Doch obwohl es eigentlich noch gar nicht so kalt war, ließ Coyote seine Zähne klappern. Und er sagte dies:

»O je«, sagte er, gepreßt atmend, »ist das aber kalt hier.«

Sie zog es vor, gar nichts dazu zu sagen.

»Brrrr«, machte er, und wieder saugte er die Luft zischend durch die Lippen. »Wirklich kalt hier.«

Sie ihrerseits sagte nichts. Sie zog sich lediglich ihr warmes Hirschfell über die Schultern.

»Oh ... oh ... oooh«, stöhnte er zitternd und heftig mit den Zähnen klappernd.

»Es ist ein kalter Winterabend und mich friert's ja so.«

Sie hingegen schwieg dazu. Sie stopfte nur ringsum ihr Hirschfell schön fest und drehte ihm den Rücken zu.

»Oh, brrr ... oooh, brrr!« wiederholte er.

»Es ist unerträglich! Wie kalt das heute abend ist! Und wie durchgefroren ich schon bin!

Liebe Freundin, laß mich doch wenigstens dort drüben am Rand deiner Decke liegen, bitte.«

»Na gut«, sagte sie.

Da ging er zur anderen Seite und legte sich an den äußersten Rand der Decke. Eine ganze Weile lag er da und sagte erst einmal nichts. Doch dann fing er wieder an zu zittern.

Und dann sprach er wieder.

»Schwester«, sprach er.

»Meine liebe Schwester. Mir ist immer noch so kalt. Laß mich doch ein wenig näher rücken. Laß mich wenigstens so nah rücken, daß der Rand deiner Decke mich wärmt.«

»Nun«, erwiderte sie, »ich glaube, dagegen ist nichts einzuwenden.«

Da zog er den Deckenrand über sich. Und er lag wieder ein Weilchen still und sagte nichts. Doch wieder begann er zu zittern, und wieder sprach er:

»Ojemine!« sagte er.

»Diese gräßliche Kälte! Gräßlich! Ich friere so, meine liebe Schwester. Kann ich mich nicht näher heranrücken? Kann ich mich nicht neben dich legen, damit ich endlich warm werde?«

»Ja, wenn dir so kalt ist«, sagte sie, »kann man wohl nichts dagegen sagen.«

Da legte er sich ganz dicht neben sie und zog die Decke herüber, so daß sie beide wärmte. Zuerst lag er wieder ganz still. Doch dann rückte er noch ein wenig näher zu ihr. Und wieder lag er eine Weile still, bis er schließlich ganz nah heranrückte, so daß sich sein Bauch und Schoß um ihren Rücken und ihr Hinterteil schmiegten.

Eine Weile blieb er so liegen, bis er merkte, daß ihr Atem schneller und heftiger wurde. Da legte er einen Arm um sie und blieb wieder eine Weile so. Ihr Atem ging noch heftiger, und er spürte die Wärme in ihr aufwallen. Da sprach er wieder.

»Meine Schwester«, das sagte er.

»Mein liebstes Weib.

Mir ist jetzt ein wenig wärmer. Fast ist mir schon warm genug. Wenn ich mich nur noch ein wenig mehr wärmen könnte ... Was meinst du, mein liebstes, teuerstes Weib – ob ich wohl meine Hand dahin legen könnte?

Da!

Dorthin, wo es so wunderbar warm ist?«

Und nachdem er seine Hand dorthin gelegt hatte, lag er wieder ganz still. Doch dann fühlte er, wie sie sich langsam zu ihm umdrehte. Langsam drehte sie sich, bis sie ihn anschauen konnte, während er seine Hand dort, wo sie lag, so ruhig wie möglich hielt.

»Wie wäre das, mein teuerstes, süßes Weib. Laß mich ihn einfach aufrichten. Da! Siehst du? Wir lassen ihn einfach da so stehen, ja?«

»Ja«, sagte sie. »Ja. Das ist ganz gut so.«

Und nachdem er ihn aufgerichtet hatte, ließ er ihn so. Aber ein kleines Weilchen später sagte er:

»Mein teuerstes Weib. Mein süßes Weib. Wie wäre das? Laß mich ihn hineintun; laß mich ihn einfach einführen.

Da! Da!

Einfach nur so. Laß ihn einfach nur so bleiben.«

»Ooo ja!« sagte sie. »O ja! Ja! Das ist ganz recht so. Das ist gut so.«

Nachdem er ihn eingeführt hatte, ließ er ihn in ihr. Doch es dauerte nicht lange, da sprach er wieder.

»Mein süßes Weib! Mein teuerstes, liebstes Weib! Was meinst du? Sollen wir uns so drehen, daß ich auf dir liege, und soll ich dann ganz in dich dringen? Soll ich nur einmal ganz in dich dringen?«

»O ja! Jaa!« sagte sie.

»Zweimal?«

»Ja! Ja! Ja!«

»Dreimal, mein teuerstes, liebstes Weib?«

»Ja, ja, ja, ja!«

»Viermal! Viermal laß mich in dich dringen, liebstes Weib!«

»Ja ja ja ja ja!«

»Fünfmal! Soll ich fünfmal in dich dringen, liebstes, teuerstes Weib?«

»Ooooja! Ja ja ja ja ja ja!«

»Sechsmal?«

»O jaaaa! Jajajajajajajaaaaa …«

»Siebenmal mein liebes Weib! Mein liebstes, liebstes, liebstes, liebstes Weib …«

»Jajajajajajajajaaaa! Jajajajajajajajaaaa!«

»Sieben, sieben, sieben, sieben, sieben, sieben, sieben!« schrie er.

»Sieben, sieben, sieben, sieben, sieben, sieben, sieben!« schrie er wieder.

»Sieben, sieben, sieben, sieben, sieben, sieben, sieben, sieben!« schrie auch sie.

»Sieben, sieben, sieben, sieben, sieben, sieben, sieben sieben!« schrie sie noch einmal.

»Jaaaaaaaa …«

Das also taten sie.

Bis keiner mehr mitzählen konnte.

Sie taten es immer wieder, die ganze Nacht lang. Und so kam es, daß *Ma̓’ii*, der Coyote, ihr Mann wurde und sie seine Frau wurde, ohne daß es vorher mit den Brüdern besprochen worden war.

Als sie am nächsten Morgen erwachten und aufstanden, war Coyote sehr zufrieden mit sich.

So froh war er, daß er aufstand und hinauslief. Hin und her rannte er, und überall setzte er seine Duftmarken. Zu einem Pappelbaum, der nördlich der Hütte an einer Quelle stand, lief er. Und dort setzte er seine Marke. Zu einer kleinen Zeder, die westlich stand, lief er und setzte auch dort seine Marke. Dann lief er zu einer Piñonkiefer, die südlich der Hütte wuchs, und setzte seine Marke. Und er lief zu einer Fichte, die östlich wuchs, und setzte auch dort seine Duftmarke. Dann hechelte er um die Hütte, immer rund herum, und setzte überall seine Duftmarken.[39]

Schließlich ging er wieder hinein, wo sie noch lag und auf ihn wartete. Und er legte sich neben sie und liebkoste sie aufs neue. Den ganzen Tag lagen sie zusammen, diese beiden. Sie vergaß ihre Pflichten und dachte nur noch an ihn, und wie schön es war. So ganz versunken war sie, daß sie gar nicht mehr an ihre Brüder dachte, bis sie die Männer plötzlich kommen hörte, als die Sonne sich senkte.

»Meine Brüder kommen«, sagte sie da. »Du mußt dich verstecken. Einige von ihnen werden gewiß böse sein, wenn sie dich hier finden. Nein, das stimmt nicht ganz. Sie werden alle böse sein. Da könnte es dir an den Kragen gehen. Also laß dich lieber nicht blicken. Jedenfalls fürs erste nicht.«

Darauf versteckte sie ihn hinter einem Stapel Fellen auf ihrer Seite der Hütte, wo sie die Dinge aufhob, die ihr gehörten.

Kaum war das geschehen, als die Männer auch schon einer nach dem anderen zur Tür hereinkamen und sie begrüßten.

»Hallo, kleine Schwester«, sagte der älteste.

»Wir bringen dir schönes fettes Fleisch«, sagte der nächstälteste.

»Setz es zum Kochen auf«, sagte der nächste. »Und tu für uns etwas Fett in einen Topf.«

»Unsere Gesichter sind nämlich von Wind und Sonne verbrannt«, sagte ein anderer.

»Ja«, sagte der nächste, »und wir möchten sie abreiben.«

So hatte jeder etwas zu ihr zu sagen, bis schließlich der jüngste kam. Er war der unsauberste von den zwölfen und am wenigsten begabt. Doch er war ein gutherziger Junge.[40]

»Schön, dich wiederzusehen, kleine Schwester«, sagte er zu ihr. »Vor allem am Ende eines anstrengenden Tages. Wir haben es gut, daß sich jemand wie du um uns kümmert.«

Derweil hatte sie den Topf aufs Feuer gehängt, wie ihr geheißen worden war. Und wie ihr geheißen, legte sie neue Zweige auf die Glut, daß sie nur so aufflammten.

Als das Feuer schön brannte und das Wasser erst dampfte und dann kochte, wurde es warm in der Hütte. Und als es warm wurde, erfüllte der Geruch von Coyote-Urin die Luft.

»Es riecht, als wäre irgendein Tier im Holzstoß gewesen«, sagte einer der Brüder. Und er hob einige der Zweige auf, die seine Schwester hereingebracht hatte. »Die werfen wir lieber weg«, sagte er.

»Ja«, sagte ein anderer. »Ziehen wir lieber ein paar neue Scheite unten aus dem Stapel heraus.«

Einige der anderen halfen den beiden. Sie holten sogar einiges von dem brennenden Holz aus dem Feuer und warfen es weg. Und sie gingen hinaus, brachen frische Zweige von den Bäumen in der Nähe und machten ein neues Feuer.

Doch der Geruch wollte nicht weichen.

»Vielleicht kommt der Geruch aus dem Wasser«, sagte der älteste Bruder. »Sag uns, kleine Schwester, wo hast du das Wasser geholt?«

»An der Quelle«, erwiderte sie, »wo ich es immer hole.«

»Schütte es aus und hole frisches«, sagte der nächstälteste.

Da nahm sie den Topf, trug ihn hinaus, leerte ihn aus und füllte ihn neu. Dann setzte sie ihn wieder aufs Feuer, bis das Wasser abermals kochte. Erst dampfte es, und dann kochte es, und der Raum wurde warm. Aber dann erfüllte wieder der Geruch von Wildtier die Luft. Trotz des ganzen Aufwands war der Gestank so durchdringend wie zuvor.

Endlich wandte sich der älteste Bruder seiner Schwester zu und stellte diese Frage:

»Wo kommt dieser schreckliche Geruch her?« fragte er.

»Er kommt nicht vom Holz. Er kommt nicht aus dem Wasser. Woher kommt er dann?«

Sie machte keine Anstalten zu antworten. Sie wich seinem Blick aus und wandte sich stumm ab.

»Hast du nicht gehört?« fragte ein zweiter Bruder.

»Was ist der Grund für diesen schrecklichen Geruch? Wenn er nicht vom Holz kommt, und wenn er nicht aus dem Wasser kommt, woher dann?«

Doch sie schaute auch ihn nicht an. Und wieder machte sie keine Anstalten zu antworten.

»Wir haben dich etwas gefragt«, sagte ein wenig unwirsch der nächste. »Was verursacht diesen schrecklichen Geruch?

Das Holz macht ihn nicht. Das Wasser macht ihn nicht. Was also macht ihn?«

Aber auch ihn mochte sie nicht anschauen. Und sie machte ebensowenig Anstalten zu antworten wie bei den anderen.

»Wir fragen dich zum letzten Mal«, drohte ein vierter Bruder. »Sag uns, was diesen Gestank macht, den keiner von uns ertragen kann. Vom Holz kommt er nicht, und aus dem Wasser kommt er nicht. Sicher weißt du, woher er kommt, und du mußt es uns sagen.«

Da sprang Coyote aus seinem Versteck und stolzierte in die Mitte der Hütte.

»Ich bin das, was ihr riecht«, verkündete er.

»*Mą'ii*, den Coyoten, riecht ihr hier.

Und ihr dürft auch gleich wissen, daß ihr euch an diesen Geruch wohl gewöhnen müßt.

Ich habe nämlich eure Schwester zur Frau genommen.

Und das heißt, daß ich jetzt zu eurer Familie gehöre.«

Darauf erwiderte der älteste Bruder:

»Mit diesem Geruch werde ich mich auf keinen Fall abfinden«, erwiderte er.

»Das werde ich auch nicht«, erwiderte der zweitälteste.

»Ich auch nicht«, wiederholte der dritte.

»Ich auch nicht«, sagte der vierte.

»Mit mir ist das nicht anders«, sagte der nächste.

»Also mach, daß du aus dem Haus kommst«, sagte der nächste.

»Und zwar gleich«, sagte der nächste.

»Bevor du unsere Schläge zu spüren bekommst«, sagte wieder ein anderer.

»Und was dich angeht«, sagte der erste der vierjüngsten, »wenn du wirklich seine Frau bist, mußt du mit ihm gehen.«

»Unter diesen Umständen ist das hier nicht länger dein Zuhause«, sagte der nächste der vier jüngsten.

»Du kannst nicht ihm eine Frau und zugleich uns eine Schwester sein«, sagte der nächste dieser vier.

Dann sprach der älteste Bruder wieder und sagte dies:

»Du hast schlecht gehandelt«, sagte er.

»Denn du hast einen Ehemann gewählt, ohne dich vorher mit deiner Familie zu besprechen.

Deshalb wirst du jetzt gehen müssen.«

So verließen die beiden, Coyote und seine junge Frau, den Ort, der die Heimat des Mädchens gewesen war. Sie verließen die Männer, die seine Brüder gewesen waren. Doch zuvor huschte *Mą'ii* noch mit einem Satz zum Feuer und schnappte sich einen brennenden Zweig. Damit entfachte er in einem nahegelegenen Wäldchen ein neues Feuer. Dann baute er eine Hütte für sich und seine Braut.

Dies getan, kehrte er zur Hütte der Brüder zurück und stapfte dreist hinein. Und ohne auch nur ein Wort zu verlieren, raffte er alles zusammen, was der jungen Frau gehört hatte. Er nahm ihre Töpfe. Er nahm ihre Felle. Er nahm ihre Körbe. Er nahm vier Ahlen, die ihr gehört hatten.

Alles, was ihr rechtmäßig zustand, nahm er an sich, und die Brüder schauten in betretenem Schweigen zu. Und er trug diese Besitztümer in das neue Heim der Schwester.

»Geh heute nacht hinüber und beobachte diese beiden«, sagte der älteste der Brüder zum jüngsten, dem unsauberen.

»Versuche herauszufinden, was für einen Schwager wir da bekommen haben. Verstecke dich irgendwo bei ihrer Hütte und behalte sie im Auge. Gib aber acht, daß sie dich nicht sehen.«

Da tat der junge Bruder, wie ihm geheißen war. Er wählte einen Platz, wo er hineinspähen und im Licht des Feuers erkennen konnte, was drinnen geschah. Sein Versteck lag nahe genug, daß er fast alles hören konnte, was *Mą'ii* und seine Frau sprachen. Und er lauerte und wartete.

Gerade eben legte die Frau ihre Hände liebevoll auf Coyotes Knie. Doch er schob sie weg.

Ohne ein Wort tat er das.

Sie wartete eine Weile und legte dann ihre Hand wieder auf sein Knie, wobei sie ihn wie zuvor zärtlich anschaute. Doch abermals schob er sie fort, ohne etwas zu sagen.

Wie zuvor wartete sie ein Weilchen, legte dann ihre Hand wieder auf sein Knie und sah ihn zärtlich an. Doch wiederum schob er wortlos ihre Hand weg.

Noch einmal wartete sie eine Weile. Noch einmal legte sie ihre Hand auf sein Knie. Und noch einmal schenkte sie ihm denselben zärtlichen Blick. Doch wieder schob er die Hand fort, ohne etwas zu sagen. Nicht ein einziges Wort kam über seine Lippen, als er sie fortschob.

Endlich sprach sie zu ihm und fragte dies:

»Warum weist du mich so zurück?« fragte sie.

»Weil ich mir geschworen habe, keine Frau als mein eigen anzunehmen, bevor ich sie getötet habe«, antwortete er.[41]

»Viermal muß sie getötet werden, bevor ich sie annehme. Und viermal muß sie ins Leben zurückkehren.

Erst dann werde ich sie annehmen.«

Lange Zeit starrte die Frau schweigend ins Feuer. Schließlich seufzte sie, stand auf, sah ihn ergeben an und hatte dies zu sagen:

»Nun also, hier bin ich«, sagte sie.

»Ich bin bereit, für dich zu sterben. Tu, was du willst, um mich zu töten.«

Worauf *Mą'ii* sie ein Stück von ihrer Hütte wegführte. Er legte sie auf den Boden. Er schlug mit einer großen Keule auf sie ein, bis nichts in ihrem Körper sich mehr rührte. So ließ er sie liegen.

Dann kehrte er in die Hütte zurück und wartete. Er fragte sich, wo die Lebenskraft in ihrem Körper wohl wohnte und ob er sie vielleicht gar zerstört habe. Aber er brauchte nicht lange zu warten, bis sie wieder in der Tür erschien.

»Hier bin ich«, sagte sie zu ihm. »Ein Spiel haben wir schon gespielt. Jetzt muß ich mich deinen Schlägen nur noch dreimal aussetzen.«

Worauf Coyote sie zu einem etwas weiter entfernten Ort führte als zuvor. Und er schlug sie mit einer Keule in Stücke. Und er verstreute die Stücke in alle Richtungen, wie sie es mit seinen Körperteilen gemacht hatte. Und so ließ er sie liegen, kehrte in die Hütte zurück und wartete und überlegte, ob er ihren Lebensgeist wohl diesmal zerstört habe.

Doch bald darauf erschien sie wieder in der Tür. »Hier bin ich«, sagte sie. »Wir haben zwei Spiele gespielt. Jetzt muß ich mich deinen Schlägen nur noch zweimal aussetzen.«

Schweigend führte Coyote sie wieder fort und in den finstersten Teil des Dickichts. Und er schlug mit einer noch schwereren Keule auf sie ein, bis ihr Körper nur noch eine formlose Masse war. Er war überzeugt, daß sie mausetot war, legte die Überreste aber vorsichtshalber doch noch auf einen großen Stein und schlug sie in noch kleinere Stücke und schließlich zu Brei. Erst dann hörte er auf, kehrte in die Hütte zurück und wartete. Wahrhaftig, überlegte er, es war für ihre Lebenskraft gewiß nicht leicht, so etwas zu überstehen.

Doch nicht lange, und sie erschien wieder in der Tür. »Hier bin ich«, sagte sie. »Wir haben drei Spiele gespielt. Und jetzt muß ich mich deinen Schlägen nur noch einmal aussetzen.«

Diesmal führte er sie weiter fort als je zuvor, tief hinab in den Canyon, wohin kein Sternenlicht drang. Und hier schlug er sie nicht nur in Stücke, sondern mischte die Stücke mit Sand vom Grund des Canyon, zerrieb alles wie Mais zwischen zwei Steinen, bis es zu feinem Pulver geworden war und verstreute dieses Pulver in alle Winde, bis es rings-um in der pechschwarzen Finsternis verschwand. Dann kehrte er zur Hütte zurück, um zu warten, und machte sich Sorgen, ob er ihre Lebenskraft diesmal nicht doch zerstört habe.

Und diesmal mußte er ziemlich lange warten. Er lausch-te angestrengt nach dem leisesten Anzeichen ihrer Rückkehr in die dunkle Stille hinaus, und ihm war angst und bange, daß er sie diesmal wirklich getötet habe. Doch als das Feuer schon auf seine letzte verglimmende Glut heruntergebrannt war, erschien sie endlich.

Wortlos legte sie sich auf das Lager von Kiefernzweigen, das er bereitet hatte. Er folgte ihr und legte sich neben sie. Und sie verbrachten den Rest der Nacht zusammen und nahmen einander als Mann und Frau an.

Doch wie es ihr gelungen war, ihre Lebenskraft zu be-wahren, das erfuhr Coyote nie.[42]

Unterdessen war der unsaubere jüngste Bruder regungslos in seinem Versteck geblieben und hatte fast alles verfolgt, was sich zwischen Coyote und seiner Schwester abspielte. Er hatte nicht nur sehen können, was in der Hütte geschah, sondern auch fast alles verstanden, was die beiden mitein-ander sprachen; nur von dem leisen Tuscheln, das sie aus-tauschten, während sie für den Rest der Nacht beieinander lagen, war ihm dies und das entgangen. Im ersten Morgen-grauen ging er heim, um seinen Brüdern alles zu berichten.

»Nun, was ist da vorgegangen?« fragte der älteste der Brüder.

»Was haben sie gesprochen?« fragte ein anderer.

»Was haben sie gemacht?« fragte wieder ein anderer.

»Was haben sie vor?« fragte der vierte.

Darauf erwiderte der jüngste, der unsaubere Bruder:

»Vieles von dem, was ich euch zu berichten habe«, erwiderte er, »werdet ihr kaum glauben. Und einiges konnte ich auch nicht richtig verstehen.

Aber soviel kann ich euch mit Sicherheit sagen.

Seid auf der Hut vor diesen beiden.

Denn vieles von dem, was ich hörte, war Zauberei. Böse Zauberei. Und vieles von dem, was ich sah, war ebenfalls Zauberei.

Wirklich böse Zauberei.«

Und die Brüder sahen ihm an, daß er beunruhigt war von allem, was ihm dort begegnet war, so ist gesagt.

13

Auch ist gesagt, daß an eben jenem Morgen die Brüder zur Jagd gerüstet hätten. Und als sie gerade aufbrechen wollten, trat *Mą'ii* bei ihnen ein und bat, mitgehen zu dürfen.

»Nein, ganz gewiß nicht«, sagte einer.

»Du kannst nicht mitkommen«, sagte ein anderer.

»Bleib daheim bei deiner Frau«, höhnte wieder ein anderer.

»Hilf ihr bei der Arbeit«, spottete noch ein anderer.

»Sie könnte sich einsam fühlen«, sagte der nächste.

»Sie wird sich Gesellschaft wünschen«, sagte der nächste.

Und alle zusammen scheuchten sie ihn hinaus.

Als sie dann gehen wollten, kam Coyote jedoch wieder und bat, sie mögen ihn doch mitnehmen. Doch sie lachten ihn nur aus und schickten ihn weg. Dann zogen sie los.

Sie waren jedoch noch nicht weit gekommen, als Coyote sie einholte und wieder darum bettelte, mitkommen zu dürfen. Doch sie trieben nur ihre Späße mit ihm.

»Wer wird denn bei deiner Frau bleiben?« stichelte einer.

»Wer wird ihr Wasser holen?« lachte ein anderer.

»Wer kocht es?« spottete ein anderer.

»Wer hilft ihr, das Fleisch kochen?« höhnte ein anderer.

»Überlaß das Jagen denen, die etwas davon verstehen«, sagte einer von ihnen.

»Geh zurück und hilf deiner Frau weben«, sagte ein anderer.

Mit solchen Worten jagten sie ihn wieder davon.

Sie zogen weiter, bis sie an den Rand einer tiefen Schlucht kamen, deren beide Wände lotrecht in die Tiefe abstürzten. Hier bemerkten sie, daß *Mą'ii* ihnen die ganze Zeit gefolgt war. Da schlich er hinter ihnen drein, manchmal sichtbar, manchmal nicht. Als er bemerkte, daß sie ihn entdeckt hatten, bettelte er wieder lauthals, daß sie ihn doch mitnähmen.

Wieder gedachten sie ihn abzuweisen. Doch diesmal war der unsaubere junge Bruder anderer Ansicht.

»Vielleicht sollten wir ihn doch mitnehmen«, bemerkte er.

»Er ist schnell und verschlagen. Vielleicht kann er uns das Wild vor den Bogen treiben.«

Die Brüder besprachen sich eine Weile und kamen schließlich zu der Ansicht, daß ihr kleiner Bruder recht haben könnte. Endlich durfte *Mą'ii* also doch mitkommen.

Über die Schlucht schlugen sie eine Regenbogenbrücke, so daß sie auf die andere Seite gelangen konnten. Doch bevor sie alle drüben ankamen, sprang Coyote von der Brükkenmitte mit einem Satz hinüber. Kaum gelandet, hüpfte und tanzte er auch schon herum.

»Beeilt euch!« schrie er. »Kommt schnell her. Hier ist ein schöner Platz zum Spielen.«

»Wir sind nicht zum Spielen hier«, schimpfte der älteste Bruder. »Wir sind auf der Jagd. Nimm dich also zusammen.«

Weiter marschierten sie, und nach einer Weile gelangten sie an ein flaches Hochland, das sich aus der Ebene erhob. Eine schmale Erdbrücke führte von der Ebene hinauf.

Es war eine Mesa, ganz ähnlich jenem Land, wo jetzt die drei östlichen Hopidörfer stehen. Die Ränder waren hoch und steil, der Zugang schmal.

An der Erdbrücke bemerkten sie die Spuren von vier Rocky-Mountain-Schafen, die offenbar auf die Mesa hinübergewechselt, aber nicht zurückgekehrt waren.

Hier entfachten sie ein Feuer, setzten sich davor und wärmten sich und berieten dann, wie sie diese Schafe in die Falle locken könnten.

»Ich habe einen Plan«, sagte der älteste Bruder.

»Unser Schwager *Mą́'ii*, der Coyote, kann hinübergehen, im Bogen zur anderen Seite der Mesa schleichen, die Schafe aufscheuchen und dann hierher treiben, wo wir auf der Lauer liegen.«

Das war zweifellos ein guter Plan, und Coyote machte seine Sache gut. Denn er war noch gar nicht lange fort, als die Schafe auch schon über die schmale Erdbrücke geprescht kamen und den Jägern direkt in die Pfeile liefen. Alle vier wurden mühelos erlegt. Dann tauchte *Mą́'ii* wieder auf, müde und außer Atem.

Nun waren die Hörner der Rocky-Mountain-Schafe in jenen Tagen noch fett und fleischig, so daß man sie essen konnte. Manche meinen sogar, kein anderes Teil dieses Tieres habe besser geschmeckt. Sie waren der Leckerbissen, der dem besten unter den Jägern zustand.

»Ich nehme die Hörner als meinen Anteil der Beute«, sagte der älteste Bruder, als sie sich an die Essensvorbereitungen machten.

»Nichts da«, erwiderte Coyote. »Die Hörner gehören mir. Gib sie her.«

»Die Hörner sollen mein Anteil an unserer Tagesbeute sein«, wiederholte der Älteste.

»Ich war es doch, der sie euch zugetrieben hat, so daß ihr sie ganz leicht erlegen konntet«, beharrte Coyote. »Da ist es nur recht und billig, wenn ich die Hörner bekomme. Gebt sie mir her.«

»Ich bin es, der dir gesagt hat, wie du die Schafe hertreiben kannst«, erwiderte der Bruder. »Deshalb gebühren die Hörner mir.«

»Was nützen dir deine Ideen ohne die Schnelligkeit und Kraft sie auszuführen?« wandte Coyote ein.

»Was nützen dir deine Schnelligkeit und Kraft, wenn du nicht weißt, wie du sie einzusetzen hast?« erwiderte der Bruder. Und damit zog er das Messer und wollte schon anfangen, eines der Hörner abzuschneiden.

Doch kaum hatte er das Messer angesetzt, da rief *Mą́'ii* laut: »Ts'in nánídleehí! Ts'in nánídleehí!« rief er.

»Werdet zu Knochen, Hörner! Werdet zu Knochen!«

Und noch während er die Worte rief, wurden die Hörner hart, so daß der älteste Bruder sie nicht mehr vom Schädel des Bergschafs trennen konnte. Er säbelte und hackte, doch sein Messer versagte. Je verbissener und wütender er arbeitete, desto härter wurden die Hörner, denn *Mą́'ii* rief immer weiter:

»Ts'in nánídleehí!« rief er. »Ts'in nánídleehí!«

»Werdet zu Knochen! Werdet zu Knochen!«

Endlich begriff der Älteste, daß mit dem Messer hier nichts mehr zu machen war. Die Hörner waren jetzt hart wie Stein, und niemand würde sie mehr essen können, selbst wenn es gelang, sie vom Schädel zu lösen.

»Ch'į́įdii! Du Teufel!« schrie er Coyote an.

»Ch'į́índááash! Du übler Weggefährte!«

Über dem Schaf kauernd säbelte und hackte er zuerst auf das eine und dann auf das andere Horn ein. Wütend ging er

185

so von einem Tier zum nächsten, konnte aber nur noch feststellen, daß alle Hörnerpaare hart wie Stein waren.

Und die ganze Zeit beschimpfte er *Mq'ii.*

»Du Schelm!« fluchte er. »Du Teufel! Du Zauberer! Du wertloser Böswicht!«

Doch nichts, was er tat, und nichts, was er sagte, machte die Schafhörner auch nur einen Deut weicher oder eßbarer.

Und so kam es, daß die Hörner der Rocky-Mountain-Schafe so hart wurden, wie sie heute sind, so ist gesagt.

14

Auch ist gesagt, daß die Jäger alles Fleisch auf einen Haufen legten. Und irgendwie verkleinerten sie es zu einem handlichen Bündel und verschnürten es fest, so daß es ein Mann leicht tragen konnte. Sie gaben es *Mq'ii* und trugen ihm auf, es nach Hause zu bringen.

»Geh um das obere Ende der Schlucht herum, die wir heute morgen überquert haben«, geboten sie ihm. »Geh aber auf keinen Fall hindurch. Denn unten am Grund der Schlucht wohnen böse Störenfriede, die dir gewiß auflauern würden.

Und was immer geschieht, öffne das Bündel erst, wenn du zu Hause angekommen bist.«

Dann setzten sie ihm die Last auf die Schultern und brachten sie in die Lage, in der er sie am besten tragen konnte. Er versicherte dabei, er habe alles verstanden, und versprach, er werde alles genauso tun, wie sie sagten.

Und dann machte er sich auf den Heimweg.

Doch kaum war er außer Sichtweite, da ließ er das Bündel vom Rücken gleiten und setzte es auf den Boden. Er wollte sehen, wie sein Schwager es geschafft hatte, aus soviel Fleisch ein so kleines Paket zu machen.

Er öffnete es.

Und sofort dehnte sich das Fleisch und wurde ein so großer Haufen, wie es zuvor gewesen war. Natürlich wußte Coyote nicht, wie man wieder ein kleines Bündel daraus machte. Und da es jetzt nicht mehr verschnürt war, konnte er nicht mehr alles tragen.

Da hängte er einen Teil des Fleischs an die Bäume und Büsche.

Einen Teil stopfte er in Felsspalten.

Und einen Teil ließ er einfach verstreut herumliegen.

Und soviel er konnte, schnürte er dann zu einem neuen Bündel, das er sich auf die Schulter wuchtete.

Mit diesem Bündel setzte er nun seinen Weg fort.

Als er an den Rand der verbotenen Schlucht kam, schaute er hinunter und sah einige Vögel bei einem Spiel, das er noch nie gesehen hatte. Sie rollten große Steine den Abhang vom Fuß der Felsen bis zum Talgrund hinunter. Bevor sie solch einen Felsbrocken in Bewegung setzten, sprang einer von ihnen auf. Er blieb droben, wenn der Stein zu rollen begann, und hielt sich den ganzen Weg stehend im Gleichgewicht, bis der Stein unten ausgerollt war.

Coyote stand da und starrte wie gebannt hinunter.

Nicht ein Vogel fiel. Nicht einer verlor das Gleichgewicht. Nicht einer rutschte ab. Nicht einer verletzte sich auch nur im geringsten. Und dieser Zeitvertreib gefiel *Mą́'ii* so sehr, daß er trotz aller Warnungen in die Schlucht abstieg. Und er bat die Vögel, mitmachen zu dürfen.

Ohne ein Wort der Begrüßung wählten die Vögel einen Stein für *Mą́'ii* aus und stießen ihn leicht an. Sobald der Stein zu rollen begann, sprang er auf. Als der Felsbrocken dann schneller wurde, bewegte er Füße und Beine. So behende bewegte er sie, daß er das Ende des Abhangs erreichte, ohne sich auch nur einmal gestoßen zu haben.

Voller Begeisterung für dieses Spiel bettelte er, es gleich noch einmal versuchen zu dürfen, was die Vögel widerwillig erlaubten. Und wieder sprang er auf, nachdem die Vögel den Stein leicht angestoßen hatten.

Wieder gelang es ihm, sein Gleichgewicht zu halten, und flink arbeitete er mit Beinen und Füßen, um die ganze Strecke im Stand zu bewältigen.

»Das macht ja wirklich Spaß«, rief Coyote.

»Laßt mich noch einmal versuchen.«

Ohne zu verhehlen, daß er ihnen auf die Nerven ging, stimmten die Vögel widerstrebend zu. Erneut sprang er auf einen leicht angestoßenen Stein, und wieder blieb er aufrecht, behende mit Füßen und Beinen arbeitend.

»Herrlich war das!« rief er. »Laßt ihr mich noch einmal? Ach, bitte!«

Doch jetzt schlug die Ungeduld der Vögel in Zorn um. Sie stießen einen Stein mit solcher Gewalt an, daß Coyote schon beim Aufspringen abrutschte. Er und der Stein rollten zusammen hinunter, einer über den anderen polternd, bis ganz unten.

Danach hielt *Mą'ii* nichts mehr bei den Vögeln, und er zog am Grund der Schlucht weiter. Die Warnungen der Brüder hatte er inzwischen ganz vergessen.

Weiter ging er, einmal den Bach entlang, dann wieder die Abhänge und Felsen erkundend, die sich zu beiden Seiten erhoben. Bis er auf die *Tábąąstíín dine'é*, die Otterleute, stieß, die das Navajospiel *na'azhǫǫsh* oder Reif und Stock spielten.

Sie verwetteten ihr eigenes Fell als Spieleinsatz. Wenn aber einer von ihnen sein Fell verlor, so sprang er einfach ins Wasser und planschte ein wenig. Und dann kam er mit einem neuen Fell aus dem Wasser.

»Wie wär's, wenn ich auch mitspielte?« fragte Coyote und trat vor.

Da sich inzwischen herumgesprochen hatte, wie es um Coyote bestellt war, lehnten die Otter ab und sagten ihm, er solle verschwinden und sich selbst Gesellschaft leisten. Doch er blieb genau da stehen, wo er stand. Und er bat und bettelte, mitspielen zu dürfen.

Da er offensichtlich nicht weichen wollte, berieten sich die Otter und einigten sich schließlich darauf, ihn mitspielen zu lassen, aber nur für ein Weilchen.

Mą'ii verwettete seine Haut und verlor sie prompt in der ersten Spielrunde. Kaum war das geschehen, da stürzten sich die Otter auf ihn, um ihm das Fell abzuziehen.

»Nein! Nicht!« bettelte Coyote.

»Bitte nehmt mir mein Fell nicht weg!«

Doch sie hörten ihm nicht einmal zu, sondern zogen ihm das Fell über die Ohren, vom Schwanzende bis zur Nasenspitze. *Mą'ii* stöhnte und jammerte die ganze Zeit.

»Aaah«, jammerte er. »Aah, oh, oh, oh!«

»Aii«, stöhnte er. »Aii yii yii yii!«

Als schließlich das ganze Fell mit Haut und Haaren heruntergezogen war, sprang er ins Wasser, wie er es bei den Ottern gesehen hatte. Doch seine Haut kam nicht wieder.

Da kletterte er heraus, sprang an Land, schüttelte sich und sprang wieder hinein. Doch immer noch kam keine neue Haut.

Wieder schoß er aus dem Wasser und sprang erneut hinein. Keine neue Haut! Abermals sprang er heraus und hinein, und wieder keine neue Haut! Kein bißchen Haut. Jedesmal kam er so nackt aus dem Wasser, wie er hineingesprungen war.

Immer und immer wieder sprang er hinein und heraus, bis er endlich völlig erschöpft im Bach liegen blieb, voller Angst, aber auch Scham. Da bekamen die Otter Mitleid mit ihm und zogen ihn heraus. Dann schleppten sie ihn zu einem Dachsbau, warfen ihn hinein, bedeckten ihn mit Erde und ließen ihn so.

Jedermann weiß, daß *Mą'ii* bis dahin ein weiches und schönes Fell besessen hatte. Als er sich jedoch aus dem Dachsbau wieder herauswühlte, entdeckte er, daß er jetzt zwar wieder mit Haar bedeckt war, aber mit rauhem und struppigem Haar, ganz ähnlich dem Kittel, den *Nahashch'id*, der Dachs, trug. Und solch einen Pelz, o weh! tragen seither alle Coyoten.[43]

So traurig diese Erfahrung war, sie konnte *Mą'ii* nicht abschrecken. Und schon gar nicht lehrte sie ihn, sich anderen Leuten nicht aufzudrängen.

Daher kehrte er dorthin zurück, wo die *Tábąąstíín dine'é*, die Otterleute, spielten. Er forderte sie zu einer weiteren Runde Reif und Stock heraus und zögerte nicht, sein Fell noch einmal zu verwetten.

»Aber deine Haut ist jetzt ganz wertlos«, erwiderten sie.

»Wer will so etwas schon haben. Wer wird für so etwas einen Einsatz leisten?

Geh weg und laß uns in Ruhe. Verschwinde!«

Doch *Mą'ii* blieb da. Immer wieder bat er, mitspielen zu dürfen, und jedesmal bekam er die gleiche Antwort, daß nämlich sein Fell häßlich und wertlos sei.

Schließlich wurde *Mą'ii* wütend und ging ein Stück fort, bis er in sicherer Entfernung zu sein glaubte. Und von dort aus überschüttete er die Otter mit Beschimpfungen wie diesen:

»Ihr Rohlinge!« schrie er.

»Ihr Neunmalgescheiten!

Ihr glaubt, ihr seid mutig, aber ihr seid Hasenschwänze.

Ihr glaubt, ihr seid besser als andere, aber ihr seid gar nichts Besonderes.«

Und so plapperte er immer weiter und immer ausgefallenere Beschimpfungen.

»Und eure Frauen sind genauso schlimm wie ihr!« fuhr er fort.

»Häßlich wie ihr.

Sie haben Plattköpfe wie ihr. Sie haben kleine Knopfaugen wie ihr. Sie haben vorstehende Zähne wie ihr. Und sie haben einen üblen Geruch, genau wie ihr.«

Er drohte ihnen mit seiner Pfote, um sie noch mehr zu ärgern. Er wollte, daß sie auf ihn losgingen, denn er wußte, daß er viel schneller war als sie.

Schritt für Schritt kam er näher und drohte mit der Pfote, bis sie endlich so taten, als wollten sie wirklich über ihn herfallen. Da sprang er schnell zurück, so daß sie ihn nicht mehr erreichen konnten.

Als sie sich wieder ihrem Spiel zuwandten, kam er aufs neue immer näher heran und drohte mit seiner Pfote. Wieder gingen sie auf ihn los, als wollten sie ihm an den Kragen, und er sprang schnell so weit zurück, daß sie ihn nicht mehr erreichen konnten.

Darauf kehrten sie wieder zu ihrem Spiel zurück und vertieften sich so darein, daß sie ihn allmählich ganz vergaßen.

Wieder kam er näher und versuchte sie zu stören, und wieder setzten sie ihm halbherzig nach, um ihn endlich zu vertreiben. Doch er zog sich nur ein Stück zurück, um sie dann abermals zu schmähen und zu beschimpfen.

Schließlich kauerte er sich hoch über den Ottern auf einen Felsen, wo sie ihn so genau hören und sehen konnten wie er sie.

Und von da aus wiederholte er seine Beschimpfungen und erfand sogar noch ein paar neue.

»Ihr Faulenzer und Aufschneider!« schrie er.

»Ihr mickrigen Feiglinge!

Ihr wimmelnden Nager!

Ihr faden Waschlappen!

Seht euch doch bloß mal an. Oder noch besser, seht euch eure Frauen an. Seht sie euch an, eure Frauen und Töchter. Seht sie euch an, eure Mütter und Schwestern.

Betrachtet einmal ihre Plattköpfe. Ihre kleinen Knopfaugen. Laßt einmal ihre kleinen vorstehenden Nagezähne auf euch wirken. Und erst diese schmierigen Nasenlöcher!

Sind sie nicht unglaublich häßlich? Und jetzt stellt euch mal vor, wie häßlich ihr dann erst sein müßt.«

Das wurde den Ottern nun doch zuviel. Sie waren nicht mehr bereit, diese Beschimpfungen zu überhören. Irgend etwas mußte geschehen, um diesen Belästigungen ein Ende zu setzen.

Sie hielten Rat und faßten einen Plan. Einer von ihnen würde die *Na'ashjé'ii dine'é*, die Spinnenleute, unterrichten; das waren befreundete Nachbarn, die ein Stück flußabwärts wohnten. Der Bote sollte ihnen alles erzählen und sie um ihre Hilfe bitten.

Und ohne daß *Mą́'ii* etwas merkte, krabbelten die Spinnen, die zu dieser Gefälligkeit gern bereit waren, am Felsen hinauf, umgingen Coyote mühelos, da er ohnehin ganz mit Schimpfen und Fluchen beschäftigt war, und spannen starke Netze in den Bäumen und Büschen hinter ihm. Als sie fertig waren, gaben sie den Ottern ein Zeichen, worauf diese nun den Felsen hinaufkletterten, um *Mą́'ii* anzugreifen.

In der Gewißheit, daß er viel schneller war als die Otter, blieb Coyote ungerührt oben sitzen und überschüttete sie mit weiteren Beschimpfungen.

»Blöde Feiglinge!« geiferte er.

»Männer und Söhne von knopfäugigen, raffzähnigen, rotznasigen, plattköpfigen Frauen.

Kein Wunder, daß ihr so häßlich seid.

Kein Wunder, daß ihr so dumm seid.«

Immer näher ließ er sie herankommen, denn er gedachte erst im allerletzten Augenblick fortzulaufen. Er wollte sie noch so lange wie möglich ärgern.

Endlich, als sie ihn fast erreicht hatten, gab er Fersengeld, nicht ohne noch still in sich hineinzuschmunzeln, wie leicht er ihnen doch entkommen könne.

Doch kaum hatte er sechs Schritte getan, als er sich auch schon in den Netzen der *Na'ashjé'ii,* der Spinnen, verfing.

So kam es, daß die *Tábą̨ąstíín dine'é,* die Otterleute, ihn endlich erwischten.

Dann schleiften sie ihn den Hügel hinunter, und er heulte und schrie aus Leibeskräften. Er krallte sich an Gräsern und Sträuchern fest. So sehr klammerte er sich fest, daß er Wacholderbüsche und Piñonkiefern ausriß, während die Otter ihn weiterzerrten.

Als sie ihn endlich unten am Wasser hatten, fielen sie über ihn her. Und sie wußten, daß sie erst wieder von ihm ablassen wollten, wenn er mausetot war.

Sie bissen ihn.

Sie zerfetzten ihn mit den Klauen.

Sie schlugen mit Steinen auf ihn ein.

Und während sie ihm so das Fell gerbten, schmähten sie ihn noch viermal wilder, als er es getan hatte. Sie schrien ihre Flüche, daß ihr Speichel nur so auf ihn herabregnete. Sie stießen einander beiseite, weil jeder von ihnen einmal ordentlich zuschlagen wollte.

Bis er endlich regungslos und leblos dalag.

Und als die Otter so erschöpft waren, daß sie nicht mehr weiterschlagen konnten, schickten sie zu ihren Nachbarn, den Felsenschwalben, die von den hohen Felswänden herunterflogen und sich über den leblosen *Mą́'ii* hermachten.

In feinen Streifen zogen sie ihm die Haut ab. Und was dann noch übrig war, rissen sie in Stücke, die sie bis zum letzten Knorpel- und Knochenbröckchen in ihre Nester trugen. Zuletzt waren von *Mą'ii* nur noch ein paar Tröpfchen Blut übrig, die vom Erdreich aufgesaugt wurden und verschwanden.[44]

Aus den Hautstreifen, die sie Coyote abgezogen hatten, machten die Felsenschwalben Bänder, die sie sich um den Kopf banden, bevor sie wieder fortflogen.

Daher haben die Felsenschwalben bis auf den heutigen Tag Stirnbänder, so ist gesagt.[45]

15

Auch ist gesagt, daß die zwölf Brüder bei Sonnenuntergang heimkehrten. Und sie sahen, daß *Mą'ii* der Coyote, nicht da war.

Sie fragten sich, was ihm geschehen sein mochte. Kummer bereitete ihnen seine Abwesenheit allerdings nicht, und sie gaben nicht einmal vor, in Sorge zu sein.

Ihre Schwester jedoch, *Mą'iis* Frau, hatte schon den ganzen Tag ungeduldig auf ihn gewartet. Und nun sah sie ihre Brüder nacheinander in ihrer Hütte verschwinden, ohne ihr gegenüber auch nur ein Wort über ihn zu verlieren. Sie folgte ihnen, lugte durch die Tür hinein und sah, wie ihre Brüder sich still hinsetzten.

Nach kurzem Zögern ging sie hinein und sah ihre Brüder an.

»Wo ist mein Mann, euer Schwager?« fragte sie. »Was habt ihr mit ihm gemacht?«

Doch keiner antwortete.

Sie stand da, überlegte, was das Schweigen bedeuten mochte, starrte einen nach dem anderen an und wiederholte ihre Frage.

»Was habt ihr mit meinem Mann, eurem Schwager, gemacht?« wollte sie wissen. »Und wo ist er?«

Doch wie zuvor gab niemand eine Antwort.

Eine ganze Weile wartete sie, daß einer von ihnen etwas sagen möge, und dabei blickte sie dem ersten Bruder forschend in die Augen, dann dem zweiten, bis sie schließlich alle angestarrt hatte. Dann wiederholte sie die Frage noch einmal.

»Sagt es mir«, forderte sie. »Sagt es mir endlich! Was habt ihr mit meinem Mann, eurem Schwager, gemacht, und wo ist er?«

Nun sprach der älteste Bruder schließlich doch, und dies hatte er ihr zu sagen:

»Geh zurück in deine Hütte«, sagte er zu ihr.

»Geh ohne deinen Mann zu Bett. Denk nicht mehr an diesen wertlosen Narren. Wir wissen wirklich nicht, was mit ihm geschehen ist.

Wie du siehst, ist er nicht bei uns.

Und soweit wir wissen, kann er nur in die Schlucht gegangen sein, vor der wir ihn gewarnt haben. Dort muß er wohl getötet worden sein.

Vielleicht ist er von *tsénoolch'óshii*, den Steinvögeln, getötet worden. Oder von *tábąąstíín*, den Ottern. Oder von *na'ashjé'ii*, den Spinnen. Oder von *táshchozihii*, den Schwalben. Auch alle diese Leute zusammen können ihn getötet haben, soweit wir wissen.

Und soweit es uns überhaupt kümmert.«

Als sie dies gehört hatte, wendete Coyotes Frau sich zornig ab und verließ wortlos die Hütte.

Bevor die zwölf Brüder sich an diesem Abend schlafen legten, schickten sie den jüngsten Bruder, den unsauberen, sich wieder da zu verstecken, wo er schon einmal gelauscht hatte.

Seine Schwester zu belauschen, trugen sie ihm auf. Herauszufinden, was sie vorhatte. Von seinem Versteck aus konnte er sehen, daß sie nur so tat, als ginge sie schlafen. Sie legte sich nieder und kehrte ihm den Rücken. Dann aber, als alles still wurde, stand sie wieder auf und umrundete viermal die Hütte.

Danach setzte sie sich, nach Osten gewandt, in die Mitte des Raums und verharrte eine Weile so.

Dann wandte sie sich genausolange nach Süden.

Dann wieder für genau dieselbe Zeit nach Westen.

Und schließlich, wiederum genausolange, nach Norden.

So folgte sie dem Lauf der Sonne und wandte sich in alle Himmelsrichtungen. Darauf zog sie sich den rechten oberen Eckzahn heraus, brach ein großes Stück von einer ihrer vier Beinahlen ab und steckte es in die Zahnlücke, so daß sie dort jetzt anstelle ihres kleinen Eckzahns einen großen Reißzahn hatte. Und während sie das tat, hatte sie dies zu sagen:

»Wer künftig träumt, den rechten oberen Eckzahn zu verlieren«, sagte sie, »der soll in Wirklichkeit einen Bruder verlieren.«

Worauf sie sich abermals, in der Mitte des Raumes sitzend, nach Osten, Süden, Westen und Norden wandte.

Diesmal konnte der jüngste Bruder jedoch beobachten, daß sie den Mund weit geöffnet hielt, während sie in die vier Himmelsrichtungen blickte. Und nachdem sie wieder für dieselbe Zeitspanne in alle Richtungen geschaut hatte, riß sie sich den linken oberen Eckzahn aus und setzte das spitze Ende der zweiten Ahle an seine Stelle. Und während sie das tat, hatte sie dies kundzutun:

»Wer künftig träumt, den linken oberen Eckzahn zu verlieren«, tat sie kund, »der soll in Wirklichkeit eine Schwester verlieren.«

Nachdem er all dies Gebaren beobachtet hatte, ging der jüngste, der unsaubere Bruder, zu den älteren zurück, um ihnen zu sagen, was er gehört und was er gesehen hatte.

»Geh wieder hin«, wurde ihm dann gesagt. »Beobachte sie weiter. Lausche, was sie sagt. Denn wir wissen immer noch nicht, was sie nun vorhat.«

Also schlich er an die Stelle zurück, wo er sich schon zweimal versteckt hatte, und belauschte sie weiter. Und so sah er, daß sie nun auch in ihren Unterkiefer zwei Reißzähne anstelle der Eckzähne einsetzte.

»Wer davon träumt, den rechten unteren Eckzahn zu verlieren, soll ein Kind verlieren«, hörte er sie sagen, während sie eine dritte Beinahle in ihren Kiefer setzte.

»Wer davon träumt, den linken unteren Eckzahn zu verlieren, soll einen Elternteil verlieren«, hörte er sie sagen, als sie sich die letzte Ahlenspitze einsetzte.

Und während sie sich Reißzähne anstelle der Eckzähne einsetzte, bemerkte der jüngste Bruder, daß auf ihren Händen Haare zu wachsen begannen. Sie breiteten sich über Arme und Beine und den ganzen Körper aus, bis nur noch ihre Brüste unbehaart waren.

Als er dies sah, lief er eilends nach Hause und erzählte den anderen, was er gesehen und was er gehört hatte.

»Geh wieder zurück«, sagten sie ihm. »Beobachte sie weiter und belausche sie weiter, denn wir wissen immer noch nicht, was sie nun vorhat.«

Also schlich er an die Stelle zurück, wo er sich schon dreimal versteckt hatte, und belauschte sie weiter. Und als er sie beobachtete, bemerkte er, wie ihr eine lange Schnauze wuchs. Ihre Nasengänge weiteten sich. Ihre Zähne knirschten. Ihre Nägel wurden zu dicken schwarzen Klauen, die sich zu scharfen Spitzen krümmten. Er sah, daß sie *shash yishtłizh*, dem großen Braunbären, immer ähnlicher wurde, der jetzt unsere Wälder durchstreift und durch seine schiere Größe und Kraft eine Bedrohung für alle ist, die ihn sehen.

Und während sie sich verwandelte, umrundete sie weiterhin ruhelos das Zimmer, immer rund herum, und jedesmal blieb sie nach Osten hin, nach Süden hin, nach Westen hin und nach Norden hin einen Augenblick mit geöffnetem Maul stehen.

All dies verfolgend, blieb der jüngste Bruder bis zur Morgendämmerung in seinem Versteck. Dann aber fürchtete er, im Licht der Morgensonne entdeckt zu werden, und eilte zurück, um seinen Brüdern zu berichten, was er noch gesehen hatte.

»Was sie getan hat, um sich zu verwandeln, ist gewiß ein Ausfluß der Zauberei, die unser Schwager *Mą'ii* sie gelehrt hat«, sagte der älteste Bruder. »Kein Zweifel, sie möchte irgend jemandem großen Schaden zufügen.«

Und kaum hatte er das gesagt, da hörten sie auch schon ein lautes Schnauben, wie es Bären gewöhnlich machen. Und gleich darauf kam eine Bärin an ihrer Hütte vorbei, Zweige und Äste unter den Tatzen zerbrechend.

Sie sahen sie den Pfad hinuntertrotten, den *Mą'ii* tags zuvor gegangen war, als er den zwölf Brüdern folgte. Wie vom Donner gerührt schauten sie ihr nach, bis sie in der Richtung auf die verbotene Schlucht im Wald verschwand.

In der Abenddämmerung schleppte sie sich den Pfad hinauf, der von der tödlichen Schlucht durch den Wald zu der Lichtung führte, in der die Hütte der Brüder lag. Sie war mit Wunden übersät, denn sie hatte mit jenen gekämpft, die ihren Mann, *Mą'ii*, erschlagen hatten. Unter Mühen erreichte sie die Hütte, die *Mą'ii* für sich und seine Frau gebaut hatte, die Bleibe ihrer ersten gemeinsamen Nacht als Mann und Frau.

Lange nach Einbruch der Dunkelheit brannte immer noch Licht in der Brauthütte. Und von Zeit zu Zeit stahl sich der jüngste, der unsaubere Bruder, hinüber und wagte einen Blick hinein, um zu sehen, was die Schwester tat. Die ganze Nacht umrundete sie das Feuer. Nur manchmal blieb sie stehen, um mit Hilfe ihres Zaubers Pfeilspitzen aus ihrem Körper zu ziehen oder um sich die Wunden zu lecken.

Dann aber nahm sie ihren Trott wieder auf. Das jedoch nicht ohne Schmerzen, denn sie stöhnte häufig, während sie umherlief oder wenn sie stehenblieb, um ihre Wunden zu heilen.

Doch am Morgen hörten die Brüder sie wieder heranschnauben, und dann trabte sie stampfend an ihrer Tür vorbei, daß ihre schweren Tatzen den Boden nur so erbeben ließen.

Und sie trottete den Pfad hinunter, den Coyote vor zwei Tagen genommen hatte, als er den zwölf Brüdern nachsetzte. Staunend über ihre rasche Genesung, schauten diese ihr nach, bis sie in der Richtung auf die verbotene Schlucht im Wald verschwand.

Abends kehrte sie zurück, wie am Tag zuvor. Mühsam schleppte sie sich aus dem Wald herauf, ihr Körper mit Wunden und Rissen übersät. Denn sie hatte mit jenen gekämpft, die ihren Mann, *Mą́'ii*, erschlugen. Und die ganze Nacht brannte das Feuer im Brautgemach, daß *Mą́'ii* zu ihrer beider Lust bereitet hatte. Wieder sah der jüngste Bruder sie den Heilungszauber ausführen, während sie wie in der vergangenen Nacht abwechselnd trottete und dann wieder reglos verharrte. Nicht ohne Qualen geschah dies, denn häufig schrie sie bei ihren Heilungsbemühungen auf.

Am Morgen darauf hörten die Brüder sie wieder draußen vor der Tür vorbeischnaufen und stampfen.

Wieder sahen sie ihr nach, wie sie den Pfad hinuntertrottete, den sie *Mą́'ii* zuletzt hatte gehen sehen, als er den Brüdern folgte. Diese konnten kaum glauben, daß jemand am Abend derart übel zugerichtet heimkommen und gleich am nächsten Morgen so voll zorniger Kraft wieder aufbrechen konnte. Sie sahen ihr nach, bis sie in der Richtung auf die verbotene Schlucht im Wald verschwand.

Abends kehrte sie heim, wie am Tag zuvor und am Tag davor. Langsam schleppte sie sich den Pfad aus dem Wald herauf, verschwollen und blutig von den Wunden, die sie gewiß im Kampf gegen die Feinde ihres Mannes, *Má'ii*, erlitten hatte. Und die ganze Nacht brannte das Feuer in der Hütte, die Coyote als ihr gemeinsames Heim gebaut hatte. Und um ihre Wunden zu heilen, wandte sie abermals den Zauber an, den ihr geliebter Mann sie gelehrt hatte. Nicht jedoch ohne Kummer, denn sie weinte häufig, während sie ihre Wunden zu heilen trachtete.

Und wie könnte es anders sein, am nächsten Morgen hörten die Brüder sie wieder vorbeischnaufen, als sie sich abermals aufmachte, um über die Mörder ihres Mannes herzufallen.

Und wieder sahen sie ihr nach, wie sie den Pfad hinuntertrottete, den sie *Má'ii* vor drei Tagen hatte einschlagen sehen, als er ihre Brüder einholen wollte.

Höchst beunruhigt, daß sie nach ihren schweren Verwundungen so bald wiederhergestellt war und nach ihrer tiefen Trauer nun doch vor lauter Kraft und Zorn nur so strotzte, schauten sie ihr nach, bis sie in der Richtung auf die verbotene Schlucht im Wald verschwand.

Am Abend kehrte sie zurück wie am Abend zuvor und auch am Abend davor und am Abend davor. Mit letzter Kraft schleppte sie sich den Pfad vom Wald herauf, über und über mit eigenem Blut, aber auch mit dem Blut getöteter Feinde verschmiert. Doch diesmal war ihr Kampf zu Ende. Sie hatte die Mörder ihres Mannes besiegt. Die wenigen Überlebenden hatte sie in die Flucht geschlagen, so daß sie fortan weit verstreut lebten und nie wieder wagen würden, in die Nähe ihrer früheren Heimat zu kommen.

Um ihren tödlichen Schlägen zu entkommen, hatten die Steinvögel die Schlucht endgültig verlassen und waren über die angrenzende Ebene hinaus geflohen. Niemand hat sie je wieder gesehen.

Die Schwalben flogen in die steilen Felsen über der Schlucht hinauf, um dem Rachedurst der Bärin zu entkommen. Dort leben sie heute noch, flattern schreckhaft von Vorsprung zu Vorsprung und wagen es nicht, zum Bach hinunter zu fliegen, aus Furcht, die große Bärin könnte sie dort finden und töten.

Die Otter versteckten sich fortan im Wasser, um vor ihren Klauen sicher zu sein. Dort sollten sie nun für immer bleiben, stets unter der Oberfläche schwimmend, um nur dann und wann hastig Luft zu holen und gleich wieder wegzutauchen.

Die Spinnen zogen sich in Löcher zurück, die sie eilends in den Boden gruben, um vor der Wut der Bärin geschützt zu sein. Sie ersannen Falltüren, hinter denen sie sich sicher fühlten, und seither bleiben sie lieber in der unterirdischen Dunkelheit.

Alle diese Lebewesen waren fortan gezwungen, an solchen Orten und unter solchen Umständen zu leben. Daran hat sich seit jener Zeit nichts mehr geändert, so ist gesagt.

16

Auch ist gesagt, während die Bärin ihren Rachefeldzug gegen die Feinde ihres Mannes führte, seien ihre Brüder daheim geblieben. Aber am letzten dieser vier Tage erschien es ihnen ratsam, nun doch das Weite zu suchen. Sie befürchteten nämlich, daß ihre Schwester jetzt über sie herfallen könnte.

Da teilten sie sich am Spätabend des vierten Tages, nachdem Coyotes Braut heimgekehrt war, in vier Gruppen und flohen.

Jede Gruppe floh in eine andere Richtung. Drei der Brüder machten sich ostwärts auf. Drei weitere machten sich südwärts auf. Drei andere machten sich westwärts auf. Und zwei von ihnen schlugen den Weg nach Norden ein. Den letzten Bruder, den jüngsten und unsauberen, ließen sie zurück und trugen ihm auf, der Schwester aufzulauern und möglichst herauszufinden, was sie im Schilde führte.

Als die elf älteren Brüder aufgebrochen waren, kamen *Níyol*, der Starke Wind, und *Béésh ashkii*, der Messerjunge, zur Hütte, um dem jüngsten, dem unsauberen Bruder, zu helfen.

Dies taten sie, indem sie in der Mitte des Hogans ein tiefes Loch für ihn gruben. Und von diesem Loch aus gruben sie vier unterirdische Gänge, einen nach Osten, einen nach Süden, einen nach Westen und einen nach Norden. Über die Enden dieser Gänge legten sie Gipsplatten, damit von oben Licht hineinscheinen konnte.

Außerdem gaben sie ihm zur Unterstützung noch vier Waffen. Damit könnte er sich verteidigen, wenn er in Bedrängnis kam. Er könnte damit den Feind auch angreifen, wenn die Gelegenheit günstig erschien. Sie gaben ihm *atsiniltł'ish k'aa'* oder Kettenblitzpfeile. Sie gaben ihm *atsoolaghał k'aa'* oder Wetterleuchtenpfeile. Sie gaben ihm *shábitł'óól k'aa'* oder Sonnenstrahlpfeile. Und sie gaben ihm *nááts'íílid k'aa'* oder Regenbogenpfeile.

Weiter halfen sie ihm, indem sie sein Versteck abdeckten. Dazu machten sie ein Dach aus vier flachen Steinen. Sie nahmen einen weißen Stein. Sie nahmen einen Stein, der blau war. Sie nahmen einen Stein aus gelber Farbe. Und sie nahmen einen schwarz gefärbten Stein. Dann bedeckten sie diese Dachsteine mit Erde, die sie vorsichtig anklopften, daß sie wie ein gewöhnlicher Hüttenboden wirkte.

Und schließlich halfen sie ihm, indem sie ihm zwei Wächter zur Seite stellten, die alles genau beobachten sollten. Diesen beiden Wächtern trugen sie auf, ihn vor allen drohenden Gefahren zu warnen, damit ihm nichts geschähe.

Einer der beiden Wächter war *Niłch'i*, der Wind, den sie ans rechte Ohr des jüngsten Bruders postierten, damit er ihn bei Tage warnte.

Der andere Wächter war *Chahałheeł*, das Dunkel, das sie an sein linkes Ohr postierten, damit es ihn bei Nacht warnte.

Und nachdem *Níyol*, der Starke Wind, und *Béésh ashkii*, der Messejunge, all dies getan hatten, hießen sie den jüngsten Bruder in das Versteck klettern, das sie in der Hütte gegraben hatten. Dort würde er Sicherheit finden.

Der Morgen brach an, und die Schwester erwachte. Sie nahm wieder ihre ursprüngliche Gestalt an, und als sie entdeckte, daß die Brüder nicht in ihrer Hütte waren, machte sie sich auf, sie zu suchen.

Zuvor wandte sie jene Art der Weissagungen an, die ihr Mann, *Mąʼii*, sie gelehrt hatte. Dazu goß sie Wasser auf den Boden, und als es ostwärts floß, wußte sie, in welcher Richtung sie die Verfolgung aufzunehmen hatte. Geschwind machte sie sich auf, und bald hatte sie die Brüder eingeholt, die in dieser Richtung geflohen waren.

Und sie lockte sie in eine Falle und tötete sie. Sie tat so, als trüge sie ihnen nichts nach, und bat sie, mit ihr auszuruhen und die alte verwandtschaftliche Nähe zu erneuern.

»Kommt«, sagte sie mit sanfter, klagender Stimme. »Setzt euch, laßt uns ausruhen.

Schaut nach Osten, damit euch die Morgensonne wärmen kann. Unterdessen will ich euch Sand und Läuse aus dem Haar lesen und es kämmen, wie ich es früher tat.«

Erleichtert darüber, daß sie nun wieder so zu sein schien wie damals, bevor Coyote sie heiratete, taten sie mit Freuden, worum sie ihre Schwester bat, setzten sich in die Sonne und wandten ihr den Rücken zu. Da verwandelte sie sich augenblicklich wieder in die Bärin und erschlug sie, bevor sie die Gefahr auch nur ahnten.

Dann ging sie zu ihrer Hütte zurück, um herauszufinden, wo die übrigen Brüder steckten. Wieder wandte sie jene Art der Weissagung an, die *Má'ii,* der Coyote, sie gelehrt hatte. Sie goß Wasser auf den Boden, und als es nach Süden floß, wußte sie, in welcher Richtung sie die Verfolgung aufzunehmen hatte. Mit geradezu unheimlicher Schnelligkeit machte sie sich auf den Weg, und bald hatte sie die Brüder eingeholt, die in diese Richtung flohen.

Und sie lockte sie in eine Falle, um sie zu töten. Sie tat so, als sei ihr Zorn verflogen, bat sie, mit ihr auszuruhen, und drängte sie, das frühere Leben als Schwester und Brüder wieder aufzunehmen.

»Kommt«, sagte sie mit zärtlicher, liebevoller Stimme. »Setzt euch. Ruht euch aus. Schaut nach Osten, damit die Morgensonne euch wärmt, und ich werde euch die Läuse und den Sand aus dem Haar lesen und es kämmen wie früher.«

Froh, daß sie sich wieder so gab wie früher, als Coyote sie noch nicht geheiratet hatte, willigten sie nur zu gern ein, setzten sich in die Sonne und wandten ihr den Rücken zu. Da verwandelte sie sich augenblicklich in die Bärin und erschlug sie, bevor sie auch nur merkten, wie ihnen geschah.

Wieder ging sie zu ihrer Hütte zurück, um herauszufinden, wohin die anderen Brüder sich gewandt hatten. Abermals goß sie in der Art der Weissagung, die *Má'ii* sie gelehrt hatte, Wasser auf den Boden, und als es nach Westen floß, wußte sie, daß sie ihnen dorthin nachstellen mußte. Von Zauberkraft getragen, flog sie nur so dahin, und bald hatte sie die drei, die in jene Richtung flohen, eingeholt.

Und sie lockte sie in eine Falle und nahm ihnen das Leben. Sie tat so, als habe sie ihren Groll aufgegeben, bat sie, mit ihr auszuruhen, und schlug vor, sie sollten doch alle wieder in der Herzlichkeit der Familie zusammenleben, wie es zwischen Schwester und Brüdern üblich war.

»Kommt«, sagte sie, und ihre Stimme klang so sanft und liebevoll wie ehedem. »Setzt euch hierher und ruht euch aus. Wendet euch nach Osten, daß die Morgensonne euch wärmen kann. Ich werde euch Läuse und Sand aus dem Haar lesen und es kämmen wie einst.«

Überglücklich, daß sie nun wieder so zu sein schien, wie in jener Zeit, bevor *Mą'ii* sie heiratete, folgten sie gern ihrem Vorschlag, schauten in die Sonne und wandten ihr den Rücken zu. Darauf verwandelte sie sich augenblicklich wieder in eine Bärin und erschlug sie, bevor sie entkommen konnten.

Dann kehrte sie zur Hütte zurück, um herauszufinden, wo die übrigen Brüder geblieben waren. Wieder goß sie zur Weissagung Wasser auf den Boden, wie Coyote es sie gelehrt hatte. Und als es nach Norden floß, wußte sie, wo die Brüder zu finden waren. Und mit der Schnelligkeit der Zauberin folgte sie den beiden und hatte sie bald eingeholt.

Und sie lockte sie in eine Falle und nahm ihnen das Leben. Sie tat so, als habe sie sich von ihrem Haß befreit, bat sie, mit ihr auszuruhen, und redete ihnen zu, sie wieder so zu lieben, wie die Geschwister einander einst geliebt hatten und wie sie selbst wieder zu lieben bereit sei.

»Kommt«, drängte sie mit einer Stimme, die voll wirklicher Hingabebereitschaft zu sein schien. »Setzt euch ein Weilchen und ruht aus. Wendet euch nach Osten, daß die Morgensonne euch wärmen kann. Ich werde die Läuse und den Sand aus eurem Haar entfernen und es kämmen wie früher.«

Überwältigt von der Freude, daß sie nun wieder so zu sein schien wie damals, bevor Coyote ihr Mann wurde, taten sie gern, was sie sagte. Sie setzten sich in die Sonne und wendeten ihr den Rücken zu. Augenblicks wurde sie wieder eine Bärin und erschlug sie, bevor sie sich wehren konnten.

Nun blieb ihr noch, den letzten überlebenden Bruder zu finden und auch ihn zu töten. Also kehrte sie in ihre Wohnung zurück, um herauszufinden, wo er geblieben war. Wieder goß sie in der Art der Weissagung, die *Má'ii* sie gelehrt hatte, Wasser auf den Boden. Doch diesmal versickerte es sofort im Erdreich.

Da stand sie nun erst einmal starr vor Erstaunen und wußte nicht, was sie tun und wohin sie sich wenden sollte. Sie schaute sich um, sah aber nichts als die Hütte, in der sie mit ihren Brüdern gelebt hatte, und die Behelfshütten, die ihre vielen Freier gebaut hatten.

Diese Unterkünfte durchsuchte sie nun eine nach der anderen, wobei sie sich in jeder ganz genau nach Spuren des noch fehlenden Bruders umsah. Doch ihre Mühen blieben erfolglos, denn sie fand keine Spur von ihm.

Schließlich näherte sie sich dem eigentlichen Hauptgebäude. Langsam schritt sie einmal um das ganze Gebäude herum, untersuchte alles genau und hielt auf dem Boden nach Spuren Ausschau. Dann ging sie hinein und schritt innen an der Innenwand entlang, schaute unter alle Bündel und Vorräte, die dort lagen.

Ringsherum ging sie, und immer wieder ringsherum. Sie stocherte im Boden und spähte in Töpfe und Körbe, um irgendein Zeichen zu finden, das ihr den Aufenthaltsort des Gesuchten verraten würde.

Auf diese Weise näherte sie sich immer mehr der Mitte der Hütte. Und endlich gelangte sie an die Feuerstelle, die die Mitte des Raums einnahm, wie es in diesen längst vergangenen Zeiten üblich war.

Hier bemerkte sie die festgeklopfte Erde, wo *Níyol*, der Starke Wind, und *Béésh ashkii*, der Messerjunge, das Versteck des jüngsten, des unsauberen Bruders unsichtbar zu machen versucht hatten. Mit einem Blick erkannte sie, daß hier vor kurzem gegraben worden war.

Ihre Hände in Bärenpranken verwandelnd, grub sie mit aller Kraft und hatte bald die Erde über dem Versteck fortgeräumt. Dann stieß sie auf die Steine, die über das Loch und den vierfachen Erdgang gelegt worden waren. Und als sie diese fortgeräumt hatte, sah sie ihn endlich. Darauf sprach sie diese Worte:

»Ah, da bist du ja, kleiner Bruder.« Rührung und etwas Beruhigendes lag in ihrer Stimme. »Ich grüße dich.

Willst du nicht heraufkommen und mit deiner Schwester sprechen?«

Und mit diesen Worten streckte sie ihm ihren Zeigefinger hinunter.

»Komm doch«, bat sie mit ihrer süßesten Stimme.

»Halte dich an meinem Finger fest, und ich helfe dir herauf.«

Doch *Nilch'i*, der Wind, warnte:

»Laß sie nicht deinen Finger fassen«, warnte er flüsternd.

»Denn wenn du es zuläßt, wird sie dich packen und hoch in die Luft werfen.

Sie wird dich mit solcher Kraft werfen, daß du durch das Dach fliegst. Und du wirst halbtot zu ihren Füßen landen und ihr hilflos ausgeliefert sein. Anstatt also ihre Hand zu nehmen, klettere lieber ohne ihre Hilfe hinaus.«

Da verschwand der junge, der unsaubere Bruder in den östlichen Erdgang und kroch neben der Hütte aus dem Loch.

Er bemerkte sogleich, daß seine Schwester auch in diese Richtung gelaufen war, denn sie stand jetzt nur einige Schritte neben der Öffnung, aus der er kroch. Einen Augenblick lang bemerkte er einen verärgerten Ausdruck in ihrem Gesicht, bevor sie sich faßte und wieder schwesterlich schaute.

»Hier bin ich«, sagte er.

»Ich bin heraufgekommen, dich zu begrüßen und mit dir zu sprechen, wie du gebeten hast.«

Und jetzt lächelte sie ihn mit einem zärtlichen Blick an, und dies sagte sie zu ihm:

»Ah, kleiner Bruder«, sagte sie.

»Wie froh ich bin, dich zu sehen. Wie froh ich bin, daß wir wieder zusammen sind.

Komm«, sagte sie sanft.

»Komm mit mir hinein.

Komm mit mir in die Hütte, in der du und ich als Bruder und Schwester aufgewachsen sind.

Komm mit mir, daß wir wieder wie Verwandte leben können.«

Und mit diesen Worten nahm sie ihn bei der Hand und wollte ihn in die Hütte führen.

Doch *Nilch'i*, der Wind, warnte:

»Laß nicht zu, daß sie dich hineinführt«, warnte er.

»Dies ist ein Ort großen Kummers.

Deine elf Brüder, die heute morgen erschlagen wurden, haben einst dort drinnen gewohnt. Wer weiß, wo ihre Geister jetzt gerade sind? Wer weiß, ob ihre ruhelosen Geister nicht gerade in diesem Augenblick dort drinnen sind?«

Da weigerte sich der Bruder, seiner Schwester in die Hütte zu folgen. Statt dessen schlug er vor, sich draußen in die warme Sonne zu setzen. Und das, so heißt es, ist der Ursprung des Brauchs, der auch von den heute auf dieser Erde lebenden Navajo eingehalten wird, sich nicht in ein Haus zu begeben, in das Tod oder Unglück eingekehrt sind.

»Nun gut«, sagte die Schwester.

»Laß uns also hier draußen sitzen und die warme Nachmittagssonne genießen. Wende dich nach Westen, daß sie dein Gesicht wärmen kann. Ich werde dir die Läuse und den Sand aus dem Haar lesen und es kämmen, wie ich es früher tat.«

Doch *Nilch'i*, der Wind, warnte:

»Laß nicht zu, daß sie hinter dir steht, während die Sonne dir geradewegs ins Gesicht scheint«, sagte er.

»Denn das Licht wird dich blenden, und sie wird über dich herfallen, bevor du dich wehren kannst.

Deine Brüder hat sie auf diese Weise getötet. Und so will sie jetzt auch dich töten. Setz dich also lieber mit dem Gesicht nach Norden. So kannst du ihren Schatten beobachten und ihre Absichten rechtzeitig erkennen.«

So setzte er sich also mit dem Gesicht nach Norden. Und sie trat hinter ihn und knüpfte seinen *tsiiyééł* auf, den Knoten, der sein Haar zusammenband. Dann fing sie an, ihm die Läuse und den Sand aus dem Haar zu lesen, während er ihren Schatten aus den Augenwinkeln beobachtete.

Und nicht lange, da bemerkte er, daß ihr eine Schnauze wuchs, daß ihre Ohren sich bewegten, daß sie sich langsam nach vorn beugte und daß ihr Maul sich seinem Kopf näherte.

»Schwester«, sagte er.

»Dir scheint eine Schnauze zu wachsen. Deine Ohren scheinen zu zucken. Dein Körper beugt sich nach vorn. Dein Kopf kommt dem meinen immer näher.

Was kann ein solches Gebaren bedeuten?«

Sie erwiderte darauf lieber nichts. Dafür zog sie ihren Mund zurück. Sie richtete ihren Körper wieder auf. Sie hielt ihre Ohren ganz still. Und sie zog ihre Schnauze ein, daß sie wieder wie eine gewöhnliche Nase aussah.

Dann kämmte sie ihm weiter das Haar.

Sie kämmte und kämmte. Sie kämmte und kämmte. Träge verstrich die Zeit, während er ständig aus den Augenwinkeln ihren Schatten beobachtete. Doch bald darauf bemerkte er, daß ihr abermals eine Schnauze wuchs, daß ihre Ohren sich bewegten, daß sie sich vorbeugte und ihr Maul seinem Kopf immer näher kam.

»Sag mir, Schwester«, fragte er.

»Wie kommt es, daß deine Nase länger zu werden scheint? Wie kommt es, daß deine Ohren so zucken? Wie kommt es, daß du dich langsam vorbeugst? Und wie kommt es, daß dein Kopf sich langsam zu meinem herunterneigt?

Was mag all das bedeuten?«

Doch sie machte keine Anstalten, ihm zu antworten. Dafür zog sie ihren Mund zurück. Sie richtete ihren Körper auf. Sie hielt ihre Ohren vollkommen still. Sie ließ ihre lange Schnauze verschwinden, so daß sie wieder ganz wie früher aussah.

Dann kämmte sie weiter sein Haar.

Sie kämmte und kämmte. Sie kämmte und kämmte. Und wieder verstrich träge die Zeit, während er immerzu ihren Schatten aus den Augenwinkeln beobachtete.

Und schon bald bemerkte er, daß ihre Schnauze langsam wieder gewachsen war, daß ihre Ohren sich wieder zu bewegen begannen, daß sie sich ganz allmählich vorbeugte und daß ihr Maul seinem Kopf immer näher kam.

»Sag mir, Schwester«, begann er wieder.

»Sag mir, weshalb deine Nase immer länger wird. Sag mir, weshalb deine Ohren wieder zu zucken beginnen. Sag mir, weshalb du dich ganz langsam zu mir herbeugst. Und sag mir, weshalb dein Mund sich Stückchen für Stückchen meinem Kopf nähert.

Erkläre mir das alles.«

Doch es kam keine Antwort. Sie zog ihren Mund zurück und bog ihren Körper nach hinten. Sie hielt ihre Ohren vollkommen still. Und sie zog ihre Schnauze ein, so daß diese gar nicht mehr ungewöhnlich wirkte.

Dann kämmte sie wieder sein Haar.

Sie kämmte und kämmte. Sie kämmte und kämmte. Und so verstrich langsam die Zeit, und ständig beobachtete er ihren Schatten aus den Augenwinkeln.

Und sehr bald sah er dieselben Dinge abermals geschehen. Wieder ward ihre Schnauze lang und die Ohren zuckten; sie beugte sich über ihn, und ihr Mund kam so nah, daß er ihren warmen Atem am Hals spürte.

»Du mußt es mir erklären, Schwester«, forderte er.

»Warum wird deine Nase eine Schnauze? Warum zucken jetzt deine Ohren? Warum kommst du mir so nahe? Und warum spüre ich deinen heißen Atem am Hals?

Wozu all dies?«

Doch sie weigerte sich, irgendeine Antwort zu geben. Dafür schloß sie den Mund, richtete sich auf, zog die Ohren ein und gab ihrer Nase wieder die ursprüngliche Form.

Sie machte sich einfach wieder daran, sein Haar zu kämmen, während er es geschehen ließ und dabei gespannt auf ihre nächste Verwandlung wartete.

Aber *Nilch'i*, der Wind, warnte:

»Laß es kein fünftes Mal geschehen«, flüsterte er.

»Denn wenn es geschieht, bedeutet das dein Ende.

Sie hat jetzt gemerkt, daß du ihren Schatten beobachtest. Und diesmal wird sie sehr schnell sein. Wenn du es zuläßt, daß ihre Schnauze ein fünftes Mal wächst, wird sie dir augenblicklich den Kopf abbeißen!

Anstatt also weiter zu warten und aufzupassen, mußt du jetzt etwas unternehmen.

Siehst du das schwatzende Eichhörnchen dort drüben?

Unter dem Grasbüschel zu seinen Füßen liegen die lebenswichtigen Körperteile deiner Schwester, die es für sie bewacht. Lauf schnell und zerschlage sie. Nimm sie und zerstöre sie, bevor sie dich daran hindern kann.

Lauf!«

Da sprang der junge, der unreine Bruder auf und lief mit schnellen Sätzen auf die Stelle zu, wo das Eichhörnchen saß.

Als seine Schwester das sah, fegte sie zornig hinter ihm drein. Und gewiß hätte sie ihn eingeholt und getötet, wäre nicht plötzlich zwischen ihr und ihm ein großer Yuccastrauch in die Höhe geschossen, um ihr den Weg zu verstellen.

Und ebenso plötzlich wuchs dort auch noch ein Säulenkaktus und versperrte ihr den Weg. Mit Leichtigkeit hätte sie ihren Bruder einholen können, doch nun mußte sie diese beiden Pflanzen umgehen, und währenddessen erreichte er das Grasbüschel, das ihre lebenswichtigen Körperteile bedeckte.

Er hörte ihre Lunge unter dem Gestrüpp atmen, und schnell zog er den Kettenblitzpfeil und schoß ihn hinein. Sogleich sprudelte dort ein heller Blutstrom empor. Im selben Augenblick brach die Bärin zusammen, und auch aus ihrem Leib strömte dort, wo sie nun hilflos lag, das Blut auf die Erde.

Doch während der junge Bruder dastand und zuschaute, hörte er wiederum *Níłch'i*, den Wind, in sein Ohr flüstern.

»Gib acht«, flüsterte er.

»Siehst du nicht das Blut aus ihrem Körper auf den Blutstrom aus ihren Organen zufließen? Und siehst du nicht das Blut aus ihren Organen auf den Blutstrom aus ihrem Körper zufließen?

Schau, wie schnell die Ströme aufeinander zufließen. Wenn sie sich treffen, wird deine Schwester zu neuem Leben erwachen. Und du wirst dann in noch größerer Gefahr schweben als zuvor.

Zieh schnell zwischen den beiden Strömen eine Linie.«

Da nahm der Junge seinen Wetterleuchtenpfeil und zog eine gerade Linie zwischen den Blutströmen. Darauf gerann in beiden Strömen augenblicklich das Blut und floß nicht mehr weiter. Und so kam es, daß die Bärin starb.

Dann näherte sich der Junge der Stelle, wo ihr lebloser Körper lag.

»Du magst zu neuem Leben erwachen«, sagte er zu der Leiche. »Doch sollst du nicht länger als die böse *Asdzání shash nádleehé* leben, als Frau-die-eine-Bärin-wurde. Du mußt als ein anderes Wesen leben, das seiner Art von Nutzen sein kann, und nicht als eine Kreatur der Unordnung.«[46]

Mit diesen Worten trennte er den Kopf der Bärin vom Körper und sagte dies zu ihm:

»Wir wollen einmal sehen, ob du dich in einem anderen Leben besser bewährst«, sagte er.

»Wenn du aufs neue ein lebendiges, atmendes Wesen wirst, so betrage dich gut gegenüber anderen. Sonst werde ich dich abermals erschlagen.«

Darauf warf er den Kopf gegen eine in der Nähe stehende Piñonkiefer. Und augenblicklich verwandelte er sich in einen wirklichen Bären, wie wir sie heute noch in den Bergwäldern finden.

Sogleich erhob der Bär sich auf die Beine und entfernte sich. Doch nach wenigen Schritten blieb er stehen, beschattete seine Augen mit einer Pranke, als er sich zu dem Jungen umdrehte, und stellte diese Frage:

»Wenn mich nun aber jemand angreift?« fragte er.

»Dann darfst du dich verteidigen, so gut du kannst«, erwiderte der jüngste Bruder. »Und auch deine Artgenossen darfst du verteidigen. Sonst aber beginne keinen Streit und keinen Kampf.

Lebe friedlich und sei ein Freund deiner Leute, solange niemand dich bedrängt. Geh hinauf in die *Dził̓ijiin*, die Schwarzen Berge, und schaffe dir dort ein Zuhause.«

Da wandte der Bär sich ab und trottete fort. Und bis auf den heutigen Tag leben dort viele solche Bären, Abkömmlinge des einen, der einst eine Zauberin war, die sich hin und her verwandeln konnte, wie sie gerade wollte.[47]

Nun kniete der Junge sich neben den enthaupteten Körper der Bärin. Und nacheinander schnitt er die Saugwarzen von ihrem Gesäuge. Und dies hatte er ihnen zu sagen:

»Hättet ihr einer guten Frau und nicht einer Hexe gehört, so wäre es vielleicht eure Bestimmung gewesen, Nachkommen zu säugen. Doch ihr wart nicht gut zu euresgleichen.

Vielleicht könnt ihr in anderer Gestalt von Nutzen sein.«

Damit warf er sie hoch hinauf in die Zweige einer Piñonkiefer, die bis dahin niemals Frucht getragen hatte. Und sogleich verwandelten sie sich in eßbare Pinienkerne, die den Menschen seither stets als Nahrung gedient haben.

Dies getan, suchte er die Wohnstätten seiner Freunde und Wohltäter auf. Er ging zu *Níyol*, dem Starken Wind, und *Béésh ashkii*, dem Messerjungen. Doch ging er traurig, denn er beklagte den Tod seiner erschlagenen Brüder.

Doch die beiden Heiligen Leute führten ihn nach Osten, wo drei seiner Brüder lagen. Dann führten sie ihn nach Süden. Dann führten sie ihn nach Westen. Und sie führten ihn nach Norden. Und überall erweckten sie die toten Brüder wieder zum Leben.

Gemeinsam gingen die Brüder an ihren alten Wohnort zurück und beschlossen, ihr früheres Leben wieder aufzunehmen. Sie würden wieder jagen und die Felder bebauen. Es würde ihnen wieder so gut gehen wie in der Zeit, bevor *Mą'ii*, der Coyote, soviel Unordnung in ihr Leben brachte.

Aber sie bauten sich eine neue Bleibe. Sie würden nicht in die alte zurückkehren, denn diese war jetzt eine *hóyéé hooghan*, eine Todeshütte, die man für alle Zeit meiden mußte.[48]

Nílch'i, der Starke Wind, und *Béésh ashkii*, der Messerjunge, gaben dem jüngsten Bruder einen Namen.

Łeeyaa neeyání nannten sie ihn, und das bedeutet in der Sprache, die *Bilagáana*, der Weiße Mann, spricht, Unter-der-Erde-Aufgewachsener.[49] Diesen Namen gaben sie ihm, weil sie ihn in der Erde versteckt hatten, als seine Brüder vor der rachedürstenden Schwester flohen.

Nachdem sie ihm diesen Namen gegeben hatten, hießen sie ihn aufbrechen, um künftig am *Adáá' yitsoh*, der Großen Spitze am Rand der Felswand, zu leben, die wie ein Hogan geformt ist.

So sagte er seinen Brüdern Lebewohl und bat sie, ihn immer in guter Erinnerung zu behalten. Und er machte sich auf zu dem Ort, der künftig sein Zuhause sein sollte. Die Navajoleute glauben, daß er dort bis auf den heutigen Tag lebt, so ist gesagt.

All dies geschah vor langer, langer Zeit, so ist gesagt.

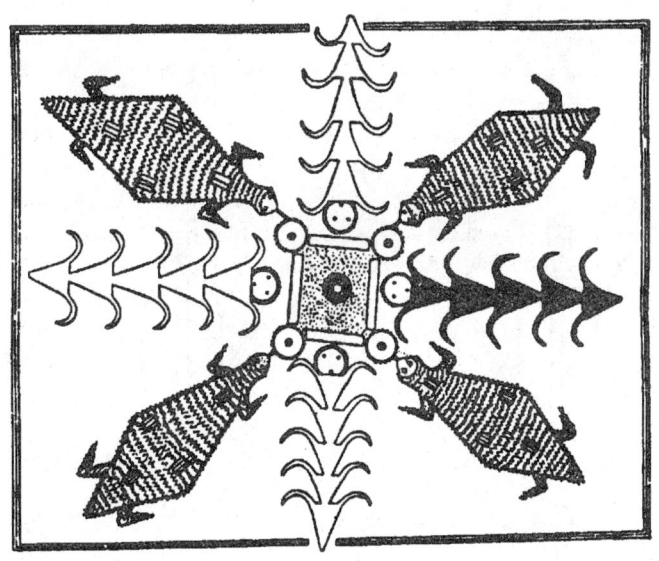

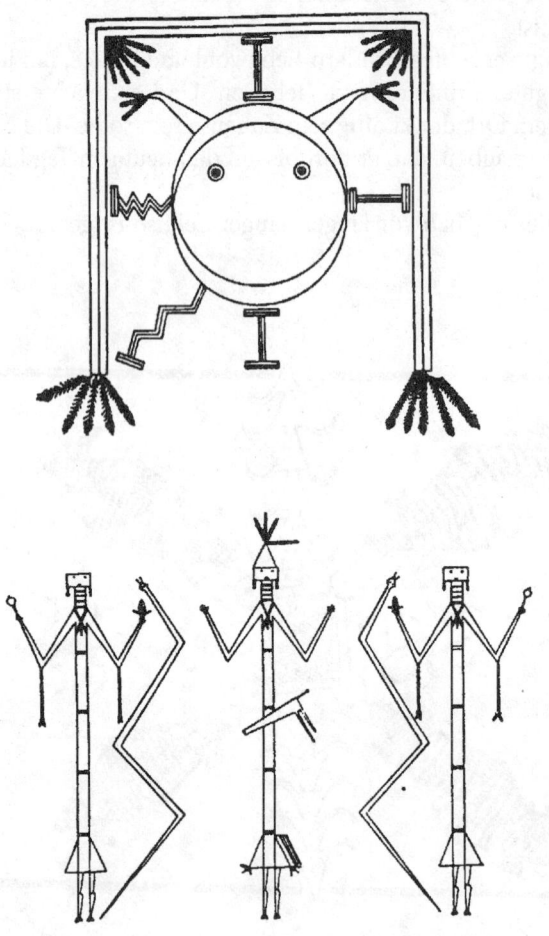

III

Wider die Ungeheuer

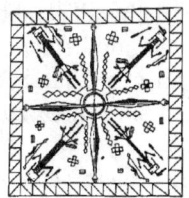

1

Von einer Zeit, lang, lang vorbei, ist auch dies gesagt.[1]

Es ist gesagt, daß die Leute weiterhin vor den Ungeheuern flohen, die ihnen nachstellten.

Inzwischen nannten sie sich *Ha'aznání dine'é*. In der Sprache des Weißen Mannes bedeutet dieser Name Aufstiegsleute. Diesen Leuten war bestimmt, die Vorfahren der Navajoleute zu werden, die jetzt auf der Oberfläche dieser Welt leben.

Auf der Flucht vor den *Binaayéé* zogen sie von Ort zu Ort und von Ort zu Ort, und überall glaubten sie sich anfangs sicher. Sie siedelten sich an und bebauten das Land. Im Frühjahr bauten sie Mais an und Squash, Bohnen und Kürbis. Und im Herbst hofften sie ernten zu können, was sie im Frühjahr gesät hatten.

Doch immer machten diese gefürchteten Kreaturen, die *Binaayéé,* sie ausfindig und fielen über sie her. Sie töteten und verschlangen sie erbarmungslos, wie die Wölfe Schafe reißen, die sich von der Herde entfernen.

So kam es, daß die letzten Überlebenden dieser endlosen Flucht zum *Tsé łigaii íí'áhí* zogen. In der Sprache von *Bilagáana* bedeutet dieser Ort Weißer Stehender Fels.

Inzwischen waren nur noch *Áłtsé hastiin,* der Erste Mann, und *Áłtsé asdzą́ą́,* die Erste Frau, übriggeblieben und außer ihnen nur noch vier weitere Leute. Nur ein alter Mann lebte noch, und nur seine Frau hatte mit ihm überlebt. Und mit ihnen hatten nur noch zwei ihrer Kinder überlebt. Das eine war ein junger Mann, das andere eine junge Frau.[2]

Diese vier waren erschöpft und mager. Sie waren voller Furcht und ohne jede Hoffnung. Sie fragten sich, ob es Zweck habe, noch einmal ein Stück Land urbar zu machen.

218

Gewiß würden die *Binaayéé*, die Riesen, auch sie vernichten, wie sie alle anderen Leute vernichtet hatten.

»Sie sind traurig«, sagte *Áłtsé hastiin*, der Erste Mann, zu *Áłtsé asdzą́ą́*, der Ersten Frau.

»Ihnen gebricht es an Kraft und Zuversicht, solch ein Dasein fortzusetzen.«

Das sagte er, und dies erwiderte sie:

»Entmutigt sind sie, wahrhaftig«, erwiderte sie.

»Und wahrhaftig, Angst haben sie. Ich fürchte für sie, wie ich auch für mich und dich fürchte.«

Darauf hatte *Áłtsé hastiin* dies zu sagen:

»Jedenfalls müssen wir hier ausruhen«, sagte er.

»Wir müssen noch einmal versuchen, uns niederzulassen. Vielleicht helfen uns ja die Götter irgendwie.«

Und *Áłtsé asdzą́ą́* hatte darauf dies zu erwidern:

»Zähle nicht auf sie«, erwiderte sie.

»Wir wissen immer noch nicht genau, was sie erfreut und was sie erzürnt. Wir wissen noch nicht, wann sie uns helfen und wann sie gegen uns sind.«

So richteten sie sich alle für die Nacht ein, kaum daß sie es wagten, sich eine neue Bleibe zu schaffen. Wann, so dachten sie, würde das letzte Unglück über sie kommen?[3]

Wahrlich, es waren keine guten Zeiten.

Am Morgen bemerkte *Áłtsé hastiin* eine dunkle Wolke um den Gipfel des *Ch'óol'į́'į́*, des Riesenfichtenberges, der dort in einiger Entfernung stand.[4] Er sagte darüber jedoch nichts zu den anderen, sondern schloß sich ihnen einfach bei der Arbeit an.

Am zweiten Tag schaute er wieder und bemerkte, daß die Wolke sich bis zur Mitte des *Ch'óol'į́'į́* herabgesenkt hatte und daß es auf der oberen Hälfte regnete. Doch er sagte niemanden etwas, sondern schloß sich einfach den Arbeitenden an.

Als der dritte Tag anbrach, schaute er wieder und sah, daß die Wolke sich weiter gesenkt hatte und nur der Fuß des Berges noch nicht bedeckt war. Immer noch erwähnte er niemandem gegenüber ein Wort, sondern widmete sich mit ihnen der Arbeit.

Als er jedoch am vierten Tag sah, daß die Wolke den *Ch'óol'į́'į́* bis hinunter zum Fuß gänzlich einhüllte und der Regen in Strömen auf ihn hernniederprasselte, sprach er von dem, was er sah, zu *Áłtsé asdzą́ą́* und sagte dies zu ihr:

»Ich möchte wissen, was da vorgeht«, sagte er zu ihr.

»Seit vier Tagen ist der *Ch'óol'į́'į́* von einer dunklen Wolke eingehüllt. Anfangs war nur der Gipfel bedeckt. Doch jeden Tag hat sich die Wolke immer weiter herabgesenkt, so daß jetzt sogar die Flanken verhüllt sind.

Vielleicht sollte ich lieber einmal hingehen und nach dem Rechten sehen.«

Worauf sie dies zu erwidern hatte:

»Es wäre besser, wenn du hier bliebest«, erwiderte sie.

»Da draußen lauern große Gefahren.

Naayéé', die Verschlingenden, werden gewiß über dich herfallen. Gewiß wirst auch du verschlungen, wie so viele andere.«

Das erwiderte sie. Und dies hatte er darauf zu sagen:

»Hab keine Angst«, sagte er.

»Nichts wird mir geschehen. Denn ich werde mich mit Gesang umgeben.[5]

Ich werde singen, während ich zum Berg unterwegs bin.

Ich werde singen, solange ich auf dem Berg bin.

Ich werde singen, wenn ich heimgehe.

Ich werde mich mit Gesang umgeben.

Du kannst gewiß sein, daß die Worte meines Gesangs mich schützen werden.«[6]

Das sagte *Áłtsé hastiin* zu seiner Frau *Áłtsé asdzą́ą́*.

So kam es, daß *Áłtsé hastiin* zum wolkenverhüllten Berg der Riesenfichten aufbrach. Gleich am nächsten Morgen machte er sich auf, und unterwegs sang er:

»Ich bin *Áłtsé hastiin*, der Erste Mann«, sang er.

Áłtsé hastiin bin ich, und vieles von der Erde habe ich gemacht.

Áłtsé hastiin bin ich, und ich gehe zum *Ch'óol'į́'į́*, dem Riesenfichtenberg, der dunklen Regenwolke folgend.

Ich folge dem Blitz und suche den Ort, wo er einschlägt.

Ich folge dem Regenbogen und suche den Ort, wo er die Erde berührt.

Ich folge der Wolkenschleppe und suche den Ort, wo sie am dichtesten ist.

Ich folge dem Geruch des fallenden Regens, und suche den Ort, wo seine Ströme am dunkelsten sind.«

So wanderte er vier Tage lang und sang dabei.

»Ich bin *Áłtsé hastiin*«, sang er, »und ich gehe zum Riesenfichtenberg auf der Suche nach dem Glück.

Auf der Suche nach dem Glück folge ich dem Blitz und nähere mich dem Ort, wo er einschlägt.

Auf der Suche nach dem Glück folge ich dem Regenbogen und nähere mich dem Ort, wo er die Erde berührt.

Auf der Suche nach dem Glück folge ich der Wolkenschleppe und nähere mich dem Ort, wo sie am dichtesten ist.

Auf der Suche nach dem Glück folge ich dem Geruch des fallenden Regens und nähere mich dem Ort, wo seine Ströme am dunkelsten sind.«

Immer weiter wanderte er und sang, während er sich dem Riesenfichtenberg näherte.

»Ich bin *Áłtsé hastiin*, unterwegs zum *Ch'óol'į́'į́* auf der Suche nach hohem Alter und Glück«, sang er.[7]

Auf der Suche nach hohem Alter und Glück folge ich dem Blitz und nähere mich der Stelle, wo er einschlägt.

Auf der Suche nach hohem Alter und Glück folge ich dem Regenbogen und nähere mich der Stelle, wo er die Erde berührt.

Auf der Suche nach hohem Alter und Glück folge ich der dunklen Wolkenschleppe und nähere mich der Stelle, wo sie am dichtesten ist.

Auf der Suche nach hohem Alter und Glück folge ich dem Geruch des fallenden Regens und nähere mich der Stelle, wo seine Ströme am dichtesten sind.«

Dieserart wanderte er immer weiter, bis er den Fuß des Berges erreichte.

So sang er auch weiter, als er den Weg zum Gipfel einschlug. Und er sang laut und furchtlos:

»*Áłtsé hastiin*, der ich bin.

Hier bin ich, und ersteige den *Ch'óol'į'į* auf der Suche nach hohem Alter und Glück für mich und meine Leute.

Hier bin ich, und den Ort, wo der Blitz niederfährt, erreiche ich auf der Suche nach hohem Alter und Glück für mich und meine Leute.

Hier bin ich, und die Stelle, wo der Regenbogen die Erde berührt, erreiche ich auf der Suche nach hohem Alter und Glück für mich und meine Leute.

Hier bin ich, und den Ort, wo die Wolkenschleppe am dichtesten ist, erreiche ich auf der Suche nach hohem Alter und Glück für mich und meine Leute.

Hier bin ich, und den Ort, wo der köstliche warme Regen mich durchtränkt, erreiche ich auf der Suche nach hohem Alter und Glück für mich und meine Leute.«

So stieg er immer höher und höher den Berg hinauf, der *Ch'óol'į'į* heißt, weil er von Riesenfichten dicht bewachsen war. Und während er stieg, sang er voller Vertrauen weiter. Selbst als er den Gipfel erreichte, sang er weiter.

»Langes Leben und Glück erlange ich für meine Leute und für mich selbst«, sang er.

»Langes Leben und Glück liegen vor mir.

Langes Leben und Glück sind hinter mir.

Langes Leben und Glück sind über und unter mir.

Überall um mich her ist langes Leben und Glück.«

Und als er singend die äußerste Spitze erreichte, wo der *Ch'óol'į́'į́* den Himmel berührt, hörte er das Weinen eines kleinen Kindes.

Und genau in dem Moment, als er dieses zum erstenmal weinen hörte, zuckten überall Blitze auf, so hell, daß er nichts sehen konnte. Und genau in dem Moment, als er dieses Weinen zum erstenmal hörte, überflutete die Spitze des Regenbogens den Gipfel mit so glühenden Farben, daß er nichts sehen konnte. Als er das Kind zum erstenmal weinen hörte, verschluckte die dunkle Wolke die letzten Reste des Tageslichts; so dicht war die Wolkenfinsternis, daß er nichts sehen konnte. In dem Augenblick, als er das weinende Kind hörte, raubte ihm der Regen die Sicht; so dicht fiel der Regen, daß er nichts sehen konnte.

Doch obgleich er nichts sehen konnte, ging er zu der Stelle hin, von der das Weinen zu kommen schien.

Und als er die Stelle erreichte, hörte das Blitzen auf. Die glühende Regenbogenhülle wurde ein milder Farbschleier. Die dunkle Wolke verflüchtigte sich in einen Himmel voller Blau. Der Regen hörte auf, und die Strahlen der Morgensonne schienen auf ihn herab.

Er schaute zu seinen Füßen hinunter, wo er das Kind hatte weinen hören. Doch er sah nichts als eine kleine Figur aus Türkis. Er erkannte darin das Ebenbild einer Frau. Sie war nicht größer als ein neugeborenes Kind, doch ihr Körper war voll ausgebildet wie der einer Frau. Da ihm nichts anderes einfiel, hob er die Figur auf und nahm sie mit. Zurück trug er sie zu *Áłtsé asdzą́ą́* und den anderen.

»Behaltet sie«, gebot er ihnen.

»Sorgt für sie, als wäre sie wirklich.

Zieht sie auf und nährt sie, als wäre sie euer eigen.«[8]

Zwei Tage darauf, sehr früh am Morgen, wurden sie durch einen vertrauten Laut geweckt.

»Wu'hu'hu'hu'«, hörten sie, und sie erkannten diesen Laut als die gütige Stimme von *Haashch'ééłti'í,* dem Sprechenden Gott. Anfangs erreichte sie die Leute nur ganz schwach. So fern war sie, daß sie sie kaum hören konnten.

Doch sie lauschten weiter und warteten, und bald hörten sie die Stimme aufs neue, näher und lauter als zuvor.

»Wu'hu'hu'hu'«, wiederholte sie jetzt deutlicher.

Sie lauschten weiter, und jetzt hörten sie die Stimme ein drittes Mal. »Wu'hu'hu'hu'« erklang sie abermals, und diesmal noch viel lauter und deutlicher.

Immer noch lauschend, hörten sie die Stimme wieder und noch lauter als beim letzten Mal. »Wu'huhuhu'«, ertönte sie, doch diesmal so nah und klar, daß sie mitten unter ihnen zu sein schien.

Darauf vernahmen sie alle den weichen Tritt von Mokassins, und dann stand *Haashch'ééłti'í* vor ihnen.

Gleich nachdem sie seiner ansichtig wurden, bemerkten die Überlebenden, daß er ihnen bedeutete, nach zwölf Nächten zum Gipfel des *Ch'óol'í'í* zu kommen.

Er sprach nicht zu ihnen. Vielmehr gab er ihnen mit Bewegungen seiner Hände und Arme zu verstehen, die Figur aus Türkis mitzubringen, wenn sie kamen.

Dann wandte er sich schweigend ab und überließ sie ihren Gedanken über seine Anweisungen und ihrer Ungewißheit über ihr künftiges Schicksal.

An jedem der folgenden zwölf Tage sprachen die Erwachsenen über die Anweisungen, die sie erhalten hatten, und zählten aufmerksam die verstreichenden Tage.

Sie waren sich nicht sicher, ob es wirklich *Haashch'éélti'í*, der Sprechende Gott, gewesen war, den sie gesehen hatten. Sie überlegten, weshalb er gekommen sein mochte. Sie fragten sich, was auf dem *Ch'óol'į́'į́* geschehen würde. Und obgleich sie es kaum zu hoffen wagten, faßten sie zaghaft den Gedanken, daß nun ihr Schicksal sich vielleicht wenden würde.

So vergingen zwölf Tage. Zwölf Nächte vergingen, und zwölfmal ging die Sonne auf und unter, bis die Dämmerung den Anbruch des Morgens nach diesen zwölf Tagen ankündigte. Da brachen sie auf, den Berg zu ersteigen.

Sie erklommen den *Ch'óol'į́'į́* auf dem heiligen Pfad, der ihnen von den ersten Sonnenstrahlen sichtbar gemacht wurde, so ist gesagt.

2

Auch ist gesagt, daß die Überlebenden den *Ch'óol'į́'į́* so weit erstiegen, bis sie kurz unterhalb des Gipfels eine ebene Stelle erreichten.

Dort trafen sie *Haashch'éélti'í*, den Sprechenden Gott, an und mit ihm *Hashch'éoghan*, den Grollenden Gott. Und sie trafen *Bits'íís łigaii* an, den Weißen Körper, der mit den Leuten aus der vierten Welt aufgestiegen war, und neben ihm *Bits'íís dootł'izh*, den Blauen Körper, der ebenfalls mit ihnen aus dieser tieferen Welt gekommen war.

Sie trafen dort *Tséghádi'nídínii dine'é* an, die Bildbringenden Leute.[9] Sie trafen *Níłch'i*, den Wind, dort an. Sie trafen *Chahałheeł*, das Dunkel, *Níłch'is* Freund. Und sie trafen die Brüder von *Asdzání shash nádleehé*, der Frau-die-ein-Bär-wird.

Sie trafen dort auch *Jí dine'é*, die Tageslichtleute, die nach Osten hin ein Stück abseits der anderen standen. Ebenso trafen sie *Yá dootł'izh dine'é* die Blauer-Himmel-Leute, die nach Süden hin ein Stück abseits der anderen standen. Sie trafen auch *Litso adinídíín dine'é*, die Gelbes-Licht-Leute, die nach Westen hin ein Stück abseits der anderen standen. Und sie trafen *Chahałeeł dine'é*, die Dunkelheitleute, die nordwärts ein Stück abseits standen.

Bei den *Jí dine'é*, den Tageslichtleuten im Osten, stand *Bits'íís łigaii*, der Weiße Körper, und in seiner Hand hielt er das Abbild einer kleinen weiblichen Gestalt.

Die Überlebenden sahen, daß sie der Figur ähnelte, die *Áłtsé hastiin* gefunden hatte und die sie nun bei sich trugen. Sie war genauso groß wie ihre und von derselben Gestalt. Sie unterschied sich nur darin, daß sie aus weißer Muschelschale gemacht war anstatt aus Türkis.

Ohne etwas zu sagen, trat *Bits'íís łigaii* vor und reichte sein Bildnis einem der Trugbildsteinleute. Dann bedeutete er den vier letzten Erwachsenen der Leute-vom-Aufstiegsort, mit ihrem Bildnis das gleiche zu tun.

Da reichte der Vater einem anderen der Trugbildsteinleute das Ebenbild aus Türkis. Und während die letzte überlebende Familie zuschaute, breitete *Haashch'éélti'í*, der Sprechende Gott, eine Hirschhaut so auf dem Boden aus, daß der Kopf nach Westen gerichtet war. Auf diese Hirschhaut legten die Trugbildsteinleute die beiden Figuren aus Türkis und aus Muschelschale. Sie legten sie behutsam so hin, daß ihre Köpfe nach Westen zeigten. Außerdem legten sie zwei Maiskolben auf das Hirschfell, einen weißen und einen gelben. Auch diese legten sie so, daß ihre Spitzen nach Westen wiesen.

Über die Figuren und den Mais breitete *Haashch'éélti'í* eine zweite Hirschhaut, diese jedoch mit dem Kopf nach Osten. Dann gebot er den Leuten-vom-Aufstiegsort, ein wenig zur Seite zu treten, damit *Nítch'i* eindringen könne. Nachdem er diese Anweisungen gegeben hatte, entfernte er sich mit *Hashch'éoghan* nach Osten und entzog sich den Blicken aller.[10]

Alle dort Versammelten traten zurück und bildeten einen großen Kreis um die Hirschfelle. In diesem Kreis ließen sie am östlichen Rand eine Öffnung, so daß *Haashch'éélti'í* und *Hashch'éoghan* ihn betreten und wieder verlassen konnten. Und dann begannen die Heiligen Leute, die sich dort versammelt hatten, eines der heiligen Lieder von *hózhǫ́ǫ́jí sin* zu singen.

Als das Singen begann, erschienen die beiden Gottheiten wieder von ihrem verborgenen Ort im Osten. Durch die Öffnung, die man ihnen gelassen hatte, traten sie in den Kreis der dort Versammelten ein, gingen auf die Hirschfelle zu, hoben das obere an, ließen *Nílch'i*, den Wind, hineinfahren, legten das Fell wieder an seine ursprüngliche Stelle und verschwanden.

Unterdessen sangen die versammelten Heiligen Leute das Lied von *hózhǫ́ǫ́jí sin* weiter. Lieder wechselten mit Sprechgesängen, Sprechgesänge mit Liedern. Dann erschienen die beiden Gottheiten wieder von ihrem verborgenen Ort im Osten und traten durch die Öffnung, die man ihnen gelassen hatte, in den Kreis ein. Sie gingen auf die Hirschfelle zu, hoben das obere an und riefen *Nílch'i* abermals zu, Leben zwischen die beiden Decken zu hauchen. Dann legten sie das obere Fell wieder zurück und verschwanden.

Und während der ganzen Zeit sangen die dort Versammelten weiter das heilige Lied von *hózhǫ́ǫ́jí sin*. Lieder wechselten mit Sprechgesängen, Sprechgesänge mit Liedern, bis die Gottheiten wieder ihren verborgenen Ort im Osten verließen und durch die Öffnung, die man ihnen gelassen hatte, in den Kreis eintraten. Sie gingen auf die Hirschfelle zu, hoben wie zuvor das obere an, ließen *Nílch'i* abermals Leben zwischen die Decken hauchen, legten sodann die obere wieder zurück und verschwanden.

Und unaufhörlich sangen alle im Kreis Versammelten das Lied von *hózhǫ́ǫ́jí sin.* Lieder wechselten mit Sprechgesängen, Sprechgesänge mit Liedern, bis die beiden Gottheiten wieder von ihrem verborgenen Ort im Osten zurückkehrten, wie sie es schon dreimal getan hatten. Sie traten durch die Öffnung, die man ihnen gelassen hatte, in den Kreis ein und gingen auf die Hirschfelle zu, wie sie es schon dreimal getan hatten. Sie hoben das obere Fell wie zuvor an, und wie zuvor riefen sie *Nílch'i,* den Wind.

Doch diesmal mußte er nicht mehr zwischen die Felle hauchen, denn das hatte er nun schon dreimal getan. Und wahrhaftig! Die Bildnisse und die Maiskolben hatten sich in Lebewesen verwandelt, Lebewesen von der Gestalt erwachsener Menschen, wie sie heute auf der Erde leben.

Aus der Figur aus Türkis war *Asdzą́ą́ nádleehé* geworden, die Sich Wandelnde Frau, wie man sie in der Sprache von *Bilagáana* nennen würde. Aus der Figur aus weißer Muschelschale war *Yoołgai asdzą́ą́* geworden, die Weißmuschelfrau, wie wir sie heute nennen würden.[11]

Aus dem weißen Maiskolben wurde *Naadáłgaii askkii,* der Weißmaisjunge, wie wir ihn heute nennen würden. Und aus dem gelben Maiskolben wurde *Naadáłtsoii at'ééd,* das Gelbmaismädchen.[12]

Diese vier Dinge waren von *Nílch'i,* dem Wind, in Lebewesen verwandelt worden.

Es war *Nílch'i,* der ihnen Leben gab – eben jener Wind, der aus den vier Himmelsrichtungen kommt. Eben jener Wind, der aus unserem Mund kommt, wenn wir sprechen und atmen. Der Wind, der von überall her Geist in unseren Körper trägt, und der unsere Sprache versiegen und uns sterben läßt, wenn er aufhört, sich in uns zu regen, so ist gesagt.

3

Auch ist gesagt, daß nach dieser Zeremonie, die *Asdzáá nádleehé,* der Sich Wandelnden Frau, und *Yoołgai asdzáá,* der
Weißmuschelfrau, Leben gab, *Bits'íís łigaii,* der Weiße Körper, den Weißmaisjungen und das Gelbmaismädchen auf
den höchsten Gipfel des *Ch'óol'į́'į́* gebracht habe.

Dorthin brachte er sie, auf daß sie fortan bei den Göttern
lebten. Alle übrigen, die an dieser Versammlung teilgenom-
men hatten, bei der den Schwestern das Leben eingehaucht
wurde, machten sich auf und kehrten an ihre Wohnorte
zurück.

So ließen sie die beiden neuerschaffenen Luft-Geist-Leute allein auf der Bergflanke zurück.

Vier Tage und vier Nächte blieben diese dort, schauten
tagsüber in den blauen Himmel und nachts zu den Sternen
hinauf; sie hörten den Wind in der Luft wehen und lauschten auf das Plätschern des Wassers zu ihren Füßen; ohne
miteinander zu sprechen, warteten sie auf etwas, von dem
sie selbst nicht wußten, was es war.

Am fünften Morgen sprach *Asdzáá nádleehé,* die Sich
Wandelnde Frau, endlich zu ihrer Schwester *Yoołgai asdzáá,*
der Weißmuschelfrau, und sagte dies:

»Meine Schwester«, sagte sie.

»Wozu bleiben wir hier, ohne etwas zu sagen, ohne etwas
zu tun, ohne jemanden zu sehen, nur wartend? Laß und
höher hinaufgehen, wo wir besser überblicken können, was
uns umgibt und was über und was unter uns ist.«

Das sagte *Asdzáá nádleehé,* und ihre Schwester *Yoołgai asdzáá* stimmte ihr zu. So stiegen sie gemeinsam den Gipfel des
Ch'óol'į́'į́ hinauf und gewahrten hier den Himmel über sich
und das weite Land unter sich, deutlicher als zuvor.

Dort blieben sie weitere vier Tage und Nächte. Sie hörten
den Wind wehen und lauschten dem Geräusch des Wassers,

das an den steilen Flanken des Gipfels hinabrann und sich zu einem Bach sammelte, der erst über Felsen sprang und dann durch eine lange, gewundene Rinne floß. Sie lauschten und warteten, sahen sich um und erwarteten irgendein Ereignis, von dem sie nicht wußten, was es war.

Und endlich hatte *Asdząą́ nádleehé* dies zu sagen:

»Oh, es ist so einsam hier«, sagte sie.[13]

»Wir hören nichts als den Wind und das Wasser. Wir sehen nichts als den blauen Himmel über uns, und wir sehen Sonne, der jeden Tag von Horizont zu Horizont seine Bahn zieht. Und sonst sehen wir nur noch den Bach, wie er von hier aus in die leere Weite unter uns hinabfließt.

Was mich angeht, Schwester, so ist Sonne etwas, das mich sehr beschäftigt.

Könnte er nicht, so denke ich manchmal, ein Lebewesen sein wie wir? Ein Wesen mit einem Geist wie unserem, wartend, wie wir jetzt warten?«

Das hatte *Asdząą́ nádleehé* zu sagen, und dies erwiderte ihre Schwester *Yoołgai asdząą́*:

»Auch ich bin einsam«, erwiderte sie.

»Und mich beschäftigt der Bach so sehr wie Sonne dich.

Könnte er nicht, so denke ich manchmal, wenn ich ihn über den Stein dort rinnen sehe, ein Lebewesen wie wir sein? Ein Lebewesen mit einem Geist wie unserem, wie meinem eigenen?

Vielleicht sehnt er sich nach demselben, wonach wir uns verzehren. Vielleicht ist er so einsam wie wir.«

Darauf antwortete *Asdząą́ nádleehé*:

»Laß uns versuchen zu ergründen, ob dem so ist«, antwortete sie.

»Wie wäre es, wenn ich hierbliebe und Sonne beobachtete, wie er seiner Bahn von Ost nach West folgt?

Und wie wäre es, wenn du zwischen die Felsen hinuntergingest und den Bach beobachtetest, wie er fällt?«

Und sie beschlossen, es so zu machen. In der Morgendämmerung des nächsten Tages wollten sie tun, was *Asdzą́ą́ nádleehé* vorschlug.

Sie selbst suchte sich einen ebenen glatten Fels nahe dem Gipfel des *Ch'óol'į́'į́,* auf dessen Hängen heute noch die Riesenfichten wachsen.

Sie legte sich rücklings darauf, die Füße nach Osten gerichtet, die Beine bequem gespreizt. So konnte sie ganz gelöst dort liegen und Sonne auf seinem Pfad über den Himmel verfolgen. So konnte er ihr seine ganze Wärme mitteilen.

Unterdessen begab sich *Yoołgai asdzą́ą́* ein Stück weiter hinunter, wo der Bach von Vorsprung zu Vorsprung über die Felsen sprudelte.

Sie fand ein ebene Stelle in einem seichten Tümpel und legte sich dort rücklings nieder, den Stein mit den Fußsohlen berührend und die Beine bequem gespreizt. So konnte sie das Wasser fallen sehen. So konnte es sie mit seiner kühlen Nässe erfrischen.[14]

Vier Tage lang wiederholten sie dies jeden Morgen. An jedem dieser Tage gesellten sie sich bei Sonnenuntergang wieder zueinander, wurden ihrer Einsamkeit immer deutlicher gewahr und empfanden immer drängender ein Gefühl, das alle Mädchen empfinden, wenn der Pfad der Kindheit in den des Frauenlebens mündet.

»Um die Wahrheit zu sagen, meine Schwester«, begann *Asdzą́ą́ nádleehé,* die Sich Wandelnde Frau, eines Abends, »ich werde traurig, weil mir Gesellschaft fehlt.« Die Sonne war untergegangen. Die Luft war still, und nirgends war ein Laut zu hören.

»Wäre außer uns doch nur irgendjemand da«, antwortete *Yoołgai asdzą́ą́,* die Weißmuschelfrau. »Dann wäre ich weniger unglücklich.«

»Wurden wir nicht irgendwie gemacht?« hob *Asdzą́ą́ nádleehé* aufs neue an.

»Vielleicht können wir selbst auch Leute machen, Leute wie wir, die uns helfen können, diese langen Tage und Nächte der endlosen Stille zu ertragen.«

»Du bist weise, meine Schwester«, sagte Weißmuschelfrau, »vielleicht findest du einen Weg, andere zu machen.«

Nachdem sie vier Tage mit derartigen Gesprächen verbracht hatten, spürte *Yoołgai asdzą́ą́* tief in ihrem Körper eine Regung.

»Meine Schwester!« rief sie.

»Etwas Seltsames regt sich in mir. Was kann das sein?«

»Es ist ein Kind, meine Schwester«, antwortete *Asdzą́ą́ nádleehé.*

»Um dieses Kindes willen lagst du unter dem Wasserfall. Auch ich spüre etwas sich in mir regen. Und auch das ist ein Kind.

Um dieses Kindes willen lag ich dort, wo Sonne auf mich scheinen konnte.«

Und nach vier weiteren Tagen spürten beide Frauen in ihrem Körper den Beginn der Wehen.

»Meine Schwester!« rief *Yoołgai asdzą́ą́.* »Ich glaube, mein Kind will jetzt kommen. Was soll ich tun?«[15]

»Auch ich spüre, daß mein Kind jetzt kommt«, antwortete *Asdzą́ą́ nádleehé.* »Aber ich weiß ebensowenig wie du, was ich tun soll.«

Doch kaum hatte sie das gesagt, da hörten sie die gütige Stimme von *Haashch'éélti'í,* dem Sprechenden Gott. »Wu'hu'hu'hu'« ertönte sein vertrauter Ruf, kaum hörbar zunächst, so schwach und fern war er noch.

Doch sie lauschten und warteten geduldig, und bald hörten sie die Stimme wieder, näher und lauter als zuvor. »Wu'hu'hu'hu'«, erklang sie, jetzt schon deutlicher.

Als sie weiter lauschten, hörten sie die Stimme ein drittes Mal. »Wu'hu'hu'hu'«, wiederholte sie, und diesmal noch viel näher und noch viel lauter.

Weiter warteten sie und lauschten, warteten und lauschten, bis sie wiederum den Ruf hörten, und noch lauter als zuvor. So nah und deutlich klang er jetzt, daß er unmittelbar
bei ihnen zu sein schien.

Und tatsächlich erschien er jetzt. Bei sich trug er etwas,
das wie ein Tau aus Sonnenstrahlen aussah. Und mit ihm sahen sie *Tó neinilí* kommen, den Regengott, dessen Name in der
Sprache von *Bilagáana* Wassersprenger lauten würde.[16] Er
brachte etwas mit, das wie ein Tau aus Regenbogen aussah.

Ohne ein Wort reichte *Haashch'éélti'í* der Sich Wandelnden Frau das eine Ende des Stranges aus Sonnenstrahlen
und bedeutete ihr, bei jeder Wehe daran zu ziehen. Ebenfalls wortlos reichte *Tó neinilí* der Weißmuschelfrau das eine
Ende des Regenbogenstranges und bedeutete ihr, bei jeder
Wehe daran zu ziehen. So kam es, daß alle Navajofrauen,
die je über diese Erde gegangen sind, bis zum heutigen Tage an einem Seil ziehen, wenn sie neues Leben gebären.

Und so wurde jeder der beiden Schwestern ein Kind geboren.

Zuerst bekam die Sich Wandelnde Frau ihr Kind. *Haashch'éélti'í* nahm es an sich und wusch es. Fröhlich lachte er dabei, und dann durchtrennte er die Nabelschnur, die es mit
seiner Mutter verband. Jetzt konnte es sich aus eigener Kraft
nähren, so wie es später einmal sein eigenes freies Leben
führen würde. Dann kam das Kind der Weißmuschelfrau.
Und *Tó neinilí*, der Wassersprenger, nahm es und wusch es.
Triumphierend lachte er dabei, durchtrennte die Nabelschnur, die es mit seiner Mutter verband, und gab ihm so
die Freiheit, mit seinem eigenen Mund Nahrung aufzunehmen, wie es später auch seine eigenen Füße und Beine benutzen würde, um sich fortzubewegen.

Inzwischen hatten andere Gottheiten *Áłtsé hastiin* und *Áłtsé
asdzą́ą́* herbeigerufen; sie sollten den beiden Schwestern

beim Erlernen der Pflichten und Aufgaben der Mutterschaft helfen.[17]

Haashch'éélti'í, der Sprechende Gott, und *Tó neinilí*, der Regengott, stellten Dinge bereit, aus denen Erster Mann zwei gleiche Tragekörbe für die beiden Neugeborenen anfertigen konnte. Sprechender Gott brachte Sonnenstrahlbretter, aus denen Erster Mann die Fußstützen und Rückenteile baute. Wassersprengler brachte Streifen von Wetterleuchten und Nähsehnen aus Zickzackblitzen. Daraus fertigte Erster Mann die Hauben, die Seitenstränge und die Verschnürung.[18]

Nachdem beide Kinder in ihre Körbchen gesetzt worden waren, legte *Haashch'éélti'í* eine Decke aus dunkler Wolke über das eine, während *Tó neinilí* über das andere eine kleine Decke aus weiblichem Regen breitete.

Sie nannten beide Kinder *shináli*, was in der Sprache von *Bilagáana* Enkel bedeutet. Dann entfernten sie sich, versprachen jedoch, nach vier Tagen wiederzukommen, so ist gesagt.[19]

4

Auch ist gesagt, daß *Haashch'éélti'í* und *Tó neinilí* wirklich nach vier Tagen, wie versprochen, wiederkehrten. Bis dahin waren die beiden Söhne so weit herangewachsen, daß sie nun die Gestalt von Zwölfjährigen besaßen.

»*Shináli*«, sagten die beiden Gottheiten, »wir sind gekommen, mit euch einen Wettlauf zu machen.

Wir wollen nämlich sehen, ob ihr auch recht kräftig geworden seid.«[20]

Es wurde ein Wettlauf verabredet, bei dem ein nahegelegener Berg gänzlich umrundet werden sollte. Und zur festgesetzten Zeit liefen sie los, die beiden Jungen und die beiden Gottheiten *Haashch'éélti'í* und *Tó neinilí*.

Obgleich ein langes und hartes Rennen bevorstand, sprangen die beiden Jungen kühn voran und legten, auf ihre Kraft vertrauend, eine sehr schnelle Gangart vor. Doch schon weit vor der Hälfte der Strecke begannen sie zu ermatten. Bald wurden sie von den beiden Göttern, die mit ihren Kräften besser haushielten, eingeholt. Eine Weile liefen sie neben ihnen und riefen ihnen spöttische Bemerkungen zu.

»Ihr glaubt, ihr seid obenauf, nicht wahr?« neckten sie.

»Nun, wir wollen sehen, was ihr am Ziel über diesen Wettlauf denkt.«

Und dazu schlugen sie die Jungen mit Stöcken. Fast den ganzen restlichen Weg über verspotteten und schlugen sie die beiden. Und ein paar Schritte vor der Ziellinie ließen *Haashch'ééłti'í*, der voranlief, und *Tó neinilí*, der ihm dichtauf folgte, die beiden mühelos hinter sich.[21]

Bevor die beiden Gottheiten sich wieder entfernten, sagten sie den Jungen noch, sie würden nach vier Tagen zu einem weiteren Wettlauf wiederkommen. Die beiden erschöpften Jünglinge machten sich auf den Heimweg, mühsam auf ihren schmerzenden Beinen humpelnd und immer wieder den wunden Rücken reibend.

Als sie abends einzuschlafen versuchten, kam *Níłch'i*, der Wind, zu ihnen, flüsterte ihnen aufmunternd zu und hatte ihnen dies zum Trost zu sagen:

»Fühlt euch nicht gedemütig, kleine Vettern«, sagte er zu ihnen.

»Sie besitzen zwar gewiß mehr Macht als ihr beiden, doch ihre Kräfte sind nicht unbegrenzt.

Bevor sie zum zweiten Wettlauf wiederkommen, solltet ihr euch üben, soviel ihr könnt. Vielleicht lauft ihr dann ein besseres Rennen als heute.«

So taten sie an jedem der folgenden Tage bis zum Wettkampf, was *Niłch'i* ihnen geraten hatte. Sie liefen mit aller Kraft ihre Strecke und umrundeten den Berg etwas schneller und mit gleichmäßigerem Schritt.

Als dann die Götter wie versprochen nach vier Tagen wiederkamen, sahen sie gleich, daß die Jungen kräftiger geworden waren. Ihre Schultern hatten an Breite zugenommen und die Beinmuskeln waren dicker und härter geworden.

Wieder schlugen die Jungen, auf ihre Kräfte vertrauend, von Anfang an einen sehr schnellen Schritt an. Doch auf halbem Wege wurden sie wieder von den Göttern eingeholt, obgleich auch sie diesmal etwas schneller laufen mußten. Abermals liefen sie den Rest des Weges neben den Jungen her und schlugen sie mit Zweigen. Doch diesmal verspotteten sie sie nicht.

Und wieder liefen sie kurz vor dem Ziel mühelos voraus, *Haashch'ééłti'í* als erster, gefolgt von *Tó neinilí*. Und bevor sie sich entfernten, kündigten sie wiederum an, sie würden in vier Tagen zu einem weiteren Wettlauf wiederkommen. Müde und mit schmerzenden Gliedern gingen die beiden Jungen heim.

Am Abend, als sie einschlafen wollten, kam *Niłch'i* wieder, flüsterte ihnen Ermunterndes zu und sagte tröstend:

»Verzagt nicht, kleine Brüder«, sagte er zu ihnen.

»Sie mögen immer noch stärker sein als ihr, doch sind sie nicht unbesiegbar.

Bevor sie wiederkommen, nehmt jede Gelegenheit wahr, euch zu üben. Dann könnt ihr guten Gewissens gegen sie antreten, mögt ihr nun gewinnen oder verlieren.«

An jedem der bis zum nächsten Wettlauf verbleibenden Tage taten die Jungen, was *Niłch'i* ihnen riet. Noch schneller und ohne vorzeitig zu erlahmen umrundeten sie den Berg.

Als daher die Götter wie versprochen nach vier Tagen wiederkamen, sahen sie gleich, daß die Jungen inzwischen noch kräftiger geworden waren. Sie waren sehnig geworden und ihre Beinmuskeln noch stärker.

Wie zuvor liefen die Jungen sehr schnell los und vertrauten auf ihre Kräfte. Und erst nach drei Vierteln der Strecke holten die Götter sie ein. Sie verspotteten sie nicht mehr und schlugen sie auch nicht, denn sie brauchten jetzt ihre ganze Kraft für den Wettlauf.

Und als die Ziellinie näherkam, mußten sich *Haashch'ééłti'í* und *Tó neinilí* gewaltig anstrengen, um die beiden Jünglinge zu besiegen. Und wieder versprachen sie, nach vier Tagen zu einem weiteren Wettlauf wiederzukommen. Dann entfernten sie sich, und die beiden Jünglinge gingen nach Hause.

Als sie am Abend einschliefen, kam *Nilch'i* abermals zu ihnen und sagte etwas, das sie inzwischen schon selbst begriffen hatten.

»Gebt jetzt nicht auf, Brüder«, sagte er ihnen.

»Die ausgewachsen sind, können nicht mehr stärker werden als sie schon sind. Aber die noch jünger und schwächer sind, werden jeden Tag kräftiger.

Ertüchtigt euch, soviel ihr könnt, bevor sie zum letztenmal wiederkommen, um gegen euch anzutreten. Dann werdet ihr ihnen zeigen, wie kräftig ihr geworden seid.«

An jedem der folgenden Tage bis zum letzten Wettlauf taten sie, was *Nilch'i* ihnen geraten hatte. Sie flogen nur so über die Strecke und umrundeten den ganzen Berg mit der Schnelligkeit des nie ermüdenden Hirsches. Und als die Götter wiederkamen, erkannten sie die volle Kraft der Männlichkeit in ihren Gliedern. Und in ihren Augen sahen sie das begründete Selbstvertrauen des Erwachsenenalters.

Wieder liefen die Jünglinge sehr schnell los, aber sie hielten diese Schnelligkeit über die ganze Strecke. So weit liefen sie den Göttern davon, daß sie nicht einmal ihre Stimmen hörten, geschweige denn etwas von ihnen sahen. Der ältere Bruder kam als erster ins Ziel, der jüngere lag nur kaum einen Schritt zurück.

Als *Haashch'éélti'í* und *Tó neinilí* schließlich die Ziellinie erreichten, freuten sie sich und hatten dies zu sagen:

»Gut gemacht, *shinálí*! Gut gemacht, Enkel!« sagten beide, und sie lachten und klopften den Jünglingen liebevoll auf die Schultern.

»Ihr seid so geworden, wie wir euch wollten.

Vielleicht könnt ihr jetzt denen nützlich sein, die euch großgezogen haben.«

Mit diesen Worten entfernten sich die beiden Götter, und sie sagten nichts mehr über einen weiteren Wettlauf.

Die beiden jungen Männer kehrten heim. Sie waren so stolz und voller Selbstvertrauen, wie Brüder nur sein können, wenn der Pfad der Kinderzeit in den des Mannesalters mündet, so ist gesagt.

5

Auch ist gesagt, daß die beiden Jungen am Abend nach ihrem letzten Wettlauf hörten, wie ihre Mütter miteinander flüsterten.

Während sie so auf ihren Fellbetten lagen und den Schlaf erwarteten, spürten sie in den Stimmen der Frauen Besorgnis und horchten angestrengt.

Doch sie verstanden nichts. So standen sie auf und gingen quer durch die Hütte zu der Stelle, wo die Frauen saßen.

»Mütter«, sagten sie.

»Etwas scheint euch Sorgen zu bereiten.

Sagt uns, was es ist.«

»Es ist nichts«, sagten die beiden Frauen.

»Geht zurück ins Bett und schlaft.«

»Aber wir spüren Furcht in eurer Stimme«, sagten die Jungen. »Erzählt uns, worüber ihr redet.«

»Es ist nichts«, wiederholten ihre Mütter. »Geht schlafen und macht euch keine Gedanken.«

Da trat der erste der beiden Jünglinge vor. Und mit einem Blick so voller Dringlichkeit, wie sie ihn noch nie an ihrem Sohn bemerkt hatte, fragte er seine Mutter *Asdzą́ą́ nádleehé*, die Sich Wandelnde Frau:

»Mutter«, fragte er.

»Wer ist mein Vater?

Und wer ist der Vater meines Bruders?«

»Du hast keinen Vater«, erwiderte *Asdzą́ą́ nádleehé.*

»Wer ist mein Vater?« wiederholte der erste Sohn.

»Und wer ist der Vater meines Bruders?

Als unsere Eltern solltet ihr uns dergleichen mitteilen, wie ihr uns auch sagen solltet, was euch so bekümmert.

Wir sind doch wahrlich groß genug, solche Dinge zu erfahren.«

Dies sagte der ältere der beiden Jungen, und dies antwortete *Asdzą́ą́ nádleehé*, seine Mutter:

»Du hast keinen Vater«, antwortete sie leise.

»Und auch dein Bruder dort hat keinen Vater.

Für euch genügt es zu wissen, daß ihr *yátaashki'* seid: Bastarde, das seid ihr, und sonst nichts.

Aber jetzt bitte ich euch, schlafen zu gehen und euch nicht um das zu kümmern, was uns bedrückt, was immer es auch sein mag.«

Da trat der zweite der beiden Jungen vor.

Er schaute seine Mutter *Yoołgai asdzą́ą́* mit einem Blick so voller Ernst an, wie sie ihn noch nie an ihm bemerkt hatte, und dies hatte er zu fragen:

»Mutter«, fragte er.

»Wer ist mein Vater? Und wer ist der Vater meines Bruders, der das auch wissen möchte?«

»Das ist bei dir wie bei ihm«, erwiderte *Yoołgai asdzáá.*

»Du hast keinen Vater.«

»Aber gewiß hat uns doch jemand gezeugt«, beharrte der zweite Sohn.

»Als eure Kinder sollten wir um solche Dinge wissen, wie wir auch wissen sollten, was euch bedrückt.«

So fragte der zweite Sohn beharrlich weiter. Und dies erwiderte *Yoołgai asdzáá,* seine Mutter, die Weißmuschelfrau:

»Du hast keinen Vater«, erwiderte sie leise.

»Und auch dein Bruder hat keinen Vater.

Meinetwegen glaubt, der runde Kaktus und der sitzende Kaktus seien eure Väter, das ist alles, was ihr wissen müßt.

Und jetzt beschwöre ich euch, geht schlafen und kümmert euch nicht um das, was uns bedrückt.«

Am Morgen machten die Frauen Bogen aus Wacholderholz für ihre Söhne. Und so gut sie konnten, fertigten sie den Jungen noch Pfeile dazu an.

»Wenn ihr euch für erwachsen haltet, dann nehmt diese hier und geht damit auf die Jagd«, sagten sie. »Aber bleibt in Sichtweite unserer Hütte.

Vor allem wagt euch nicht nach Osten.«

Doch trotz dieser Warnung machten sich die Jungen gerade in diese Richtung auf.[22]

Als sie ein gutes Stück Wegs zurückgelegt hatten, erspähten sie ein Tier mit bräunlichem Fell und spitzer Nase. Sie zogen ihre Pfeile, legten an und zielten auf die spitznasige Kreatur. Doch bevor sie schießen konnten, sprang das Tier mit schnellen Sätzen davon und verschwand in einer Schlucht.

Als sie an jenem Abend nach Hause kamen, beschrieben sie das Tier, das ihnen entkommen war, in allen Einzelheiten.

»Wir sind heute ostwärts gegangen«, sagten sie zu ihren Müttern.

»Da sahen wir ein Tier mit stumpfem, braunem Kittel und einer spitzen Schnauze, das wir zu erlegen versuchten. Doch es ergriff die Flucht, bevor wie einen Pfeil abschießen konnten.«

»Hütet euch!« antworteten die Frauen.

»Das war Coyote!

Ihr dürft nie versuchen, ihm zu folgen. Und ihr dürft euch nie so verhalten wie er.

Er richtet großen Schaden an, und wohin er auch geht, stiftet er Unordnung.

Außerdem würde es ihm ähnlich sehen, für *Déélgééd*, das Gehörnte Ungeheuer, zu spionieren; das ist eines jener unheimlichen Wesen, die euch zu vernichten trachten und die unseren Leuten nachgestellt haben, seit sie in diese Welt kamen.«

Am nächsten Tag gingen die Jungen wieder auf die Jagd. Und obgleich ihre Mütter wieder mahnten, sie sollten in Sichtweite bleiben und sich vor allem nicht nach Süden wagen, machten sie sich gerade in diese Richtung auf.

Als sie ein gutes Stück Wegs zurückgelegt hatten, erspähten sie einen großen schwarzen Vogel, der auf einem Baum hockte. Wieder zogen sie ihre Pfeile, legten an und zielten auf das Wesen mit den glitzernden, schwarzen Federn. Doch bevor sie schießen konnten, schlug es mit seinen Schwingen und flog südwärts, bis es ihren Blicken entschwand.

Als sie am Abend heimkehrten, erzählten sie alles, was geschehen war.

»Heute sind wir nach Süden gegangen«, sagten sie zu ihren Müttern.

»Dort erspähten wir einen großen schwarzen Vogel, den wir zu erlegen versuchten. Doch bevor unsere Pfeile abschnellen konnten, breitete er die Flügel aus und flog fort.«

»Ach!« riefen die beiden Frauen.

»Das war Rabe!

Es könnte gut sein, daß er für *Tsé nináhálééh*, den Unge-heuervogel, spioniert. Er ist eines jener Wesen, die euch ge-wiß vernichten würden, wenn sie euch fänden; sie stellen unseren und euren Leuten nach, seit sie in diese Welt ka-men.«

Am nächsten Tag gingen die Jungen erneut auf die Jagd. Und trotz aller Mahnungen der Mütter, in Sichtweite zu bleiben und sich vor allem nicht nach Westen zu wagen, gin-gen sie gerade in diese Richtung.

Sie marschierten eine gehörige Strecke, doch das einzige Wild, das sie sahen, war ein riesiger dunkler Vogel mit fe-derlosem, rotem Kopf. Sie zogen ihre Pfeile, legten sie vor-sichtig an und zielten auf dieses Wesen, bei dem nur an der roten Zeichnung zu erkennen war, wo der Hals endete und der Kopf begann. Doch bevor sie schießen konnten, breite-te es seine mächtigen Schwingen aus und segelte nach Osten davon, bis es ihren Blicken entschwand.

Als sie am Abend heimkehrten, sprachen sie über das seltsame Wesen, das sie gesehen hatten.

»Heute waren wir nach Westen unterwegs«, sagten sie zu ihren Müttern.

»Da erspähten wir einen großen Vogel mit rotem, feder-losem Kopf, dessen Hals überaus lang war. Wir versuchten ihn zu erlegen, doch er flog fort, bevor wir auch nur einen Pfeil abschießen konnten.«

»O wehe euch beiden!« klagten die Frauen.

»Das war gewiß Bussard.

Ohne Zweifel ist er der Spion von *Tsé dah hódziiłtáłii*, dem Ungeheuer-das-Leute-in-den-Abgrund-stößt. Ohne Zweifel würde es euch von einer hohen Mesa werfen, wenn es könn-te. Und dann würde es sich an euren Überresten gütlich tun.

Es ist eines jener unheimlichen Wesen, die unseren Leuten und euren Leuten nachstellen, seit sie in diese Welt kamen. Die Furcht vor diesem und den anderen Ungeheuern ist der Grund dafür, daß wir uns um euch sorgen.«

Am nächsten Tag gingen die Jungen abermals jagen. Und obgleich ihre Mütter wiederum mahnten, sie sollten in Sichtweite bleiben und vor allem darauf achten, daß sie sich nicht nach Norden entfernten, gingen sie gerade in diese Richtung.

Als sie eine weite Strecke zurückgelegt hatten, sahen sie einen Vogel mit glänzendem, schwarzem Gefieder, der hoch im Geäst eines Baumes am Rand einer tiefen Schlucht saß. Er schien mit sich selbst zu sprechen und sagte: »A'a'a'i! a'a'a'i'!« Kaum hatten sie ihn gesehen, da zogen sie ihre Pfeile, legten sie an und zielten auf den glitzernden Vogel mit der durchdringenden Stimme. Doch bevor sie schießen konnten, spreizte er den Schwanz und war mit einigen Flügelschlägen tief in die Schatten der Schlucht eingetaucht.

Am Abend berichteten sie ihren Müttern wie zuvor die Ereignisse des Tages und beschrieben den Vogel, den sie gesehen hatten, so genau sie konnten.

»Wir sind weit nach Norden gegangen«, sagten sie zu ihren Müttern. »Dort sahen wir einen Vogel, dessen Stimme der unseren nicht gänzlich unähnlich war und der seinen Schwanz beim Fliegen auffächerte. Wir zielten auf ihn, doch er flog fort, bevor wir unsere Pfeile abschießen konnten.«

»Jetzt seid ihr gewiß verloren«, jammerten die beiden Frauen. »Das kann nur Elster gewesen sein.

Und gewiß spioniert sie für *Bináá yee agháni*, das Ungeheuer,-das-mit-den-Augen-tötet. Hat er selbst euch erst gesehen, so wird er euch mit einem einzigen Blick lähmen. Und dann wird er euch in Stücke hacken. Und Bissen um Bissen wird er euch verschlingen. Er ist eines jener unheimlichen

Wesen, die unseren Leuten, und das sind ja auch eure Leute, nachstellen, seit sie in diese Welt kamen. Jetzt wißt ihr, was uns so ängstigt und bekümmert. Jetzt wißt ihr, weshalb wir heimlich miteinander flüstern, wenn wir glauben, daß ihr es nicht merkt.« Und mit diesen Worten begannen die beiden Frauen zu weinen und zu schluchzen.

»Ach und weh!« klagten sie.

»Weh um unsere Kinder.

Weh um die Hoffnung unserer Leute, die jetzt gewiß verloren sind.

Ihr aber, unsere Söhne, ihr habt uns enttäuscht.

Ihr bedrängt uns mit Fragen, wenn wir euch bitten, es nicht zu tun.

Wo ihr nicht hingehen sollt, da geht ihr hin.

Durch euren Ungehorsam haben euch nun die Feinde unserer Leute, die auch eure Leute sind, gesehen.

Jetzt werden die Späher der *Naayéé'* aller Himmelsrichtungen wissen, daß es euch gibt. Sie werden es ihren Anführern sagen, und bald werden die Ungeheuer aus allen Richtungen kommen, um euch zu töten und zu verschlingen, wie sie auch so viele von unseren Angehörigen schon getötet und verschlungen haben.«

Und die beiden Mütter waren außer sich vor Schmerz und Trauer. Ihr Volk, so glaubten sie, war nun endgültig dem Untergang geweiht. Alle Werke dieser Welt waren nun umsonst geschaffen worden, so glaubten sie.

Und mit nichts konnten ihre Söhne sie trösten, so ist gesagt.

6

Auch ist gesagt, daß *Asdzą́ą́ nádleehé* und *Yoołgai asdzą́ą́* am nächsten Morgen erwachten und so gut es ging ihren täglichen Verrichtungen nachzugehen versuchten. Am Vormittag bereiteten sie einen Maiskuchen und setzten ihn zum Backen in die heiße Asche des Feuers.

Dann ging *Yooɫgai asdzą́ą́* hinaus, um Feuerholz zu holen. Doch während sie es sammelte, bemerkte sie *Yé'iitsoh*. Großer Riese lautet sein Name in der Sprache von *Bilagáana*, dem Weißen Mann. Er war der größte und wildeste aller *Naayéé'* und der Anführer all dieser Ungeheuer.[23]

So schnell sie konnte, lief Weißmuschelfrau zur Hütte zurück, um ihre Schwester und die beiden Jungen zu warnen.

»Schnell!« warnte sie.

»Wir müssen die Jungen verstecken. *Yé'iitsoh*, der Große Riese, ist hier.«

Worauf sie und *Asdzą́ą́ nádleehé* die Jungen im entlegensten Winkel der Hütte unter Reisigbündeln verbargen. Dann machten sie sich wieder an ihre Arbeit und gaben sich Mühe, alles ganz unverfänglich wirken zu lassen.

Yooɫgai asdzą́ą́, die Weißmuschelfrau, setzte einen Kessel mit Wasser ans Feuer. *Asdzą́ą́ nádleehé*, die Sich Wandelnde Frau, nahm den Maiskuchen aus der Asche.

Just in dem Augenblick steckte *Yé'iitsoh*, der Große Riese, seinen Kopf zur Tür herein, die kaum breit genug für sein Gesicht war. Was er zu sagen hatte, ist dies:

»Das ist ein sehr ansehnlicher Kuchen, den ihr da gebacken habt«, sagte er.

»Wie gut er riecht.

Und ich komme gerade rechtzeitig, ihn zu versuchen.«

Dies nun erwiderte *Asdzą́ą́ nádleehé*:

»Der ist mitnichten für dich«, erwiderte sie.

»Nichts, was ich mache, ist für dein häßliches Maul bestimmt.«

»Nun, das macht nichts«, antwortete *Yé'iitsoh*.

»Ich esse ohnehin viel lieber kleine Jungen.

Und ihr habt hier doch welche.

So jedenfalls sagte man mir.

Zeigt mir, wo sie sind.

Denn ich komme von weither, sie zu schmecken, und ich wäre sehr enttäuscht, bliebe mein Appetit ungestillt.«

Das hatte *Yé'iitsoh* zu *Asdzą́ą́ nádleehé* zu sagen, und dies gab sie zur Antwort:

»Wir haben hier keine Jungen mehr«, antwortete sie.

»Unsere Jungen sind alle weg. All unsere Jungen sind in deinem Schlund verschwunden. Oder sie sind in den Wänsten deiner Leute verschwunden.

Ihr habt längst all unsere Kinder gefressen, das weißt du recht wohl.«

»Keine Jungen mehr da?« fragte *Yé'iitsoh* spöttisch.

»Keine Kinder?

Dann sag mir doch, wer all die Spuren gemacht hat, die ich hier überall sehe.«

»Ach die«, sagte *Asdzą́ą́ nádleehé*.

»Die habe ich gemacht.

Ich mache sie, um mir die langen, stillen Stunden zu vertreiben.

Ich fühle mich einsam ohne Kinder, ohne Familie. Deshalb mache ich diese Fußstapfen und stelle mir vor, daß ich von Leuten umgeben bin. Ich male mir aus, was wir miteinander sprechen würden und was wir zusammen tun würden.

Ich mache sie mit der Seite meiner Hand.

So, siehst du?«

Und um es ihm zu zeigen, krümmte sie die Finger zu einer lockeren Faust und machte damit Abdrücke, ganz ähnlich denen, die *Yé'iitsoh* gesehen hatte.

Er betrachtete sie genau, verglich sie mit den Spuren, die er draußen gesehen hatte, und schien es zufrieden. Ohne noch ein Wort zu sagen, ging er fort.

Als er gegangen war, verließ *Yoołgai asdzą́ą́* die Hütte und erstieg einen nahegelegenen Hügel, um sich umzuschauen. Und von da oben aus sah sie, daß viele der Ungeheuer auf die Hütte zuschritten. Sofort machte sie kehrt, um ihre Schwester zu warnen.

»Sie kommen hierher!« warnte sie.

»Alle kommen sie auf uns zu!

Was sollen wir tun?«

Da ergriff *Asdzą́ą́ nádleehé* vier farbige Reifen und nahm sie mit nach draußen.[24]

In jede der vier Himmelsrichtungen warf sie einen der Ringe. Nach Osten warf sie einen weißen. Nach Süden warf sie einen blauen. Nach Westen warf sie einen gelben. Und nach Norden warf sie einen schwarzen.

Sofort braute sich dort, wo sie stand, ein Sturm zusammen und umkreiste die Hütte. Und als er an Kraft immer mehr zunahm, breitete er sich von der Mitte her aus und blies in alle vier Richtungen. Nach Osten blies er. Nach Süden blies er. Nach Westen blies er. Nach Norden blies er. So heftig blies er in der Umgebung der Hütte, daß keines der Ungeheuer hindurchkam.

Sobald *Asdzą́ą́ nádleehé* dies bewerkstelligt hatte, ging sie in die Hütte zurück.

»Fürs erste sind wir jetzt sicher«, sagte sie zu ihrer Schwester *Yoołgai asdzą́ą́.*

»Doch morgen um die gleiche Zeit wird sich der Wind wieder gelegt haben. Und ich habe keine Zauberreifen mehr.

Was dann geschehen wird, weiß ich nicht. Gewiß werden *Yé'iitsoh,* der Große Riese, und die anderen *Naayéé'* von allen Seiten über uns herfallen und die Jungen verschlingen.

Und wer weiß?

Vielleicht fressen sie auch uns.«

Die Jungen aber hatten in ihrem Versteck alles gehört.

Am Abend, als es Schlafenszeit war, sprachen sie miteinander.

Sie schämten sich ihrer Taten.

Durch Ungehorsam hatten sie sich den Feinden ihrer Leute verraten, die auch ihre eigenen Feinde waren. Und jetzt waren die *Naayéé'* nicht mehr aufzuhalten.

Und wer weiß?

Wenn ihnen der Sinn so sehr nach kleinen Jungen stand, würden sie *Asdzą́ą́ nádleehé* und *Yoołgai asdzą́ą́* vielleicht doch nicht fressen.

Wenn sie fortliefen, waren ihre Mütter vielleicht weniger gefährdet.

So standen sie lange vor dem Morgengrauen auf und stahlen sich aus der Hütte.[25]

Als die Mütter erwachten, sahen sie, daß die Zwillinge geflohen waren.

Sie traten vor die Hütte, um nach ihnen zu schauen, und suchten auf dem Boden nach frischen Spuren. Sie fanden jedoch von jedem der beiden Jungen nur vier Fußstapfen, und diese führten in die Richtung des *Dził ná'oodiłii*, eines Berges, der Kreis der Reisenden genannt wird.

Offenbar hattten sie *Atiin diyinii*, den Heiligen Pfad, eingeschlagen, so daß man ihnen nicht folgen konnte. Doch wer diesen Pfad einschlug, konnte leicht den Zorn der *Haash ch'ééh dine'é*, der Heiligen Leute, erregen.

Jedenfalls war alles Suchen nach ihnen zum Scheitern verurteilt. So kehrten *Asdzą́ą́ nádleehé* und *Yoołgai asdzą́ą́* in ihre Hütte zurück, wo sie voller Angst und böser Vorahnungen warteten.

Wie die Frauen vermuteten, hatten die Jungen tatsächlich den Pfad der Götter eingeschlagen. Sie taten dies jedoch nicht bewußt, sondern es geschah in der Verwirrung und Eile unversehens. Sie suchten einfach den Pfad, den sie am leichtesten einschlagen konnten, und diesen Weg hatten ihnen viele Regenbogen, Sonnenstrahlen und männliche und weibliche Blitze geebnet.

So waren sie bei Tagesanbruch schon so weit, daß sie den Gipfel des *Dziłná'oodiłii* vor sich erblickten. Da aber wußten sie nicht mehr, wohin sie sich nun wenden sollten. Sie waren müde. Sie froren und waren hungrig.

Sie schauten in alle Richtungen, sahen aber nichts als den nahegelegenen *Dziłná'oodiłii* und weiter entfernte Gipfel in dieser weiten Gegend, die nur aus Bergen und Schluchten bestand. Kein Zeichen von Leben sahen sie in der Ferne, keine Zuflucht.

Dann schauten sie ein kurzes Stück voraus auf den Boden. Und sie bemerkten eine dünne Rauchfahne, die unerklärlicherweise über einer Stelle stand, wo gar kein Feuer war. Sie war kaum zu sehen, und hätten sie nicht ganz genau hingeschaut, sie wäre ihnen vielleicht entgangen.

Langsam nähertretend, sahen sie, daß sie aus dem Rauchloch einer unterirdischen Kammer aufstieg. Und als sie es erreichten, entdeckten sie das Ende einer rußgeschwärzten Leiter, die aus dem Loch ragte.[26]

Zaghaft spähten sie hinein und sahen, daß die Leiter vier Sprossen hatte. Sie sahen auch, daß sie unten an einer Stelle aufstand, wo eine alte Frau friedlich an einem kleinen Feuer saß.

Die sie dort sahen, war *Na'ashjé'ii asdzą́ą́*, die Spinnenfrau.[27] Und sie schaute zu ihnen herauf und lächelte. Da setzten sie den Fuß auf die oberste Sprosse der Leiter.

»Kommt herein, *shiyáázh*, meine Söhne«, sagte sie mit schnarrender, spröder Stimme.

»Willkommen in meinem Erdhaus.

Wer seid ihr?

Und woher kommt ihr, gemeinsam den Pfad des Regenbogens wandelnd?«

Sie antworteten nicht gleich. Aber sie kamen eine Sprosse weiter die Leiter herunter. Und dann sprachen sie und sagten dies zu ihr:

»Wir haben kein bestimmtes Ziel«, sagten sie zu ihr.

»Wir sind hier, weil wir nicht wissen, wohin wir uns überhaupt wenden können.«

»Nun, hier seid ihr willkommen, *shiyáázh*«, sagte sie.

»Aber ihr müßt mir sagen, wer ihr seid und wohin ihr zieht auf dem *Atiin diyinii*, dem Pfad der Sonnenstrahlen.«

Die beiden ließen sich, ohne gleich zu antworten, eine weitere Sprosse die Leiter hinunter. Doch dann sagten sie dies zu ihr:

»Wir wissen nicht recht, wer wir eigentlich sind«, sagten sie zu ihr.

»Und wir sind uns überhaupt nicht sicher, wohin wir gehen werden. Wir wissen nur, daß wir um unser Leben fliehen müssen.«

»Hier bei mir könnt ihr euch sicher fühlen, meine Söhne«, sagte sie.

»Aber ihr müßt mir sagen, wer ihr seid und wovor ihr weglauft auf dem *Atiin diyinii*, dem Pfad der männlichen und weiblichen Blitzstrahlen.«

Worauf sie zunächst keine Antwort gaben. Doch sie ließen sich eine weitere Sprosse hinunter, so daß sie jetzt auf der untersten standen. Dann sprachen sie und sagten dies zu ihr:

»Ach *nihimásání*, unsere Großmutter«, sagten sie zu ihr.

»Wir können dir nur zum Teil sagen, wer wir sind.

Wir wissen nur, daß *Asdzą́ą́ nádleehé*, die Sich Wandelnde Frau, unsere Mutter ist. Und daß *Yoołgai asdzą́ą́*, die Weißmuschelfrau, unsere Mutter ist.

Sie sind es, die uns gebaren.

Und wir fliehen vor den *Naayéé'*, den Ungeheuern, die uns verfolgen und die uns gewiß vernichten werden, wie sie auch unsere Mütter vernichten werden. Und wie sie unsere Angehörigen vor uns vernichtet haben.«

Das sagten die flüchtenden Brüder zu *Na'ashjé'ii asdząą́*, der Spinnenfrau. Und dies gab sie ihnen zur Antwort:

»Von mir könnt ihr viel lernen, meine Söhne«, antwortete sie ihnen.

»Ich kann euch Dinge sagen, die euch Sicherheit und Trost geben werden.

Doch bevor ich euch etwas sage, müßt ihr mir alles erzählen, was ihr wißt. Ihr müßt mir nach bestem Wissen sagen, wer ihr seid. Ihr müßt mir erzählen, was ihr gemacht habt. Ihr müßt mir erzählen, was ihr zu erreichen hofft durch die Flucht über den *Atiin diyinii*, den Heiligen Pfad.«

Die beiden Brüder stiegen von der untersten Sprosse der rauchgeschwärzten Leiter auf den Boden der unterirdischen Wohnung der Spinnenfrau hinunter. Zuerst gaben sie keine Antwort, doch schließlich sagten sie dies zu ihr:

»Ach, *nihimásání*, unsere Großmutter«, sagten sie.

»Wir wissen, daß wir *yátaashki'* sind, geboren ohne den Segen der Ehe. So wenig wissen wir, daß uns genausogut der runde Kaktus und der sitzende Kaktus gezeugt haben könnten.

Und wir folgen dem Heiligen Pfad, weil wir gezwungen sind zu fliehen. *Naayéé'*, die Ungeheuer, die uns verfolgen, werden auch unsere Leute vernichten, wenn sie können.«

Da erhob sich *Na'ashjé'ii asdząą́*, die Spinnenfrau. Und sie breitete zum Willkommen die Arme aus.

»Kommt in mein unterirdisches Haus«, sagte sie.

»Ich werde euch sagen, wer euer Vater ist.

Und ich werde euch von seinem Wohnort erzählen.

Ich werde euch sagen, wie ihr dorthin gelangen könnt.

Und ich will euch sagen, wie ihr seine Unterstützung bekommen könnt.«

Da traten die Zwillinge vor und fanden sich nun genau in der Mitte der Kammer. Sie bemerkten, daß Spinnenfrau an ihrem Feuer viele Sitzplätze hatte. Der erste Bruder, Sohn von *Asdzą́ą́ nádleehé*, setzte sich auf einen Platz aus Obsidian. Der zweite Bruder, Sohn von *Yoołgai asdzą́ą́*, setzte sich auf einen Platz von Türkis. Dann gab ihnen die alte Frau zu essen. Und während sie aßen und sich wärmten, teilte sie ihnen dies mit:

»Euer Vater ist in Wahrheit *Jóhonaa'éí*«, teilte sie ihnen mit. »Sonne ist euer Vater.

Und seine Wohnung ist hoch über uns allen am Himmel.

Und der Weg zu seinem Haus ist lang und gefährlich.

Viele der Ungeheuer wohnen zwischen meiner Wohnung und dem Haus von *Jóhonaa'éí*, eurem Vater Sonne. Und sie werden euch den Weg verstellen, wenn sie können. Überdies kann ich euch nicht versprechen, daß euer Vater froh sein wird, euch zu erblicken. Vielleicht wird er euch sogar für euer Kommen bestrafen.

Wer weiß?

Doch wenn er euch straft, müßt ihr seine Schläge erdulden. Versucht sie auszuhalten, so gut ihr könnt.

Denn sonst seid ihr und sind eure Leute gewiß verloren.«

»Verrate uns, was wir tun müssen, um die Wohnung unseres Vaters *Jóhonaa'éí* zu erreichen«, sagten darauf die Jungen. Und dies erwiderte *Na'ashjé'ii asdzą́ą́*:

»Ihr werdet vier gefährliche Gegenden durchqueren müssen«, erwiderte sie.

»Ihr werdet die Felsen durchqueren müssen, die alle Reisenden zermalmen. Ihr werdet das Schilf durchqueren müssen, das alle Eindringlinge zerstückelt. Ihr werdet zwischen den Säulenkakteen hindurchmüssen, die alle Reisenden zerfetzen. Und ihr werdet den kochenden Sand überqueren müssen, der alle, die über ihn hingehen, zu feiner Asche verbrennt.

Kein gewöhnliches Lebewesen kommt an diesen vier Punkten vorbei. Doch ich werde euch einen Talisman mitgeben, der euch über die Gewöhnlichen erhebt. So könnt ihr eure Feinde überwinden und euer Leben bewahren.«

Mit diesen Worten reichte sie den beiden jungen den heiligen *naayéé' ats'os*, einen Reif aus Federn der Riesenadler.[28]

Danach hatte sie dies zu sagen:

»Geht achtsam mit diesem Talisman um«, mahnte sie.

»Und gebraucht ihn richtig.

Denn sonst wird er euch nichts nützen, und ihr werdet gewiß umkommen. Wenn ihr euren Feinden gegenübersteht, so schaut ihnen geradewegs entgegen, ohne zurückzuschrecken. Heftet euren Blick auf sie, ohne Furcht zu zeigen. Haltet dabei den heiligen *naayéé' ats'os* in der Hand und streckt ihn dem Bedrohlichen entgegen, was immer es sein mag. Und dann singt dieses Zauberlied:

Reib deine Füße mit Pollen ein und ruh sie aus.
Reib deine Hände mit Pollen ein und ruh sie aus.
Reib deinen Körper mit Pollen ein und leg ihn zur Ruhe.
Reib deinen Kopf mit Pollen ein und bring deinen Geist zur Ruhe.

Dann werden deine Füße fürwahr zu Pollen.
Deine Hände werden zu Pollen.
Dein Körper wird zu Pollen.
Dein Kopf wird zu Pollen.
Dein Geist wird dann zu Pollen.
Deine Stimme wird dann zu Pollen.
Alles an dir ist, wie Pollen ist.
Und was Pollen ist, ist, was Frieden ist.[29]

Der Pfad, der vor dir liegt, ist nun ein schöner Pfad.
Langes Leben liegt voraus. Glück liegt voraus.«

Dies ist das Lied, das *Na'ashjé'ii asdzą́ą́* die geflüchteten Zwillinge lehrte. Viermal sang sie es ihnen vor. Und viermal wiederholten sie es, bis sie sicher war, daß sie es sich eingeprägt hatten.

»Nun«, sagte sie zu ihnen.

»Ihr seid gerüstet weiterzugehen.

Ihr habt die Kraft, für euch selbst und für eure Leute Hilfe zu suchen.[30]

Macht euch nun auf. Und geht erhobenen Hauptes.«

Mit diesen Worten der Spinnenfrau legten die beiden Jünglinge den heiligen *naayéé' ats'os* in ein Medizinbündel, das sie ihnen angefertigt hatte, erhoben sich, dankten ihr und zogen davon, ihrem Ziel entgegen.

Da sie nun vollends wußten, wer sie waren, und da ihre Wanderschaft nun ein klares Ziel besaß, brachen sie voller Zuversicht auf, so ist gesagt.

7

Auch ist gesagt, daß die beiden Brüder die unterirdische Wohnung von *Na'ashjé'ii asdzą́ą́* verließen und ihren Weg fortsetzten. Und bald darauf gelangten sie in die *Tsé ahééní-dißi*, die Zermalmenden Felsen.[31]

Sie waren dem Pfad gefolgt, den die Spinnenfrau ihnen gewiesen hatte. Sie gelangten dabei an einen schmalen Paß zwischen zwei hohen Schroffen.

Näherte sich jemand, so öffneten sich die Felsen weit, wie um einen bequemen Durchgang zu schaffen. Doch befand sich der Wanderer erst einmal in diesem Spalt, schlossen sie sich wie klatschende Hände und zerquetschten ihn.

Tatsächlich waren diese Felsen Werkzeuge der *Naayéé*, die schon so viele Leute verschlungen hatten. Sie mochten wohl aussehen wie hohe Felsen, aber sie dachten wie Ungeheuer und griffen wie Ungeheuer an.

Als die Zwillinge diese Felsen sahen, gingen sie langsam auf sie zu, als hätten sie vor, zwischen ihnen hindurchzugehen. Da öffnete sich die Felsspalte weit, um sie aufzunehmen. Doch wenige Schritte vor dieser mächtigen Wand machten die Jünglinge unversehens halt! Und ohne zu bemerken, daß sie getäuscht wurden, schlugen die Felsen krachend zu, um ihre neuesten Opfer zu zermalmen.

So narrten die Jungen die Felsen viermal. Immer wenn der Spalt sich öffnete, um sie aufzunehmen, traten sie ein wenig näher, blieben dann aber einen oder zwei kleine Schritte vor den donnernd zusammenschlagenden Gesteinsmassen stehen.

»Wer seid ihr und woher kommt ihr?« riefen die Felsen endlich und ließen den Boden unter den beiden Wanderern vom Getöse ihrer zornigen Stimmen erzittern.

»Wohin geht ihr?« riefen sie. »Und was habt ihr vor, wenn ihr dorthin gelangt?«

Worauf die beiden Jungen diese Antwort gaben:

»Wir sind Kinder von *Jóhonaa'éí*«, antworteten sie.

»Wir kommen aus der vom Unheil heimgesuchten Gegend am *Dziłná'oodiłii*, dem Gesteinsschichtenberg.

Wir suchen die Wohnung unseres Vaters. Und so wir sie finden, wollen wir ihm eine Botschaft von *Na'ashjé'ii asdzą́ą́*, der Spinnenfrau, übermitteln.«

»Teilt uns den Inhalt dieser Botschaft mit«, forderten die Felsen. »Oder wir werden euch doch noch vernichten.«

Da nahmen die Jungen den heiligen *naayéé' ats'os* aus ihrem Bündel, hielten ihn mit ausgestrecktem Arm den Felsungeheuern entgegen, schauten sie geradewegs an und sangen den Zauberspruch, den *Na'ashjé'ii asdzą́ą́* sie gelehrt hatte.

Als sie das taten, öffneten die Felsen sich weit und hießen die Jungen hindurchgehen.

»Geht weiter auf eurem Weg«, sagten sie leise.

»Langes Leben liegt voraus. Glück liegt voraus.«

So kam es, daß die beiden Burschen durch den Paß der Felsungeheuer auf dem *Atiin diyinii*, dem Heiligen Pfad, weiterwanderten.

Bald jedoch kamen sie an eine weite Ebene, die sich weiter zu erstrecken schien, als das Auge reichte. Bewachsen war diese Ebene mit Schilf, das große Blätter trug, scharf wie Messer. Das war *Lók'aa' adigishí*, das Schlitzende Schilf, das *Na'ashjé'ii asdzą́ą́*, die Spinnenfrau, erwähnt hatte.

Näherte sich jemand dieser Stelle, so teilte sich das Schilf, wie um dem arglosen Wanderer einen Durchgang zu ermöglichen. Sobald das Opfer jedoch seinen Fuß zwischen sie setzte, hieben sie es in Stücke. In Wirklichkeit waren sie Kumpane der *Naayéé'*, die so viele Leute verschlungen hatten. Gewiß, sie sahen aus wie Schilfpflanzen. Doch sie dachten wie Ungeheuer, und sie fraßen Fleisch, wie es Ungeheuer tun.

Die Jungen waren nun in Sichtweite des Schlitzenden Schilfs angekommen, gingen aber ohne jedes Zeichen des Zögerns darauf zu.

Das Schilf öffnete sich für sie und zeigte einen deutlich erkennbaren Weg über die ganze Ebene. Doch kurz bevor die beiden ihren Fuß auf den Pfad setzten, der sich so einladend vor ihnen weitete, machten sie jählings halt. Im selben Augenblick schlugen die Schilfpflanzen zusammen und ließen ihre Blätter wie Messerklingen sausend durch die Luft fahren.

So täuschten die beiden Wanderer das Schilf viermal. Jedesmal traten sie etwas näher, wenn der Pfad sich öffnete, und jedesmal blieben sie unmittelbar vor dem blutigen Zugriff dieser Pflanzen wieder stehen.

Bis das tödliche Schilf schließlich rief:

»Wahrhaftig, wir möchten wissen, wer ihr seid und woher ihr kommt«, riefen die Pflanzen und durchschnitten dabei die Luft, daß es nur so zischte.

»Und wir wollen wissen, wohin ihr geht und was ihr vorhabt, wenn ihr dorthin gelangt seid.«

Worauf die Jungen dies entgegneten:

»Wir sind Kinder von *Jóhonaa'éí* «, entgegneten sie.

»Unsere Reise begann am *Dziłná'oodiłii*, der Gegend am Gesteinsschichtenberg, wo viele Leute Schlimmes erdulden mußten.

Und sie wird zu Ende sein, wenn wir das Haus unseres Vaters Sonne erreicht haben, wo wir ihm eine Botschaft von *Na'ashjé'ii asdzáą* überbringen wollen.«

»Und was ist nun die Botschaft, die ihr ihm ausrichten wollt?« fragten die Schilfpflanzen. »Sagt es sofort, oder wir schneiden euch doch noch in Stücke.«

Darauf nahmen die Jungen den heiligen *naayéé' ats'os* aus ihrem Bündel, hielten ihn am ausgestreckten Arm vor sich hin, schauten die Schilfungeheuer unverwandt und furchtlos an und sangen den Zauberspruch, den Spinnenfrau sie gelehrt hatte. Da ließen die Schilfpflanzen ihre Blätter sinken und gaben den Jungen den Durchgang frei.

»Geht in Frieden«, sagten die leise.

»Langes Leben liegt voraus. Glück liegt voraus.«

So kam es, daß die beiden Burschen den Ort des Schlitzenden Schilfs hinter sich ließen und auf dem *Atiin diyinii*, dem Heiligen Pfad, weiterzogen.

Doch bald erreichten sie einen offenen Landstrich, der mit Säulenkakteen bewachsen war. Wohin sie auch schauten, sahen sie diese Pflanzen. Das waren die *Hosh dítsahiitsoh*, die Riesenahlenkakteen, von denen sie wußten, daß sie früher oder später auf sie treffen würden. Sobald jemand zwischen ihnen hindurchzugehen versuchte, erwachten sie zum Leben, sprangen von ihren Standplätzen und durchbohrten ihre Opfer mit giftigen Stacheln.

In Wahrheit waren diese Kaktuspflanzen nämlich Mitglieder der *Naayéé'*-Bande, die schon so viele Leute verschlungen hatte. Gewiß, sie besaßen das Aussehen von Kakteen. Aber sie dachten wie Ungeheuer, und Fleisch und Knochen waren ihr liebster Schmaus.

Als die Zwillinge dieses Kaktushains ansichtig wurden, gingen sie ohne ein Zeichen des Zögerns oder Zurückschreckens auf ihn zu.

Die Kakteen aber schienen weich zu werden und bogen sich zur Seite, wie um zwischen sich einen schmalen Durchgang zu bilden. Doch unmittelbar vor der Stelle, wo dieser Durchgang begann, machten die Jungen plötzlich halt, wie sie es zuvor schon getan hatten. Und ohne selbst zu Schaden zu kommen, sahen sie zu, wie die Kakteen aufeinander zustießen, anstatt über sie herzufallen.

So narrten die Jünglinge diese stachligen Pflanzenwesen viermal, indem sie immer so taten, als wollten sie den Hain betreten, aber jedesmal wieder stehenblieben, so daß die Kakteen sie gerade nicht erreichen konnten.

»Sagt uns, wer ihr seid und woher ihr kommt!« schimpften sie endlich, immer noch wie wild zustoßend.

»Und sagt uns, wohin ihr geht und was ihr dort erreichen wollt.«

Worauf die Jungen ebenso scharf erwiderten:

»Wir sind Kinder von *Jóhonaa'éí*«, entgegneten sie.

»Unser Weg begann am *Dziłʼ ná'oodiłii*, der Gegend am Gesteinsschichtenberg, wo unsere Leute einst in Frieden ihre Felder zu bebauen hofften; doch es war ihnen nicht vergönnt. Und wir werden unser Ziel erreicht haben, wenn wir die Wohnung unseres Vaters Sonne finden und ihm eine Botschaft von *Na'ashjé'ii asdzáá* überbringen können.«

»Dann laßt uns nur den Inhalt dieser Botschaft wissen«, forderten die Kaktuspflanzen. »Oder wir stechen euch doch noch und treiben unser Gift in euren Körper.«

Da nahmen die Jungen den heiligen *naayéé' ats'os* aus ihrem Bündel, hielten ihn mit ausgestrecktem Arm, während sie den Kaktus-Ungeheuern geradewegs entgegenblickten, und sangen den Zauberspruch, den *Na'ashjé'ii asdzáá* sie gelehrt hatte. Darauf blieben die Kakteen ganz still stehen und gaben den Jungen einen Weg durch ihre Mitte frei.

»Geht in Frieden hindurch«, sagten sie leise.

»Langes Leben liegt voraus. Glück liegt voraus.«

So kam es, daß die beiden Burschen durch das Land der Giftkakteen weiterzogen und dem *Atiin diyinii*, dem Heiligen Pfad, folgten.

Doch nicht lange, und sie kamen in ein kahles, ausgedörrtes Land wogender Sanddünen. Es war eine große Wüste, wo heiße, wirbelnde Sandhaufen sich auf jeden stürzten, der hindurchzog. Das waren *Séít'ááá*, die Kochenden Dünen, vor denen sie ebenfalls gewarnt worden waren.

Hier war die Stelle, wo die Dünen, kochend wie Wasser in einem Topf, den Wanderer mit ihrer Hitze verbrannten und die ausgedörrten Überreste unter sich begruben. In Wahrheit waren sie von den *Naayéé'* dorthin gebracht worden, von den Ungeheuern, die schon so viele Leute verschlungen hatten. Gewiß, sie nahmen die Form von Sanddünen an. Doch sie besaßen den Willen von Ungeheuern und die unstillbare Gier nach dem Fleisch und Blut von Leuten, die nur Ungeheuer haben.

Als die Zwillinge die Wüste des aufsteigenden Sandes entdeckten, gingen sie weiter, als gäbe es keinen Grund, etwas anderes zu tun. Die Dünen aber legten sich und machten sich flach, wie um sie einzuladen hinüberzugehen. Doch kaum einen oder zwei Schritte vor dem Rand der Wüste blieben die beiden unvermittelt stehen. Und die Dünen, die gerade wirbelnd und kochend aufstiegen, gingen nun aufeinander los, anstatt ihre Opfer zu erdrücken.

So narrten die Jünglinge die Sandhaufen viermal. Jedesmal taten sie so, als wollten sie weitergehen, und jedesmal hielten sie im letzten Augenblick ein.

»Wir müssen wissen, wer ihr seid und woher ihr kommt«, brüllten die Dünen schließlich, und ihre wutentbrannte Hitze erfüllte die Luft.

»Und wir möchten auch erfahren, wohin ihr geht und was ihr vorhabt, wenn ihr dorthin gelangt.«

Und die Jungen brüllten dies zurück:

»Wir sind Kinder von *Jóhonaa'éí* «, brüllten sie.

»Wir sind aufgebrochen vom *Dził ná'oodiłii,* der Gegend am Gesteinsschichtenberg, wo unsere vom Unglück verfolgten Leute einst versuchten sich niederzulassen und in Frieden zu leben. Und wir werden unser Ziel erreicht haben, wenn wir zum Haus unseres Vaters Sonne gelangen, um ihm eine Botschaft von *Na'ashjé'ii asdząą* zu überbringen.«

»Was könnte sie ihm wohl zu sagen haben?« fragten die Dünen. »Erzählt es uns lieber, sonst verbrennen wir euch doch noch und begraben eure Überreste unter uns.«

Da nahmen die Jungen den heiligen *naayéé' ats'os* aus ihrem Bündel, hielten ihn mit ausgestrecktem Arm, während sie voller Selbstvertrauen den Dünen geradewegs entgegenblickten und sangen die Worte des Zauberspruchs, den *Na'ashjé'ii asdząą* sie gelehrt hatte. Da sanken die Dünen langsam in sich zusammen, so daß die Wüste leicht zu durchqueren war.

»Setzt eure Reise fort«, erwiderten sie leise. »Langes Leben liegt voraus. Glück liegt voraus.«

So schritten die beiden Burschen über die Wüste des Brennenden Sandes weiter voran und folgten *Atiin diyinii*, dem Heiligen Pfad.

Und so setzten sie auch den Rest ihres Weges behutsam ihre Schritte und stießen ein ums andere Mal auf neue Hindernisse, die sie ebenfalls bewältigten.

Sie überquerten den Fluß der Reißendes-Wasser-Ungeheuer und kamen durch das ausgedörrte kahle Land der Alters-Ungeheuer. Sie überwanden die Barriere der Tageslichtungeheuer, die sich wie eine Kette nackter, gebleichter Berge vor ihnen erhob. Und sie fanden ihren Weg durch die enge Klamm der Nachtungeheuer, die so tief in den Grund einer Schlucht eingeschnitten war, daß kein Licht hinunterdrang.

Sooft sich ihnen ein Ungeheuer in den Weg stellte, ersannen sie etwas, womit sie es überlisten konnten. Und mit jedem Erfolg ließ ihre Furcht nach, beschleunigte sich ihr Schritt, wuchs ihr Mut und vermehrte sich ihre Zuversicht.

Bis sie endlich zum Haus ihres Vaters *Jóhonaa'éí* kamen.

Als sie den Eingang von weitem erblickten, bemerkten sie, daß der Weg von zwei Bären bewacht wurde. Der eine kauerte rechts von der Pforte, der andere auf der linken Seite, und sie waren einander zugewandt. Als die Jungen näherkamen, schauten die Bären sie an, erhoben sich auf die Hinterbeine, knurrten bedrohlich und gingen in Angriffsstellung.[32]

Doch die Zwillinge zogen den heiligen *naayéé' ats'os* aus ihrem Bündel, hielten ihn mit dem ausgestreckten Arm, schauten die Bären geradewegs an und sangen den Zauberspruch, den *Na'ashjé'ii asdząą* sie gelehrt hatte. Und sofort legten sich die beiden Kreaturen wieder zur Ruhe.

Als die Zwillinge sich dem Eingang zum Haus von *Jóho-naa'éí* weiter näherten, trafen sie noch auf ein Paar Wächter-schlangen, ein Paar Wächterwinden und ein Paar Wäch-terblitze. Doch auch diese Wächter konnten sie ebenso wie die Bären mit den Worten des Zauberspruchs besänftigen.

Und so gelangten die geflohenen Zwillinge schließlich in das Haus ihres Vaters *Jóhonaa'éí*, so ist gesagt.[33]

8

Auch ist gesagt, daß *Jóhonaa'éís* Haus aus Türkis bestand und rechteckig war wie ein Pueblohaus. Es stand am Ufer eines großen Gewässers.

Als sie eintraten, sahen die Jungen eine Frau, die an der Westwand saß. Und sie sahen zwei stattliche junge Männer an der Südwand. Diese erkannten sie als *Ii'ni łizhinii*, den Schwarzen Donner, und *In-ni dootł'izhii*, den Blauen Donner. An der Nordwand sitzend, sahen sie zwei wohlgestaltete jun-ge Frauen, die sie nicht kannten.[34]

Die ältere Frau und die beiden jüngeren schauten die Fremden nur einen Augenblick lang an und senkten dann den Blick. Die beiden jungen Männer musterten die Zwillinge je-doch eine ganze Weile. Aber keiner von ihnen sagte etwas.

Bis die beiden Jungen, die gerade eingetreten waren, schließlich dies sagten.:

»Wir sind die Zwillinge vom *Dził ná'oodiłii*«, sagten sie.

»Wir wurden geboren von *Asdzą́ą́ nádleehé*, der Sich Wan-delnden Frau, und von *Yoołgai asdzą́ą́*, der Frau der Weißen Muscheln. Doch wir gehören auch, so sagt man uns, zu *Jóho-naa'éí*, unserem Vater Sonne. Auf der Suche nach ihm sind wir über den *Atiin diyinii*, den Heiligen Pfad, hierher ge-langt.

Denn wir brauchen seine Hilfe.«

Anstatt zu antworten, blieben die jungen Frauen stumm. Die jungen Männer standen auf, starrten die Zwillinge an, kamen auf sie zu und schlugen sie, ohne ein Wort zu sagen, in die vier Himmelshüllen. Sie schlugen sie in die Decke der roten Morgendämmerung. Sie schlugen sie in das Gewand des blauen Tageslichts. Dann in das Laken aus gelbem Abendlicht. Und schließlich in das schwarze Grabtuch der Nacht.

Dann müssen sie dieses Bündel oben in ein Regal gelegt haben. Denn die Zwillinge spürten, wie sie zur Zimmerdecke hinaufgehoben wurden.

Sie wußten nicht, was sie tun sollten und blieben eine ganze Weile in ihren Hüllen liegen. Als sich dann der Abend näherte, hörten sie eine Rassel, die über der Hüttentür hing. Und aus der Ferne hörten sie eine ähnliche Rassel, die mit den Bewegungen näherkommender Schritte zu hören war. »Unser Vater kommt heim, nachdem dieser Tag zu Ende ist«, hörten sie eine der jungen Frauen sagen.

Dann hörten sie etwas, das nur die Schritte von *Jóhonaa'éí* sein konnten. Sie hörten, wie er zur Tür hereinkam. Sie hörten, wie er sich die helle rote Scheibe vom Rücken hob, denn sie spürten ihre Wärme noch durch ihre vier Hüllen, ebenso wie sie ihr Klingen hörten. Dann hörten sie ihn zur Westwand der Kammer gehen, wo er die Scheibe an einen Pflock hängte. Eine ganze Weile hörten sie die Scheibe dort noch schwingen und klingen.

»Tláa, tláa, tláa, tláa«, tönte sie, bis schließlich wieder Stille war.

Als alles still wurde, wandte *Jóhonaa'éí* sich den drei Frauen zu, schaute zuerst die eine an, dann die zweite, dann die dritte, und fragte dies:

»Wer ist heute gekommen?« fragte er, nicht ohne einen gewissen Unmut in der Stimme.[35]

Doch niemand antwortete ihm.

Die ältere Frau schaute ihrem Mann geradewegs entgegen, ohne etwas zu sagen. Die beiden jüngeren Frauen wichen seinem Blick aus.

»Zwei Fremde aus der Oberflächenwelt da unten sind heute gekommen«, polterte *Jóhonaa'éí*, »und ich wünsche zu erfahren, wer sie sind! Und wo sie sind, will ich wissen!«

Doch niemand antwortete ihm.

Die ältere Frau funkelte ihn weiter wortlos an, während die beiden jüngeren sich gegenseitig verlegen anschauten.

»Wer sind die beiden, die heute gekommen sind?« wiederholte *Jóhonaa'éí*. »Und wo sind sie?«

Doch immer gab niemand eine Antwort.

Die ältere Frau brach ihr Schweigen nicht, während sie ihn weiter anfunkelte. Die beiden jüngeren schauten abwechselnd auf ihre Füße und dann wieder einander in die Augen.

»Von dort aus, wo ich heute meine Bahn über den Himmel zog, sah ich zwei junge Männer über den Heiligen Pfad heraufkommen«, sagte *Jóhonaa'éí* in wachsendem Zorn.

»Kurz nachdem ich meinen höchsten Stand erreichte, sind sie hier eingetreten. Und jetzt wünsche ich zu erfahren, wer sie sind. Und wo sie sind, will ich wissen.«

Nun sprach endlich die ältere der drei Frauen. Auch in ihrer Stimme war Zorn. Und dies hatte sie zu sagen:

»Es würde dir besser anstehen, den Mund nicht so voll zu nehmen«, hatte sie zu sagen.[36]

»Und wenn du schon etwas sagst, dann würde es dir besser anstehen, dich wahrheitsgemäß zu erklären.

Denn was du sagst, ist richtig.

Tatsächlich sind heute zwei junge Männer von der Oberflächenwelt gekommen. Sie waren auf der Suche nach dir und behaupteten, du seist ihr Vater.

Und dabei hast du mir immer wieder versichert, du würdest von deinem täglichen Weg über den Himmel nie abschweifen.

So oft hast du beteuert, daß du dich von allen Wesen dort unten fernhältst.

Immer wieder hast du beteuert, ich sei die einzige Frau, zu der du gehst.

Nun wohl! Wessen Söhne sind das?« fragte sie gebieterisch und deutete auf das Bündel im Wandregal. Die beiden jungen Männer und die beiden jungen Frauen, die an den verschiedenen Wänden des Hauses saßen, sahen einander an und grinsten.

Dann langte sie das Deckenpaket herunter und schlug es auf. Zuerst entrollte sich das schwarze Tuch der Nacht. Dann löste sich das Laken aus gelbem Abendlicht. Dann entfaltete sich das Gewand des blauen Tageslichts. Und schließlich öffnete sich mit einem Schwung die Decke der roten Morgendämmerung.

Und die beiden Jungen, die dort eingewickelt waren, purzelten auf den Boden heraus und vor die Füße von *Jóhonaa'éí.*

Sogleich ergriff er sie und warf sie gegen eine Reihe spitzer Weißmuschelstacheln, die sich an der Ostwand seines Hauses befanden. Doch die Zwillinge federten unverletzt zurück, denn sie klammerten sich fest an den *naayéé' ats'os,* den *Na'ashjé'ii asdzáá,* die Spinnenfrau, ihnen gegeben hatte.

Und als er sah, daß sie diesen Schlag überlebt hatten, packte er sie wieder und schleuderte sie gegen eine Reihe von Türkisstacheln, die sich an der Südwand befanden. Doch wieder klammerten sie sich fest an den heiligen *naayéé' ats'os* und schnellten unverletzt zurück.

So daß *Jóhonaa'éí* nichts anderes übrig blieb, als sie wieder zu packen und gegen eine Reihe von Abalonenstacheln

an der Westwand zu schleudern. Auch diesen Schlag überlebten sie, da sie sich wieder an den *naayéé' ats'os* klammerten.

Schon etwas fassungslos, doch mit wachsender Achtung
vor diesen beiden ergriff er sie ein viertes Mal und schleuderte sie gegen eine Reihe von Stacheln aus schwarzem
Gestein an der Nordwand. Und als sie wieder unverletzt
zurückschnellten, da sie ihre heiligen *naayéé' ats'os* fest im
Griff behalten hatten, hatte *Jóhonaa'éí* endlich dies zu sagen:

»Wahrhaftig!« sagte er.

»Ich wünschte, ihr wäret wirklich meine Kinder.«

»Geht hinaus«, sagte er zu den beiden jungen Männern seines Hauses.

»Bereitet das Schwitzhaus.

Bereitet es wohl.

Erhitzt vier der härtesten Felsbrocken, die ihr finden
könnt. Erhitzt einen weißen Stein und einen blauen Stein.
Erhitzt einen gelben Stein und einen schwarzen Stein.«[37]

Doch auch *Nílch'i*, der Wind, der die Zwillinge auf ihrem
ganzen Weg stets umschwebt hatte, vernahm diese Anwei-
sung. Und sogleich begann er ein Loch in den Hang zu graben, an dem das Schwitzhaus gebaut war.[38]

So gelang es ihm, einen Gang bis zur Dampfkammer des
Schwitzhauses zu graben. Die Öffnung deckte er mit einem
großen flachen Stein zu. Dann flüsterte er den Zwillingen zu,
was er getan hatte, und gab ihnen diese Weisung:

»Versteckt euch in dem Loch«, trug er ihnen auf.

»Aber kriecht erst hinein, wenn ihr die Fragen eures Vaters beantwortet habt.«

Wie ihnen befohlen wurde, betraten die beiden Jünglinge die Schwitzhütte. Dann wurden die Steine hineingelegt
und die Öffnung der Hütte mit den vier Himmelsplanen fest
verschlossen.

Draußen stand *Jóhonaa'éí.*

»Ist es heiß da drinnen?« rief er.

»Ja«, erwiderten die Jungen.

»Es ist sehr heiß hier.«[39]

Und nachdem sie geantwortet hatten, krochen sie in das Versteck, das *Niłch'i* ihnen bereitet hatte. Dort waren sie vor der tödlichen Hitze geschützt.

Bis sie nach einer Weile hörten, wie *Jóhonaa'éí* auf die Hütte kletterte und von oben her eine große Menge Wassers auf die glühend heißen Steine goß. Als es unten auftraf, quoll es sofort mit lautem Getöse als Dampf auf, zischend und brodelnd. Doch nach und nach kühlte der Dampf wieder ab, bis die Jungen endlich aus ihrem Versteck in die Schwitzhütte zurückkriechen konnten.

In der Erwartung, diesmal keine Antwort zu erhalten, trat *Jóhonaa'éí* wieder vor und rief zu den Jungen hinein:

»War es euch heiß dort drinnen?« rief er.

»O ja, das war es«, erwiderten sie.

»Aber wenigstens ist es jetzt nicht mehr so heiß wie noch vor einer Weile.«

Als *Jóhonaa'éí* diese Antwort vernahm, hob er die Planen von der Schwitzhütte und hieß die Jungen herauskommen. Da sie nicht weniger stark und munter herauskamen als sie hineingegangen waren, lag schon so etwas wie Beifall in seiner Stimme, als er sie begrüßte.

»Fürwahr, ihr müßt meine Kinder sein!« grüßte er sie.

»Denn ihr seid stark und haltet Strapazen aus.«

Doch während er dies sagte, überlegte er sich bereits neue Prüfungen, an denen sie zugrundegehen sollten, falls sie doch nicht seine Söhne waren.

Nun bereitete *Jóhonaa'éí* die vier Himmelsplanen auf dem Boden aus. Über die Decke aus roter Morgendämmerung legte er das Gewand des blauen Himmels. Über das Gewand des blauen Himmels legte er das Laken des gelben Abends. Und über das Laken des gelben Abends breitete er das schwarze Tuch der Nacht. Dann hieß er die beiden jungen Männer, sich einer hinter dem anderen und nach Osten gewandt auf diese vier Laken zu setzen.

»Meine Töchter«, befahl er dann.

»Kleidet diese beiden Fremdlinge, wie meine anderen Söhne gekleidet sind.

Macht sie schön, wie eure Brüder sind.«

Da gingen die beiden jungen Frauen seines Hauses auf die Zwillinge zu, lösten die Knoten in deren Haar, so daß es lose herabfiel wie das Haar ihrer Brüder, formten ihre Züge und Körper nach dem Bild der beiden anerkannten Söhne und veränderten ihre Kleidung nach dem Geschmack ihres Vaters Sonne.

Nun befahl *Jóhonaa'éí* ihnen allen, in die Hütte zu treten. Die beiden Zwillinge gingen zuletzt.

Als sie jedoch eben über die Schwelle treten wollten, hörten sie abermals die flüsternde Stimme von *Nílch'i*, dem Wind.

»Seht euch vor!« hörten sie ihn flüstern.

»Schaut genau auf den Boden, wohin ihr eure Füße setzt.«

Als sie taten, wie er ihnen sagte, erblickten sie *Wóóseek'idii*, die Stachlige Raupe. Und während die Raupe am Boden langsam quer über ihren Weg zog, bemerkten die beiden, wie sie zwei kleine Flecken blauen Speichels absonderte.

»Jeder von euch muß einen davon nehmen«, hörten sie *Nílch'i* flüstern.

»Steckt es in den Mund.

Aber schluckt es nicht, denn ihr werdet es brauchen, um das zu überleben, was euch nun bevorsteht. *Jóhonaa'éí* wird euch befehlen zu rauchen. Und der Tabak, den er euch zu rauchen gibt, ist vergiftet.«

Und genau wie *Niłch'i* gesagt hatte, holte *Jóhonaa'éí* eine Türkispfeife, die an einer Ablage hoch an der östlichen Wand seines Hauses befestigt war. Und als die Zwillinge ganz eingetreten waren, hielt er sie vor seinen strahlend roten Schild, der an der Wand hing.

Bald begann die Pfeife zu glühen, und als sie richtig brannte, reichte er sie den beiden Fremdlingen und hieß sie abwechselnd daran ziehen und sie immer zwischen sich hin und her zu reichen. Dies taten sie, bis der Inhalt zu einigen Aschekrümeln verbrannt war.

»Was für ein süßer Tabak das ist«, ließen die beiden Jungen vernehmen.

Als ihr Vater sah, daß die Pfeife wahrhaftig aufgeraucht war und den Zwillingen kein Leid geschehen war, sprach er sanfter mit ihnen als zuvor.

»Wahrlich, ihr seid meine Söhne«, sagte er sanft.

»Wer anders als meine eigenen Söhne könnte den Gifttabak überleben, den ihr eben geraucht habt? Wer anders als meine eigenen Kinder würde seine Süße schmecken?

Jetzt müßt ihr mir erzählen, weshalb ihr gekommen seid.

Jetzt müßt ihr mir sagen, was ihr von mir wollt.«

Das also hatte *Jóhonaa'éí* seinen beiden Söhnen zu sagen. Und diese Antwort gaben sie ihm:

»O Vater«, antworteten sie.

»Wir wohnen an einem Ort, wo *Naayéé'*, die Ungeheuer, unseren Leuten nachstellen. Wo wir wohnen, verschlingen diese Ungeheuer Fleisch, wie weidende Herden das Gras abfressen.

Yé'iitsoh, der Große Riese, verschlingt unsere Leute, und *Déégééd*, das Gehörnte Ungeheuer, verschlingt sie. *Tsé nináhálééh*, das Vogelungeheuer, mästet sich an uns, und das tut auch *Binaayéé aghání*, Der-mit-seinen-Augen-tötet.

Es gibt aber noch weitere Ungeheuer. Sie werden von dem furchtbaren *Yé'iitsoh* angeführt, und sie haben uns schon fast alle gefressen. Die bis jetzt überlebt haben, verloren alle Hoffnung auf ein langes Leben oder ein glückliches Leben.

Deswegen sind wir hierher geflohen, *nihizhé'é*, unser Vater. Wir haben uns hierher geflüchtet, um deine Hilfe zu erbitten. Gib uns Waffen, damit wir den Ungeheuern Widerstand leisten können. Gib uns Waffen, daß wir *Yé'iitsoh* und seine Gefolgschaft venichten können.[40]

Denn sonst werden sie uns vernichten.

Sie werden uns alle vernichten.«

Jóhonaa'éí hörte den beiden Jungen aufmerksam zu.

Er nickte, wie um ihnen sein Verständnis und Mitgefühl zu bekunden.

Dann sah er sich um.

Zuerst schaute er vorsichtig zur Ostseite seines Hauses. Dann schaute er vorsichtig zur Südseite. Ebenso schaute er zur Westseite. Und schließlich schaute er vorsichtig zur Nordseite.

Nirgendwo sah er die ältere Frau, die auch in seinem Haus wohnte.

Da beugte er sich vor.

Und mit sehr leiser Stimme hatte er dies zu sagen:

»Ihr müßt wissen«, sagte er leise, »daß man von *Yé'iitsoh*, dem Großen Riesen, sagt, er sei ebenfalls mein Sohn.[41]

Wohlgemerkt, ich sage nicht, es sei an dem. Doch will ich einräumen, daß solche Dinge möglich sind.

In gewisser Weise könnte man nachgerade sagen, ich sei sein Vater.«

Das also vertraute *Jóhonaa'éí* den beiden Jungen an.

Ein Weilchen sagte er sonst nichts.

Er saß einfach da, wo er saß, und schwieg einen Augenblick gedankenverloren. Dann aber sprach er wieder und sagte dies:

»Gleichwohl«, sagte er.

»Gleichwohl werde ich euch helfen.

Ich werde euch Waffen geben, daß ihr den Ungeheuern Widerstand leisten könnt. Ich werde euch ausrüsten, daß ihr imstande seid, sie mit Krieg zu überziehen.

Ich werde euch sogar helfen, *Yé'iitsoh* selbst zu überwinden.

Ja, ich werde selbst den ersten Schlag gegen ihn führen.

Es muß so sein, daß ich es tue.

Ich werde euch helfen, meine Söhne.

Doch merkt euch dies:

Ich bin es, der den ersten Schlag führen wird, wenn ihr euch aufmacht, *Yé'iitsoh*, den Großen Riesen, zu vernichten.«[42]

Auch das sagte *Jóhonaa'éí* den Zwillingen. Dies gesagt, nahm er verschiedene Dinge von den Aufhängern, an denen sie entlang der Wände hingen. Und beiden neugefundenen Söhnen gab er von diesen Dingen.

Jedem gab er einen Helm aus harten Feuersteinschuppen.

Jedem gab er ein Hemd aus Flintstein, das ebenso hart war.

Und jedem gab er diese Waffen.

Er gab ihnen *atsiniltł'ish k'aa'*, die Kettenblitzpfeile. Er gab ihnen *atsoolaghał k'aa'*, die mächtigen Wetterleuchtenpfeile. Er gab ihnen *shábitł'óól k'aa'*, die tödlichen Sonnenstrahlpfeile. Und er gab ihnen *náátsʼíilid k'aa'*, die vernichtenden Regenbogenpfeile.

Auch gab er jedem von ihnen ein *béésh doolghasii*, das Steinmesser mit der harten Klinge. Und er gab jedem von ihnen ein *hatsoiiłhał*, das Steinmesser mit der breiten Klinge.

Dies sind die Waffen, die er seinen Söhnen gab.

Und sie nahmen diese Kriegsgaben von ihrem Vater an. Sie legten ihre Rüstung an und befestigten daran die Waffen, die sie von ihrem Vater empfangen hatten. Und Blitz- und Feuerstrahlen leuchteten von all ihren Gliedmaßen und Gelenken, als sie für den Kampf gerüstet waren.

Wahrlich, sie sahen aus wie Krieger.

Gleich am nächsten Morgen führte *Jóhonaa'éí* die Jungen ostwärts bis an den Rand der Welt. Dort treffen sich Himmel und Erde, und jenseits dieses Randes liegt nichts als leere Weite.

Entlang der Kreislinie dieses Randes standen sechzehn hohe Pfähle, leicht einwärts geneigt, so daß sie in einem fernen Punkt hoch am Himmel zusammentrafen. Vier dieser Pfähle waren aus weißer Muschelschale gemacht. Vier waren aus Türkis gemacht. Vier waren aus Abalonenschale. Und vier waren aus rotem Stein. Entlang dieser Pfähle ging *Jóhonaa'éí* seinen täglichen Pfad, mal diesen, mal jenen benutzend, je nach Jahreszeit und je nachdem, wieviel Wärme und Licht er an einem bestimmten Tag zuteilen wollte.

Ein tiefes Wasser floß zwischen den Wanderern und der Pfahlreihe. Und als die Zwillinge sich dem Wasser näherten, hörten sie erneut die Stimme von *Níłch'i*, dem Wind.

»Ihr steht vor einer weiteren Probe«, hörten sie ihn flüstern.

»Denn euer Vater möchte sehen, wie ihr es wohl fertigbringt, dieses Wasser zu überqueren.« Und damit hauchte er einen langen feuchten Atemzug, aus dem eine Regenbogenbrücke entstand, auf der die beiden sicher hinübergelangten.

»Und jetzt«, flüsterte *Níłch'i* alsdann, »müßt ihr ihn bitten, euch auf dem Pfad der roten Pfähle in den Himmel zu tragen.«

Als nun *Jóhonaa'éí* fragte, auf welchem Pfad sie aufsteigen wollten, gaben sie diese Antwort:

»Bring uns über die Pfähle aus rotem Stein hinauf«, antworteten sie. »Denn wir wollen unsere Feinde bekriegen und ihr Blut vergießen.«

Woraufhin *Jóhonaa'éí* sein Gewand aus Morgendämmerungswolken anlegte und seine Söhne auf seine beiden großen Arme nahm.

Zusammen stiegen sie in den Himmel auf, langsam gingen sie über den heller werdenden blauen Himmel voran.

Aufwärts und immer weiter aufwärts ging die Reise. Höher und höher schwebten sie über der Oberfläche der Erde. Höher und höher. Stunde um Stunde stiegen sie. Stunde um Stunde. Bis sie schließlich zum *Yágháhookáá*, dem Himmelsloch, kamen, das den höchsten Punkt von *Jóhonaa'éís* täglicher Reise bildet. Dorthin gelangten sie schließlich.

Den Rand dieser Öffnung bilden vier glatte und glänzende Felsen, die steil nach unten abfallen. Diese Felsen sind aus weißer Muschelschale, aus Türkis, aus Abalonenmuschelschale und aus rotem Fels. Sie sind nämlich tatsächlich die Spitzen der Pfähle, die den hohen Himmel mit der Erde darunter verbinden. Daher ist das Universum ein starkes, wohldurchdachtes Gebäude für alle, die darin leben, seien sie Götter, Luft-Geist-Leute oder Erdoberflächenleute.

Und dort, am höchsten Punkt aller Himmel, rasteten die Wanderer. *Jóhonaa'éí* setzte sich an die Westseite der Öffnung, während seine Söhne den Platz an der Ostseite einnahmen. Und die Jungen wären abgerutscht und hinunter auf die Erde gestürzt, hätte nicht *Nílch'i* kräftig geblasen, um sie dort oben zu halten.

Als sie dort saßen, deutete *Jóhonaa'éí* durch das Himmelsloch nach unten.

»Ihr müßt mir eure Heimat dort unten zeigen«, sagte er.

»Laßt mich sehen, wohin ihr und eure Leute in der Welt dort unten gehört.«

Die Brüder schauten hinunter und suchten das Land in der Tiefe mit ihren Blicken ab. Doch sie waren hier so hoch, daß sie auf der Erdoberfläche nichts unterscheiden konnten. Aus dieser großen Höhe wirkte alles Land ganz flach. Die bewaldeten Berge sahen aus wie dunkle Flecken in der Landschaft. Die Seen schimmerten wie Glimmerstücke in der Ferne. Die Flüsse glichen Blitzstrahlen, die sich weder bewegten noch verschwanden. Die Wälder und offenen Flächen erschienen ihnen wie Tuchflicken.

»Nein, wirklich«, sagte der ältere der beiden Brüder.

»Ich erkenne das Land nicht.

Alles sieht von hier oben so fremd aus. Wie anders es aussieht! Wie unvergleichlich dem, was ich auf der Erde zu sehen gewohnt war!«[43]

Doch während er noch sprach, flüsterte *Nílch'i* seinem Bruder ins Ohr und lehrte ihn, die heiligen Berge, die großen Flüsse, die bedeutenden Gipfel und die vertrauten Wälder zu erkennen.

»Dort!« rief der zweite Jüngling aus, als *Jóhonaa'éí* nun ihn aufforderte, die Züge der Oberflächenwelt zu erklären.

»Dort unten ist das männliche Wasser des San Juan River. Dort im Osten, südwärts fließend, ist das weibliche Wasser des Rio Grande.

Da drüben im Norden liegt der *Dził naajiní*, der Berg des Schlafenden Ute. Direkt unter der Stelle, wo wir jetzt sitzen, sehe ich *Tsoodził*, den Blauperlenberg. Und dort im Westen liegt *Dook'o'oosłííd*, der Wasserwolkenberg, wo der Schnee niemals schmilzt. Und der weiße Fleck ein gutes Stück nördlich des San Juan ist *Dibé nitsaa*, auf dessen Gipfel Bergschafe sind.

Und mitten zwischen diesen Gipfeln seht ihr *Dził ná'oodiłii*, den Gesteinsschichtenberg, den wir auch Kreis der Reisenden nennen. Unsere Heimat ist ganz in seiner Nähe.

Und da unten seht ihr die Grenzen der Welt, die unsere Leute machten, nachdem sie den ansteigenden Wassern im Erdinnern entflohen waren, lange bevor die Ungeheuer geboren wurden und Angst und Unordnung in unser Leben brachten.«

Als *Jóhonaa'éí* hörte, was der jüngste Bruder zu sagen hatte, lächelte er. Und er sprach mit mehr Zuneigung und Wärme zu ihnen, als er ihnen je gezeigt hatte.

»Ihr sprecht in der Tat die Wahrheit, meine Söhne«, sagte er liebevoll.

»Alles, was ihr gesagt habt, ist wahr.

Wahrlich, ihr seid meine Söhne. Es ist euer aufrichtiger Wunsch, euer Volk zu retten. Und wirklich braucht ihr dazu Kriegswaffen. Ich kann euch versprechen, daß ihr mit ihnen zum Erfolg gelangen werdet.

Ich kann euch außerdem versprechen, daß ihr durch euren Krieg gegen die *Naayéé'* den letzten Schritt des Übergangs vom Knabenalter in die reife Männlichkeit tun werdet.

Und ich kann euch versprechen, daß ihr sogar wie die Götter werden könnt, wenn ihr es wollt.«

Dies also sagte *Jóhonaa'éí* zu ihnen. Dies versprach er ihnen.

Und mit diesen Worten schenkte er ihnen ein letztes, gütiges Lächeln. Dann legte er einen Blitzstrahl vor sie und gebot ihnen, sich darauf zu stellen. Und ohne noch etwas zu sagen, schoß er sie zur Spitze von *Tsoodzil,* dem Blauperlenberg, hinunter, auf dem *Yé'iitsoh,* der Große Riese, zu Hause war.

Abwärts glitten sie.

Hinab, hinab, hinab, hinab.

Vom höchsten Himmelspunkt glitten sie tief auf die Erde hinab, so ist gesagt.

Auch ist gesagt, daß sie die Erde auf dem Gipfel des *Tsoodził*
berührten und über den Südhang abstiegen. Und vom Fuß
des Berges wanderten sie nach *Tó sido*, der Warmen Quelle,
wie man die Stelle in der Sprache von *Bilagáana* nennen
würde.

Als sie am Fuß einer hohen Steilwand vorbeikamen, wo
jetzt ein weißer Kreis steht, hörten sie Stimmen, die ihnen
etwas zuriefen.

»Wohin geht ihr?« riefen die Stimmen.

»Kommt her und ruht euch ein Weilchen aus.«

Dem Klang dieser Stimmen folgend, stießen die Zwillinge auf die *Diné diyiní*, die Leute, die dem Reich der Geister
vorstehen. Sie fanden dort *Dinééh diyiní*, den Heiligen jungen Mann, und bei ihm seinen Sohn *Tsílkéí diyiní*, den Heiligen Jüngling.

Auch trafen sie dort *Ashkii diyiní*, den Heiligen Jungen,
und bei ihm *At'ééd diyiní*, das Geistmädchen. Diese und andere trafen die Zwillinge dort an. Und da die Dunkelheit
sich über das Antlitz der Erde zu senken begann, verbrachten sie die Nacht bei ihnen.

Bevor sie sich schlafen legten, wurden die Zwillinge noch
über die Herkunft von *Yé'iitsoh*, dem Großen Riesen, unterrichtet. Eines Tages, kurz nachdem *Jóhonaa'éí* zum Regen-
ten des Tages gemacht worden war, hatte sich ein Mädchen allein ein Stückweit in Richtung Sonnenaufgang entfernt. Nachdem sie ihren Darm entleert hatte, nahm sie
einen glatten Kiesel aus dem Fluß, um sich damit zu säubern.

Sie führte jedoch den warmen Stein in ihre Scheide ein
und hob ihren Rock. Neugierig, wie Mädchen in solchen
Dingen häufig sind, wollte sie sich selbst untersuchen. Und
just in diesem Augenblick stieg *Jóhonaa'éí* über den Horizont

herauf und schickte einen Strahl in ihren Schoß. So geschah es, daß sie schwanger wurde. Und als die Zeit kam, da sie gebären sollte, stahl sie sich fort, um es allein zu tun, so sehr schämte sie sich; und sie verließ ihr Kind, damit es allein im Gebüsch sterben sollte. Es wurde jedoch von einigen Winden aus dem Norden entdeckt, die es aufzogen, bis es ein ausgewachsenes Ungeheuer war.

Die Heiligen Leute erzählten den Brüdern auch, wie die anderen *Naayéé'* in der Zeit der Trennung zwischen *Áłtsé hastiin* und *Áłtsé asdzą́ą́* und den anderen Männern und Frauen gezeugt worden waren. Sie erzählten, wie die Ungeheuer geboren worden waren, nachdem die große Flut die Leute aus der vierten Welt in diese gegenwärtige vertrieben hatte. Und sie erzählten ihnen, wie diese unheimlichen Wesen den Leuten in dieser Welt nachzustellen begannen, um sie zu töten und zu verschlingen.

»Wir sind bestens unterrichtet über *Yé'iitsoh* und die anderen Ungeheuer«, sagte *Dinééh diyiní*, der Heilige Junge Mann.

»Wir wissen, daß er sich an jedem Tag dreimal in den Bergen zeigt, wenn er zwischen den Gipfeln seiner Wege geht. Wenn er sich das vierte Mal zeigt, steigt er den Blauperlenberg zur Warmen Quelle hinunter, wo er aus dem See trinkt, um seinen Durst zu stillen.

Wenn er sich herunterbeugt, um zu trinken, ruht die eine Hand auf dem Hang seines eigenen Berges und die andere liegt oben auf den Hügeln der anderen Talseite. So groß ist er. Er ist so groß, daß seine Füße beim Trinken so weit nach hinten gestreckt sind, wie ein Mann zwischen Sonnenaufgang und Mittag gehen kann.

Ja, wir haben *Yé'iitsoh*, den Großen Riesen, gesehen; ja, wir kennen seinen Tagesablauf.«

Das also erzählte *Dinééh diyiní*, der Heilige Junge Mann, den beiden Brüdern.

Die Brüder erwachten am nächsten Morgen bei Tagesanbruch und machten sich auf den Weg zur *Tó sido*, der Warmen Quelle, wo ein See war, viel größer als der, den wir heute dort finden.

An der engsten Stelle des Tals ragte ein steiler Felsen hoch über dem Wasser auf. Von dort aus erstreckte sich der See flußaufwärts, und seine Wasser waren ebenso breit wie tief.

Als die Zwillinge das Ufer erreichten, sagte einer von ihnen dies zum anderen:

»Laß uns eine der Waffen unseres Vaters erproben«, sagte er.

»Laß uns sehen, was sie ausrichtet.«

Und so schossen sie mit einem Blitzpfeil auf einen hohen Felsvorsprung am Fuß des *Tsoodzil*, des Riesenberges. Dort schlug er eine große Bresche, die heute noch für jeden, der sie sehen möchte, zu sehen ist.

»Wahrhaftig«, sagte der zweite Bruder.

»Wir können unsere Schlacht mit *Yé'iitsoh*, dem Großen Riesen, nicht verlieren.

Mit Waffen wie diesen kann es nicht fehlgehen.«

Und sie warteten darauf, daß ihr Feind erschien.

Sie brauchten nicht lange zu warten, bis sie Schritte hörten.

Anfangs hörten sie die Schritte nur ganz schwach. So fern waren sie noch, daß sie sich kaum Klarheit verschaffen konnten über den Ursprung des Geräuschs, das sie hörten.

Trotzdem lauschten sie weiter und bemerkten, daß es näher kam und lauter wurde. Weiterhin lauschend, erkannten sie bald, daß es die Schritte des einherschreitenden *Yé'iitsoh* waren. Sie wurden so laut wie der Donner, der die Schluchten erzittern läßt und zwischen den Gipfeln einherrollt.

Dann sahen sie einen Augenblick lang das Haupt des Riesen. Nur ganz kurz sahen sie es, als das Ungeheuer über einen Gipfel im Osten hinwegspähte. Dann verschwand es wieder.

Bald jedoch sahen sie *Yé'iitsoh* abermals. Diesmal aber sahen sie Kopf und Schultern. Etwas länger sahen sie ihn diesmal, als er hinter einem Bergrücken im Süden erschien. Dann verschwand er wieder.

Doch kurz darauf zeigte er sich wieder, diesmal mit dem ganzen Oberkörper. Eine ganze Weile sahen sie ihn über den Hügeln im Westen. Dann aber verschwand er.

Und wiederum erschien er nach einiger Zeit, diesmal bis zu den Knien hinunter sichtbar. Während die Zwillinge ihn beobachteten, kam er von Norden her den *Tsoodził* herunter, durchschritt die Vorberge und blieb diesmal von Kopf bis Fuß sichtbar, bis er ganz hinunter ans Ufer gelangt war.

Er führte einen Korb mit sich, worin er die Reste seiner Jagdbeute aufbewahrte. Den stellte er auf den Boden und ließ sich langsam auf alle viere herab, um zu trinken.

Er neigte den Kopf und hielt seine Lippen ins Wasser, um einen Schluck zu trinken. Viermal tat er das, und mit jedem Schluck, den er tat, sank der Wasserspiegel. Und als er seinen letzten langen Zug nahm, war der See fast entleert.

»Hraagh!« machte er und wischte sich mit seinem gewaltigen Unterarm langsam über den Mund.

»Das habe ich geleert.«

Und dann lachte er.

Sein Lachen hallte talauf, talab zwischen den Hügeln wider, bis es den Zwillingen war, als erschallte es von allen Seiten.

Beim Anblick dieses riesenhaften Wesens und beim Klang seines Gelächters verloren die Brüder einen Augenblick lang die Fassung. Bei den ersten drei Zügen, die er tief gebückt aus dem See trank, taten sie nichts. Doch als er seinen letzten Schluck nahm, traten sie langsam ans Ufer hinunter, um sich *Yé'iitsoh* genauer anzusehen.

Als sie das taten, sah er ihr Spiegelbild im Wasser.
Und nachdem er seinen Durst gestillt und über die getrunkene Menge Wassers gelacht hatte, hob er den Kopf, richtete sich auf, schaute zu den Jungen herüber und brüllte.
»Hraagh!« brüllte er.
»Was für ein hübsches Paar haben wir denn da?
Wo war ich nur während meiner Jagd, daß ich diese beiden noch nie gesehen habe?
Yiiniikeetsóóko! Yiiniikeetsóóko!
Wie appetitlich ihr ausseht! Wie überaus schmackhaft!«
Doch inzwischen hatten die Zwillinge ihren Mut zurückgewonnen. Sie fürchteten sich nicht länger beim Anblick von *Yé'iitsoh*, dem Großen Riesen, denn sie erinnerten sich, was ihr Blitzpfeil bei dem Felsen am Berg angerichtet hatte.
»Gib ihm seine Worte doch einfach zurück«, sagte der jüngere Bruder zum älteren.
Sie sahen ihn geradewegs an. Und wie aus einem Munde riefen sie:
»Yiiniikeetsóóko! Yiiniikeetsóóko!« riefen sie.
»Was für ein armseliger Gegner du doch bist! Wie jämmerlich!«[44]
»Das sagt ihr?« brauste *Yé'iitsoh* auf.
»Das sagt ihr, wo ihr doch so klein seid und ich so groß bin?«
»Das sagst du?« wiederholte der ältere der beiden Brüder.[45]
»Das sagst du, wo du doch so schwach bist und wir über so große Kräfte gebieten?«
»Was?« fuhr *Yé'iitsoh* zornig auf.
»So wagt ihr mit jemandem zu sprechen, der sich gleich an eurem Fleisch laben wird?«
»Was?« höhnte der Bruder.
»So wagst du mit denen zu sprechen, die dich gleich vernichten werden?«

»Hraagh!« brüllte *Yé'iitsoh* da.

»So könnt ihr nicht mit mir umspringen, so klein wie ihr seid! Und so köstlich, wie ihr gleich schmecken werdet!«

»Hraagh!« ahmte ihn der Bruder nach.

»So kannst du mit uns nicht umspringen, so wider alle Ordnung, wie du bist! So leblos, wie du gleich sein wirst!«

Während sie das Ungeheuer so verspotteten, hörten sie plötzlich die Stimme von *Nílch'i,* der ihnen ins Ohr flüsterte:

»Akóóh! Akóóh!« flüsterte er. »Gebt acht! Gebt acht!«

Und ohne daß er noch ein weiteres Wort sagte, standen sie plötzlich auf der Wölbung eines Regenbogens. Im selben Augenblick schleuderte *Yé'iitsoh* einen Blitz wider sie, und jählings senkte sich der Regenbogen, auf dem die Brüder standen, bis er flach auf der Erde lag. Und der Blitz fauchte donnernd über ihre Köpfe hinweg.

Da schleuderte *Yé'iitsoh* einen zweiten Blitz. Doch der Bogen straffte sich augenblicklich, so daß die Brüder jetzt viel höher standen als zuvor. So donnerte dieser Blitz unter ihren Füßen hindurch.

Noch einen Blitz schleuderte *Yé'iitsoh,* doch diesmal lenkten die Brüder den Regenbogen selbst zur Seite, so daß der Blitz zu ihrer Linken vorbeischoß. Und als er abermals einen Blitz schleuderte, lenkten sie den Regenbogen zur anderern Seite, so daß er zu ihrer Rechten vorbeischoß.

Wieder zielte er, um noch einen Blitz zu schleudern, doch da zuckte ein gewaltiger Blitz vom Himmel herab. Er kam genau von dort, wo Sonne stand. Er schlug seitlich in das Haupt von *Yé'iitsoh,* dem Großen Riesen, ein. So heftig war dieser Schlag, daß die Himmel donnernd erzitterten und das Echo über die ganze Erde hinrollte.

Mit solcher Gewalt traf der Blitz den Riesen, daß er hin und her taumelte. Doch er fiel nicht. Irgendwie gelang es ihm, auf den Füßen zu bleiben.

In diesem Augenblick schoß jedoch der ältere Bruder einen Kettenblitzpfeil auf *Yé'iitsoh* ab. Und er stolperte unter diesem Schlag ein paar Schritte ostwärts, schwankend vor Benommenheit. Doch irgendwie konnte er sich wieder aufrichten und blieb stehen.

Dann schoß der andere Bruder einen Blitzpfeil auf ihn ab. Und wieder taumelte der Riese, und seine Knie knickten ein wenig ein. Doch abermals gelang es ihm, sich aufzurichten und sich auf den Füßen zu halten.

Nun war es wieder an dem ersten Bruder, einen weiteren Blitzpfeil zu schießen. *Yé'iitsoh* schwankte wie betäubt und fiel für einen Augenblick auf die Knie. Doch dann gelang es ihm noch einmal, sich zu erheben.

Aber nur kurz, denn jetzt schoß der zweite Bruder wieder einen Blitzpfeil, der ihn in die Brust traf. Er sank auf die Knie und mühte sich schwankend, wieder auf die Beine zu kommen. Aber vergebens. Er fiel vornüber, fing den Sturz mit den Armen ab und hielt sich so noch einen Augenblick. Langsam schüttelte er den Kopf, wie um sich selbst vor dem Sturz nach vorn zu bewahren. Doch sein Kopf schwankte wie ein hoher Kiefernwipfel im Wind, und endlich fiel er, schlug mit dem Gesicht auf die Erde und streckte alle viere von sich.

Und er regte sich nicht mehr.[46]

Als die Blitzpfeile den Riesen getroffen hatten, waren Schuppen und Splitter von seinem Flintsteinpanzer in alle Richtungen geflogen. Als er nun vor den Augen der Zwillinge tot dalag, erblickte der ältere diese Flintsteinstücke. Und dies hatte er über sie zu sagen:

»Laß uns diese Steinsplitter sammeln«, sagte er.

»Unsere Leute können sie als Messer benutzen. Sie können Pfeilspitzen daraus machen. Sie können damit schneiden und jagen.«[47]

»Ja, das können sie«, antwortete der andere.

»So können wir das Böse an *Yé'iitsoh* in etwas Gutes verwandeln.«

Nachdem die Zwillinge die Flintsteinsplitter gesammelt hatten, näherten sie sich dem gefallenen Riesen und skalpierten ihn. Und während sie dies taten, kamen sie auf den Gedanken, einander Namen zu geben.

»Laß mich überlegen«, sagte der erste versonnen und sah seinem Bruder zu, wie er den Skalp vom Schädel des gefallenen *Yé'iitsoh* schnitt.

»Wie soll ich dich nennen?«

Und er sann, während er zusah, und sah zu, während er sann.

»Aha!« rief er.

»Ich habe einen guten Namen für dich gefunden.

Na'idígishí sollst du genannt werden. Fortan sollst du bekannt sein als der, Der-dem-Feind-das-Leben-herausschneidet.

So sollst du genannt werden.«

»Nun denn«, überlegte der zweite Bruder, nachdem er *Yé'iitsoh* den Skalp genommen hatte.

»Wie sollst nun du genannt werden?«

Und er sann, während er sich erinnerte, wie sie den Riesen gemeinsam besiegt hatten. Er sann, während er sich erinnerte, und erinnerte sich, während er sann.

»Aha!« rief er.

»Ich habe einen Namen, der gut zu dir paßt.

Naayéé' neizghání sollst du heißen. Fortan sollst du Ungeheuertöter genannt werden.

Unter diesem Namen sollst du immer bekannt sein.«[48]

Als nächstes schnitten sie dem Großen Riesen den Kopf ab und warfen ihn weit in die Hügel hinter dem *Tsoodzil*, dem

Riesenberg. Jeder kann ihn heute noch dort auf dem östlichen Abhang liegen sehen, wenn er nur hinschaut.

Nun aber strömte das Blut aus dem Körper des Riesen und floß, einem Sturzbach gleich, das Tal hinab. So gewaltig war diese Flut, daß sie den Steinwall einriß, der die Wasser des Sees gehalten hatte.

»Schnell!« warnte die Stimme von *Nilch'i*, dem Wind.

»Haltet diesen Blutstrom auf.

Denn wenn das Blut bis zur Wohnung von *Binaa'éé aghání* fließt, dem Ungeheuer,-das-mit-den-Augen-tötet, wird *Yé'iitsoh* wieder zum Leben erwachen.«

Da ergriff *Naayéé' neizghání*, der Ungeheuertöter, das Steinmesser mit der harten Klinge, das *Jóhonaa'éí*, sein Vater, ihm gegeben hatte. Damit zog er unterhalb des heranbrausenden Blutstromes eine Linie quer über das Tal. Und dort stockte das Blut und türmte sich zu einer dunkelroten Wand.

Höher und höher wuchs sie, wie von einem gigantischen Damm gehalten. Doch als eine gewisse Höhe erreicht war, begann das Blut in andere Richtungen zu fließen. Tosend rauschte es auf den tiefergelegenen Teil des Tales zu.

Und wiederum warnte *Nilch'i* die Brüder.

»Schnell, schnell!« warnte er.

»Haltet diesen Blutstrom auf.

Denn wenn er weiter fließt, wird er bald die Wohnung von *Shash na'ałkaahii*, dem Pirschenden Bärenungeheuer, erreichen. Und wenn das geschieht, wird *Yé'iitsoh* gewiß wieder zum Leben erwachen.«

Kaum hatte *Naayéé' neizghání* das gehört, da zückte er auch schon den Dolch, den sein Vater *Jóhonaa'éí* ihm gegeben hatte, und zog mit der breiten Klinge eine Linie über den Boden. Wieder staute sich das Blut wie vor einem hohen Damm und floß nicht mehr weiter.

Dort also hielt es an wie zuvor, diesmal aber endgültig.

Je mehr es austrocknete, desto dunkler wurde es, und je dunkler, desto härter. Dieses Blut erfüllt bis auf den heutigen Tag das ganze Tal am Fuße des *Tsoodził.* Wer sich die Mühe macht, dort hinzugehen, kann die hohen Wände aus hartem, schwarzem Fels sehen, die einst vom gerinnenden Blut des Großen Riesen *Yé'iitsoh* gebildet wurden.

Alsdann sammelten die beiden Brüder die geborstenen Pfeile von *Yé'iitsoh* und legten sie samt seinem Skalp und den Flintsteinsplittern seines Panzers in seinen Korb. Dann machten sie sich auf den Rückweg in ihre Heimat am *Dził ná'oodiłii,* dem Gesteinsschichtenberg.

Zuvor aber stiegen sie zum Gipfel des *Tsoodził* auf, des Blauperlenberges, wo sie nach ihrem Flug vom Himmel herab gelandet waren. Dort sang jeder von ihnen ein Loblied auf ihren Vater *Jóhonaa'éí,* der sich gerade dem Ende seiner Tagesreise über die Himmel näherte.

Und da nun der Tag sich neigte, machten sie Rast für diese Nacht und erfreuten sich eines friedvollen Schlafs.

Als der Tag anbrach, erwachten sie und machten sich auf den Heimweg.

Unterwegs trafen sie *Haashch'ééłti'í,* den Sprechenden Gott. Und bei ihm sahen sie *Tó neinilí,* den Regengott. Und dies hatten die Götter ihnen zu sagen:

»Gut gemacht, *nihinálí*«, sagten sie.

»Gut gemacht, Enkel.

Ihr seid tapfer, und ihr seid stark. Ihr habt euch unserer Bemühungen würdig erwiesen. Ihr habt euch all dessen, was wir euch lehrten, würdig erwiesen.

Ihr habt euren Leuten einen guten Dienst erwiesen.«

Und die beiden Götter sangen jeder ein Lied auf den Sieg der Zwillinge über *Yé'iitsoh,* den Großen Riesen. Und eben diese beiden Lieder finden sich noch heute unter denen, die von den Navajoleuten gesungen werden, wenn sie den Siegesgesang anstimmen.

Als die Brüder der Hütte ihrer Mütter ansichtig wurden, legten sie ihre Rüstungen ab und verbargen sie im Gebüsch. Auch den Korb des Riesen mit seinem ganzen Inhalt verbargen sie.

Die Frauen waren überglücklich, ihre Söhne zu sehen. Sie hatten die beiden schon verloren gegeben und fürchteten, sie seien von den *Naayéé'* verschlungen worden.

»Wo seid ihr gewesen, seit ihr vor zwei Tagen fortgingt?« fragten sie.

»Wohin seid ihr gegangen, und was habt ihr getan?

Wir haben euch schon verloren geglaubt.

Schlimmer noch, wir füchteten, eines der Ungeheuer habe euch verschlungen.«

Worauf *Naayéé' neizghání*, der Ungeheuertöter, diese Antwort gab:

»Wir folgten *Atiin diyinii*, dem Heiligen Pfad, wie er uns von *Na'ashjé'ii asdzáá*, der Spinnenfrau, gewiesen wurde.

Wir waren im Haus von *Jóhonaa'éí ninihitaa'*, unserem Vater Sonne.

Wir waren am *Tsoodził*, dem Blauperlenberg, wo *Yé'iitsoh*, der Große Riese, einst lebte.

Und fürwahr, wir haben ihn vernichtet, so daß er niemals wieder einem der unseren gefährlich werden kann.«

Das sagte er zu *Yoołgai asdzáá*, der Weißmuschelfrau, und zu *Asdzáá nádleehé*, der Sich Wandelnden Frau. Und dies erwiderten die beiden Schwestern:

»O Kinder, Kinder!« erwiderten sie.

»Sprecht nicht so.

Nennt diesen Namen nicht leichthin.

Nennt ihn weder im Scherz noch zum Hohn.

286

Denn so ihr das tut, wird er gewiß über uns kommen und uns alle verschlingen.«

Worauf *Naayéé' neizghání* dies zur Antwort gab:

»Wenn ihr uns nicht glaubt«, antwortete er, »so kommt mit uns und seht, was wir euch mitgebracht haben.«

Und die beiden Brüder führten die beiden Frauen zu der Stelle, wo sie den Korb mit ihrer Kriegsausrüstung und Beute versteckt hatten. Sie zeigten ihren Müttern die Trophäen ihrer Schlacht gegen *Yé'iitsoh*, den Großen Riesen. Und als die Frauen diese Dinge sahen, glaubten sie ihren Söhnen.

Und sie jauchzten vor Freude.

Sie tanzten und sie sangen, um diesen großen Sieg zu feiern, so ist gesagt.[49]

10

Auch ist gesagt, daß *Naayéé' neizghání* nicht bei seiner Familie bleiben wollte. Denn er brannte darauf, gegen das nächste Ungeheuer zu kämpfen.

Kaum hatten sie aufgehört, ob des Todes von *Yé'iitsoh* zu frohlocken, als er sich auch schon nach den Aufenthaltsorten anderer *Naayéé'* zu erkundigen begann.

»Mutter«, fragte er *Asdzáá nádleehé*.

»Wo wohnt *Déélgééd*, das Gehörnte Ungeheuer?

Ich möchte weiter gegen die Ungeheuer kämpfen.

Und mit diesem möchte ich beginnen.«[50]

Doch *Asdzáá nádleehé* war dagegen und sagte dies zu ihrem Sohn.

»O mein Sohn«, sagte sie zu ihm.

»Suche nicht nach *Déélgééd*, dem Gehörnten Ungeheuer.

Du hast genug getan.

Sei zufrieden mit dem, was du schon erreicht hast.

Das Land der *Naayéé'* ist eine gefährliche Gegend, und die Ungeheuer sind schwer zu töten.«

»Das mag wohl sein«, erwiderte *Naayéé' neizghání*.

»Auch für dich war es schwer, unter Wehen zu gebären. Und doch hast du es getan.«

»Nun wohl, mein Sohn«, sagte sie.

»*Déélgééd*, das Gehörnte Ungeheuer, wohnt am *Bik'i hal-zhin*, der Stelle, wo die Berge zu einer weiten Ebene abfallen.

Geh dorthin, wenn es denn sein muß. Doch halte deine Sinne beisammen, und behalte stets dein Ziel vor Augen.«

Dann beratschlagten die Brüder, was zu tun sei. Sie machten zwei Opfer-Gebetsstäbe aus *azee' lahdilt'éhé*, der Für-sich-allein-Medizinpflanze.[51] Sie machten einen blauen Stab und einen schwarzen Stab, jeden drei Fingerbreit lang. An diese hefteten sie einen Sonnenstrahl. Und dann legten sie sie in eine Schüssel aus Türkis.

Und *Naayéé' neizghání*, der Ungeheuertöter, sagte dies zu *Na'ídígishí*, Der-dem-Feind-das-Leben-herausschneidet:

»Mein Bruder«, sagte er.

»Ich werde allein gehen, um mit *Déélgééd* zu kämpfen.

Bleib du derweil hier und bewache die heiligen Opferstäbe.

Sollte ein Sonnenstrahl einen von beiden entzünden, so weißt du, daß ich in Gefahr bin.

Wenn das geschieht, mußt du eilen, mich zu finden und mir zu helfen. Wo aber nicht, so wisse, daß ich wohlbehalten bin. Tu dann nichts weiter, als hier auf mich zu warten und die anderen zu beschützen.«[52]

Inzwischen war die Sonne untergegangen. Bald senkte sich die Dunkelheit herab, und alle schliefen. *Naayéé' neizghání* erwachte früh am nächsten Morgen und machte sich allein auf, *Déélgééd* zu suchen.

Nach einiger Zeit gelangte er an den Rand einer weiten Ebene. Und von einem der Hügel, die sich dort am Rand erhoben, erspähte er das Ungeheuer, das in einiger Entfernung ruhte.

Er machte halt und überlegte, wie er sich *Déélgééd* nähern könne. Dabei hielt er jedoch einen seiner Blitzpfeile in der Hand, um ihn sogleich schleudern zu können, wenn es sein mußte.

Während er dort gedankenversunken stand, näherte sich *Na'azísí,* das Erdhörnchen.

»Yá'át'ééh, shínaaí«, sagte es.

»Ich grüße dich, älterer Bruder.

Was führt dich her?«

» Yá'át'ééh, sitsilí«, antwortete *Naayéé' neizghání.*

»Ich erwidere deinen Gruß, jüngerer Bruder.

Ich durchstreife einfach die Gegend.«

»Es ist gut, einen der euren hier zu sehen«, sagte *Na'azísí,* das Erdhörnchen. »Aber ich wüßte zu gerne, weshalb du hier bist.«

»Es ist gut, daß du so denkst«, antwortete *Naayéé' neizghání.* »Ich sehe mich hier nur ein wenig um.«

»Wir sehen deinesgleichen kaum noch in dieser Gegend«, sagte *Na'azísí.* »Deshalb möchte ich so gern erfahren, was du hier suchst.«

»Leider sind nur noch wenige von uns auf der Erde«, erwiderte *Naayéé' neizghání.* »Es gibt in dieser Gegend jemanden, den ich suche.«

»Hast du keine Angst?« fragte *Na'azísí.* »Fürchtest du nicht *Déélgééd,* das Gehörnte Ungeheuer, das sich von deinesgleichen ernährt?

Dort liegt er nämlich, mußt du wissen. Dort in der Prärie, die du unten sehen kannst.«

»Um die Wahrheit zu sagen, es ist gerade *Déélgééd,* den ich suche«, antwortete *Naayéé' neizghání.*

»Da du ihn nun schon erwähnt hast, kann ich dir sagen, daß ich vorhabe, ihn zu töten. Nur weiß ich noch nicht, wie ich ihn angreifen soll.«

»Wenn das so ist, glaube ich, daß ich dir helfen kann«, sagte *Na'azísí*.[53]

»Ich gehe häufig ganz bis zu ihm hin, und er schenkt mir keinerlei Beachtung. Schließlich bin ich ein kleines, harmloses Wesen. Doch wenn ich dir helfen und du ihn dadurch töten kannst, bitte ich mir ein Stück von seinem Fell aus, das ich mir über den Rücken legen kann.

Denn schließlich bin ich ein so kleines Wesen, daß mir sehr leicht kalt wird. Aber mit einer Haut wie seiner könnte ich das kälteste Wetter aushalten.«

»Fürwahr, mein kleiner Freund«, versprach *Naayéé' neizghání*, »du sollst soviel von *Déélgééds* Fell haben, wie du möchtest.«

»Dann schau mir genau zu«, sagte Erdhörnchen. »Ich werde dir zeigen, wie du nah an das Ungeheuer mit Hörnern herankommen kannst.«

Gesagt, getan, verschwand es in einem Loch in der Erde.

Solange der Ungeheuertöter das Erdhörnchen nicht sehen konnte, beobachtete er das Gehörnte Ungeheuer, *Déélgééd*. Nach einer Weile bemerkte er, wie diese große Kreatur sich erhob und von der Stelle, wo sie gelegen hatte, in alle vier Himmelsrichtungen schritt und sich dabei jedesmal von einer Seite zur anderen umschaute. Dann legte das Ungeheuer sich wieder dort nieder, wo es zuvor gelegen hatte.

Déélgééd war, wie *Naayéé' neizghání* dabei mit aller Deutlichkeit erkannte, eine riesenhafte vierfüßige Bestie mit Hörnern, die einem Hirschgeweih ähnlich sahen.

Inzwischen kehrte *Na'azísí*, das Erdhörnchen, zurück und hatte dies zu sagen:

»Mach dich bereit«, sagte es.

»Ich habe einen Gang bis hin zu *Déélgééd* gegraben. Ganz bis zu ihm hin habe ich gegraben.

Am Ende dieses Ganges habe ich vier Seitenstollen gegraben, in denen du dich verstecken kannst. Einer zweigt nach Osten ab. Einer führt nach Süden. Einer erstreckt sich nach Westen. Und einer verläuft nach Norden.

Am Kreuzungspunkt habe ich senkrecht zur Oberfläche hinaus einen Schacht gegraben. Und wo er sich zum Himmel öffnet, kannst du *Déélgééd* ins Herz treffen. Er liegt nämlich direkt über dieser Öffnung.

Ich habe ihm sogar das Haar von der Stelle weggenagt, wo dein Pfeil ihn treffen muß, großer Bruder. ›Was knabberst du da an meinen Haaren?‹ fragt er, während ich nage. ›Ich brauche etwas Weiches und Warmes‹, antwortete ich ihm, ›damit ich meinen Kindern ein Bett bereiten kann.‹

Und genau in diesem Augenblick stand er auf und ging umher, wie du gewiß gesehen hast.

Vielleicht schöpfte er Verdacht. Als er jedoch nichts Ungewöhnliches sah, kam er zurück und legte sich wieder hin.

Und da liegt er nun, genau wie du ihn vorher sahst. Genauso liegt er wie vorhin, als ich ihn für deinen Angriff entblößte. Unmittelbar über dem Schacht, der zu seinem Herzen führt, liegt er. Genau auf seiner verwundbarsten Stelle.

Wohlan, großer Bruder. Wenn es dir nun nicht gelingt, ihn zu töten, war es gewiß nicht meine Schuld.«

Das also sagte *Na'azísí* zu *Naayéé' neizghání.*

Und sofort stieg dieser in den Gang hinab und kroch bis an sein Ende. Und als er den Kreuzungspunkt der Stollen erreichte, die *Na'azísí* ihm gewühlt hatte, schaute er auf.

Und richtig! sah er den Schacht, von dem *Na'azísí* gesprochen hatte. Richtig! sah er das bloßgelegte Fleisch des Ungeheuers. Und er sah seine breite Brust wogen.

Augenblicklich schnellte er einen der Kettenblitzpfeile ab, die ihm *Jóhonaa'éí,* sein Vater Sonne, gegeben hatte. Und ohne sich noch zu vergewissern, ob der Pfeil getroffen hatte, floh er in den östlichen Stollen.

Mit mächtigem Gebrüll erhob sich das Ungeheuer, bohrte eins seiner Hörner ins Erdreich und riß den Stollen auf. Doch bevor *Déélgééd* ihn entdeckte, floh *Naayéé' neizghání* in den südlichen Gang.

Grunzend riß *Déélgééd* auch diesen mit seinen spitzen Hörnern auf. Doch bevor er seinen Angreifer ausmachen konnte, floh dieser in den westlichen Gang.

Schnaubend wühlte *Déélgééd* auch dort die Erde auf. Doch da war der Ungeheuertöter schon in den nördlichen Gang geflohen.

Mit einem Winseln bohrte *Déélgééd* auch dort sein Horn in die Erde, doch nun reichte seine Kraft nicht mehr aus, weit genug in die Tiefe zu dringen. Noch nicht annähernd tief genug war er gedrungen, als er zusammenbrach und sich nicht mehr regte.

In der Befürchtung, daß sein Gegner noch nicht ganz tot sei, kroch *Naayéé' neizghání* durch den Hauptgang, den *Na'azísí* für ihn gegraben hatte, zurück zu der Stelle, wo sie einander begegnet waren. Dort wartete er und überlegte, wie er herausfinden könne, ob diese Kreatur noch lebte.

Als er dort stand, bemerkte er, wie ein kleiner alter Mann in engen Beinschützern und einem dünnen Hemd auf ihn zukam. Auf dem Kopf trug er eine Kappe mit einer Feder. Das war *Hazéétsoh*, das Backenhörnchen. Und so sprach er *Naayéé' neizghání* an:

«Yá'át'ééh, shínaaí«, sagte er zu ihm.

»Ich grüße dich, großer Bruder.

Was führt dich an diesen Ort?«

Dies nun antwortete *Naayéé' neizghání*:

»Yá'át'ééh, sitsilí«, antwortete er.

»Ich erwidere deinen Gruß, kleiner Bruder.

Ich schaue mir hier gerade etwas an.«

»Es ist gut, einen wie dich hier zu sehen«, erwiderte *Hazéétsoh*, das Backenhörnchen.

»Doch wüßte ich wirklich zu gern, was das ist, was du da anschaust.«

»Es tut gut, deine Willkommensworte zu hören«, sagte *Naayéé' neizghání*. »Ich muß etwas in Erfahrung bringen über das, was ich sehe.«

»Wir haben in diesen schlechten Zeiten selten Gelegenheit, deinesgleichen zu begrüßen«, erwiderte das Backenhörnchen.

»Deshalb erstaunt es mich, dich hier so weithin sichtbar anzutreffen.«

»Ja, es stimmt mich traurig, daß nur so wenige von uns noch auf dieser Erde sind«, entgegnete *Naayéé' neizghání*. »Und damit hat auch das zu tun, was ich in Erfahrung bringen muß.«

»Hast du denn keine Angst?« fragte *Hazéétsoh*. »Fürchtest du nicht *Déélgééd*, das Gehörnte Ungeheuer, das so viele von deinesgleichen getötet hat?

Er wohnt nämlich hier, mußt du wissen, dort drüben in der Ebene.«

»Um die Wahrheit zu sagen«, erwiderte *Naayéé' neizghání*, »versuche ich gerade Klarheit zu gewinnen, ob ich ihn fürchten muß oder nicht.

Ich kann es zwar nicht mit Gewißheit sagen, aber möglicherweise habe ich ihn getötet.«

»Das kann ich für dich herausfinden«, sagte *Hazéétsoh*. »Mich kleines Wesen beachtet er doch gar nicht. Deshalb kann ich bis ganz nah zu ihm vordringen.

Ich werde jetzt zu ihm hinübergehen, und wenn er nicht mehr atmet, werde ich auf seine Hörner klettern und hüpfen und singen. Warte du hier und schau zu. Siehst du mich auf ihm tanzen, so weißt du, was du wissen willst.

Doch wenn er wirklich tot ist und ich dir dies mitteilen kann, möchte ich ein wenig von seinem Blut abhaben. Denn ich bin ein häßlicher alter Mann. Wenn ich mir das Gesicht mit dem Blut von *Déélgééd* anmale, sehe ich vielleicht nicht mehr so schlimm aus.«

»Fürwahr, kleiner Bruder«, erwiderte *Naayéé' neizghání*, »du magst so viel von seinem Blut haben, wie du willst.«

»Dann beobachte mich jetzt genau«, sagte *Hazéétsoh*. Und er sauste zu der Stelle hinüber, wo das Ungeheuer regungslos lag.

Naayéé' neizghání mußte nicht lange warten, bis er *Hazéétsoh* auf die Hörner des Ungeheuers klettern und dort tanzen sah. Da näherte er sich dem getöteten Feind. Und dabei bemerkte er, daß *Hazéétsoh* sich schon das Gesicht mit dem Blut des getöteten Ungeheurs bemalt hatte. Und dies hatte er zu sagen:

»Diese Zeichnung werde ich für den Rest meiner Tage tragen«, sagte er.

»Wenn die Zahl deiner Leute sich vervielfacht, und das wird sie nun gewiß tun, mögen sie sich an *Déélgééds* Blutdurst erinnern.

Mögen sie sich auch erinnern, wie ein armes altes Bakkenhörnchen dir einst half, dein Ziel zu erreichen.

Im übrigen sehe ich so viel jünger aus.«

So kam es, daß die Backenhörnchen bis auf den heutigen Tag rote Streifen im Gesicht tragen. Und so kam es auch, daß die Erdoberflächenleute und die Backenhörnchen einander seither stets gewogen waren.

Auch sah *Naayéé' neizghání*, daß *Na'azísí* bereits begonnen hatte, *Déélgééd* die Haut abzuziehen. Gemächlich nagte er an der Innenseite von dessen Vorderbeinen. Und als er genügend Haut entfernt hatte, legte er sich das Stück auf den Rücken.

»Diesen Pelz werde ich in kommenden Zeiten tragen«, sagte er.

»Wenn deine Leute sich dann vermehren, was sie nun ganz gewiß tun werden, mögen sie sich erinnern, was für ein Fell das schreckliche Gehörnte Ungeheuer trug.

Und sie werden sich erinnern, daß Erdhörnchen dein Verbündeter im Kampf gegen *Déélgééd* war.

Im übrigen bin ich so viel wärmer gekleidet.«

Daher haben Erdhörnchen bis heute ein dichtes Fell auf dem Rücken. Daher hat seither stets Einmütigkeit zwischen den Erdoberflächenleuten und den Erdhörnchen geherrscht.

Na'azísí, in seinen neuen Rock gekleidet, trennte ein Stück von *Déélgééds* Darm ab und füllte es mit Blut. Dann band er die Enden zu, damit das Blut nicht herausrinnen konnte. Außerdem schnitt er dem Ungeheuer ein Stück aus der Lunge heraus.

»Damit soll besiegelt sein, daß wir *Déélgééd*, das Gehörnte Ungeheuer, nicht länger fürchten müssen«, sagte er. »Wir können jetzt mit ihm tun, was wir wollen.«

Damit reichte er *Naayéé' neizghání* die beiden Teile und sagte dies zu ihm:

»Trage diese beiden Trophäen zu deinen Leuten«, sagte er zu ihm.

»Damit kannst du ihnen zeigen, daß du das Gehörnte Ungeheuer tatsächlich getötet hast.«

Das sagte *Na'azísí*, das Erdhörnchen, zu *Naayéé' neizghání*, dem Ungeheuertöter.

Als *Asdzą́ą́ nádleehé* ihren Sohn heimkehren sah, jauchzte sie vor Freude. Und nach der Begrüßung hatte sie ihn dies zu fragen:

»Wo bist du gewesen, seit du fortgingst?« fragte sie.

»Und was hast du unterdessen getan?

Fürwahr, ich hatte dich schon verloren geglaubt. Schlimmer noch, wir alle fürchteten, *Déélgééd*, das Gehörnte Ungeheuer, habe dich gefressen.«

Worauf *Naayéé' neizghání* diese Antwort gab:

»Ich war am *Bik'i halzhin*, wo dieses grausige Wesen einst lebte«, erwiderte er.

»Ich sah den Ort, wo *Déélgééd* einst auszuruhen pflegte.

Mit eigenen Augen sah ich, was für eine riesenhafte, vierfüßige gehörnte Bestie er war. Ich sah, daß er das Maul und die Freßlust eines Ungeheuers hatte.

Doch fürwahr, ich habe ihn getötet, und er wird uns nie wieder bedrohen.«

»O mein Sohn! mein Sohn!« sagte sie.

»Sprich nicht so.

Nenne diesen Namen nicht leichthin, weder im Scherz noch in trotziger Herausforderung.

Denn so du das tust, wird er gewiß über uns kommen und uns alle verschlingen.«

»Wenn du mir nicht glaubst«, sagte *Naayéé' neizghání*, »dann sieh, was ich mitgebracht habe.

Hier ist ein wenig von seinem Blut, aufbewahrt in einem Stück seines Darms. Und dies hier ist ein Stück von seiner Lunge.

Glaubst du jetzt, was ich dir sage?«

Doch bevor *Asdzą́ą́ nádleehé* antworten konnte, stellte er eine weitere Frage. Dies hatte er seine Mutter zu fragen:

»Sag mir, Mutter«, fragte er, »wo wohnen *Tsé nináhálééh*, das Vogelungeheuer, und seine Brut?

Denn ich möchte sie finden und vernichten.«

»O mein Sohn«, sagte sie da.

»Frage nicht, wo die *Tsé nináhálééhké* wohnen.

Du hast genug vollbracht.

Sei zufrieden mit dem, was du schon vollbracht hast.

Das Land der *Naayéé'* ist ein gefährlicher Ort, und die Ungeheuer sind schwer zu besiegen.«

»Das mögen sie wohl sein«, erwiderte *Naayéé' neizghání*.

»Doch hattest du es nicht auch schwer, als du mich gebarst? Und hast du es nicht trotzdem getan?«

Da gab *Asdzáá nádleehé* ihm dies zur Antwort:

»Nun gut, mein Sohn«, antwortete sie.

»Die Vogelungeheuer *Tsé nináhálééhké* leben am *Tsé bit'a'í*, dem Felsen mit Flügeln. Alles in allem sind es vier, die dort wohnen. Ein männliches Ungeheuer wohnt dort mit seiner Frau. Und sie haben zwei Kinder, die auch dort wohnen.

Geh dorthin, wenn es denn sein muß. Doch nähere dich ihnen vorsichtig. Denn sie sind wild und stark.

Und behalte stets dein eines, wahres Ziel vor Augen, mein Sohn.«

Naayéé' neizghání, der Ungeheuertöter, erhob sich früh am nächsten Morgen und machte sich allein davon, die Felsenvogelungeheuer zu suchen. Mit sich nahm er das Darmstück, welches das Blut von *Déélgééd*, dem Gehörnten Ungeheuer, enthielt.

Er begab sich zum *Tsézhin dits'in* in den *Ch'óshgai*-Bergen, wo er hoch hinaufstieg, bis er an eine Stelle kam, wo zwei Riesenschlangen lagen und sich sonnten. Ohne Furcht schritt er keck über den Rücken der einen Schlange, sprang dann hinüber auf die andere und schritt auch auf ihrem Rücken dahin.

Keine der Schlangen regte sich, als er von der einen auf die andere hinübersprang, so leichtfüßig bewegte er sich. Und so ging er weiter, ließ die Berge hinter sich und durchmaß die Ebene dahinter.

Die Schlangen aber wurden zu Stein und sind es bis auf den heutigen Tag. Sie bilden eine willkommene Brücke, über die der Wanderer von den Gipfeln der *Ch'óshgai* oder Weißtannenberge, wie man sie heute in der Sprache von *Bilagáana*, dem Weißen Mann, nennen würde, ostwärts absteigen kann.

Weiter wanderte er über die Ebene und ließ die Berge weit hinter sich. Bis er schließlich *Tsé bit'a'í*, den Felsen mit Flügeln, in der Ferne sah. Das war ein großer schwarzer Fels, der hoch über der ebenen Wüste aufragte. Und er ähnelte einem Vogel mit gespreizten Schwingen, der gerade auffliegen will.

Während *Naayéé' neizghání* nun weiter auf diesen Felsen zuging, hörte er über sich ein atemberaubendes Geräusch. Es klang wie das Tosen eines Wirbelwinds, der den Staub emporreißt und ganze Sanddünen an einem Ort verschwinden und an einem anderen wieder auftauchen läßt.

Aufschauend erblickte er eine Kreatur, deren Gestalt an einen Adler erinnerte. Von Osten her flog dieses Wesen auf ihn zu. So groß war es, daß es die Sonne verdeckte und den Himmel verfinsterte. *Naayéé' neizghání* erkannte in ihm den männlichen *Tsé nináhálééh*, den aufzusuchen seine Mutter ihm abgeraten hatte. Und als dieser nun auf ihn herabstieß, konnte er sich nur mit knapper Not gerade noch zu Boden werfen. Die Klauen wie Flintsteinhaken ausgestreckt, mit denen er ihn davonzutragen trachtete, rauschte er über ihn hinweg und verfehlte ihn nur um Haaresbreite.

Als *Naayéé' neizghání* aufblickte, um *Tsé nináhálééh* nachzuschauen, machte dieser eine scharfe Kehre und schoß wieder auf ihn los, diesmal von Süden her. Wieder spürte er den Luftzug seines Flügelschlags. Wieder verdunkelte sich der Himmel über ihm. Wieder warf *Naayéé' neizghání* sich zu Boden, während das Ungeheuer mit zupackenden Klauen auf ihn herabstieß, um ihn davonzutragen. Und wieder verfehlte ihn das geflügelte Wesen nur um Haaresbreite und rauschte über ihn hinweg.

Abermals erhob sich der Krieger, um das Ungeheuer im Flug zu sehen. Er sah es eine scharfe Kehrtwendung machen und diesmal von Westen auf ihn zufliegen. Und abermals hörte er den Wind des Flügelschlags heranbrausen, während der Himmel sich verfinsterte. Abermals warf er sich mit dem Gesicht nach unten auf den Boden, als der Vogel zustieß, und diesmal streiften die Klauen schon seinen Rücken. Nur eine Krallenlänge fehlte noch, und das Ungeheuer hätte ihn ergriffen und fortgetragen.

Noch einmal stand *Naayéé' neizghání* auf, um den Flug seines Feindes zu verfolgen. Er sah ihn eine scharfe Kehre fliegen und dann genau von Norden her auf sich zukommen. Er schlug den Himmel mit seinen Schwingen, bis der Wind wie in einem Wintersturm heulte, bis der Himmel sich wie in einer mondlosen Winternacht ganz verfinsterte.

Noch einmal warf *Naayéé' neizghání* sich flach auf die Erde, als *Tsé nináhálééh* auf ihn herabstieß, die Klauen gestellt wie bei einem Adler, der eine Feldmaus packt.

Auf diese Weise ergriff dieses Wesen den Ungeheuertöter schließlich doch, hob ihn vom Boden und trug ihn hoch in den Himmel hinauf, dann hinüber bis zu den obersten Felsgesimsen des *Tsé bit'a'í*, und weiter.

An einer Seite dieser turmhohen Mesa befindet sich auf drei Vierteln der Höhe ein breiter, ebener Vorsprung. Dort ziehen die *Tsé nináhálééhké* ihre Jungen groß, und dorthin ließ der Ungeheuervogel *Naayéé' neizghání* nun hinabfallen.

So pflegte er seine Opfer zu töten, damit seine Brut sich an ihnen sättigen und gedeihen konnte. Und während seine Beute noch hinabstürzte, ließ der Ungeheuervogel sich auf der obersten Zacke der Mesa nieder, um seinen Kindern beim Fressen zuzuschauen.

Gewiß wäre dieser Sturz *Naayéé' neizghánís* Tod gewesen, hätte er nicht daran gedacht, den heiligen *naayéé' ats'os* aus Lebensfedern mitzunehmen, den *Na'ashjé'ii asdzáá̧*, die Spinnenfrau, ihm und seinem Bruder mit auf den Weg gegeben hatte. Den griff er im Fallen nun ganz fest und hielt ihn über seinen Kopf. Auf diese Weise schwebte er sanft wie ein Vogel hinab, und wie ein Vogel gleitend landete er.

Sobald er festen Halt auf dem Gestein gefunden hatte, schnitt er *Déélgééds* Darmstück auf, das er ebenfalls bei sich trug. Und er ließ das Blut des Gehörnten Ungeheuers so über den Fels fließen, daß *Tsé nináhálééh* ihn von seinem hohen Sitzplatz aus für tot halten mußte.

Unterdessen näherten sich die beiden noch nicht flüggen Vogelungeheuer der vermeintlich toten Beute ihres Vaters, um sich daran gütlich zu tun. Doch als sie gerade zu picken beginnen wollten, rief *Naayéé' neizghání*:

»Shuuh! Shuuh!« rief er.

»Na! Na! Was tut ihr denn da?«

Da stoben die jungen Vögel zurück, schlugen mit ihren winzigen Flügeln und riefen zu ihrem Vater hinauf, der von oben zuschaute.

»Das Ding da ist noch nicht tot«, riefen sie.

»Es spricht zu uns.

Es sagt Shuuh! Shuuh!«

»Achtet nicht auf das, was es sagt«, erwiderte der Vater.

»Was ihr da hört, ist nichts als die Luft, die aus seinem Körper entweicht.

Beachtet es nicht und eßt euch satt.«

Dann flog er fort, um weitere Beute zu suchen.

Als der Vatervogel verschwunden war, stand *Naayéé' neizghání* auf und sprach die beiden Jungen kühn mit diesen Worten an:

»Sagt mir«, sprach er.

»Sagt es mir sofort!

Wann wird euer Vater wiederkommen?

Und wo wird er sich niederlassen, wenn er zurückkehrt?«

»Er wird mit dem männlichen Regen zurückkommen«, erwiderten sie.[54]

»Er wird kommen, wenn der Donner brüllt und seine Blitze zucken.

Und er wird sich auf dem Felsen dort oben niederlassen, rechts von der Stelle, wo du jetzt stehst.«

Dann verlangte *Naayéé' neizghání* noch dies von den jungen *Tsé nináhálééhké* zu wissen:

»Sagt mir auch«, verlangte er zu wissen.

»Und sagt es mir schnell!

Wann wird eure Mutter zurückkommen?

Und wohin wird sie sich setzen, wenn sie wiederkommt?«

»Sie wird mit dem weiblichen Regen zurückkommen«, antworteten sie.

»Sie wird kommen, wenn seine sanfte Nässe fällt und eine warme Brise geht.

Und sie wird sich auf der Zacke dort niederlassen, links von der Stelle, wo wir jetzt stehen.«

Naayéé' neizghání brauchte nicht lange zu warten, bis der männliche Regen zu fallen begann.

Harte Tropfen fielen. Der Donner grollte. Blitze zuckten. Der Wind wehte heftig und kalt von Norden her. Und richtig! Der männliche *Tsé nináhálééh* stieß vom Himmel herab wie eine sinkende schwarze Wolke.

Er hockte sich auf den Felsen, den die Jungen bezeichnet hatten, und legte die Flügel an. Im nämlichen Augenblick schleuderte ihm der Krieger einen der mächtigen Wetterleuchtpfeile entgegen, die *Jóhonaa'éí hataa'*, sein Vater Sonne, ihm gegeben hatte.

Sofort brach das Ungeheuer zusammen und fiel vornüber. Hinunter stürzte er, tief, tief, tief hinunter bis auf die Erde am Fuße des *Tsé bit'a'í.*

Nach einer Weile begann wieder Regen zu fallen.

Doch diesmal gab es weder Donner noch Blitz, weder Wind noch Kälte. Diesmal fiel er sanft. Und warm. In weichen, sanften Schauern kam er von Süden her.

Und während der weibliche Regen noch fiel, schlug der Körper einer Pueblofrau auf dem Felsvorsprung auf. Sie

war in feine Tücher gehüllt und mit Ohrgehängen und Hals-
ketten aus wunderschönen Muscheln und Türkisen geschmückt.

Naayéé' neizghání schaute auf und sah das weibliche Vogelungeheuer auf ihren Sitzplatz zu seiner Linken zufliegen.
Sie jagte Frauen, wie ihr Mann es auf Männer abgesehen
hatte.

Und kurz darauf glitt sie herab wie ein feiner, stiller Nebel und landete auf ihrer Lieblingszacke. Doch kaum war
sie gelandet, da schleuderte ihr der Krieger auch schon
den nächsten seiner mächtigen Wetterleuchtenpfeile entgegen.

Augenblicklich sank sie vornüber und stürzte bis zum
Fuß des *Tsé bit'a'í* hinab. Hinunter stürzte sie, tief, tief, tief
hinunter, bis sie unten auf dem harten Boden aufschlug.

»Ahálaáne'! Ahálaáne'!« schrien die Jungen, als sie ihre
Mutter abstürzen sahen.

»Wehe uns! Wehe uns!«

»Hört auf zu jammern!« befahl *Naayéé' neizghání.*

»Ich werde euch nicht töten.

Wäret ihr ausgewachsen wie eure Eltern, so würde ich
nicht zögern. Denn dann würdet ihr ja meine Leute verschleppen, wie sie es getan haben.

Aber ihr seid noch jung.

Für euch ist noch Zeit, euch zu wandeln, etwas Nützliches
zu werden für meine Leute und für die Erdoberflächenleute
künftiger Zeiten, in denen Männer und Frauen sich wieder
mehren werden in diesem Land.«

Mit diesen Worten ergriff er das ältere der beiden Vogel-
ungeheuerkinder und verkündete dies:

»Du sollst den Menschen Federn geben, die sie bei ihren
Zeremonien benutzen können«, verkündete er.

»Von dir sollen sie die Knochen für ihre Pfeilinstrumente
bekommen.

Hoch droben sollst du friedlich schweben, daß der Mensch der ungeheuren Weite des Himmels gewahr wird.«

Und während er das sagte, schwenkte er den jungen Vogel viermal hin und her.

Und der verwandelte sich dabei in einen schönen Vogel mit starken Schwingen.

»Suk! Suk!« rief er, wie es solche Vögel bis auf den heutigen Tag tun.

»Suk! Suk!« wiederholte er, als *Naayéé' neizghání* ihn himmelwärts warf, wobei er sich in einen Adler verwandelte. Weit spreizte er die Schwungfedern und schwebte hoch hinauf in den Himmel, bis er nicht mehr zu sehen war.

Auf diese Weise kamen die Adler in die Welt, und es gibt sie bis auf den heutigen Tag.

Dem zweiten der beiden jungen Vogelungeheuer verkündete *Naayéé' neizghání* dies:

»Was aber dich angeht«, verkündete er, »so sollst du den Erdoberflächenleuten, die ihr Schicksal zu ergründen suchen, Vorausschau ermöglichen.

Manchmal wirst du die Wahrheit sagen. Und manchmal wirst du lügen.

Es wird den Menschen überlassen bleiben zu unterscheiden, was wahr und was unwahr ist.

So sollen sie von dir lernen, zwischen Weisheit und Torheit zu unterscheiden.«

Und während er das sagte, schwang er den Vogel viermal hin und her. Da wurde sein Kopf groß. Sein Körper rundete sich. Seine Augen wurden weit. Und er rief:

»Uwuu! Uwuu!« rief er, wie solche Vögel bis auf den heutigen Tag rufen.

»Uwuu! Uwuu!« rief er wieder, als *Naayéé' neizghání* ihn hoch in die Luft warf, wo er die Gestalt einer Eule annahin.[55] Er breitete die Flügel aus und kreiste abwärts, bis er auf halber Höhe der Felswand einen Rastplatz fand, von wo aus er künftig auf alles herabschauen konnte, was drunten auf der Oberfläche der Erde geschehen würde.

Auf diese Weise kamen Eulen in die Welt, und es gibt sie bis auf den heutigen Tag.

Da nun seine Arbeit am *Tsé bit'a'í* getan war, wollte *Naayéé' neizghání* sich heimwärts wenden.

Da aber merkte er, daß er noch hoch droben auf dem Felsvorsprung stand und es von dort aus keinen Abstiegsweg gab. Nur ein geflügeltes Wesen konnte dorthin gelangen oder von dort wieder fortkommen.

Sonne stand jetzt schon auf halbem Wege zwischen dem Scheitel des Himmels und dem westlichen Horizont.

Während er noch überlegte, wie er hinuntergelangen könne, sah er *Jaa'abaní asdzáá̜*, die Fledermausfrau, unten am Fuß der Felswand entlanggehen.[56]

»Shimásání!« rief er zu ihr hinunter.

»Kleine Großmutter!

Komm herauf und hilf mir hinunter!«

»T'áadoo«, erwiderte sie, indem sie zu ihm hinaufschaute und die Stim runzelte.

»Geh weg.«

Und sie verkroch sich hinter einem Stein, wo er sie nicht sehen konnte.

Doch sehr bald lugte sie hinter dem Stein hervor. Und als *Naayéé' neizghání* sie sah, rief er sie ein zweites Mal an.

»Bitte, Großmutter!« rief er.

»Es wird spät, und ich muß hinunter.«

» T'áadoo shaa«, erwiderte sie.

»Geh weg. Geh mir aus den Augen!«

Und wieder versteckte sie sich hinter dem Stein, wo sie nicht zu sehen war.

Doch über ein Weilchen lugte sie wieder hervor. Und als *Naayéé' neizghání* sie sah, rief er ihr abermals zu:

»Bitte, Großmutter, bitte!« rief er.

»Andere haben mir auch geholfen. Warum du nicht?«

» T'áadoo shaa nánít'íní!« antwortete sie ärgerlich.

»Geh weg und laß mich in Ruhe! Ich will nichts mit dir zu tun haben.«

Erneut verkroch sie sich hinter dem Felsen, wo man sie nicht sehen konnte.

Bis sie sich endlich wieder zeigte. Und als *Naayéé' neizghání* sie erblickte, rief er sie abermals an:

»Großmutter, bitte, bitte!« rief er.

»Hilf mir doch von diesem Felsen herunter, bevor es ganz dunkel wird.

Na'azísí, das Erdhörnchen, half mir, und ich habe ihn mit der Haut von *Déélgééd*, dem Gehörnten Ungeheuer, belohnt. *Hazéétsoh*, das Backenhörnchen, half mir, und ich gab ihm *Déélgééds* Blut, um sich das Gesicht damit zu bemalen. Du solltest sehen, wie gut er jetzt aussieht.

Wenn du mir hilfst, werde ich auch dich belohnen. Vielleicht möchtest du ja die Federn von *Tsé nináhálééh*, dem Vogelungeheuer.«

Als sie das hörte, huschte sie zum Fuß der Felswand und verschwand einen Augenblick. Doch bald hörte *Naayéé' neizghání* ein sonderbares schlagendes Geräusch. Und dann vernahm er ihre Stimme, und sie sagte dies:

»Schließe die Augen«, hörte er sie sagen.

»Schließe die Augen und tritt zurück, damit du mich nicht sehen kannst.

Schau mich nicht an, während ich dich hinuntertrage.

Denn ich bin ein häßliches Wesen. Ich wünsche von dir und deinesgleichen nicht gesehen zu werden.«

Er tat, was ihm gesagt wurde, und im nächsten Augenblick stand *Jaa'abaní asdzą́ą́*, die Fledermausfrau, neben ihm.

»Schnell!« befahl sie.

»Steig in meinen Korb hier, und ich werde dich hinunterbringen.«

Er betrachtete den großen Tragekorb auf ihrem Rücken. Er sah, daß er an Riemen hing, so dünn wie Spinnfäden.

»Großmutter«, sagte er.

»Ich fürchte mich, in diesen Korb zu steigen.«

»Tu, was ich sage«, befahl sie. »Du hast nichts zu befürchten.«

»Aber Großmutter, der Korb wird mich nicht tragen«, sagte er.

»Tu, wie dir geheißen wird«, erwiderte sie. »Habe Vertrauen.«

»Aber, kleine Großmutter, der Korb ist so groß, und du bist so klein«, wandte er ein.

»Warum weigerst du dich?« fragte sie. »Hast du Angst, weil ich so häßlich und so klein bin?«

»Dieser Korb ist so groß, und die Riemen, mit denen er an dich gebunden ist, sind so dünn«, sagte er.

»Hör zu«, sagte sie.

»Ich kann einen ganzen Hirsch in diesem Korb tragen. Da werde ich dich doch wohl auch tragen können.

Warum hast du kein Vertrauen zu einem häßlichen Wesen? Also gut.

Fülle den Korb mit Steinen und Felsbrocken, wenn du Angst hast. Und dann schau zu, wie ich sie zum Fuß der Felswand hinuntertrage.

Sieh selbst, ob ich stark genug bin, dich von hier fortzubringen.«

So füllte er also ihren Korb mit Felsbrocken und Steinen. Und er schaute ihr zu, wie sie mit dem schwer beladenen Korb auf dem Rücken herumtanzte. Die Steine im Korb schlugen klappernd aneinander, doch die Netzriemen hielten den Korb sicher auf ihrem Rücken.

»So«, sagte sie.

»Muß ich damit jetzt noch fliegen, um dich zu überzeugen?«

»Nein«, erwiderte er.

»Dann steig ein«, sagte sie.

»Doch halte die Augen geschlossen.

Ich wünsche nicht, von dir angestarrt zu werden, während wir fliegen.«

Zunächst tat er, was sie ihm sagte. Er stieg in den Korb und hielt sich am Rand fest, als sie losflog. Er kniff die Augen zu und spürte, wie sie langsam sanken.

Doch dann hörte er den seltsamen Laut, den ihre Flügel machten, wenn sie schlugen. Es war ein Laut, wie er ihn noch nie gehört hatte, und er flößte ihm Furcht ein. Da öffnete er die Augen und schaute. Und im selben Augenblick war ihm, als stürzte er lotrecht ab.

»Mach die Augen zu!« schalt *Jaa'abaní asdząą́.* »Hast du nicht gehört, was ich dir sagte?«

Er gehorchte, und wieder hatte er das Gefühl, langsam zu sinken.

Doch dann beunruhigte ihn die Bewegung ihrer Flügel abermals. Sie schienen mal schneller und mal langsamer zu schlagen. Und sie machten dieses sonderbare Geräusch. Wieder öffnete er die Augen, um sie im Flug zu beobachten. Und im selben Augenblick fühlte er sich wieder wie im freien Fall.

»Tu, was man dir sagt!« keifte *Jaa'abaní asdząą́.* »Warum hörst du denn nicht?«

Worauf er die Augen schloß und wieder ein sanftes Sinken spürte.

Doch dann erschien ihr Flug ihm seltsam unregelmäßig. Ihm war, als neigte sie sich mal zur einen und mal zur anderen Seite. Und der Klang der Flügel flößte ihm immer noch Furcht ein. So sehr füchtete er sich, daß er abermals die

Augen öffnete, um zu sehen, wohin der Flug ging. Doch kaum hatte er das getan, als sie auch schon wie ein Stein vom Himmel zu fallen schienen, mit schwindelerregender Schnelligkeit.

»Willst du denn immer noch nicht hören?« schrie *Jaa'abaní asdzą́ą́*, die Fledermausfrau. »Schließe sofort die Augen, oder es ist aus mit dir.«

Gehorsam schloß er die Augen, und gleich empfand er wieder dieses sichere Gefühl des langsamen, gleichmäßigen Sinkens.

Dann wurde er jedoch erneut auf das sonderbare Geräusch ihrer Flügel aufmerksam. Jetzt klangen sie, als schlügen sie gegen Fels. Er glaubte, sie würden nun jeden Augenblick gegen die Felswand schlagen, und wollte sich vergewissern. Da öffnete er die Augen, um zu sehen, wo sie waren. Doch er sah überhaupt nichts, denn sie stürzten jetzt wieder geradewegs in die Tiefe, schneller und schneller ging es in sausendem Fall auf die Erde zu, daß es ihm schier den Atem benahm.

»Wenn du weiter leben willst, dann wirst du jetzt die Augen schließen!« schrie *Jaa'abaní asdzą́ą́*. »Du wirst sie schließen, wenn du deine Leute wiedersehen willst. Du wirst sie schließen, wenn du noch irgendeines der anderen Ungeheuer töten willst.«

Da schloß er die Augen, und wieder fühlte er sich sanft erdwärts schweben. Und nun mochte der weitere Abstieg noch so schwankend sein, mochten ihre Flügel noch so seltsame Laute erzeugen, er beherrschte sich und schaute nicht mehr hin. Endlich erreichte er unversehrt den Fuß der Felswand, und wohlbehalten stieg er aus dem Korb.

»Jetzt«, sagte *Naayéé' neizghání*, »sind die Federn des Vogelungeheuers dein.«

»Hilf mir, sie zu sammeln«, befahl *Jaa'abaní asdzą́ą́*.

»Denn je schneller ich mein Aussehen ändere, um so besser.

Ich habe es satt, so häßlich zu sein. Ich habe es satt, daß man mir wegen meines Aussehens mißtraut.«

So rupften sie denn zusammen den toten *Tsé nináhálééh*. Sie zogen ihm eine nach der anderen die Federn aus und legten sie in den Korb. *Naayéé' neizghání* bestand allerdings darauf, zwei der größten Federn als Trophäen für sich zu behalten.

Als sie fertig waren, half er *Jaa'abaní asdzą́ą́,* ihre Last auf den Rücken zu heben, und dann empfahl sie sich eilends. Als sie losging, rief *Naayéé' neizghání* ihr noch die Mahnung nach, die jetzt trocken liegenden Betten zweier zeitweiliger Seen zu meiden. Das eine war mit Kräutern und Gräsern dicht bewachsen, das andere mit Sonnenblumen.

»Wenn du da hindurchgehst«, warnte er, »könnte es sein, daß du deine Federn gar nicht lange genug hast, um sie selber anlegen zu können.«

Trotz dieser Warnung ging sie jedoch geradewegs auf das Sonnenblumenfeld zu, so eilig hatte sie es, sich seinem Blick zu entziehen und ihr Aussehen zu verändern.

»Ich sage es noch einmal«, rief er abermals, während sie davonhastete. »Geh nicht durch die Sonnenblumen!«

Doch sie ging einfach weiter. Und während sie ging, war aus ihrem Korb ein leises Flattern zu vernehmen.

»Hör doch auf mich!« rief *Naayéé' neizghání* wieder. »Geh nicht durch das Sonnenblumenfeld.«

Aber sie ging in derselben Richtung weiter und trat gerade zwischen die erste Sonnenblumen. Und das Flattern in ihrem Korb wurde lauter. Und seltsam kleine Vögel flogen an ihrem Ohr vorbei in den Himmel.

»Was du auch tust«, wiederholte *Naayéé' neizghání,* »geh nicht dort entlang!«

Doch sie achtete nicht auf ihn und ging geradewegs auf die Mitte des Sonnenblumenfeldes zu. Immer mehr Vögel flatterten unterdessen aus ihrem Korb – Vögel aller Größen und aller Spielarten des Gefieders, Vögel, die sie noch nie gesehen hatte; in Schwärmen erschienen sie und erfüllten die Luft um ihren Kopf. Vögel flogen in alle Richtungen, zwitschernd und mit den Flügeln schlagend, bis der ganze Himmel davon erfüllt zu sein schien.

»Die Gehorsam wünschen, sollten auch selbst gehorchen können!« rief *Naayéé' neizghání* ihr zu. »Wer wünscht, daß man auf ihn hört, sollte auch selbst hören.«

Unterdessen war *Jaa'abaní asdzą́ą́* stehengeblieben und schaute sich um. Und sehr verwundert bemerkte sie jetzt, daß all die Vögel, die sie sah und hörte, aus dem Korb auf ihrem Rücken schwärmten.

Sie versuchte sie zurückzuhalten. Sie versuchte sie zu ergreifen, wenn sie aus dem Korb flogen. Sie griff in die Luft und suchte sie dort noch zu erhaschen. Und dann fuchtelte sie herum, um sie in den Korb zurückzuscheuchen. Doch was sie auch versuchen mochte, sie bekam keinen zurück. Nicht einen einzigen konnte sie wieder einfangen.

Schließlich setzte sie den Korb ab und sah hilflos zu, wie die kostbaren Federn des toten *Tsé nináhálééh* zu neuem Leben erwachten, sich aufschwangen und als Vögel aller Art davonflogen.

Sie flogen fort als Zaunkönige. Sie flogen fort als Sänger. Sie flogen fort als Sperlinge. Sie flogen fort als Meisen. Alle flogen sie davon, bis der Korb von *Jaa'abaní asdzą́ą́* vollkommen leer war. Und da saß sie nun ganz allein inmitten der Sonnenblumen, so häßlich wie eh und je und so häßlich, wie sie immer sein würde.

So kam es, daß die kleinen Vögel erschaffen wurden, und deshalb gibt es sie bis auf den heutigen Tag. Und so kam es auch, daß *Jaa'abaní*, die Fledermaus, ein häßliches Wesen blieb und es heute noch ist – beargwöhnt von jedermann, der sie und ihresgleichen sieht.

Aus diesem Grund fliegen die Fledermäuse nur bei Nacht und scheuen das helle Tageslicht, so ist gesagt.

11

Auch ist gesagt, *Naayéé' neizghánís* Bruder sei bei dessen Rückkehr sehr erleichtert gewesen. Denn dies hatte er ihm zu sagen:

»Ich beobachtete aufmerksam den heiligen Gebetsstab«, sagte er.

An jedem Augenblick deiner Abwesenheit habe ich ihn beobachtet.

Am Mittag begann der schwarze Rauchstab zu brennen, und ich war in großer Sorge. Ich wußte, daß du in Gefahr warst, und gedachte dir zur Hilfe zu kommen.

Bald jedoch erlosch das Feuer wieder. Da dachte ich mir, die Gefahr sei vorüber, doch sicher wußte ich es nicht.«

Das sagte *Tó bájísh chíní*, das Wasserkind, zu seinem Bruder *Naayéé' neizghání*, dem Ungeheuertöter. Und dies erwiderte jener:

»Das muß zu der Zeit gewesen sein, als *Tsé nináhálééh* mich ergriff«, erwiderte er.

»Er packte mich und trug mich hoch über die Erdoberfläche hinauf. Dann ließ er mich auf die Felsen über dem *Tsé bit'a'í* fallen, und da er mich tot wähnte, überließ er mich seinen Kindern zum Fraß.«

Sonst hatte er dem nichts hinzuzufügen.

Ohne noch ein Wort zu sagen, hängte er seine Trophäen an die Ostwand der Hütte, wo er sich niedersetzte, um ein wenig auszuruhen.

Dann fragte er seine Mutter, wo *Tsé dah hódzííłtáłi*, das Tretende Ungeheuer, lebte.

Wieder gab *Asdzą́ą́ nádleehé* zu bedenken, daß die Ungeheuer gefährlich seien. Sie versuchte ihren Sohn davon abzubringen, ihnen weiterhin nachzustellen. Doch wieder gab sie schließlich nach und sagte ihm, das Wesen, das er jetzt suche, wohne am *Tsé deez'áhí*, dem Felsgrat. Gewiß werde es dort zu finden sein.

So machte *Naayéé' neizghání* sich am nächsten Morgen auf die Suche nach *Tsé dah hódzííłtáłi*, Der-Leute-von-den-Klippen-tritt.

Dieses Ungeheuer lebte hoch droben an einem steilen Berghang. Ein Pfad führte an der Stelle vorbei, wo er gern zwischen den Felsen lag und sich in der Sonne wärmte. Doch kam jemand des Weges, so stieß er ihn mit einem Tritt in den tiefen Abgrund.

Naayéé' neizghání war noch nicht weit zwischen die Gipfel des *Tsé deez'áhí* hineingewandert, als er auf einen deutlich ausgetretenen Pfad stieß. Er folgte ihm und bemerkte, daß er die Seitenwand einer Schlucht hinaufführte, die sich tief in den Berg einschnitt. Immer höher kletterte er diesen schmalen Pfad empor, bis die Luft dünn und kalt wurde. Immer weiter stieg er, bis er schließlich eine riesenhafte, menschenähnliche Kreatur sah, die in einer Wegausbuchtung saß und sich an die Felswand lehnte.

Dort lag das Ungeheuer friedlich, wie in innere Betrachtung versunken, ein Bein angewinkelt und über das Knie des anderen gelegt, so daß der Fuß lässig über dem Schienbein baumelte. Ein träges Lächeln schien sagen zu wollen, daß es keinerlei böse Absichten hegte.

Naayéé' neizghání lief weiter, als fürchtete er keine Gefahr. Doch im Gehen beobachtete er den Riesen wachsam aus den Augenwinkeln. Und als er am Ruheplatz des Riesen vorbeikam, stieß der eben noch baumelnde Fuß mit erschreckender Schnelligkeit zu. Ebensoschnell sprang jedoch der Ungeheuertöter zurück und entging nur knapp dem Tritt, der ihn in den Abgrund gestoßen hätte.

»Warum trittst du so nach mir?« herrschte er den Riesen an.

»Oh, mein Enkel, bitte vergib mir«, erwiderte der.

»Ich ruhte nur eben hier aus und dachte über dies und das nach.

Ich wollte nur einmal mein Bein strecken.«

Und damit lehnte er sich wieder an den Felsen zurück, lächelte unschuldig, entspannte sich und schien die Augen in aller Zufriedenheit zu schließen.

Viermal versuchte *Naayéé' neizghání* so an ihm vorbeizukommen. Und viermal trat *Tsé dah hódzíítʼáłi* vergebens nach ihm. Viermal fragte der Krieger den Riesen, weshalb er ihn zu treten versuchte, und viermal erhielt er dieselbe Antwort.

Doch endlich ergriff *Naayéé' neizghání* das große Steinmesser mit der breiten Klinge, das er von *Jóhonaaʼéí hataaʼ*, seinem Vater Sonne, bekommen hatte. Damit zerhieb er dem Ungeheuer mit einer schnellen, kraftvollen Bewegung die Augen. Immer wieder schlug er auf ihn ein, immer wieder, bis er sicher war, daß er diese üble Kreatur, deren Tritte so tödlich waren, erschlagen hatte.

Als er den tretenden Riesen getötet hatte, überraschte es ihn jedoch, daß die Leiche nicht in den Abgrund stürzte. Mit dem Messer versuchte er ihn an verschiedenen Stellen loszuschneiden, fand jedoch nicht gleich heraus, was ihn so festhielt.

Bis er schließlich genauer hinschaute und erkannte, daß sein langes Haar in alle Felsspalten hineinwuchs wie die Wurzeln einer Bergkiefer. Da hieb er überall die Haare durch, bis der leblose Körper endlich abrutschte und die steile Felswand hinunterkollerte, bis er nicht mehr zu sehen war.

Gleich darauf hörte *Naayéé' neizghání* ein zänkisches Geschrei, das von unten heraufdrang.

»Ich will die Augen«, schrie eine der Stimmen. »Die schmecken am allerbesten.«

»Die Arme sind für mich!« schrie eine andere. »Gebt mir einen Arm!«

»Mir gehört die Leber!« forderte eine andere dieser kreischenden Stimmen.

»Nein, tut sie nicht!« schrie wieder eine andere. »Die Leber gehört mir! Nimm du ein Bein.«

»Ah«, dachte der Ungeheuertöter.

»Das müssen die Kinder des Riesen sein, die sich um die Überreste ihres Vaters streiten.

Sie würden sich jetzt um mich reißen, wäre ich seinen tödlichen Tritten nicht ausgewichen.«

Er versuchte über die Steilwand zu der Stelle abzusteigen, von der die Stimmen kamen. Zuerst ging er den Pfad weiter, der ihn zu *Tsé dah hódzíílłálí* geführt hatte. Doch dieser Pfad endete kurz hinter der Stelle, wo er das Ungeheuer getötet hatte. So verfolgte er seine Schritte zurück, bis er einen anderen Pfad fand, der zum Fuß der Felswand führte.

Als er zum Grund der Schlucht gelangte, wurde er der Kinder des tretenden Riesen ansichtig, welche die Leiche ihres Vaters inzwischen mit Haut und Haaren verschlungen hatten. Sie waren zwölf an der Zahl, und alle ihre Gesichter waren blutverschmiert.

Er fiel über sie her und hieb mit dem großen Steinmesser auf sie ein. Sie versuchten zu entkommen, doch er war zu schnell und zu stark für sie. Alle außer einem konnte er töten. Dieser eine war schneller als die anderen, und es gelang ihm, auf einen Felsen in der Schlucht zu klettern.

Aber *Naayéé' neizghání* setzte ihm nach, und endlich bekam er auch ihn zu fassen. Er packte ihn mit einer Hand am

Hals und hielt ihn fest. Dabei schaute er das Ungeheuerkind an und prallte angewidert zurück. Wie schmutzig es war! Was für ein gräßlich entstelltes Gesicht es hatte!

»Du häßliches Wesen«, sagte *Naayéé' neizghání.*

»Als ich sah, wie leichtfüßig du warst und mit welch herrlichen Sätzen du auf diesen Felsen sprangst, da dachte ich, du seist ein stattlicher, ein würdiger Gegner.

Doch wenn ich nun in dein abstoßendes Gesicht schaue, kann ich mich nicht einmal überwinden, dich zu töten.

Ich werde dich am Leben lassen.

So widerwärtig du auch bist, vielleicht kannst du den Wesen dieser Welt letztlich doch auf irgendeine Weise dienlich sein.«

Bei diesen Worten hielt er das junge Ungeheuer am ausgestreckten Arm, die Hand immer noch um sein Genick, doch so, daß sein Gesicht nun von ihm abgewendet war. Und er drehte sich nach Norden und sagte dies:

»Geh nach Norden«, sagte er.

»Geh zum *Naatsis'áán,* dem fernen Berg, den du dort am Horizont siehst.

Es ist dort kalt und öd.

Dort peitscht der Nordwind das Land.

Dort sind die Nächte länger und die Tage kürzer.

Hart wirst du dort arbeiten müssen, wenn du überleben willst. Für immer sollst du dort umherwandern, nackt und hungrig sein.

Solltest du oder einer deiner Nachkommen jemals irgendwo anders gesehen werden, so werde ich selbst dafür sorgen, daß du doch noch getötet wirst.«

Dabei schüttelte er die unselige Kreatur in der Faust seines ausgestreckten Armes. Als er mit dem Schütteln aufhörte und das Ungeheuer losließ, sprossen diesem lange, knochige Flügel, und wie ihm gesagt worden war, flog es in Richtung der fernen Gipfel des *Naatsis'áán* davon.

Dort wurde es als *Jeeshóó*, der Bussard, bekannt. Bis auf den heutigen Tag leben seine Nachkommen dort unter den Paiute, und man nennt sie Aasfresser der Wüste, weil sie sich am Fleisch der Toten laben. Bis auf den heutigen Tag werden sie von allen anderen Wesen gemieden und verachtet.

Dann kehrte *Naayéé' neizghání*, der Ungeheuertöter, an die Stelle zurück, wo die Kinder von *Tsé dah hódzíiltáłii*, dem Ungeheuer, das Leute von den Klippen tritt, über ihren Vater hergefallen waren und seine Überreste gefressen hatten. Nichts außer ein paar Knochen und dem Skalp war von ihm übrig. Da schnitt der Krieger ihm als Trophäe eine Haarlocke ab und nahm sie mit nach Hause.

»Nun sage mir«, verlangte *Naayéé' neizghání* von seiner Mutter *Asdząą nádleehé*, der Sich Wandelnden Frau, zu wissen.

»Sag mir, wo ich die Wohnung von *Binaayéé agháni* finden kann. Jetzt möchte ich die Ungeheuer vernichten, die mit ihren Augen töten.«

Doch wie zuvor bat seine Mutter ihn, nicht zu gehen. Sie gab zu bedenken, daß die Ungeheuer mächtig und gefährlich seien. Doch wie zuvor bestand er darauf, und wie zuvor gab sie schließlich nach und antwortete:

»Die Wesen, die du suchst, wohnen am *Tsé ghálzhiní*«, antwortete sie. »Am Felsen-mit-dem-Schwarzen-Loch wirst du sie finden.«

Solch einen Ort gibt es bis auf den heutigen Tag. Er hat sich zwar ein wenig verändert, seit *Binaayéé agháni*, das Ungeheuer, das mit den Augen tötet, dort wohnte, aber nach wie vor ist eine Öffnung an seiner Seite, die einer Tür ähnlich sieht. Und oben hat der Felsen eine zweite Öffnung, die wie ein Rauchabzug aussieht. Jeder, der will, kann sich diesen Ort noch heute ansehen.

Nun machte sich *Naayéé' neizghání* auf den Weg dorthin. Außer den Waffen, die sein Vater *Jóhonaa'éí* ihm gegeben hatte, nahm er noch einen Beutel Salz mit.

Als er den *Tsé ghálzhiní* erreichte, betrat er das Felsenhaus durch seine Tür und setzte sich an die Nordseite, gleich hinter das Feuer, das in der Mitte brannte. In einem anderen Teil der Felsenhütte saßen die beiden älteren *Binaayéé aghání*, das männliche und das weibliche. Ihre vielen Kinder saßen bei ihnen.

Sie alle starrten den Eindringling mit ihren großen Glotzaugen an. Und aus diesen Augen schossen Blitze auf ihn zu. Aber die konnten ihm nichts anhaben. Sie prallten nur allesamt von seiner Rüstung ab.

Als sie merkten, daß sie *Naayéé' neizghání* nicht so leicht töten konnten wie ihre früheren Opfer, starrten sie immer angestrengter. Immer angestrengter starrten sie, bis ihre Augen weit aus ihren Höhlen quollen.

Da warf *Naayéé' neizghání* ganz plötzlich eine Handvoll Salz ins Feuer. Es zischte und prasselte, es knackte und sprühte Funken. Weißglühendes Salz spritzte in alle Richtungen. Auch die Augen der furchtbaren Vögel traf es und blendete sie. Einer nach dem anderen senkten sie den Kopf zwischen ihre Flügel, um den Schmerz in ihren Augen zu lindern und um nicht noch einmal getroffen zu werden.

Einer nach dem anderen senkten sie den Kopf, und als sie das taten, versetzte *Naayéé' neizghání* jedem einen Hieb mit dem großen Steinmesser, das sein Vater ihm gegeben hattte. So tötete er alle Starrblickvögel mit Ausnahme der beiden Jüngsten.

Und zu jenen beiden sprach er diese Worte:

»Wäret ihr hier an diesem Ort und in dieser üblen Familie bereits herangewachsen«, sagte er zu ihnen, »so wäret auch ihr jetzt Kreaturen der Zerstörung.

Nach allem, was recht und billig ist, solltet ihr getötet werden.

Doch ich werde euch am Leben lassen, wenn ich auch eure Bestimmung ändern werde.

Denn ich will euch für kommende Tage und Jahre, da *Nihookáá dine'é,* die Erdoberflächenleute, in dieser Welt leben werden, zu etwas Nützlichem machen.«

Dies sprach *Naayéé' neizghání* zu den beiden überlebenden *Binaayéé agháni.*

Dann hatte er dem älteren der beiden noch dies zu sagen:

»Du sollst *Tsídiiłtsooí,* der Erkundungsvogel, werden«, sagte er.

»Künftig wirst du in Hörweite der fünffingrigen Erdoberflächenleute bleiben.

Du wirst ihnen sagen, was außerhalb ihrer unmittelbaren Umgebung geschieht. Du wirst sie warnen, wenn Feinde sich nähern.«

Mit diesen Worten packte er den Vogel an den Beinen, hielt ihn am ausgestreckten Arm und schüttelte ihn viermal, bis er mit den Flügeln schlug. Dann ließ er ihn los und sah ihm nach, wie er durch das Rauchloch hinausflog.

Danach verkündete er dem Jüngeren der beiden überlebenden Vogelungeheuer dies:

»Fortan wirst du nah bei meinen Leuten wohnen«, verkündete er.

»Auch wirst du nah bei den fünffingrigen Erdoberflächenleuten wohnen, wenn sie erst ins Dasein getreten sind.

Du wirst da wohnen, wo jene, die die Oberfläche dieser Welt bevölkern, den Klang deiner Stimme hören können.

Es wird deine Bestimmung sein, den Dingen einen schönen Klang zu geben. Es ist dein Schicksal, die Welt froh zu machen, wenn die Dunkelheit sich senkt. Denn du wirst *Hoshdódii*, der Ziegenmelker, werden.

Du wirst am Tage schlafen und nachts hervorkommen und singen. Dein Sang wird allen, die dich hören, die tröstliche Gewißheit geben, daß *Jóhonaa'éí* am Morgen wieder aufgeht und aufs neue Tag werden läßt.«

Und mit diesen Worten packte er den jungen Vogel an den Beinen, hielt ihn auf Armeslänge und schüttelte ihn viermal, bis er mit den Flügeln zu schlagen begann. Dann ließ er ihn los und lauschte ihm nach, wie er oben durch das Rauchloch flog und sein erstes süßes, tröstendes Lied sang.

Mit seinen Trophäen, unter denen sich die beiden Augen des ersten *Binaayéé aghání* befanden, den er in der Felsenhütte getötet hatte, kehrte *Naayéé' neizghání* nach Hause zurück. Und als er seiner Mutter *Asdzą́ą́ nádleehé* erzählte, was er vollbracht hatte, nahm sie ein Stück von der Lunge des Gehörnten Ungeheuers, *Déélgééd*, in den Mund und begann ein Lied zu singen und dabei zu tanzen.

Naayéé' neizghání bringt für mich:
Ein Lungenstück bringt er für mich,
Déélgééds Lunge bringt er für mich.
Unsere Leute bekommen ein neues Leben.

Tó bájísh chíní bringt für mich:
Ein Flügelstück bringt er für mich.
Nináhálééh bringt er für mich.
Meine Leute bekommen ein neues Leben.

Der Feindetöter bringt für mich:
Eine Ungeheuerlocke bringt er für mich.
Das Tretende Ungeheuer bringt er für mich.
Seine Leute bekommen ein neues Leben.

Der Ungeheuertöter bringt für mich:
Ungeheueraugen bringt er für mich.
Binaayéé aghání bringt er für mich.
Unsere Leute bekommen ein neues Leben.

Das also sang *Asdzáá nádleehé*, die Sich Wandelnde Frau.

Doch bald nachdem sie ihr Lied der Freude beendet hatte,
wollte *Naayéé' neizghání* schon wieder den Aufenthaltsort eines weiteren Ungeheuers erfahren.

»Wo kann ich *Shash na'ałkaahii*, das Fährtenlesende
Bärenungeheuer, finden?« wollte er wissen.

Wieder flehte *Asdzáá nádleehé* ihren Sohn an, nicht zu gehen. Wieder erinnerte sie ihn, daß die *Naayéé'* gefährlich waren und fügte hinzu, irgendwann werde eines von ihnen ihn
gewißlich töten. Doch wie zuvor beharrte er darauf, weiterhin gegen die Ungeheuer kämpfen zu wollen. Und schließlich konnte er sie überreden, ihm zu verraten, wo er nach
dem nächsten suchen mußte.

Shash na'ałkaahii wohnt am *Tsé baa hasti'*«, sagte sie
schließlich zu ihm.

»Am Felsen der Verschwiegenheit wirst du ihn finden, wo
schon ach! so viele unserer Leute starben.«

So machte er sich am nächsten Morgen auf den Weg zu
diesem Ort. Und als er dort ankam, umschritt er den ganzen
Felsen, fand aber nichts, was auf die Anwesenheit der gesuchten Kreatur hindeutete. Bis er nach einer Weile zur
Spitze des *Tsé baa hasti'* hinaufschaute, wo der Kopf des
Bären aus einer Öffnung hervorschaute. Da stieg er hinauf,
um ihn aus der Nähe zu betrachten.

Die Höhle von *Shash na'ałkaahii* war wie ein Kreuz geformt. Sie besaß vier Eingänge, einen in jeder Himmelsrichtung. Zuerst schaute *Naayéé' neizghání* in den Osteingang.
Dann schaute er in den Südeingang. Dann schaute er in den

westwärts gelegenen Eingang. Doch nirgends war etwas von seinem Gegner zu sehen.

Dann näherte er sich schließlich dem Nordeingang. Und da erspähte er abermals den Kopf dieses wachsamen Bärenungeheuers, der aber sogleich zurückgezogen wurde und verschwand.

Gewiß würde *Shash na'ałkaahii* sich nun zum Südeingang wenden, überlegte *Naayéé' neizghání*. Und flink lief er zu dieser Seite der Höhle herum und legte sich auf die Lauer.

Und wirklich! Kurz darauf steckte der Bär den Kopf heraus, um sich umzuschauen, worauf der Feindetöter seinen großen Steindolch zückte und dem unseligen Bärenungeheuer den Kopf abhackte.

Dann ergriff er den Kopf und hielt ihn an einem Fellbüschel vor sich in die Luft, so daß er ihm direkt in die Augen schauen konnte, und sprach diese Worte zu ihm:

»In deinem alten Leben warst du ein Bösewicht«, sagte er zu ihm.

»Du hattest es darauf abgesehen, meine Leute abzuschlachten.

Jetzt aber sollst du ein neues Leben haben. Und deine Gestalt soll sich ändern, damit du deinem neuen Lebenszweck gerecht werden kannst.

So gewiß du meine Leute bisher verschlungen hast, wirst du ihnen in Zukunft dienen. Und so gewiß du in deiner alten Gestalt auch die fünffingrigen Erdoberflächenleute verschlungen hättest, sollst du ihnen dienen, wenn sie hier erst einmal ins Dasein getreten sind.

Du wirst die Leute, die in dieser Welt wohnen, mit eßbaren süßen Früchten versorgen. Du wirst sie mit warmem Schaum versorgen, womit sie sich baden können, bis sie sauber sind. Und du wirst sie mit kräftigem Garn versorgen, damit sie sich ihre Kleidung nähen und flicken können.«

Damit nahm er das Steinmesser mit der breiten Klinge, das ihm sein Vater *Jóhonaa'éí* gegeben hatte, und hieb den Kopf in drei Stücke.

Eines dieser Stücke warf er nach Osten. Und als es landete, schlug es Wurzeln und wurde *tsá'ászi'hashk'aan*, die Yuccafruchtpflanze, die seither alle Leute genährt hat.

Das zweite Stück warf er nach Westen. Da landete es, schlug Wurzeln in der Erde und wurde *tsá'ászi'ts'óóz*, die Seifensud-Yuccapflanze, mit der sich die Leute seither säubern.

Das letzte Stück warf er nach Süden. Dort landete es und schlug Wurzeln in der Erde. Es wurde *noodah*, die Mescalfaserpflanze, die den Leuten seither das Material für Garne liefert.

Nun war *Naayéé' neizgháni*s Arbeit am *Tsé baa hasti'* getan, wo *Shash na'ałkaahii*, das Fährtensuchende Bärenungeheuer, einst lebte.

Da schnitt er ihm die linke vordere Tatze ab und kehrte mit dieser Trophäe heim.

»Jetzt mußt du mir verraten, wo ich *Tsé naagháii*, das Wandernde Steinungeheuer, finden kann«, sagte er bald nach der Rückkehr von seinem jüngsten Sieg zu seiner Mutter.

»Denn ihn möchte ich als nächsten töten.«

Wiederum war sie dagegen, bat ihn, nicht zu gehen, und betonte, wie gefährlich die Ungeheuer seien. Doch auch diesmal konnte er sie schließlich überreden, seine Frage zu beantworten.

»Du wirst ihn in einem See finden«, sagte sie endlich. »Er wohnt da, wo *Tsélbáí*, der Graue Felsen, aus dem Wasser ragt.«

Naayéé' neizgháni brach am nächsten Morgen zum beschriebenen Ort auf und näherte sich dem See von Norden, während der Wind von Süden ging. Doch von dem Stein sah er nichts, jedenfalls nicht gleich.

Nach einer Weile ging er um den See zur Südseite herum, wobei auch der Wind drehte und jetzt heftig von Norden wehte. Da plötzlich stieg der Stein an die Wasseroberfläche, verweilte dort einen Augenblick, als schwämme er, und schoß dann jäh, wie von Riesenhand geschleudert, auf *Naayéé' neizghání* zu.

Doch dieser hob seinen Blitzpfeil und hielt ihn in die Flugbahn des Steins, so daß er ihm beim Aufprall ein Stück abschlug. Und als der Stein auf dem Boden gelandet war, schlug er ihm ein weiteres Stück mit seinem Steinmesser ab. Da merkte *Tsé naagháii*, der Wandernde Stein, daß er an einen mächtigen Widersacher geraten war. Anstatt sich also abermals gegen ihn zu schleudern, ergriff er die Flucht. Und der Feindetöter setzte ihm mit flinken Schritten nach.

Über Stock und Stein jagten sie, *Tsé naagháii* voraus und *Naayéé' neizghání* dicht hinterdrein. Quer durchs Tal ging die Hatz und dann hinauf in die Berge.

Durch die Schluchten floh der Wandelnde Stein.

Zwischen die Mesas hindurch verfolgte ihn der Krieger.

Fast hatte *Naayéé' neizghání* den Stein eingeholt, da gelangten sie an das Ufer eines Flusses. *Tsé naagháii* warf sich ins Wasser und verschwand.

Schon tauchte er wieder auf und erreichte mit einem Satz das jenseitige Ufer, während der Feindetöter übers Wasser sprang und dem Fliehenden schon wieder dicht auf den Fersen war.

Viermal entkam er so seinem Verfolger, und bei seinem vierten Sprung ins Wasser sah Ungeheuertöter den Stein wie Feuer unter der Oberfläche glühen und blieb stehen, um ihn anzuschauen.

Da plötzlich sprach der Stein, und dies waren seine Worte:

»Mein lieber junger Mann«, waren seine Worte.

»Wie unnachgiebig du doch bist.

Hab Erbarmen mit mir, denn ich bin erschöpft.

Jage mich nicht mehr, und ich werde mich ändern.

Ich werde aufhören, Böses zu tun. Ich werde anfangen, Gutes zu tun.

Ich will Sorge tragen, daß das Wasser aus seinen Speichern im Boden hervorquillt. Ich will es in stetem Strom von den Bergen rinnen lassen. Ich werde die Flüsse fließen machen. Ich werde dafür sorgen, daß die Seen gefüllt bleiben.

Tötest du mich aber, so werden die Quellen der Erde auch versiegen. Euer Land wird veröden. Eure Felder werden verdorren. Kein Mais wird mehr wachsen. Keine Melonen werden mehr an ihren Ranken reifen.«

Darauf erwiderte *Naayéé' neizghání*:

»Hältst du dein Versprechen, so werde ich dich leben lassen«, erwiderte er.

»Aber wenn ich auch nur eine böse Drohung von dir höre, werde ich dich doch noch töten.«

Seit jener Zeit hat *Tsé naagháii* sein Versprechen gehalten, und die Leute hatten immer genügend Wasser für ihren Bedarf. Schaut nur, wie das Wasser an den Berglehnen aus seinen unterirdischen Speichern sprudelt. Seht, wie es von den Hügeln herunterrinnt und sich durch die Schluchten wälzt. Betrachtet das Strömen im Flußbett und an der Oberfläche der Seen.

So kam es, daß *Naayéé' neizghání* von dieser Heldentat keine Trophäen nach Hause brachte. Doch hatte er viel zu erzählen und beschrieb, wie er die Gewißheit gewonnen hatte, daß das Land stets Wasser haben würde. Und noch einmal rief er sich zusammen mit seiner Familie alle durchlebten Abenteuer in seiner Erinnerung wach, und sie sangen und tanzten dabei.

Acht Tage waren nun vergangen, seit die Brüder das Haus von *Jóhonaa'éí* verlassen hatten. Und noch mehr Tage waren vergangen, seit sie mit dem Plan aufgebrochen waren, ihre Leute von den *Naayéé'* zu befreien.

Jetzt merkte *Naayéé' neizghání,* der Ungeheuertöter, daß er müde war. So beschloß er, vier Tage auszuruhen und seine Wunden heilen zu lassen. Danach wollte er die übrigen Ungeheuer töten, eines nach dem anderen, so ist gesagt.

12

Auch ist gesagt, daß die vier Tage verstrichen. Und vier Nächte kamen und gingen. Viermal ging die Sonne auf und wieder unter, und viermal zog der Mond über den Himmel. In dieser Zeit ruhte *Naayéé' neizghání* so gut er konnte.

Aber es gab immer noch viele *Naayéé',* und er wußte, daß er nicht friedlich bei seinen Leuten bleiben konnte, solange er sie nicht alle vernichtet hatte.

Yé'iitsoh łigai tséyaa, das Weiße-Ungeheuer-unterm-Felsen, war noch zu töten. *Yé'iitsoh łitso tséyaa,* das Gelbe-Ungeheuer-unterm-Felsen, war noch zu töten. *Yé'iitsoh łizhin tséyaa,* der Schwarze-Riese-unterm-Felsen, war noch zu töten. Und *Yé'iitsoh ibáhi nahasdzáán biyi',* der Braune-Riese,-der-sich-in-der-Erde-versteckt, war noch am Leben.

Außer diesen unheimlichen Wesen gab es noch verschiedene Tiere, die in einigen Pueblo-Ruinen lebten. Sie durchstreiften die Gegend und fielen in die Pflanzungen ein, wo die Leute Feldfrüchte zu ziehen versuchten. *Naayéé' neizghání* wußte nur zu gut, daß es noch viel zu tun gab, bis diese Welt für Leute bewohnbar sein würde.

Während der viertägigen Ruhezeit besprachen die Brüder, wie sie die verbleibenden Feinde vernichten könnten. Schließlich beschlossen sie, das Haus von *Jóhonaa'éí hataa',* ihrem Vater Sonne, noch einmal aufzusuchen. Noch einmal wollten sie ihn um die Hilfe ersuchen, die er zu geben bereit wäre.

So brachen sie denn am Morgen nach dem vierten Tag gemeinsam nach Osten auf, wo *Atiin diyinií*, der Heilige Pfad, sie auf der Fährte des Regenbogens zu jenem mächtigen Himmelshaus führen würde, das sie schon einmal besucht hatten.[57]

Diesmal bewältigten sie die Reise mühelos, da ihnen keine Feinde begegneten. Doch als sie das Sonnenhaus erreichten und eintraten, entbot ihnen dort niemand einen Gruß. Niemand bot ihnen auch nur einen Sitzplatz an. So mußten sie sich denn auf den Boden setzen, und diesen Mangel an Gastfreundschaft empfanden sie als beleidigend.

Doch sie saßen kaum, als auch schon Blitze ins Haus zu zucken begannen, und das verdroß sie noch mehr. Denn diese Blitze schossen zur Tür herein und schlugen unmittelbar vor ihnen in den Boden.

Und mit jedem Blitz wallte ihr Ärger nur noch mehr auf.

Vier Blitze zuckten herein, und nach dem letzten betraten *Jaa'abaní*, die Fledermaus, und *Tó neinilí*, der Wassersprenger, das Haus und begannen unverzüglich zu sprechen.

»Seid uns nicht böse«, sagten sie unverzüglich.

»Und seid nicht beunruhigt.

Wir schleudern diese Blitze aus reiner Freude.

Wir möchten mit euch spielen. Wir möchten uns an eurer Gesellschaft ergötzen. Wir möchten euch beglückwünschen. Wir möchten die Siege, die ihr in der Welt da unten errungen habt, mit euch feiern.«

Doch diese Erklärung konnte die Brüder kaum besänftigen. Sie erwiderten nichts, blieben stumm und zurückhaltend, weil man sie nicht angemessener willkommen geheißen hatte.

Dann aber hörten sie die Stimme von *Nílch'i*, dem Wind, der ihnen ins Ohr flüsterte. Und dies nun sagte er ihnen:

»Seid diesen beiden nicht böse«, sagte er.

»Es ist wirklich, wie sie sagen. Sie möchten mit euch spielen und freuen sich an eurer Gesellschaft. Sie wollen euch beglückwünschen und feiern.

Einst waren sie Verbündete der *Naayéé'* und hätten deren Tod nicht gern gesehen. Jetzt aber suchen sie eure Freundschaft und möchten die Welt zu einem besseren Ort machen.«

Diese Worte besänftigten die beiden Brüder ein wenig, und die Spannung wich von ihnen. Dann sprach *Jóhonaa'éí* zu ihnen und sagte dies:

»Ihr müßt den beiden, die hier bei mir wohnen, ihr ungehobeltes Benehmen verzeihen«, sagte er. »Sie haben vor niemandem Achtung, und ihr solltet einfach keine Notiz von ihnen nehmen.

Anscheinend haben sie nicht einmal vor mir Achtung.

Ich mag zwar bei Tage den Himmel regieren, doch hier in meinem eigenen Haus bin ich niemand Besonderes. Vielleicht geht das den mächtigen Männern überall so.

Hier sind Sitzplätze für euch beide.

Hier, setz dich auf diesen Stuhl aus Muschelschale, mein Sohn«, sagte er zu *Naayéé' neizghání*, dem Ungeheuertöter.

»Und hier«, sagte er dann zu *Tó bájísh chíní*, dem Kind des Wassers, »setz dich dort auf jene Türkisbank, mein Sohn.«

Doch als die beiden Brüder gerade tun wollten, was der Vater sie hieß, flüsterte *Nílch'i* wiederum eine Warnung.

»Setzt euch nicht auf die Plätze, die er euch anbietet«, warnte er.

»Jedenfalls jetzt noch nicht.

Denn es sind die Plätze des Friedens. Sobald ihr euch setzt, werden die Waffen, die *Jóhonaa'éí* euch gegeben hat, wirkungslos. Und ist ihre Macht erst verloren, so werdet ihr in den Kämpfen mit den noch lebenden Ungeheuern ohne Hilfe sein.

Deshalb, *Naayéé' neizgháni*, nimm du den Platz aus rotem Stein dort drüben; das ist der Sitzplatz eines Kriegers.«

Und zu *Tó bájísh chíní*, dem Kind des Wassers, sagte er: »Bleib du stehen, wo du jetzt stehst, denn das ist die Haltung von einem, der weiter gegen seine Feinde kämpfen will.«

Als *Jóhonaa'éí* sah, daß die Brüder sich seinen Anweisungen widersetzten, maß er sie mit strengem Blick. Und dies fragte er sie:

»Weshalb seid ihr erneut zu mir gekommen?« fragte er.

»Wir kommen ohne bestimmte Absicht«, antwortete *Tó bájísh chíní*.

»Gewiß gibt es doch irgendeinen Grund für euer Kommen«, sagte *Jóhonaa'éí*. »Sagt ihn mir!«

»Wir kommen nur zu Besuch«, erwiderten die beiden Brüder. »Wir möchten einfach ein Weilchen bei dir zubringen, Vater.«

»Euer zweiter Besuch bedeutet mehr als das«, sagte *Jóhonaa'éí*. »Euer Hiersein verfolgt einen Zweck, soviel weiß ich. Nun sagt mir, was ihr genau von mir wollt.«

»Es ist, wie wir sagen«, erwiderten beide Brüder. »Wir möchten einfach nur ein wenig bei dir sein. Dich zu besuchen und uns deiner Gesellschaft zu erfreuen, war unsere Absicht.«

Nun war es *Jóhonaa'éí*, der ärgerlich wurde.

»Ich weiß, daß ihr aus einem bestimmten Grund hier seid«, sagte er.

»Ich weiß, daß ihr bei diesem erneuten Besuch eine Absicht verfolgt.

Ich sehe doch, wie unruhig ihr seid.

Ich sehe doch die Kühnheit eures Auftretens. Für mich liegt auf der Hand, daß ihr eure Feinde weiterhin mit Krieg überziehen wollt.

Nun sagt mir über diesen zweiten Besuch die Wahrheit.«

Da antwortete endlich *Naayéé' neizghání.*

»Vater«, antwortete er.

»Immer noch sind viele *Naayéé'* auf der Oberfläche der Erde.

Und die noch da sind, vermehren sich weiterhin.

Während wir hier noch sprechen, empfangen und gebären sie. Bald werden es wieder so viele sein wie vor unserem ersten Besuch bei dir.

Wir möchten sie aber alle vernichten!

Solange nicht alle vernichtet sind, wird weiterhin Unordnung auf der Welt herrschen.«

Worauf *Jóhonaa'éí* wiederum dies zur Antwort gab:

»Kinder«, antwortete er.

»Als ich euch das letztemal half, habe ich mir keinerlei Gegenleistung ausbedungen, ist das nicht so?«

»Es ist so«, sagten sie.

»Doch wenn ich euch nun wieder helfe, muß ich diesmal etwas dafür verlangen«, fuhr er fort.

»Ich muß jeden Tag einen weiten Weg zurücklegen.

Und häufig, vor allem im Sommer, wenn meine Tage lang sind, erscheint mir die Reise durch den Himmel endlos.

Ich sehne mich nach einem Platz zum Ausruhen. Manchmal wünsche ich mir unterwegs etwas zu essen, während ich mühsam über den Himmel wandere, fort von diesem Haus und dann auf der Rückseite der Welt die ganze Strecke bis hierher zurück.

Mitunter bin ich so müde, daß ich fürchte, die eine Kreisbahn nicht vollenden zu können, bevor ich schon wieder die nächste beginnen muß.

Manchmal sehne ich mich nach jemandem, der mich begrüßt und ein paar nette Worte sagt, bevor ich ausruhe. Deshalb schickt eure Mutter zu einem Ort im Westen.

Laßt sie dort auf halbem Wege um den Himmel, der die Welt umgürtet, ein zweites Zuhause für mich bereiten. Ein Zuhause, wo ich mich ausruhen und erfrischen kann, bevor ich die zweite Hälfte meiner Reise antrete. Ein Zuhause, wo ich bei ihr ausspannen und mich ihrer Gesellschaft erfreuen kann.«[58]

»Das will ich gewißlich tun, Vater«, sagte *Naayéé' neizghání*.

»Wenn du es wünschst, werde ich ihr auftragen, im Westen einen geeigneten Ort zu suchen und dort ein Zuhause für dich zu bereiten.«

»Nein«, sagte *Tó bájísh chíní*, das Kind des Wassers.

»Du kannst ihr gar nichts auftragen!

Asdzáá nádleehé untersteht niemandes Herrschaft. Wir können keine Versprechungen in ihrem Namen machen.

Sie wird selbst für sich sprechen, sofern sie überhaupt sprechen will.

Die Entscheidungen, die sie angehen, hat sie selbst zu fällen. Sie ist ihre eigene Herrin und sonst niemand.

Vater, ich habe Verständnis für dich. Was du dir wünschst, erscheint mir vernünftig und billig. Wir werden dir helfen, so wir können.

Aber wir können dir nur versprechen, daß wir *Asdzáá nádleehé* dein Begehr mitteilen werden. Ja, wir werden sogar deine Fürsprecher sein. Doch letztlich wird nur ihr eigener Wunsch und nicht deiner oder unserer ausschlaggebend sein.«

Nachdem *Jóhonaa'éí* sich angehört hatte, was seine Söhne zu seinem Anliegen zu sagen hatten, stand er auf und trat in die Mitte des Raumes, in dem sie sich alle befanden.

In diesem Raum gab es vier Vorhänge, die vier weitere Raumteile abtrennten. Er zog den östlichen Vorhang zurück, der schwarz war, und holte dahinter fünf Reifen hervor. Einer von ihnen war schwarz. Ein anderer war blau. Ein dritter war gelb. Und der vierte war weiß. Der fünfte aber war vielfarbig und erstrahlte von Plättchen glänzenden Glimmers.[59] An jedem Reif war ein Messer von gleicher Farbe befestigt.

Außerdem holte er vier große Hagelkörner hervor, die genauso gefärbt waren wie die vier Reifen und die zu ihnen gehörenden Messer. Und all diese Dinge gab er seinen Söhnen mit diesen Worten:

»Nehmt all dies«, sagte er zu ihnen.

»Eure Mutter wird wissen, was damit zu tun ist.

Sagt ihr einfach, sie solle tun, was damit getan werden muß. Dann ist euch der Sieg über die verbleibenden Ungeheuer gewiß.«

Mit diesen Geschenken ihres Vaters *Jóhonaa'éí* machten sich *Naayéé' neizghání* und *Tó bájísh chíní* wieder auf den Heimweg. Und unterwegs auf dem *Atiin diyinii*, dem Heiligen Pfad, wurde ihnen ein wunderbares Gesicht zuteil.

Denn vor ihnen breiteten die Götter das Land der fünffingrigen Erdoberflächenleute aus, die dereinst als Navajo bekannt sein würden, wenn erst die *Naayéé'* alle beseitigt waren.

Diese Leute würden an Zahl rasch zunehmen. Sie würden alles über das Säen und das Hegen der Saaten lernen. Sie würden lernen, sich ihren eigenen Viehbestand zu halten. Und sie würden lernen, die Rituale auszuführen, die zur Erhaltung von Ordnung und Harmonie auf der Oberfläche der Welt notwendig sind.

Die beiden Brüder besprachen, was ihr Vater ihnen während des Besuchs gesagt hatte. Sie besprachen, was sie in seinem Haus gesehen und getan hatten. Sie sprachen über die Waffen und die anderen Gaben, die sie von ihm erhalten hatten. Und sie unterhielten sich über die wundersamen Dinge, die ihnen in ihrem Leben widerfahren waren.

Und mit erneuertem Vertrauen in sich selbst und in die Zukunft, die vor ihnen lag, sangen sie dieses Lied, während sie weiter der Fährte des Regenbogens den Heiligen Pfad hinunter folgten:

Naayéé' neizghání, heilig ist er,
So sagt unser Vater *Jóhonaa'éí.*
So sagt er, Sonne, jedem von uns,
Er selbst ein heiliger Mann.

Tó bájísh chíní, heilig ist er,
So sagt unser Verwandter *Tł'éhonna'éí.*
So sagt er, Mond, von jedem von uns,
Er selbst ein heiliger Mann.

Kind des Erdenlehms, heilig ist er,
So sagt unser Vater *Jóhonaa'éí.*
So sagt er, Sonne, jedem von uns,
Er selbst ein heiliger Mann.

Kind des Wassers, heilig ist er,
So sagt unser Verwandter *Tł'éhonna'éí.*
So sagt er, Mond, von jedem von uns,
Er selbst ein heiliger Mann.

So sangen sie, während sie den Heiligen Pfad gingen. Und als sie ihr Zuhause erblickten, kündigten sie ihre Ankunft durch ein weiteres Lied an:

Von den Himmeln herunter erschallt eine Stimme!
Eine Stimme erschallt aus der Tiefe der Erde!
»Seht den Riesentöter!« verkündet die Stimme.
Eine heilige Stimme. Ein geweihte Stimme.

Aus der Tiefe der Erde erschallt eine Stimme!
»Seht das Kind des Wassers!« verkündet die Stimme.
Von tief herauf aus dem Wasser verkündet die Stimme.
Eine heilige Stimme. Eine geweihte Stimme.

Aus den Lenden der Erde erschallt eine Stimme!
»Seht das Kind der Erde!« verkündet die Stimme.
Aus der Tiefe unter den Schluchten herauf verkündet die
Stimme.
Eine heilige Stimme. Eine geweihte Stimme.

Von jenseits der Wolken erschallt eine Stimme!
Von überallher erschallt die Stimme.
»Seht unsere heiligen Anverwandten!« verkündet die
Stimme.
Eine heilige Stimme. Eine geweihte Stimme.

Und als die Brüder ihrer Mutter *Asdzą́ą́ nádleehé* ansichtig
wurden, grüßten sie sie voll Freude und sagten dies zu ihr:
»Wir waren noch einmal bei *Jóhonaa'éí nihitaa'*, unserem
Vater Sonne«, sagten sie zu ihr.
Und er gab uns diese Reifen.
Jetzt zeig uns, was mit ihnen zu tun ist.
Tu mit ihnen, was getan werden muß.
Dann ist uns der Sieg über die verbleibenden Ungeheu-
er gewiß.«
Doch *Asdzą́ą́ nádleehé*, die Sich Wandelnde Frau, erwi-
derte:
»Ich weiß nichts von Reifen«, erwiderte sie.
»Aber das sind die Reifen, die unser Vater Sonne uns ge-
geben hat«, sagte *Tó bájísh chíní.* »Dies sind die Hagelkörner
und dies die Messer, die er uns gab.«
»Ich weiß nichts von Reifen«, erwiderte sie. »Ich weiß
nichts von Hagelkörnern und Messern.«

»Aber unser Vater *Jóhonaa'éí nihitaa'* trug uns auf, dir diese Reifen zu geben«, wandte *Naayéé' neizghání* nun ein. »Er gab uns diese Hagelkörner und diese Messer und trug uns auf, sie dir zu geben.«

»Ich weiß nichts von diesen Reifen. Und was immer er euch sonst noch gegeben haben mag, ich weiß nichts davon«, entgegnete sie. »Ich schere mich nicht um die Dinge, die ihm gehören.

Jóhonaa'éí hat kein Recht, euch Versprechungen zu machen, die ich dann einlösen soll!«

»Aber diese Reifen sind Talismane von unserem Vater Sonne«, begehrte *Tó bájísh chíní* auf. »Und so ist es auch mit den Hagelkörnern und den Messern. Und da du unsere Mutter bist, so wie er unser Vater ist, wirst du doch gewiß Bescheid wissen, wenn er sagt, daß du es weißt. Und gewiß wirst du uns helfen können, wenn er sagt, daß du es kannst.«

Da seufzte *Asdzáá nádleehé*.

Und sie schaute sehnsüchtig zum Himmel auf, wo *Jóhonaa'éí* langsam seine Bahn zog. Zu ihren Söhnen sprach sie diese Worte:

»Einst fühlte ich seine Wärme«, sagte sie zu ihnen.

»Tief in meinem Körper fühlte ich seine liebende Wärme.

Ich war einsam und suchte seine Gesellschaft. Es war eine dauerhafte Beziehung, die ich suchte.

Darum war ich überglücklich, eine solche Wärme tief in meinem Körper zu fühlen.

Doch seit jenem einen Mal habe ich *Jóhonaa'éí* nur noch von ferne gesehen. Und nie wieder spürte ich diese Wärme in mir.

Seit jener Zeit hat er mich niemals mehr besucht.

Seit jener Zeit hat er mir nichts mehr erzählt.«

Dies sagte *Asdzą́ą́ nádleehé* zu *Naayéé' neizgháni* und *Tó bájísh chíní*.

Dies sagte sie, und dann sagte sie nichts mehr.

Sie seufzte tief und löste ihren Blick vom Himmel, wo *Jóhonaa'éí* langsam seine Bahn zog. Sie schaute zu Boden, während die beiden Jünglinge mit ihrer Bitte um Hilfe vor ihr standen. Da weinte sie schließlich.

Ihre Tränen flossen weiter, und ihr Schweigen hielt an, doch jetzt nahm sie von den beiden Jungen die Reifen entgegen, die sie aus dem Haus im Himmel mitgebracht hatten. Und sie nahm die Messer und die Hagelkörner an, die sie ebenfalls mitgebracht hatten.

Dann ging sie an einen Ort östlich der Stelle, wo sie alle gestanden hatten. Und sie stellte den schwarzen Reif so auf, daß er rollen konnte. Dann spie sie Speichel aus viereckigem, schwarzem Hagel durch sein Rund und versetzte ihm einen Stoß, so daß er fortrollte.[60]

Sogleich rollte er nach Osten und war bald nicht mehr zu sehen.

Dann trug sie den blauen Reif von der Stelle, wo sie zuerst gestanden hatten, in südliche Richtung. Sie stellte ihn auf, so daß er rollen konnte. Und durch sein Rund spie sie Speichel aus sechseckigem, blauem Hagel und stieß ihn an.

Sogleich rollte er nach Süden und war bald nicht mehr zu sehen.

Den gelben Reif trug sie von dort, wo sie gestanden hatte, ein Stück nach Westen. Auch ihn stellte sie auf, daß er wie die anderen rollen konnte. Sie spie gelben Speichel aus achteckigem Hagel durch sein Rund. Und sie gab ihm einen sanften Stoß, um ihn in Bewegung zu setzen.

Er rollte sogleich nach Westen davon und war bald nicht mehr zu sehen.

Von der Stelle, wo die Zwillinge standen, trug sie den weißen Reif zuletzt in nördliche Richtung. Auch ihn stellte sie in gleicher Weise auf, damit er rollen konnte wie die anderen. Durch sein Rund spie sie mit Speichel aus elfeckigem, weißem Hagel. Und mit einem sanften Stoß setzte sie ihn in Bewegung.

Sogleich rollte er nach Norden und verschwand auf Nimmerwiedersehen.

Den fünften Reif, den strahlend vielfarbigen, warf sie geradewegs nach oben. Himmelwärts, direkt auf den mittäglichen Gipfelpunkt der Sonnenbahn zu, entschwand er den Blicken. Als er verschwunden war, warf sie die fünf farbigen Messer ebenfalls in diese Himmelsrichtung und hauchte ihnen einen machtvollen Atemzug nach.

Hoch hinauf flogen sie. Hoch und immer höher, bis auch sie schließlich nicht mehr zu sehen waren. In Richtung auf den höchsten Mittagsstand der Sonne verschwanden sie.

Sobald alle Reifen außer Sichtweite und die Messer oben am Himmel verschwunden waren, ballten sich in allen vier Himmelsrichtungen die Wolken zusammen. Von Osten her kamen schwarze Wolken heran. Von Süden kamen blaue Wolken. Von Westen rollten gelbe Wolken herauf. Und von Norden kamen dichte, weiße Wirbelwolken.

In allen vier Richtungen ballten sie sich zusammen und bedeckten den Himmel, bis sie sich droben zusammenschlossen. Und dabei erfüllte ein Rumpeln und Poltern von Donner den ganzen Himmel.

Von Osten her krachte er. Von Süden her tobte er. Im Westen hallte er wider. Von Norden her grollte er. Und in der Höhe krachte und rollte und rumpelte er widerhallend, während die Wolken sich vermischten und dichter wurden und die ganze Welt sich unter der Last eines seltsam orangeroten Lichts verfinsterte. Die Luft ringsumher und droben füllte sich mit dem schrecklichen Anblick dieses orangeroten Lichts und dem Lärm des Donners.

Asdzáá nádleehé sagte nichts, während sie dem Donner lauschte. Sie stand da und schaute schweigend zu der Stelle hinauf, wo der leuchtende Reif und die Messer verschwunden waren. Da stand sie, schauend und horchend, horchend und schauend.

Und die Erde erbebte heftig unter den Füßen derer, die dort standen.

Nach einer ganzen Weile, immer noch stumm, wandte *Asdzáá nádleehé* sich ab und ging fort. Sie ging allein zu der Hütte, in der sie unter Wehen ihr Kind geboren hatte, so ist gesagt.

13

Auch ist gesagt, daß vier weitere Tage vergingen. Vier weitere Nächte vergingen. Und während dieser Tage und Nächte blieb Sonne verdeckt, und auch Mond war nicht zu sehen. Weiterhin krachte der Donner am Himmel und rollte von den Gipfeln herab. Unaufhörlich rollte er über die Ebenen und durch die Schluchten.

Am Morgen des fünften Tages lichtete sich der Himmel, und es begann eine Schönwetterzeit von vier Tagen. Doch dann verfinsterte sich der Himmel erneut, und eine dichte weiße Wolke senkte sich herab.

Asdzáá nádleehé, die mit den anderen in der Hütte geblieben war, ging hinaus, um zu sehen, was das Wetter anrichtete. Wohin sie auch schaute, sah sie Wirbelwinde. Mit solch grimmiger Gewalt wehten sie, daß große Bäume wie Grashalme entwurzelt wurden und riesige Felsbrocken wie Kiesel umherpolterten.

»Wer kann solchen Winden standhalten?« überlegte sie. »Weder Riese noch Insekt ist vor dieser Kraft sicher.«

»Mein Sohn, ich fürchte um unser Haus«, sagte sie zu *Naayéé' neizghání*, als sie wieder in die Hütte trat.

»Wir wohnen hoch in den Bergen, und die großen Winde, die jetzt wehen, könnten es leicht zerstören.«

Als *Naayéé' neizghání* sah, wie sehr sie sich fürchtete, ging er hinaus, um zu sehen, wie er ihr Heim schützen könne. Er bemerkte, wie dicht die Wolken droben waren und schnitt mit dem Breitklingenmesser, das sein Vater ihm gegeben hatte, ein großes schwarzes Viereck heraus.

Daraus schuf er eine dicke Schutzdecke. Diesen Wolkenflecken breitete er über die Hütte und schlug ihn ringsum mit Regenbogenpflöcken im Boden fest. Danach bedeckte er das Haus mit einer Lage schwarzen Nebels, die er ebenfalls mit dem Messer schnitt und mit Sonnenstrahlen am Boden befestigte.

Und um den Schutz noch zu verstärken, schnitt er eine zweite schwarze Wolkendecke, legte sie als dritte Lage über die Hütte und befestigte sie mit Wetterleuchten. Zuletzt folgte eine Lage Nebel, die er mit Kettenblitzen befestigte. Dann begab er sich wieder nach drinnen.

Zur Stunde des Sonnenuntergangs konnten alle einen kurzen Augenblick Sonne in einem Stück blauen Himmels zwischen den Wolken erspähen. Sonst war alles von dichten Wolken und Nebel verdeckt. Vier weitere Tage und vier weitere Nächte tobte nun der Sturm. Hagel, wie niemand ihn je gesehen hatte, peitschte das Land. Die Luft war von scharfen Steinen erfüllt, die der Wind gleich allem anderen vor sich hertrieb, so heftig wehte er. Und die Leute konnten nichts tun, als im Schutz ihrer Hütte zu bleiben und dem Sturm zu lauschen.

»Dies Wetter muß wahrlich unser Verbündeter sein«, sagte *Asdząą́ nádleehé*, die Sich Wandelnde Frau.

»Nicht einmal Ungeheuer können solchen Wind und solchen Hagel überleben.«

Am Morgen nach dem letzten stürmischen Tag legte endlich sich dieser Aufruhr.

Naayéé' neizghání ging auf Geheiß seiner Mutter hinaus, um festzustellen, ob der Sturm wirklich vorüber war. Und er bemerkte, daß zwar immer noch schwere Wolken über der Erde hingen, die Luft aber friedlich und still geworden war. Er nahm die vier Schutzdecken von der Hütte und warf sie zum Himmel hinauf, wohin sie gehörten.

Als die erste Decke aufstieg, löste sich der Kettenblitz, den er zu ihrer Befestigung benutzt hatte, heraus und zuckte quer über den Himmel.

Und als die zweite Decke aufstieg, schoß das Wetterleuchten, mit der sie gesichert war, heraus und erfüllte einen Augenblick lang den ganzen Himmel.

Als die dritte Decke aufwärts stieg, strömten die Sonnenstrahlen, die sie an der Erde gehalten hatten, aus ihr hervor und verbreiteten Licht, wo eben noch Dunkelheit gewesen war. Und als die vierte Decke himmelwärts stieg, lösten sich die Regenbogenstrahlen, mit denen sie festgebunden war, und schmückten nun den Himmel.

Nie zuvor war solche Schönheit gesehen worden. Und da sie seither bis heute nicht wieder gesehen wurde, wird sie vielleicht auch künftig nie wieder zu sehen sein. Allüberall erstrahlte der Himmel in Farben. Vielfarbige Lichtbänder schimmerten nicht nur im hellen Sonnenlicht, sondern auch im gläsernen Funkeln klarer Wassertropfen. Dann fiel ein sanfter Schauer warmen Regens und reinigte die Luft von allem Staub. Und als sich nun der Himmel klärte, war Sonne hell und klar auf seiner Bahn über den türkisfarbenen Himmel zu sehen.

Die in der Hütte Zuflucht gesucht hatten, kamen nun hervor. Und wie staunten sie über die Veränderungen, die der Sturm bewirkt hatte! Nahe beim Haus war eine tiefe Schlucht entstanden, wo der Wind die lockere Erde fortgeweht hatte, die dort einst den Raum zwischen zwei hohen Felswänden ausgefüllt hatte. Die Schroffen über den Hängen rund um die Hütte waren nichts als nackter, schierer Fels. Alles Berggras und die Erde, in der es gewurzelt hatte, waren vom Wind fortgerissen worden, und die angeschwollenen, reißenden Flüsse spülten sie weit, weit davon.

Wo einst fruchtbare Berge von sandigem Lehm gewesen waren, ragten jetzt nur noch einsame Felsenpfeiler hoch über der Wüstenebene auf. Die Hänge der Schluchten, einst grün vom Gras und dem Laub der Espen, waren jetzt zu lotrechten Wänden aus gelbem Fels geworden. Die Landschaft hatte ein neues Gesicht bekommen, ein Gesicht, das sie bis auf den heutigen Tag behalten hat.

»Gewiß sind die *Naayéé'* jetzt alle umgekommen«, sagte *Asdzą́ą́ nádleehé.*

»Wer könnte solch ein Unwetter überlebt haben? Groß oder klein, wild oder sanft, wer dem ausgesetzt war, ist gewiß vernichtet worden.«

Und alle stimmten ihr zu, daß die Feinde der *Ha'aznání dine'é,* der Aufstiegs-Leute, nun überwunden seien.

»O nein!« flüsterte *Nílch'i,* der Wind, *Naayéé' neizghání* ins Ohr.

»Manche leben noch«, flüsterte er.

»Zum Beispiel ist *Są́,* die Frau des Alterns, immer noch da. Sie sieht aus wie ein schwächliches Wesen, das niemandem etwas tun kann. Während aber die furchtbaren Ungeheuer, die du erschlugst, ihre Opfer mit einem Schlag töten und in einem Bissen leicht verschlingen konnten, saugt *Są́* den Leuten nur langsam und im Lauf von vielen Jahren allmählich die Kräfte aus. Sie verschlingt das Leben so unmerklich langsam, daß du von einem Tag auf den anderen gar nicht spürst, wie du aufgezehrt wirst.

Nimm dich in acht vor ihr.«

Da sprach *Naayéé' neizghání* diese Worte zu *Asdzą́ą́ nád-leehé*:

»Mutter«, sagte er.

»Verrate mir, wo ich den Wohnort von *Są́* finde, Die-das-Alter-bringt.«

»Sprich nicht von ihr«, erwiderte *Asdzą́ą́ nádleehé.*

»Aber ich möchte mich selbst davon überzeugen, daß sie wirklich umgekommen ist«, antwortete *Naayéé' neizghání.*

»Es gibt für dich keinen Grund sie aufzusuchen«, sagte seine Mutter. »Du brauchst jetzt nie wieder den Wohnort irgendeines Ungeheuers aufzusuchen.«

»Aber ich möchte ein für allemal die Gewißheit haben, daß sie mitsamt den anderen vernichtet wurde. Ich möchte ein für allemal sicherstellen, daß wir nun nichts mehr zu befürchten haben«, sagte ihr Sohn.

»Mein Sohn«, erwiderte sie. »Du hast nichts zu befürchten. Die vernichtet werden mußten, sind vernichtet worden. Gewisse andere Dinge aber läßt man besser so, wie sie sind.«

»Ich habe aber Grund anzunehmen, daß *Są́*, das Altersungeheuer, noch lebt. Ich habe Grund zu vermuten, daß sie eben jetzt mit jedem verstreichenden Tag langsam unsere Kräfte aufzehrt«, wandte er ein.

»Gleichwohl«, sagte sie. »Frage nicht nach ihr. Und erkundige dich auch über niemand anderen mehr. Vielleicht ist es auf lange Sicht besser für uns, daß gewisse Feinde bleiben.

Es tut mir leid, mein Sohn.

Doch diesmal werde ich dir nicht mehr sagen, wo die zu finden sind, die du zu töten suchst.«

Da aber hörte *Naayéé' neizghání* wiederum die flüsternde Stimme von *Niłch'i*, dem Wind.

»*Są́* lebt in den Bergen um den *Dibé nitsaa*, den Ort der Bergschafe«, flüsterte er.

»Dorthin mußt du gehen, wenn du sie finden willst. Dort kannst du selbst in Erfahrung bringen, was ihre Anwesenheit auf der Erde für dich und deine Leute bedeuten mag.«

Da faßte *Naayéé' neizghání* sogleich den Entschluß, noch einmal auszuziehen, um auch dieses Ungeheuer zu bekämpfen, so ist gesagt.

14

Auch ist gesagt, daß er früh am nächsten Morgen erwachte und nach Norden aufbrach. Und als er nach einem langen Weg den *Dibé nitsaa* erreichte, sah er eine alte Frau.

Auf einen Stab gestützt, kam sie langsam auf ihn zu. Ihr Rücken war gebeugt. Ihr Haar war weiß. Das Gesicht zeigte tiefe Runzeln. Arme und Hände waren knochendürr. Er wußte, dies konnte nur *Sá* sein, Die-das-Alter-bringt, und er sagte dies zu ihr:

»Alte Großmutter«, sagte er zu ihr.

»Ich sage es ungern, doch ich bin hier, um dich zu töten.«

Aber sie lächelte nur bei seinen Worten, und dies erwiderte sie:

»Ich tu dir nichts Böses, Enkel«, erwiderte sie.

»Aus welchem Grund könntest du eine so schwache und alte Frau töten wollen?«

»Was du sagst, ist nicht wahr«, erwiderte *Naayéé' neizghání*.

»Denn du wirst mir mit den Jahren langsam die Lebenskraft entziehen. Den fünffingrigen Erdoberflächenleuten wirst du ebenfalls im Laufe der Jahre die Lebenskraft abziehen, wenn sie erst hier in dieser Welt ins Dasein treten.

Letzten Endes wirst du jeden verschlingen, gerade so, wie es die *Naayéé'* getan haben.«

Dies sagte *Naayéé' neizghání,* der Ungeheuertöter, zu *Sǫ́,* der Alternden. Und dies erwiderte sie:

»Enkel«, erwiderte sie.

»Ich höre, daß du große Taten vollbracht hast.

Ich höre, daß es deine Absicht ist, diese Welt zu einem guten Ort für deine Leute zu machen. Und ich höre, daß du sie zu einem guten Ort für die fünffingrigen Erdoberflächenleute machen willst, deren Erschaffung noch bevorsteht.

Wohlan denn, mein Enkel.

Doch überlege gut, bevor du mich tötest.

Denn haben die Leute erst gemerkt, daß *Sǫ́* ihnen nicht mehr langsam die Lebenskraft raubt und sie schließlich verschlingt, dann haben sie nichts mehr, was sie dazu antreibt, Nachkommen zu zeugen.

Die Jungen werden nicht mehr zu Vätern werden, wenn ihr Körper für die Vaterschaft bereit ist. Mädchen werden nicht mehr zu Müttern werden, wenn ihr Körper reif wird für die Mutterschaft. Und wenn sie alle des Lebens Höhe überschritten haben, werden nur noch wertlose alte Männer und verbrauchte alte Frauen weiterleben.

Stillstand wird eintreten, und die Leute werden sich nicht mehr vermehren.

Ist es nicht besser, wenn die Leute irgendwann einmal sterben, wenn sie ihre Weisheit und ihre Lebenspflichten an die Jüngeren weitergeben?

Laß mich leben, Enkel.

Laß mich leben und die Leute beflügeln, Kinder zur Welt zu bringen. Laß mich leben und sie beflügeln, diese Kinder zu nähren und zu hegen. Laß mich leben und sie beflügeln, ihre Kinder zu lehren und ihre Weisheit weiterzugeben.«

»Wenn es das ist, was du tun willst, werde ich dich allerdings verschonen«, sprach *Naayéé' neizghání.* Und er kehrte ohne eine Trophäe zu seiner Mutter zurück.

Doch bald nach seiner Rückkehr hörte er abermals die Stimme von *Nítch'i*, dem Wind.

»*Hak'az asdzą́ą́*, die Kältefrau, ist noch am Leben«, flüsterte er *Naayéé' neizghání* ins Ohr.

»Jedes Jahr überzieht sie die Erde mit Frost.

Sie macht, daß die Tiere fliehen oder sich verkriechen.

Sie bedeckt die Gewässer mit Eis. Sie läßt die Blätter an den Baumwollpappeln und Espen trocken werden, so daß sie verdorren und zur Erde fallen. Sie tötet die Pflanzen, so daß die Ranken keine Melonen und die Stengel keinen Mais tragen.«

»Mutter«, drängte nun *Naayéé' neizghání*.

»Sage mir, wo ich den Wohnort von *Hak'az asdzą́ą́* der Kältefrau, finden kann. Ich habe Grund zu glauben, daß sie noch lebt und bald die Erde mit Frost überziehen will.«

Doch *Asdzą́ą́ nádleehé* weigerte sich, seine Frage zu beantworten. Sie sagte, er habe schon genug vollbracht, und gewisse Dinge lasse man besser so, wie sie sind.

Am Ende war es wieder *Nítch'i*, der ihm verriet, was er wissen wollte.

»*Hak'az asdzą́ą́*, die Kältefrau, lebt hoch droben auf dem Gipfel des *Dibé nitsaa*, wo die Bergschafe sind«, flüsterte *Nítch'i* ihm zu.

»Sie wohnt auf dem Nordabhang kurz unterhalb des Gipfels, wo der Schnee niemals schmilzt.«

So erwachte *Naayéé' neizghání* früh am nächsten Morgen und machte sich auf, sie zu töten. Er begab sich zum *Dibé nitsaa* und stieg weit über die Baumgrenze hinauf, wo nicht einmal dürre Wacholderbüsche wachsen und wo der Schnee den ganzen Sommer über verharscht liegenbleibt.

Dort fand er eine magere alte Frau, die allein auf der nackten weißen Erde saß. Sie trug keinerlei Kleidung. Sie hatte nichts zu essen. Kein Feuer wärmte sie. Kein Dach schützte sie.

Ihre Haut war bleich wie der Schnee. Sie zitterte am ganzen Leib, und ihre Zähne klapperten. Die Augen tränten ihr von der Kälte, von den großen weißen Schneeflocken, die sie in dichten Wirbeln umgaben.

In diesem Schneegestöber spielten Schneeammern in großer Zahl. Das waren ihre Kuriere, die sie in jedem Herbst aussandte, die Winterstürme anzukündigen.

»Großmutter«, sprach er sie an.

»Ich sage es dir sehr ungern, aber ich bin hier, dich zu töten. Dann werden die fünffingrigen Erdoberflächenleute nicht jedes Jahr deinetwegen leiden müssen.«

»Wie du meinst, Enkel«, erwiderte sie.

»Du magst mich töten oder am Leben lassen. Mir ist das gleichgültig, denn es ist ein elendes Leben, das ich hier oben führe.

Doch wenn dir jene, die künftig diese Welt bewohnen werden, wirklich am Herzen liegen, solltest du die Folgen gut bedenken.

Denn wenn ich tot bin, wird es unentwegt heiß sein auf der Erde.

Wenn ich tot bin, wird das Land irgendwann vor Entkräftung verdorren, weil es keine Jahreszeit mehr gibt, in der es sich ausruhen kann.

Die Quellen werden versiegen, wenn aller Schnee geschmolzen ist und die Gewässer schwinden. Die Espen und Zedern werden keine Stelle im Boden finden, der sie ihre Samen im Herbst anvertrauen können. Und die Leute werden umkommen, weil sie von Jahr zu Jahr weniger Melonen und Mais zu essen haben.«

Nachdem *Naayéé' neizghání* aufmerksam ihren Worten gelauscht hatte, schwieg er und dachte nach über die Weisheit, die sie enthielten.

Schließlich senkte er die Hand, die schon zum Schlag erhoben war.

»Wenn das dein Einfluß auf diese Welt ist, erweist du uns letzten Endes doch einen guten Dienst«, antwortete er. Und er wandte sich ab und machte sich ohne eine Trophäe auf den weiten Heimweg.

Er war jedoch noch nicht lange zurück, als er abermals *Níłch'is* Stimme hörte.

»*Té'é'í dine'é*, die Armutwesen, leben noch«, flüsterte *Níłch'i* ihm ins Ohr.

»Sie vernichten Leute, indem sie Besitztümer langsam aufzehren. Sie nutzen die Werkzeuge ab, bis sie unbrauchbar sind, und sie verschleißen die Kleidung der Leute.«

Als *Naayéé' neizghání* nun seine Mutter bat, ihm den Weg zum Wohnort der *Té'é'í* zu beschreiben, weigerte sie sich und drängte ihn, gewisse Dinge zu lassen, wie sie sind. Doch teilte *Níłch'i* ihm mit, daß sie am *Dził dah neeztínii*, dem Dach-Butte-Berg, lebten. Sofort faßte er den Entschluß, dorthin zu gehen und sie zu vernichten.

Am Morgen des nächsten Tages wanderte er zu diesem Ort und traf dort einen gebeugten alten Mann und eine schmutzige alte Frau an. Ihre Kleidung hing in Fetzen, und in ihrem Haus befanden sich keinerlei Güter. Sie besaßen kein Kochgerät, keine Vorräte, keine Körbe, keine Schalen.

»Großmutter. Großvater«, sprach er sie an.

»Es macht mir wahrlich keine Freude, euch dies zu sagen, aber ich bin gekommen, euch zu töten. Dann werdet ihr den Leuten nicht mehr durch Abnutzung und Verschleiß schaden können.«

»Es ist gut, daß deine Leute dir so am Herzen liegen, Enkel«, erwiderten sie.

»Doch warte und bedenke dies, bevor du uns tötest.

Wenn wir sterben, werden die Leute Tag für Tag und Jahr für Jahr dieselben Kleider tragen.

Wenn wir getötet würden, hätten sie keinen Grund mehr, Neues an die Stelle des Alten zu setzen und die Werkzeuge, an deren Gebrauch sie gewöhnt sind, zu verbessern.

Doch wenn wir weiterleben und weiterhin langsam verschleißen, was andere benutzen, wird der Einfallsreichtum unter ihnen blühen.

Sie werden sich Gedanken machen, wie man das Nähen und Behauen noch verbessern kann. Die Kleidung wird dann schöner werden. Die Werkzeuge werden haltbarer und zweckdienlicher sein. Die Machart aller Dinge wird sich verbessern.«

Diese Worte von Armutsmann und Armutsfrau stimmten *Naayéé' neizghání* um; er beschloß, sie zu verschonen. Abermals ging er ohne Trophäe heim.

Wieder von *Nikch'i* angestachelt, machte er sich als nächstes auf die Suche nach *Dichin hastiin*, dem Hungermann. *Nikch'i* schickte ihn zum *Tl'oh adaasgaii*, dem Weißen Grasfleck.

Als er dort ankam, sah er zwölf über die Maßen gierige Wesen, die alles in sich hineinstopften, was da wuchs. Der älteste von ihnen war ein großes und beleibtes Wesen, das nichts als braunen Kaktus fraß. Mit beiden Pfoten stopfte er sich abwechselnd die Stücke in den Mund, und fast ohne zu kauen verschlang er schon wieder das nächste.

»Ich sage dies sehr ungern, Großvater«, sprach er diese Kreatur an.

»Aber ich bin hergekommen, um dich zu töten.

Dann werden die Leute nicht mehr den nagenden Hunger verspüren oder gar verhungern.«

»Ich kann es dir nicht verdenken, daß du meinen Tod wünschst«, erwiderte *Dichin hastiin*, der Hungermann, wobei er nicht aufhörte zu kauen und zu schlucken.

»Doch wenn du wirklich möchtest, daß die Leute in künftigen Tagen und Jahren gedeihen und daß es ihnen gut geht, so besinne dich.

Wenn du uns tötest, werden die Leute ihren Geschmack am Essen verlieren.

Wenn du uns tötest, werden sie die Lust am Kochen und Essen verlieren.

Doch wenn wir leben, werden sie weiterhin säen und ernten. Sie werden ihr Vieh hüten und ihre Haustiere pflegen. Sie werden geschickte Jäger bleiben. Sie werden mit Begeisterung das Fleisch zerlegen und ihr Essen zubereiten.«

Als *Naayéé' neizghání* dies vernahm, ließ er ab von dem Plan, den Hungermann zu töten, und wieder kehrte er ohne eine Trophäe heim.

»Wie kommt es, daß du wieder ohne eine Trophäe heimkommst?« fragte seine Mutter *Asdzą́ą́ nádleehé.*

»Solltest du gar die Lust zum Kampf gegen die *Naayéé'* verloren haben?«

»Manche Dinge läßt man lieber, wie sie sind«, erwiderte er.

Und mit diesen Worten legte er die Scheide ab, worin er das große Steinmesser trug, das *Jóhonaa'éí hataa',* sein Vater Sonne, ihm gegeben hatte.

Er hatte erkannt, daß seine Arbeit getan war, so ist gesagt.

15

Auch ist gesagt, daß *Nílch'i,* der Wind, nun nicht mehr zu *Naayéé' neizghání* von Feinden sprach. Da legte der Krieger seine Rüstung ab.

Seine Kampfmokassins legte er ab.

Seinen Beinschutz legte er ab.

Sein Kriegshemd legte er ab.

Seinen Kopfschmuck legte er ab.

All sein Kriegszubehör ordnete er zu einem Stapel und legte noch die verschiedenen Waffen dazu, die *Jóhonaa'éí* ihm gegeben hatte.

Dann machte er sich auf, um zu sehen, was er vollbracht hatte.

Vier Tage später kehrte er zurück und erzählte seiner Mutter *Asdzą́ą́ nádleehé*, was ihm begegnet war.

»Diese Welt ist jetzt eine friedliche Welt«, erzählte er ihr.

»Wohin ich auch gehe, werde ich wie ein Anverwandter behandelt.

Wem ich auch begegne, sie begrüßen mich alle als einen der ihren. Sie nennen mich Enkel. Sie nennen mich Sohn. Sie nennen mich Bruder. Sie nennen mich Vetter.

Ich bin überall gewesen, und überall finde ich dasselbe.

Ich war am Ufer der Gewässer. Ich war an den Grenzen des Himmels. Ich war zwischen den höchsten Gipfeln. Ich war in den tiefsten Klüften und Schluchten.

Und wohin ich auch ging, fand ich niemanden, der nicht mein Freund und der Freund aller anderen Leute war.«

Und glücklich, die Welt so zu finden, wie er sie beschrieben hatte, sang er dieses Lied:

Nun kommt der Feindetöter:
Vom Haus der dunklen Steinklingen kommt er.
Von dort, wo die Steinmesser hängen, kommt er.
Und die Schätze, die er errang, sind euer, o ihr Götter.

Nun kommt das Kind des Wassers:
Vom Haus der gezackten Klingen kommt er.
Von dort, wo die scharfen Messer hängen, kommt er.
Und die Schätze, die er errang, sind euer, o ihr Götter.

Nun kommt das Kind der Erde:
Vom Himmelshaus der Klingen kommt er.
Von dort, wo aller Art Messer hängen, kommt er.
Und die Schätze, die er errang, sind euer, o ihr Götter.

Nun kommt der Sohn der Götter:
Vom Haus der gelben Klingen kommt er.
Von dort, wo die gelben Messer hängen, kommt er.
Und die Schätze, die er errang, sind euer, o ihr Götter.

Und kaum hatte er geendet, als sie den Klang einer anderen singenden Stimme vernahmen.

Sie kam von weither aus dem Osten, doch als sie lauschten und warteten, lauschten und warteten, wurde sie stärker und deutlicher, bis sie schließlich die Worte ausmachen konnten:

Mit dem Töter der Ungeheuer komme ich:
Vom Haus der dunklen Steinklingen komme ich.
Von dort, wo die dunklen Steinmesser hängen, komme ich.
Als Geber der heiligen Reifen komme ich.
Ich komme! Ich komme! Der Gefürchtete.

Mit dem Kind des Wassers komme ich:
Vom Haus der gezackten Klingen komme ich.
Vom Ort der gezackten Messer komme ich.
Als Geber der heiligen Reifen komme ich.
Ich komme! Ich komme! Der Göttliche.

Mit dem Kind der Erde komme ich:
Vom himmlischen Haus der Klingen komme ich.
Von dort, wo aller Art Messer verwahrt sind, komme ich.
Als Geber der heiligen Reifen komme ich.
Ich komme! Ich komme! Der Heilige.

Mit dem Enkel der Götter komme ich:
Vom Haus der gelben Klingen komme ich.
Von dort, wo die gelben Klingen verwahrt sind, komme
ich.
Als Spender der heiligen Riten komme ich.
Ich komme! Ich komme! Der Erhabene.

Und als die Stimme singend näherkam, geriet *Asdzą́ą́ nád-
leehé* in helle Aufregung.
»Schnell!« sagte sie zu den beiden Jünglingen.
»Macht euch fein.
Es ist die Stimme eures Vaters, die ihr da hört. Es ist *Jóho-
naa'éí,* der da kommt.«
Dann verließ sie die Hütte, um das Gespräch der drei
Männer über die *Naayéé'* nicht mit anhören zu müssen. Und
sie mochte ihm selbst nicht vors Angesicht treten; auch des-
halb verließ sie die Hütte.

Als *Jóhonaa'éí* eintrat, begrüßte er *Naayéé' neizghání,* den
Ungeheuertöter, und *Tó bájísh chíní,* Des Wassers Kind.
Dann hatte er dem älteren der Zwillinge diese Frage zu stellen:
»Mein Sohn«, fragte er, »glaubst du nun, daß du alle Fein-
de deiner Leute erschlagen hast?«
Worauf *Naayéé' neizghání* dies zur Antwort gab:
»Fürwahr, das habe ich«, antwortete er.
»Die sterben mußten, habe ich getötet. Und jetzt beste-
hen Ordnung und Harmonie in dieser Welt.
Ich war zwischen den höchsten Gipfeln und in den
tiefsten Schluchten. Ich war an den Ufern der Gewässer
und an den Grenzen des Himmels. Und wohin ich auch
ging, ich fand niemanden, der nicht ein Freund unserer Leute war.«
»Und hast du Trophäen vorzuweisen?« fragte *Jóhonaa'éí.*

»Gewißlich, mein Vater«, erwiderte der Jüngling.

»Ich habe Flügelfedern und Haare, Augen und Einge-weide mitgebracht. Aus jeder Schlacht kehrte ich mit Teilen eines Ungeheuers zurück, die ich nur durch seinen Tod an mich bringen konnte.«

Worauf *Jóhonaa'éí* dies zu sagen hatte:

»Es wäre nicht gut, wenn die Körper der *Naayéé'* dort lie-genblieben, wo sie gefallen sind.[61]

Ich werde sie nahe der Leiche von *Yé'iitsoh*, dem Großen Riesen, begraben lassen.«

Und damit befahl er, die verschiedenen Überreste zum *Tsoodzil*, dem Blauperlenberg im Osten, zu tragen und sie dort zu begraben -unter dem Blut von *Yé'iitsoh*, dem mäch-stigsten aller *Naayéé'* und dem ersten unter ihnen, der den Tod fand.

Dies ist der Grund dafür, daß man sie heute nicht mehr über die ganze Landschaft verstreut herumliegen sehen kann. Wenn wir allerdings genau hinschauen, sehen wir zuweilen kleine Teile ihrer Körper zwischen den Felsen hervorlugen: hier einen Finger, dort eine Klaue, die *Naayéé' neizghání* ihnen in der Hitze des Kampfes abgehackt hat. Manch ein Vorübergehender mag sie für ganz normale Versteinerun-gen halten. Wir aber, die wir die Geschichte vom Tod der Ungeheuer kennen, erkennen sie als das, was sie wirklich sind.

Sobald die Leichen in der gewünschten Weise beseitigt waren, nahm *Jóhonaa'éí* die Trophäen, die seine Söhne ihm gegeben hatten. Und er nahm die Rüstungen und Waffen, die er seinen Söhnen gegeben hatte. Und dann sagte er dies zu den beiden:

»Diese Trophäen werde ich zu meinem Haus im Osten mitnehmen«, sagte er. »Dort werde ich sie verwahren, und mit ihnen die Rüstung und die Waffen, die ich euch gab, als ihr mich das erstemal besuchtet.

Solltet ihr diese Dinge je wieder benötigen, so mögt ihr kommen und sie holen.«

Dann sagte er ihnen Lebewohl. Und als er sich verabschiedete, versprach er, in vier Tagen wiederzukommen. Dann aber, so sagte er, werde sein Besuch *Asdzą́ą́ nádleehé*, der Sich Wandelnden Frau, gelten, der er dann etwas mitzuteilen habe. Und er bat seine Söhne, ihr zu sagen, sie möge sich am Gipfel des *Ch'óol'į́'į́*, des Riesenfichtenberges, mit ihm treffen, so ist gesagt.

16

Auch ist gesagt, daß vier weitere Tage vergingen und vier weitere Nächte verstrichen. Viermal ging Sonne auf und unter, und viermal zog droben der Mond seine Bahn.

Am Morgen des fünften Tages machte *Asdzą́ą́ nádleehé* sich zum Gipfel des *Ch'óol'į́'į́* auf und setzte sich dort auf einen Felsen.

Sie erkannte die Stelle wohl. Dort hatte sie gelegen, als sie so einsam war und sich nach einem Gefährten sehnte. Dort war es gewesen, wo sie die Sonnenwärme tief in ihrem Körper gespürt hatte.

Und als sie in Erinnerung versunken dort saß, kam *Jóhonaa'éí* und setzte sich neben sie.

Er suchte sie zu umarmen.

Doch sie entwand sich ihm.

Und diese Worte sprach sie dabei zu ihm:

»Was soll das heißen, so über mich herzufallen?« sprach sie.

»Ich will nichts von dir wissen!«

Worauf er dies zur Antwort gab:

»Das soll einfach heißen, daß ich dich für mich haben will«, antwortete er.

»Es soll heißen: Ich möchte, daß du mich nach Westen begleitest und mir dort ein Zuhause bereitest.«

»Ich denke nicht daran«, erwiderte sie.

»Mit welchem Recht stellst du ein derartiges Ansinnen an mich?«

Da sagte er:

»Habe ich nicht deinen Söhnen die Waffen gegeben, die sie brauchten, um die *Naayéé'* zu erschlagen? Habe ich nicht wahrhaftig sehr viel für dich und deine Leute getan? Und wahrhaftig, verdiene ich dafür nicht eine Gegenleistung von dir?«

Da antwortete sie:

»Ich war es nicht, die um diese Waffen bat. Ich war es doch nicht, die um deine Hilfe bat. Was du gabst, das gabst du aus eigenem freiem Willen. Ich schulde dir keine Gegenleistung.«

Nach ihren Worten trat ein längeres Schweigen ein.

Dann suchte er sie erneut zu umarmen und fand einen weiteren Grund, dies zu tun:

»Als unser Sohn *Naayéé' neizghání* mich jüngst besuchte, versprach er dich mir.«

Und sie entzog sich ihm erneut und mit einem weiteren Einwand:

»Was scheren mich Versprechungen, die irgendwer über meinen Kopf hinweg macht? Ich gebe meine Versprechen selbst, andere Versprechen gibt es nicht. Ich spreche entweder selbst für mich oder bleibe ohne alle Fürsprache. Entweder entscheide ich allein, was ich tun werde, oder ich tu gar nichts.«

Diese Worte hörend, seufzte er und stand auf. Er entfernte sich vier Schritte von ihr, um sich dann jäh zu ihr umzuwenden.

Und dies nun sagte er zu ihr:

»Bitte!« sagte er zu ihr.

»Komm mit mir nach Westen und bereite mir dort ein Zuhause.

Ich bin einsam.

Jeden Tag muß ich am Himmel allein lange und schwer arbeiten. Ich habe niemanden, mit dem ich mich unterhalten kann. Ich habe keine Gefährtin für meine Nächte.

Wozu ist all das gut, wenn ich mutterseelenallein meine Tage und Nächte ertragen muß. Welchen Sinn hat das Männliche ohne das Weibliche? Welchen Sinn hat das Weibliche ohne das Männliche? Wozu taugen wir beide ohne einander?«[62]

Das sagte *Jóhonaa'éí* zu *Asdzą́ą́ nádleehé.*

Sie antwortete nicht gleich, und wieder entstand zwischen seinen Worten und ihrer Antwort ein längeres Schweigen.

Dann endlich sprach sie. Und dies hatte sie ihm zu sagen:

»Du hast im Osten ein schönes Haus, wie ich höre«, sagte sie zu ihm.

»Ich möchte ein ebensolches Haus im Westen.

Ich möchte, daß es auf schimmerndem Wasser gebaut wird. Fernab vom Land soll es schwimmen, damit die Erdoberflächenleute, wenn sie ihre Zahl erst vervielfacht haben, mich nicht mit ihrem Gezänk stören.

Und ich will Kostbarkeiten aller Art.

Ich will weiße Muscheln. Ich will blaue Muscheln. Ich will Türkise. Ich will Abalonen. Ich will Speckstein, Achat, Rötel, Jett.

Solche Dinge sollen um mein Haus sein, damit ich mich an ihrer Schönheit erfreuen kann.[63]

Da ich ohne meine Schwester und ohne unsere Söhne dort leben werde, möchte ich Tiere zu meiner Gesellschaft haben, denn sonst würde ich mich einsam fühlen, wenn du tagsüber fort bist.

Gib mir Elche. Gib mir Büffel. Gib mir Hirsche. Gib mir *longtails.* Gib mir Bergschafe, gib mir Eselhasen, Präriehunde, Bisamratten.[64]

Stelle all diese Dinge zu meiner Verfügung, und ich werde mit dir nach Westen gehen.«

Das sagte *Asdzą́ą́ nádleehé* zu *Jóhonaa'éí.* Und so antwortete er:

»Wie kommst du dazu, soviel von mir zu verlangen?« antwortete er.

»Weshalb sollte ich all diese Dinge zu deiner Verfügung stellen?«

Diesmal kam ihre Antwort schnell. Und dies nun sagte sie zu ihm:

»Ich will dir sagen, weshalb«, sagte sie zu ihm.

»Du bist männlich, und ich bin weiblich.

Du bist von Himmel, ich bin von Erde.

Du bist beständig in deiner Helligkeit, doch ich muß mich mit den Jahreszeiten wandeln.

Du bist auf deiner Bahn über den Himmelsrand unaufhörlich in Bewegung, während ich an einer Stelle verharren muß.

Vergiß nicht, daß ich dich einst deine Strahlen in meinen Körper schicken ließ. Vergiß nicht, daß ich deinen Sohn gebar und ihn unter Schmerzen zur Welt brachte. Vergiß nicht, daß ich diesem Kind gab, was es zum Wachstum brauchte, und es vor allem Schaden behütete. Vergiß nicht, daß ich ihn lehrte, seinen Leuten selbstlos zu dienen, auf daß er bereit sein würde, die Ungeheuer zu bekämpfen.

Und vergiß nicht: so verschieden wir sind, du und ich, wir sind von einem Geist. Wie unähnlich wir einander auch sind, du und ich, wir sind vom gleichen Wert. So ungleich wir sind, du und ich, es muß immer das Gefühl der Zusammengehörigkeit und des füreinander Einstehens zwischen uns herrschen. So unterschiedlich wir auch sein mögen, es kann im Universum erst Harmonie geben, wenn es zwischen uns Harmonie gibt.[65]

Wenn solche Harmonie bestehen soll, mußt du meine Wünsche ernstnehmen. Meine Bedürfnisse sind für mich so wichtig wie deine für dich. Meine Launen zählen wie deine. Meine Treue zu dir bemißt sich daran, wie sehr du zu mir hältst. Wie weit ich auf deine Bedürfnisse eingehe, soll davon abhängen, wie weit du auf meine eingehst. Soviel von dir zu mir kommt, soviel soll von mir zu dir kommen, und nicht mehr. Aber auch nicht weniger.«

Das also sagte *Asdzą́ą́ nádleehé* dort auf dem Gipfel des Riesenfichtenberges zu *Jóhonaa'éí*.

Er antwortete nicht gleich. Er nahm sich Zeit, ihre Worte sorgfältig abzuwägen.

Und dann, ganz langsam und behutsam, näherte er sich ihr erneut.

Langsam, behutsam, legte er seinen Arm um sie.

Und diesmal ließ sie es geschehen.

Da versprach er ihr all die Dinge, die sich wünschte. Ein Haus im Westen auf schimmerndem Wasser würde sie bekommen. Kostbare Muscheln und Steine, an denen sie sich erfreuen konnte, sollte sie haben. Sie sollte Tiere haben, die ihr Gesellschaft leisten würden. Alles, was sie sich wünschte, sollte sie haben.

Und so kam es, daß sie einwilligte. Gemeinsam wollten sie an einen Ort im Westen gehen und dort in der festgefügten Harmonie der Zusammengehörigkeit von Mann und Frau leben.

Als *Asdzą́ą́ nádleehé* für den Aufbruch in ihre neue Heimat im Westen gerüstet war, erhielten *Hadahoniye' dine'é*, die Trugbildleute, und *Hadahoneestiin dine'é*, die Bodennebelleute, den Auftrag, mit ihr zu gehen. Dies waren zwei Gruppen von Heiligen Leuten, die ihr helfen sollten, die Tiere zu treiben, welche ihr Gesellschaft leisten würden.

Dann sagte sie ihrer Schwester *Yoołgai asdzáá* und den beiden Söhnen *Naayéé' neizghání* und *Tó bájísh chíní* Lebewohl.

»Kinder zur Welt zu bringen, das liegt nun hinter mir«, sagte sie.

»Und Kinder großzuziehen, liegt auch hinter mir. Ich werde jetzt fortgehen und bei *Jóhonaa'éí nitaa'*, eurem Vater Sonne, leben.

Ihr seid jetzt erwachsene Männer. Ihr habt viel für eure Leute und für die fünffingrigen Erdoberflächenleute getan, die bald diese Welt bewohnen werden. Ihr braucht jetzt keine Eltern mehr, und so bedarf es meiner Anwesenheit hier nicht länger.«

Mit diesen Worten wandte sie sich ab und brach zu ihrer neuen Heimat im Westen auf.[66]

Götter und Tiere begleiteten sie. Zusammen überschritten sie die Berge am *Béésh łichíí'*, dem Rotmessergipfel, wie man ihn heute in der Sprache von *Bilagáana* nennen würde. Dort trat die Herde den Boden so aus, daß ein Paß entstand. Auf diese Weise sollte in Zukunft die Reise über die Berge und zurück einfacher sein.

Sie machten Halt im *Ch'ínlį́*-Tal und feierten dort das große Ereignis, daß *Asdzą́ą́ nádleehé* sich *Jóhonaa'éí* versprochen hatte. Da weiteten sich die Hüften der Sich Wandelnden Frau und ihre Brüste wurden voller. Sie wurde in ihrer Fraulichkeit noch schöner, auf daß ihr gemeinsames Leben als Mann und Frau zu seiner ganzen Fülle erblühen könne.

Da begannen auch die Tiere, sich sehr rasch zu vermehren.[67] Bald wurde die Herde so groß, daß sie einen tiefen Paß über den Gipfel des *Dziłíyiin* trat, des Schwarzen Berges, wie wir ihn in der Sprache von *Bilagáana* nennen würden.

So tief war dieser Paß, daß er sich nur wenig über die umgebende Ebene erhob.

Viele Büffel lösten sich hier von der Hauptherde und streunten ostwärts zum Land der weiten Prärien. Sie kehrten nicht mehr zu *Asdzáá nádleehé* zurück, und soweit wir wissen, durchstreifen sie bis zum heutigen Tage die Ebenen jenseits des großen Felsengebirges.[68]

Auch die Elche vemehrten sich, bis viele von ihnen sich von der Hauptherde lösten und auf Nimmerwiedersehen nordwärts verschwanden. Ebenso verließen Antilopen, Hirsche und andere Tiere die Herde und wurden nie mehr gesehen. Seit damals bewohnen sie die Berge und Täler, die Wiesen und Ebenen. In großer Zahl bevölkern sie das Land und künden noch heute von der tiefen Zuneigung, die zwischen *Asdzą́ą́ nádleehé* und *Jóhonaa'éí* wachsen sollte.

Die Tiere aber, die mit ihr aufgebrochen waren, blieben bei ihr, und bis heute gebietet sie über einen an Tieren reichen Haushalt.

Vier Tage nach dem Aufbruch aus dem *Ch'ínlį́* -Tal erreichten *Asdzáá nádleehé* und ihr Gefolge den *Dook'o'oosłííd* oder San-Francisco-Berg, wie man ihn in der Sprache des Weißen Mannes nennen würde.

Hier machten sie halt, um eine weitere Zeremonie durchzuführen. Sie legten *Asdzą́ą́ nádleehé* auf die äußerste Spitze des Berges, den Kopf nach Westen gewandt, denn dorthin wollte sie ja, um bei ihrem Mann zu wohnen. Und sie veränderten ihren Körper und streckten ihre Glieder. Sie trug den Leuten auf, diese Zeremonie künftig für alle Navajomädchen auszuführen, wenn der Pfad der Kindheit in den des Frauenlebens mündet. Daher führen die Leute das Ritual des *kinalldá* bis auf den heutigen Tag aus. Bis heute trachten sie, dem Körper eines Mädchens die Gestalt von *Asdzą́ą́ nádleehé*, dcr Sich Wandelnden Frau, zu geben.[69]

Was auf dem letzten Wegstück vom *Dook'o'oosłííd*, dem San-Francisco-Berg, bis zum großen Ozean im Westen geschah, ist nicht bekannt. Bekannt ist hingegen, daß *Asdzą́ą́ nádleehé* schließlich dort ankam, um in ihrem schwimmenden Haus vor der Küste zu wohnen. Dort lebt sie bis auf den heutigen Tag. Und dort vereinigt *Jóhonaa'éí* sich jeden Abend aufs neue mit ihr, wenn er seine tägliche Reise über den Himmel beendet.

Mitunter kehrt er jedoch nicht zurück. An dunklen, stürmischen Tagen, wenn der Wind weht und schwarze Wolken den Himmel verdecken, verweilt er in seinem Haus im Osten und schickt Blitzschlangen, um den Himmel aufzuhellen. Häufig richten diese Schlangen großes Unheil an, solange die Harmonie zwischen *Jóhonaa'éí* und *Asdzą́ą́ nádleehé* nicht besteht. Die ganze Welt leidet, solange die eheliche Gemeinschaft nicht wiederhergestellt ist.[70]

Nachdem *Asdzą́ą́ nádleehé* aufgebrochen war, um ihren Mann zu begleiten, wanderten ihr Sohn *Naayéé' neizghání* und sein Bruder *Tó bájísh chíní* auf Geheiß ihres Vaters zu einem Ort namens *Tó aheedlį́*, wo im Tal des San Juan zwei Flüsse zusammenströmen.[71]

Dort bauten sie sich eine Behausung, und dort leben sie bis auf den heutigen Tag. Manchmal können wir dort noch ihre Spiegelbilder sehen, wenn sich nach einem warmen Sommerregen ein Regenbogen erhebt, der Himmel wieder klar wird und Dunst vom Wasser aufsteigt. Die hellen Farben schimmern in der dampfgeschwängerten Luft, und die ungeheuertötenden Zwillinge nehmen Gestalt an.

Bis auf den heutigen Tag begeben sich die Navajoleute an diesen Ort, um zu beten. Doch sie beten dort nicht um Regen, und sie beten nicht um reiche Ernten. Sie beten nicht um das Wohlergehen ihrer Tiere oder um Erfolg bei der Jagd. An diesem Ort beten sie nur um den Sieg über ihre Feinde. Nur dann gehen sie zum Beten dorthin, wenn die Notwendigkeit, Ordnung und Harmonie in der Welt wiederherzustellen, sie dazu treibt, so ist gesagt.

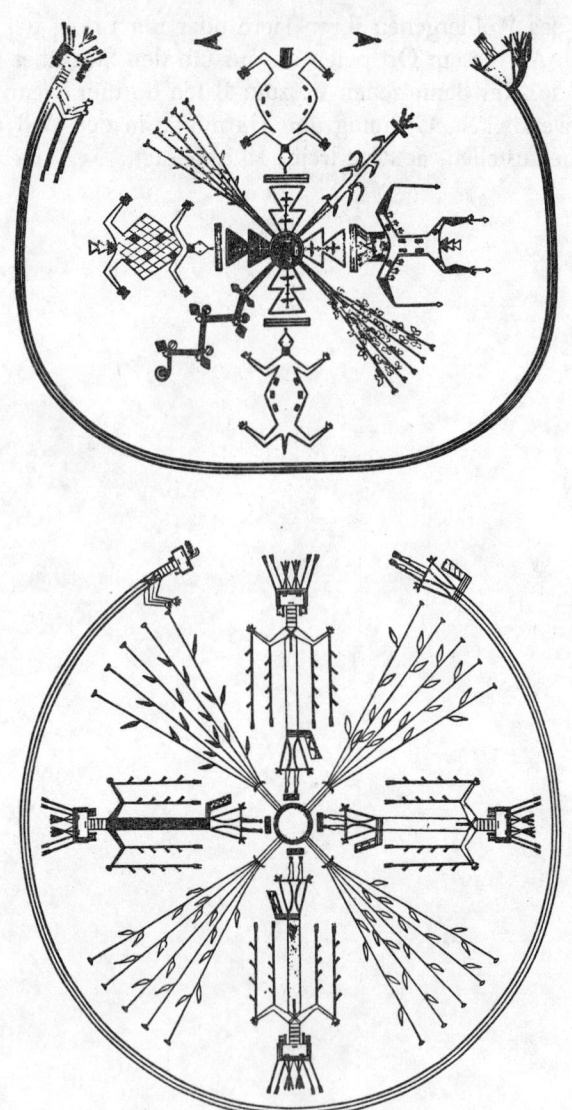

IV

Die Zusammenführung
der Clane[1]

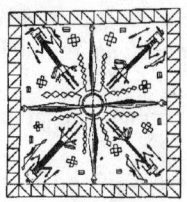

1

Von einer Zeit, lang, lang vorbei, ist auch dies gesagt.

Es ist gesagt, daß sich vor ihrem Aufbruch zu ihrem neuen Zuhause im Westen *Asdząą́ nádleehé* von ihrer Schwester *Yoołgai asdząą́*, der Weißmuschelfrau, verabschiedet hatte. Beim Lebewohl sagte sie ihr noch dies:

»Ich muß dich jetzt verlassen, *shideezhí*, meine jüngere Schwester«, sagte sie ihr.

»Doch überlege dir, bevor ich gehe, was du nun tun möchtest.«

Und dies antwortete *Yoołgai asdząą́* ihrer Schwester:

»Du wirst mir fehlen, *slíadí*, meine ältere Schwester«, antwortete sie.

»Ich habe schon darüber nachgedacht, was ich jetzt tun möchte.

Mehr als alles andere wünsche ich mir, zum *Dibé nitsaa* in den San-Juan-Bergen zurückzukehren. Ich möchte an dem Ort leben, woher unsere Leute kamen.«

»Du wirst dort aber einsam sein«, erwiderte *Asdząą́ nádleehé*.

»Früher oder später wirst du dich nach jemandem verzehren, der dir Gesellschaft leistet.«

Yoołgai asdząą́ blieb dabei, daß sie sich nichts so sehr wünschte, als an den Ort zurückzukehren, den sie als ihre Heimat ansah. Und als *Asdząą́ nádleehé* nach Westen aufbrach, wandte ihre jüngere Schwester sich ostwärts in Richtung des *Dibé nitsaa*.

Naayéé' neizghání, der Ungeheuertöter, und *Tó bájísh chíní*, der Wassergeborene, begleiteten sie bis zum *Tó ahidiilí*, dem Ort, wo die beiden Wasser sich im Tal des San Juan vereinigen und wo sie künftig leben wollten. Von da aus wanderte sie allein weiter in die Berge.

Als sie die Hänge und Bergrücken erreicht hatte, die den Gipfel des *Dibé nitsaa* umgaben, ging sie zuerst zu einem Ort, der ein kurzes Stück östlich von *Hajíínéí*, der Aufstiegsstelle, gelegen war.

Heute trägt dieser Ort den Namen *Dziłłahdilt'éhé*, was in der Sprache von *Bilagáana* Einzelner Berg bedeutet. Tagsüber verweilte sie auf dem Abhang des Berges, und in der Nacht stieg sie zum Schlafen auf den Gipfel hinauf

Am nächsten Tag ging sie zu einem Berg südlich des Aufstiegsortes; sein Name ist *Dził nidilt'éhé*, und das bedeutet Zwei Berge. Solange die Sonne am Himmel stand, wanderte sie über die Berglehnen, als es dunkelte, stieg sie auf den Gipfel, um zu schlafen.

Sie begann sich jedoch einsam zu fühlen, und während sie dort lag und zu den Sternen hinaufschaute, begann sie zu überlegen, was sie wohl tun müsse, um nicht mehr so allein zu sein.

Am dritten Tag suchte sie einen Berg westlich des Aufstiegsortes auf; es war der *Dził tált'éhé*, den man heute Drei Berge nennen würde. Solange Sonne über den Himmel zog und Licht spendete, wanderte sie dort umher, als der Himmel aber ganz dunkel geworden war, stieg sie zum höchsten Gipfel hinauf, um dort zu schlafen. Und während sie dort lag und den Schlaf erwartete, wünschte sie sich, daß sie sich die Worte ihrer Schwester mehr zu Herzen genommen hätte. Denn sie fühlte sich nun wirklich sehr einsam.

Am vierten Tag wanderte sie ziellos an einem Berg nördlich des Aufstiegsortes entlang; es war der *Dził dílt'éhé* oder Vier Berge, wie man ihn in der Sprache des Weißen Mannes nennen würde. Solange Sonne ihr Licht gab, nahm sie geistesabwesend die Ruinen wahr, die sich dort befanden, aber als die Nacht sich gesenkt hatte, stieg sie zum höchsten Punkt des Berges auf und versuchte dort zu schlafen. Doch es wollte ihr nicht gelingen, denn ihre Gedanken kreisten ständig um ihre Einsamkeit, die nun wie ein Schmerz auf ihr lastete.

Am Morgen des fünften Tages stieg sie zum Ufer des Sees hinab, in dessen Mitte *Hajíínéí*, der Aufstiegsort, liegt. Dort baute sie sich ein einfaches Obdach aus Reisig.

»Ebensogut kann ich hier bleiben«, sprach sie zu sich selbst.

»Was nützt mir all das Umherwandern, wenn niemand mir Gesellschaft leistet?«

Und während sie bis spät in die Nacht hinein dort saß und überlegte, wie lange sie aus freien Stücken allein bleiben wollte, dachte sie an ihre Schwester fern im Westen.

Sie dachte an die zwölf Leute, die mit *Asdzą́ą́ nádleehé* gegangen waren.

Sie dachte an die Götter, die in den ringsum verstreut liegenden Bergen wohnten.

Sie dachte, daß es ihr vielleicht auch nicht schlechter ginge, wenn sie bei einem von ihnen lebte.

Doch dann kam ihr der Gedanke, daß es vielleicht die *Nihookáá' dine'é* waren, nach deren Gesellschaft sie sich sehnte.

Und mit derlei Gedanken fiel sie endlich in unruhigen Schlaf.

Am Morgen wurde sie durch einen vertrauten Laut geweckt.

»Wu'hu'hu'hu'«, hörte sie fern im Osten, so fern, daß sie es kaum ausmachen konnte. Aber sie lauschte trotzdem weiter und wartete geduldig.

Bald hörte sie die Stimme erneut, und jetzt näher und lauter als zuvor. »Wu'hu'hu'hu'«, wiederholte sie deutlicher.

Weiterhin lauschte und wartete sie, lauschte und wartete, und jetzt hörte sie die Stimme ein drittes Mal. »Wu'hu' hu'hu«, wiederholte sie, noch viel näher und noch viel deutlicher.

Und als sie weiterhin lauschte, hörte sie die Stimme abermals und noch lauter als beim letzten Mal. »Wu'hu'hu'hu'«, erschallte sie in unmittelbarer Nähe. Und endlich erblickte sie das gütige Gesicht von *Haashch'ééłti'í*, dem Sprechenden Gott. Und dies nun hörte sie ihn fragen:

»Wie war es dir möglich, die Vernichtung durch die *Naayéé'* zu überleben?« hörte sie ihn fragen.

»Wo warst du, als sie das Land verwüsteten und die Leute verschlangen?«

Das also wurde sie von *Haashch'ééłti'í*, dem Sprechenden Gott, gefragt. Und dies gab sie ihm zur Antwort:

»Ich war am *Dził ná'oodiłii*, dem Gesteinsschichtenberg«, antwortete sie.

»Dort hielt ich mich mit meiner Schwester versteckt.

Doch in den fünf Nächten seit der Vernichtung der Ungeheuer habe ich mich mutterseelenallein hier in diesen Bergen aufgehalten.

Anfangs hat mir die Einsamkeit noch nicht sehr viel ausgemacht.

Doch mit jedem Tag quält sie mich mehr. Und schließlich ist mir ganz klar geworden, wie einsam ich bin.

Jetzt sehne ich mich nach der Gesellschaft von Sterblichen. Und die Sehnsucht haftet an meinem Körper wie ein Schmerz.

Sage mir, *shicheii*, mein Großvater, woher kommst du? Lebst du dort auch allein? Bist du auch einsam? Oder gibt es dort, wo du lebst, noch andere wie dich?«

Darauf erwiderte *Haashch'ééłti'í*:

»Ich komme von den Felsklippen am *Tséyi'*, wo viele der Götter wohnen.

Aber wenn ich auch nicht so allein bin wie du, verstehe ich deine Einsamkeit doch. Führwahr, du dauerst mich, *sitsóí*, meine Enkelin.

Bleibe noch vier Tage hier, wo du jetzt bist. Wenn sie vergangen sind, werde ich wiederkommen. Ich werde deine

Schwester *Asdzą́ą́ nádleehé* und einige andere Leute mitbrin-
gen. Wenn ich wiederkomme, wirst du den Zweck meines
Besuchs verstehen.«

Dies gesagt, entschwand er.

Als *Haashch'éélti'í* wieder fort war, baute *Yoołgai asdzą́ą́*
sich eine neue Bleibe.

Diese Hütte wurde besser als das einfache Reisigobdach,
das sie zuerst gebaut hatte. Sie war standfester und wohnli-
cher. Sie hatte nach Westen hin ein Fenster und nach Osten
hin eine Tür.

Sie kehrte den Boden. Sie bereitete ein weiches Bett aus
Gras und Blättern, so ist gesagt.

2

Auch ist gesagt, daß vier Tage verstrichen und viermal die
Nacht verging. Sonne ging viermal auf und unter, und viermal zog droben der Mond vorüber. Und in der Morgenröte des fünften Tages vernahm *Yoołgai asdzą́ą́* erneut den
Ruf, diesmal jedoch nicht von einer Stimme, sondern von
zweien.

Viermal hörte sie diese Stimmen. Sie hörte sie anfangs
nur ganz schwach. Dann klangen sie näher und lauter. Dann
waren sie noch deutlicher zu hören. Und schließlich vernahm die Weißmuschelfrau die Stimmen so klar, daß sie unmittelbar bei ihr zu sein schienen, bis sie zwei Götter erblickte. Sie erblickte *Haashch'éélti'í*, den Sprechenden Gott,
und sie erblickte *Haashch'éoghan*, den Grollenden Gott.

Da der Himmel an diesem besonders dunstigen Morgen
noch recht dunkel war, erkannte sie die anderen nicht
gleich, die mit den beiden Göttern gekommen waren. Ihre
Gestalten waren im dichten Nebel nur umrißhaft zu erkennen.

All diese Leute hatten sich bereits östlich von ihrer Hütte aufgestellt. Die Heiligen Leute vom *Sisnaajiní*, dem Sierra-Blanca-Gipfel, standen am weitesten ostwärts. Jene vom *Tsoodziʼ*, dem Blauperlenberg, standen am weitesten südlich. Jene vom *Dookʼoʼoosłííd*, dem Wasserwolkenberg, standen am weitesten westlich. Und jene vom *Dibé nitsaa*, dem Bergschafberg, stellten sich am nördlichen Teil des Kreises auf, den sie dort alle östlich der Hütte bildeten.[2]

Als *Yoołgai asdzą́ą́* diese Aufstellung der Leute sah, nahm sie selbst einen Platz im westlichen Teil des Kreises ein. Doch als sie das tat, sprach ihre Schwester *Asdzą́ą́ nádleehé* sie an:

»Stell dich nicht dorthin«, sagte sie.

»Stelle dich dort drüben im Osten auf. Mein Platz ist im Westen.«

Da tat die jüngere der beiden Schwestern, wie ihr gesagt wurde. Und nun war sie bereit, die bevorstehende Zeremonie zu verfolgen.

Asdzą́ą́ nádleehé, die Sich Wandelnde Frau, hatte zwei heilige Decken mitgebracht. Die eine war *diłhił náskad*, die dunkle Stickerei, wie man sie in der Sprache von *Bilagáana* nennen würde; die andere war *łigai náskad*, die weiße Stickerei, wie der Weiße Mann sie nennen würde.

Haashchʼééłtiʼí, der Sprechende Gott, hatte zwei heilige Hirschhäute mitgebracht. Das göttliche Paar *Naaki naaʼaash* war auch gekommen. Sie standen Arm in Arm und trugen zwei Maiskolben. Einer dieser Kolben war gelb, der andere weiß. Die göttliche Frau trug beide in einer Schüssel aus Türkis.

Jetzt legte *Haashchʼééłtiʼí* die heiligen Decken sorgsam auf den Boden.

Über die eine Decke breitete er eine der heiligen Hirschhäute mit dem Kopf nach Westen. Aus der Türkisschüssel der göttlichen Frau nahm er den weißen Maiskolben und reichte ihn *Tséghádi'nidínii ashkii*, dem Bergkristalljungen vom Östlichen Berg. Und aus derselben Schüssel nahm er den gelben Maiskolben und reichte ihn *Naadą́łtsoii at'ééd*, dem Gelbmaismädchen vom Westlichen Berg.

Diese Heiligen Leute legten die Kolben auf die Hirschhaut. Den gelben legten sie mit der Spitze nach Westen.

Den weißen legten sie mit der Spitze nach Osten. Dann traten sie zurück.

Nun trat *Haashch'ééłti'í* vor. Er nahm die beiden Kolben und hielt ihre beiden Spitzen nach Osten, ganz dicht über das Hirschfell, so daß sie es gerade nicht berührten.

Und während er sie so hielt, ließ er seinen Ruf vernehmen.

»Wu'hu'hu'hu'«, rief er.

Dann senkte er sie ein wenig, so daß sie die Hirschhaut gerade berührten.

Und als er sie so hielt, ließ er den Ruf von *Haashch'eoghan*, dem Grollenden Gott, vernehmen.

»Ha wa u'uu«, rief er.

In gleicher Weise richtete er die beiden Maiskolben wieder nach Westen, und wieder so, daß sie die Hirschhaut nur ganz leicht berührten.

Und als er sie so hielt, ließ er wieder seinen eigenen Ruf erschallen.

»Wu'hu'hu'hu'«, rief er.

Zuletzt ließ er die Kolben nach Norden weisen und achtete wiederum darauf, daß sie die Unterlage nur ganz leicht berührten. Dabei ließ er noch einmal den Ruf von *Haashch'eoghan* erschallen.

»Ha wa u'uu«, rief er.

In dieser Weise wurden die Maiskolben in alle vier Himmelsrichtungen gehalten. Der weiße Kolben wurde in alle vier Richtungen gehalten, und der gelbe Kolben wurde in alle vier Richtungen gehalten.

Darum ist es jetzt so, daß die Navajoleute nie an ein und demselben Wohnort verweilen, wie es die Pueblovölker tun. Statt dessen ziehen sie beständig von Ort zu Ort, von Ort zu Ort. Und darum ist es auch so, daß die Navajoleute nicht in Dörfern wie denen der Pueblovölker wohnen. Sie leben in kleinen, über das Land verstreuten Häusern, die häufig weit voneinander entfernt liegen.

Über die Maiskolben legte *Haashch'ééłti'í* schließlich die andere heilige Hirschhaut, und diese mit dem Kopf nach Osten.

Dann fuhr *Níłch'i*, der Wind, zwischen die beiden Felle.

Bald darauf hob *Haashch'ééłti'í* die obere der beiden Hirschhäute ein wenig an und lugte darunter.

Doch schnell senkte er sie wieder. Was darunter geschehen sollte, war offenbar noch nicht geschehen.

Wieder wartete er ein Weilchen.

Dann hob er abermals die obere Hirschhaut ein wenig an, damit er darunterschauen konnte.

Doch schnell senkte er sie wieder, ohne ein Wort zu sagen.

Wieder ließ er einige Zeit verstreichen.

Und erneut hob er die obere Hirschhaut ein wenig, um darunterzuschauen.

Noch einmal senkte er sie.

Noch einmal wartete er ein Weilchen.

Noch einmal hob er das obere Fell hoch und schaute nach.

Diesmal hielt er die obere Hirschhaut längere Zeit in die Höhe. Denn diesmal sah er, daß der weiße Maiskolben in einen Mann verwandelt worden war. Und er sah, daß der gelbe Kolben zu einer Frau geworden war.

Der Wind hatte ihnen Leben gegeben, diesen beiden *Nihookáá dine'é* oder fünffingrigen Erdoberflächenleuten, wie der Weiße Mann sie nennen würde.

Es war eben jener Wind, der schon so vielen *Haashch'ééh dine'é* oder Heiligen Leuten Leben eingehaucht hatte.

Nilch'i, der Wind, war zwischen die Köpfe der beiden Hirschhäute hineingefahren, dann durch alle vier Beine beider Häute, und hatte so die Maiskolben in zwei Sterbliche verwandelt.

Es ist ebenderselbe Wind, der uns Heutigen, die wir in dieser Welt leben, den Atem gibt, den wir atmen.

Die Spuren eben dieses Windes sind bis heute in unseren Fingerspitzen zu erkennen.

Eben dieser Wind hat seither alle unsere Vorfahren erschaffen.

Eben dieser Wind weht in uns allen, bis wir sterben.

Als *Nilch'i* dem weißen und dem gelben Maiskolben menschliches Leben eingehaucht hatte, verlieh *Tséghádi'nidínii ashkii*, der Bergkristalljunge, beiden Erdoberflächenleuten einen Geist. Dann gab ihnen *Naadą́ą́tsoii at'ééd*, das Gelbmaismädchen, eine Stimme.

Als *Haashch'éélti'í* die obere Hirschhaut schließlich schwungvoll wegzog, senkte sich eine dunkle Wolke herab und verhüllte die Körper des neuen Paares wie eine Decke.

Worauf *Yoołgai asdzą́ą́*, die Weißmuschelfrau, die beiden überglücklich in ihren Hogan führte. Und während sie dies tat, gingen die versammelten Gottheiten schweigend auseinander.

Haashch'éélti'í entfernte sich mit den anderen. Doch zuvor versprach er, daß er in vier Tagen wiederkommen werde.

Im Verlauf dieser Ereignisse waren keine Lieder gesungen und keine Gebete gesprochen worden. Und alles war an einem einzigen Tag geschehen.

Die Behausung, die *Yoołgai asdzą́ą́* gebaut hatte und in die sie das erste sterbliche Paar geleitete, steht heute noch. Jeder, der an diesen heiligen Ort pilgern möchte, kann sie noch besichtigen.

Da jedoch längst ein kleiner Hügel daraus geworden ist, kann man sie nicht mehr ohne weiteres erkennen. Schaut genau hin, damit ihr sie nicht mit einem kleinen Erdhaufen verwechselt.

Als diese Geschichte zum erstenmal aufgeschrieben wurde, waren sieben Generationen von Menschen, die ein hohes Alter erreichten, gekommen und gegangen. Und seit dieser ersten Niederschrift ist eine weitere Generation langlebiger Erdoberflächenleute gekommen und gegangen.[3]

So lange also ist es her, daß das Volk der Erdoberflächenleute, die sich Navajo nennen, ins Dasein trat, so ist gesagt.

3

Auch ist gesagt, *Haashch'ééłti'í* sei nach vier Tagen wie versprochen wiedergekommen. Wie immer kündigte er sein Kommen durch den vierfachen Ruf an, den man zuerst ganz schwach vernahm, dann näher und lauter, dann noch deutlicher und schließlich so laut, daß er ganz aus der Nähe zu kommen schien.

Schon beim allerersten Ruf weckte *Yoołgai asdzą́ą́* die beiden jungen Leute und sprach diese Worte zu ihnen:

Steht auf, *sha'áłchíní*, meine Kinder«, sprach sie beim ersten Ruf.

»Steht auf und macht Feuer.

Was ihr da hört, ist die Stimme von *Haashch'ééłti'í*. Er kommt, weil er uns alle sehen will.«

Er kam und brachte ein weiteres Paar mit. Er brachte *Hadahoniye'ashkii*, den Himmelstrugbildjungen, und er brachte *Hadahoneestiin at'ééd*, das Bodennebelmädchen. Und als er kam, gab er *Yoołgai asdzą́ą́* zwei Maiskolben.

»Mahle diese«, trug er ihr auf

»Aber immer nur ein Korn auf einmal.«

Das sagte er zu ihr. Und mit diesen Worten entschwand er wieder.

Als er gegangen war, sprach *Yoołgai asdząą* das Paar an, das mit ihm gekommen war und nun zurückblieb. Und dies nun sagte sie zu den beiden:

»Dieser junge Mann, den ihr hier seht, und die junge Frau bei ihm wurden aus Mais gemacht.

Sie können einander nicht heiraten, denn sie sind Bruder und Schwester.

Dennoch müssen sie Kinder zur Welt bringen, wenn es mehr Leute geben soll, die so sind wie sie.

Gewiß ist das mit euch ebenso. Vielleicht kann also jeder von euch einen von ihnen heiraten.«

Und so wurde das erste sterbliche Paar verheiratet. Der junge Mann, der durch die Verwandlung eines weißen Maiskolbens entstanden war, heiratete *Hadahoneestiin at'ééd*, das Bodennebelmädchen. Und das Mädchen, das durch die Verwandlung eines gelben Maiskolbens entstanden war, heiratete *Hadahoniye'ashkii*, den Trugbildjungen. Und bald darauf wurde jedem Paar ein Junge und ein Mädchen geboren.

Als diese Kinder groß genug waren, um laufen und rennen zu können, brach die ganze Gruppe vom *Hajíínéí*, dem Aufstiegsort, auf. Sie zogen fort zum *Tsé łigaii ííáhí* oder Weißen Stehenden Felsen, wie ihn der Weiße Mann in seiner Sprache bezeichnen würde.

Dort angekommen, gingen die beiden Männer jeden Tag auf die Jagd; sie stellten Kaninchen und Ratten und anderen kleinen Beutetieren nach. Von solchem Wild ernährten sie sich in der Hauptsache.

Von diesen ersten Leuten stammt der Clan der *Tséníjíkiní* oder Wabenfelsenleute ab.[4] Sie werden so genannt, weil die Götter, die das erste Paar aus zwei Maiskolben erschufen, aus den wabenförmigen Nischen des dunklen Felsenhauses am *Tséyi'* kamen. Von eben diesem Ort brachten sie die beiden Maiskolben mit, aus denen zwei atmende, sprechende Leute erschaffen wurden.

Dreizehn Jahre lebten die Wabenfelsenleute am *Tsé łigaii ííáhí*, wo der weiße Felsen steht. Sie lebten und wirkten dort und vermehrten sich nach Kräften. Und während dieser Zeit deutete nichts darauf hin, daß es außer ihnen noch andere Leute gab. Bis sie eines Nachts in der Ferne den Widerschein eines Feuers gewahrten.

Die ganze Nacht und den ganzen nächsten Tag suchten sie unermüdlich nach dem Ursprung des Feuerscheins. Aber sie fanden nichts.

In der folgenden Nacht sahen sie ihn wieder, und er schien von derselben Stelle zu kommen wie zuvor. Den Rest der Nacht und den ganzen nächsten Tag suchten sie wieder nach seinem Ursprung, und diesmal schauten sie sich noch genauer um. Doch sie suchten vergeblich, denn sie fanden nichts.

In der dritten Nacht, als der ferne Schimmer abermals durch die Finsternis zu ihnen drang, beschlossen sie, den Ort durch Abstecken ausfindig zu machen. Sie trieben einen gegabelten Stock ins Erdreich. Dann ließ sich einer der Männer auf Hände und Knie herunter, streckte die Glieder weit vom Körper und peilte das Feuer durch die Astgabel an.

Am nächsten Morgen setzte er Hände und Knie genau in die Eindrücke, die er in der Nacht gemacht hatte. Er nahm genau dieselbe Haltung ein und schaute wieder durch die Gabel. So wurde sein Blick auf eine kleine bewaldete Mulde in der Flanke eines fernen Berges gelenkt.

Ein anderer Mann machte sich nun zu der bewaldeten Stelle an jenem Berg in der Ferne auf. Er fand die Mulde, die so klein war, daß er sie in kürzester Zeit abgesucht hatte.

Doch er entdeckte keinerlei Anzeichen dafür, daß jemals jemand dortgewesen war. Er sah kein Feuer. Er sah keine Asche. Er sah keine menschlichen Spuren. Nichts deutete auf die Gegenwart von Menschen hin.

In der vierten Nacht sichteten alle Erwachsenen der Gruppe das ferne Flackern des Feuers durch die Astgabel. Und als sie am Morgen wiederum schauten, kamen alle zu der Überzeugung, daß das Wäldchen an dem fernen Berg der gesuchte Ort sein müsse.

»Wie sonderbar!« erklärte der Mann, der tags zuvor hinübergegangen war.

»Es ist eine sehr kleine Stelle, die man von einem Rand zum anderen leicht überschaut.

Doch wie ich auch suchen mochte, ich fand kein Lebenszeichen. Ich sah kein Feuer. Ich sah keine Asche. Ich sah keine menschlichen Spuren. Nichts fand ich, was auf die Gegenwart von Menschen hindeutete. Nicht einmal einen Wassertropfen sah ich, der vielleicht einen Stern- oder Mondstrahl widerspiegelte.«

Dann beschlossen alle Männer des Clans, auch die Jungen, noch einmal auszuziehen, um das Wäldchen zu durchsuchen. Doch auch gemeinsam fanden sie nicht eine einzige Spur menschlichen Lebens.

Enttäuscht kamen sie zu dem Schluß, daß sie ebensogut heimgehen könnten.

Doch gerade als sie das Wäldchen verlassen wollten, vernahm einer von ihnen die Stimme von *Nilch'i*, der ihm ins Ohr flüsterte.

»Diese Wüstenei täuscht eure Augen«, flüsterte er.

»Das Licht, das ihr des Nachts seht, scheint in Wirklichkeit durch eine enge Felsspalte im Berg, die man nicht leicht findet.

Überquert jenen Bergrücken dort hinter dem bewaldeten Gebiet, und ihr werdet bald finden, was ihr sucht.«

Sie taten, was *Niłch'i* ihnen riet. Und kaum waren sie hinter dem Bergrücken, von dem er sprach, angekommen, als sie auch schon die Fußabdrücke von erwachsenen Männern erblickten. Und noch ein Stückchen weiter erblickten sie die Fußabdrücke junger Leute. Und schließlich stießen sie auf die Fußabdrücke kleiner Kinder.

Nur ein paar Schritte weiter gelangten sie nun in ein Lager von fünffingrigen Erdoberflächenleuten, was inzwischen keinen von ihnen mehr überraschen konnte.

Auf beiden Seiten war die Freude gleich groß. Sie umarmten einander, und Begrüßungsrufe gingen hin und her.

»Woher kommt ihr?« fragten die Angehörigen der einen Schar.

»Wo liegt euer Ursprung?« fragten die Mitglieder der anderen.

»Wir kommen vom *Tsé łigaii íiáhí*«, riefen die Neuankömmlinge. »Von dem Ort, wo der Weiße Felsen steht, kommen wir.«

»Unser letzter Rastplatz war am *Tó nidoots'os*, dem Ort,-wo-der-Kanal-sich-verengt«, riefen die Leute aus der Schar der Neugefundenen. »Das ist ein karges Land, in dem wir kaum Wild finden konnten.

Wir haben dort nur von Enten und Schlangen leben können.

An diesem Ort sind wir erst seit ein paar Tagen, aber es ergeht uns hier kaum besser als da, wo wir herkommen.

Wir ernähren uns von Erdratten, von Präriehunden, von den Beeren, die unsere Frauen sammeln und von den wenigen Samenkörnern, die unsere Kinder finden.«

Die ganze Schar bestand aus nur zwölf Leuten. Es waren fünf Männer da. Und es waren drei Frauen da. Außerdem gab es noch ein großes Mädchen und einen großen Jungen und zwei ganz kleine Kinder.[5]

»Kommt mit uns«, riefen die Männer des Wabenfelsen-
clans.

»Uns geht es zwar nicht wesentlich besser, aber vielleicht
doch ein wenig.

Ihr seid willkommen, den Pfad zu wandeln, den wir wandeln, zu ruhen, wo wir ruhen, zu jagen, wo wir jagen, und an
allem teilzuhaben, was wir besitzen.«

Und so nahmen sie die Fremden mit nach Hause, wo
Yooɫgai asdzą́ą́, die Weißmuschelfrau, sie willkommen hieß,
und diese Worte zu ihnen sprach:

»Ahaláane' sha'álchiní«, sprach sie.

»Meine armen, schwer geprüften Kinder.

Ich grüße euch.

Ich heiße euch willkommen, als wäret ihr meine eigenen
Kinder.«

Die Stelle, wo die Leute vom *Tséníjíkiní*, dem Wabenfel-
sen, die Fremden fanden, heißt *Tsétł'ahnii* oder Felseckenort.
Demgemäß erhielten sie den Namen *Tsétł'ahnii'é*, und das
heißt Felseckenleute. Von jener Gruppe stammt der heutige
Navajoclan ab, der so genannt wird, so ist gesagt.[6]

4

Auch ist gesagt, daß am Morgen nach der Ankunft der
Fremden *Haashch'ééłti'í*, der Sprechende Gott, erneut zur
Hütte von *Yooɫgai asdzą́ą́*, der Weißmuschelfrau, gekommen
sei. Er nahm sie beiseite, so daß niemand seine Worte hören
konnte. Und sie selbst sagte sie niemandem weiter.

Drei Tage später kam er wieder. Wieder sprachen sie an
einem Ort, wo niemand sie belauschen konnte. Und wieder
schwieg sie über alles, was sie besprochen hatten.

Zu der Zeit war es ihr zur Gewohnheit geworden, zusammen mit einem der kleinen Mädchen des Clans zu schlafen.

Dieses Mädchen war ihr Lieblingskind und ständig in ihrer Nähe. Kurz nachdem nun *Haashch'éélti'í* nach seinem zweiten Besuch wieder fortgegangen war, hatte *Yoołgai asdząą* dies zu dem Kind zu sagen:

»Ich werde euch verlassen«, sagte sie.

»Die Götter vom *Tséyi'* haben nach mir geschickt.

Aber ich werde deine Leute ebensowenig vergessen wie dich, *sitsóí*, meine Enkelin.

Ich werde sie oft besuchen kommen. Und ich werde über sie wachen, wie ich auch stets über dich wachen werde. Sie bedürfen meiner nicht mehr so sehr. Sie werden als Volk allmählich stärker. Sie lernen, die Dinge dieser Welt zu beherrschen.«

So sprach *Yoołgai asdząą.* Und mit diesen Worten entschwand sie, als habe sie sich in Luft aufgelöst.

Als die Leute am nächsten Morgen erwachten, suchten sie überall nach ihr. Doch wie sie auch suchen mochten, sie fanden sie nicht. Und sie begannen sich zu fragen, ob sie womöglich zum *Tséyi'* gegangen sei und dort vielleicht ein Weilchen bleiben würde, um schließlich zum *Dibé nitsaa,* dem Ort der Bergschafe, zu ziehen.

Vier Tage nach ihrem Verschwinden hatte das kleine Mädchen einen Traum.

In diesem Traum kam *Yoołgai asdząą* zu ihr, blieb vor ihr stehen, lächelte und sprach diese Worte:

»*Sitséí,* meine Enkelin«, sprach sie.

»Es ist, wie deine Leute vermuten.

Ich bin wirklich zum *Tséyi'* gegangen.

Von dort aus werde ich zum *Dibé nitsaa* gehen, zum Ort der Bergschafe, wo ich für immer in einem Haus aus weißer Muschelschale wohnen werde, das die *Haashch'ééh dine'é,* die Heiligen Leute, mir dort eingerichtet haben.

Ich hätte dich zu gern dorthin mitgenommen. Aber deine Eltern lieben dich auch und würden sich über deine Abwesenheit grämen. So sind nun mal die *Nihookáá'dine'é*, die fünffingrigen Erdoberflächenleute. Da sie nur für kurze Zeit in dieser Welt leben, verursacht ihnen der Verlust eines jeden, den sie lieben, bitteres Leid.

Daher werde ich dich hier zurücklassen.

Denke nicht, daß du mich nie wiedersehen wirst.

Doch wisse, daß ich dir künftig nicht mehr in der Gestalt erscheinen werde, die dir vertraut ist. Suche mich in anderen Gestalten.

Schau nach mir aus, wenn es regnet.

Du wirst mich in den sanften Schauern des weiblichen Regens finden. Wenn er nahe deiner Hütte fällt, wirst du mich sehen. Du wirst mich in der Feuchtigkeit erblicken, die er bringt. Vielleicht wirst du mich sogar in den Feldfrüchten erkennen, die ob dieses sanften Regens wachsen.«[7]

Das sagte *Yoołgai asdzáá* dem kleinen Mädchen im Traum. Und genau das wiederholte das Kind den anderen am nächsten Morgen.

Yoołgai asdzáá, die Weißmuschelfrau, werde künftig nicht mehr in der gewohnten Weise bei ihnen sein, erzählte es. Aber sie würde in einer neuen Weise bei ihnen leben.

Solange die kleine Gemeinschaft von Clanen am *Tsé łigaii íiáhí*, Wo-der-Weiße-Felsen-Steht, lebte, gingen die Männer überallhin auf die Jagd, doch sie fanden nur sehr wenig Beutetiere.

Einige von ihnen hatten einen Ort namens *Tó dik'ǫ́zhí* gesehen, den *Bilagáana* in seiner Sprache Salziges Wasser nennen würde. Das sei ein besserer Jagdgrund, dachten sie. Man fand dort Stachelschweine. Ratten fand man. Präriehunde gab es in Hülle und Fülle. Viele Arten samentragender Pflanzen wuchsen dort. Hoch auf der Mesa rings um diesen Ort mochte vielleicht sogar größeres Wild zu finden sein.

Also zogen die Leute dorthin. Aber sie blieben nur wenige Tage an diesem Ort, denn sie waren mit der Menge Nahrung, die sie beschaffen konnten, nicht zufrieden. Sie faßten den Entschluß, zum *Chá'aľaashzhéé* weiterzuziehen. Heute weiß niemand mehr zu sagen, was dieser Name in der Sprache von *Bilagáana* bedeutet. Einige von ihnen sahen die Möglichkeit, daß man dort vielleicht etwas anpflanzen könnte.

Sie säten daher einige Maiskörner von dem Kolben, den *Yooľgai asdzą́ą́* von *Haashch'ééľti'í* bekommen hatte. Es waren dieselben Kolben, die sie den Navajoleuten weitergegeben hatte. Diese hatten die Kolben wohl verwahrt und nur auf die rechte Zeit gewartet, sie nutzbringend zu verwenden.

Wie ihnen gesagt worden war, nahmen sie immer nur ein Korn auf einmal vom Kolben. Und sie säten die Körner mit großer Sorgfalt. Wie überaus fruchtbar diese Samen waren, wenn man sie richtig setzte und der sanfte weibliche Regen sie nährte, sollten sie bald erfahren. Denn sie trieben Stengel, die aus der Erde sprossen und sich zum blauen Himmel hinaufstreckten. jeder Stengel setzte mehrere Kolben an, und jeder Kolben war reich mit saftigen Körnern besetzt.

Überdies konnte man diese Körner trocknen und mahlen, und wenn das in der richtigen Weise geschah, wurde Mehl daraus. Alle Körner einer einzigen Maispflanze ergaben zusammen eine ordentliche Portion Mehl, mit der man viele Tage auskam.

Als die Leute vierzehn Jahre am *Chá'aľaashzhéé* gelebt hatten, schloß sich ihnen eine weitere Gruppe an. Sie kam vom heiligen Berg *Dziľ ná'oodiľii*. Nach ihm wurden sie benannt und hießen fortan *Dziľ ná'oodiľii*, Clan vom Kreis der Reisenden.

Und man betrachtete sie als heilige Leute. Denn sie hatten keine Überlieferung vorzutragen und wußten nichts über ihren Ursprung. So ging man davon aus, daß sie wohl irgendwie dem Wüten der *Naayéé'* entkommen waren, vielleicht durch die Hilfe der Götter.

Die Leute vom *Dził ná'oodiłii* lagerten nicht mit den anderen zusammen, sondern hielten sich zuerst etwas abseits. Sie schickten aber häufig ihre Kinder, um Töpfe oder Mahlsteine auszuleihen. Schließlich schlossen sie sich dann doch der Hauptgruppe an und verhielten sich so, als wären sie alle ein Volk.

Die Neuankömmlinge gruben in alten Ruinen und fanden Töpfe und Steinbeile. Bald konnten sie wie die anderen kochen und bauen. Bald waren sie in der Lage, wie die anderen zu jagen und die Felder zu bebauen. Bald waren ihre Häuser und ihre Kleidung wie die der anderen; auch ihre Werkzeuge und die Jagdausrüstung glichen sich bald. Es war nur eine Frage der Zeit, bis sie als Mitglieder desselben Stammes angesehen wurden, als Menschen derselben Überlieferung und Lebensweise.

Sieben Jahre nach der Ankunft der *Dził ná'oodiłii* schloß sich ein vierter Clan den Navajo an. Die Neuankömmlinge erzählten, daß sie schon seit vielen Jahren nach den Leuten des Clans vom Kreis der Reisenden suchten, da sie schon vor langer Zeit auf ihre Spuren gestoßen seien.

Gelegentlich hatten sie niedergetretene Büsche, wo eine Gruppe gelagert hatte, gesehen. Manchmal hatten sie verlassene Reisighütten gefunden, an denen häufig noch einige Zweige grün waren. Mitunter war so wenig Zeit nach dem Aufbruch der Leute, denen sie auf der Spur waren, vergangen, daß noch alle Zweige grün waren. Es war sogar vorgekommen, daß sie noch frische Fußspuren fanden und in den verkohlten Resten der Feuer noch Wärme fühlten. Immer begieriger wurden sie, Leuten wie ihresgleichen in einer so wüsten und leeren Gegend zu begegnen. Doch dann hatten sie wieder alle Spuren verloren und sich gefragt, ob sie wohl jemals andere Leute treffen würden.

Nun waren sie überglücklich, endlich die Leute gefunden zu haben, nach denen sie so lange gesucht hatten.

Diese Neuankömmlinge schlugen ihr Lager nah bei den *Dził ná'oodiłi* auf, den Leuten von dem Berg, der Kreis der Reisenden genannt wird. Und bald entdeckten sie, daß jene rote Pfeilhalter trugen, ganz ähnlich denen, die sie selbst benutzten. Kein anderer Clan besaß solche Pfeilhalter, und so nahmen sie an, daß ihre beiden Gruppen verwandtschaftlich verbunden seien.

Die Fremden erzählten, sie seien gerade von einem Ort namens *Hashk'ą́ą́ hadzohó* gekommen, Wo-Yuccapflanzen-zu-einer-Reihe-aufgeschnürt-sind. Und sie sagten, es sei ihnen recht, wenn sie künftig *Hashk'ą́ą́ hadzohó dine'é* genannt würden, der Aufgereihte-Yuccapflanzen-Clan, so ist gesagt.

5

Auch ist gesagt, daß vierzehn Jahre nach der Ankunft der *Hashk'ą́ą́ hadzohó dine'é* der wachsende Navajostamm zum Kin nteel, dem Ort des Breiten Hauses im Chaco Canyon, weitergezogen sei und sich dort in den Ruinen eingerichtet habe. Die erste Nacht lagerten sie in kleinen Gruppen. So wurde eine ganze Reihe von Feuern entfacht, die wiederum die Aufmerksamkeit einer Gruppe von Fremden auf sich zogen, die auf einem fernen Berg lagerten.

Am nächsten Tag kamen diese Fremden ins Tal hinunter, um zu sehen, wer diese Leute waren, die dort in so großer Zahl lagerten, daß sie derart viele Feuer benötigten. Wie die *Dził ná'oodiłi*, die Leute vom Kreis-der-Reisenden-Berg, hatten auch diese Neuankömmlinge keine Überlieferung vorzuweisen und wußten nichts über ihre Herkunft zu berichten.

Sie waren kürzlich vom *Nihoobá* gekommen, einem Ort, der in der Sprache von *Bilagáana* den Namen Wo-der-graue-Streifen-endet erhalten würde. Da nannten die Navajo sie *Nihoobáanii,* Grauer-Streifen-Clan, und luden sie ein, sich dem Stamm anzuschließen, was sie mit Freuden taten.

Diese Leute waren die fünfte Gruppe, die sich dem wachsenden Navajovolk anschloß. Sie kamen im Herbst, als die Yuccapflanzen einzutrocknen begannen. Die Blätter färbten sich gelb. Sie fielen von den Zweigen der Espen, kräuselten sich am Boden und wichen dem Frost. Da verlegten sie das Lager von den höhergelegenen Stellen hinunter an die Ufer des San Juan.

Sie ließen sich an einem Ort namens *Tsintóbétłoh* nieder; in der Sprache von *Bilagáana* würde man ihn Bäume-streichen-übers-Wasser nennen. Diesen Namen erhielt er, weil dort die Äste eines eigenartigen weißen Baumes auf den Fluß hinunterhängen und über das Wasser streichen, das die schnelle Strömung flußabwärts trägt. Nirgendwo sonst im ganzen Land findet sich solch ein Baum.

Hier in diesem Tal wollten sie bleiben. Denn hier, so schien es, konnten sie säen und Feldfrüchte anbauen. Sie bauten warme Hütten, um sich vor dem Winterwetter zu schützen. Den Rest des Herbstes und den ganzen Winter über bearbeiteten sie in der Flußaue den Boden, sofern das Wetter es erlaubte.

Sie räumten alles fort, was das Wachstum der Feldfrüchte behindern konnte. Sie rodeten Wurzeln, sie bereiteten den Boden für die Aussaat vor. Und was sie an Geräten und Werkzeugen bauen konnten, das bauten sie. Die älteren Clane lagerten flußabwärts, während die neueren Clane ihre Lager weiter oben aufschlugen. Alle halfen sie einander, die Erde für die Aussaat im Frühjahr vorzubereiten.

Als der Stamm sechs Jahre lang am *Tsintóbétłoh* gelebt hatte, wo die Zweige über das schnellfließende Wasser streichen, schloß sich ihm eine Gruppe von Leuten an, die von einem Ort namens *Tsi'naajin* oder Dunkler Waldstreifen kamen. Darum bekamen sie den Namen *Tsi'naajinii* oder Dunkler-Waldstreifen-Clan. Die Leute vom Navajostamm bemerkten, daß unter den Neuankömmlingen ein Mann war, der fast jeden Morgen und Abend würdevoll zu den anderen sprach, die seinen Worten aufmerksam lauschten.

Die Navajo verstanden nicht gleich, worin die Beziehung zwischen diesem Mann und dem Rest der Gruppe bestand. Doch allmählich erkannten sie, daß die anderen sich seine Weisheit zunutze machten und seinem Urteil vertrauten. Durch sein Wissen und seine Fähigkeit, Männer und Frauen gleichermaßen zu überzeugen, war er ihr Anführer geworden. Weil sie sich immer wieder mit ihm berieten, arbeiteten die Leute dieser Gruppe gut zusammen.

Nabinilt'áhí hieß dieser Mann, und das bedeutet in der Sprache des Weißen Mannes Etwas-gab-ihm-ein,-vor-allen-zu-reden.

Während sie im Tal des San Juan lebten, unterhielten sie sich mit Spielen. Tagsüber spielten sie *na'azhǫ́ǫ́sh*, das Reifen-und-Stab-Spiel. Und nachts spielten sie *késhjéé'*, das Mokassinspiel.

Mit dergleichen unterhielten sie sich in diesen frühen Zeiten, da sie noch sehr einfach lebten.

Derart schmolzen die einzelnen Gruppen zu einem einzigen Stamm mit einheitlicher Lebensweise zusammen, und derart entstand ein wachsendes und gedeihendes Volk. Sie lebten aber weiterhin sehr einfach miteinander, so einfach, wie jede der ehemals einzelnen Gruppen früher gelebt hatte.

Sie hatten noch keine Pferde. Sie hatten noch keine Schafe. Sie hatten noch keine Ziegen. Ja, sie besaßen damals noch keinerlei Haustiere.

Da ihre Art zu jagen noch sehr einfach und ursprünglich war, gelang es ihnen nur selten, einen Hirsch oder ein Bergschaf zu erlegen. Brachte aber doch einmal jemand ein größeres Wild mit, so hatte er lange Zeit auf Lauer gelegen und geduldig gewartet, bis ein Tier beim Grasen nah genug herankam. Manchmal kreisten mehrere Männer ein Jungtier ein und hetzten es, bis es erschöpft war. In seltenen Fällen gelang es ihnen sogar, einen erwachsenen Hirsch in einen steilen Abgrund zu treiben.

Auf so schlichte Weise versorgten sie sich in jener Zeit mit Fleisch.

War es einem Mann gelungen, zwei größere Felle an sich zu bringen, so machte er sich einen Umhang daraus, indem er die Vorderläufe über der Schulter zusammenband. Die Frauen fertigten Geflechte aus Zedernrinde an, die sie dann miteinander verknüpften, so daß ein Teil über der Vorderseite des Körpers und der andere über den Rücken herunterhing. Männer wie Frauen trugen Sandalen aus Yuccafaser oder Zedernrinde.

Den Kopf bedeckten sie mit Wiesel- und Rattenfellen, deren Schwänze über den Nacken hinunterhingen. Häufig wurden diese Kopfbedeckungen mit künstlichen Hörnern verziert, die sie aus Holz anfertigten und dann färbten. Manchmal verwendeten sie dafür auch dünngeschliffene Hörner weiblicher Bergschafe.

Decken webten sie aus Zedernrinde oder Yuccafasern. War die Jagd gut, so blieben hin und wieder Felle übrig, die sie dann zu Decken zusammennähen konnten.

So versorgten sie sich in diesen Tagen mit Kleidung.

Jedes Haus hatte vor dem Haupteingang einen länglichen Vorbau, der an beiden Enden, zum Haus hin und zum Freien hin, mit Decken verhängt war. Diese hängenden Türen wurden manchmal auch aus Zedernrinde geflochten. Für die Wintermonate brachten die Leute viel Holz hinein. Dann schlossen sie beide Vorhänge und machten das Haus schön warm, bevor sie sich schlafen legten. So sahen ihre Behausungen in jener frühen Zeit des Lernens aus.

Ihre Bogen bestanden aus schierem Holz. Die Navajoleute hatten noch nicht gelernt, das Bogenholz mit tierischen Fasern zu verstärken. Die Pfeile waren Schilfrohrschäfte, die mit Holzspitzen versehen wurden. Damals war nicht jeder in der Lage, Pfeile anzufertigen, die gänzlich aus Holz bestanden.

Die Flußniederung, in der sie ihre Äcker bebauten, wurde von hohen Felswänden eingefaßt. Weiter flußaufwärts und flußabwärts verengte sich das Tal, und die mächtigen Felsschroffen ragten direkt über den Ufern auf.

Mit der Zeit wurde der Stamm zu groß, als daß alle noch in diesem engen Tal hätten wohnen können. Bald reichte die Ackerfläche für so viele Menschen nicht mehr aus. Da zogen einige von ihnen auf die Ebene über der Flußniederung hinauf. Diese Leute erbauten zwischen den hoch aufragenden Felsen steinerne Vorratshäuser. Andere wie etwa die *Tsi'naajinii*, die Dunkler-Waldstreifen-Leute, wandten sich flußabwärts und bebauten hinter den dort sichtbaren Gipfeln das Land. Noch andere überquerten den Fluß und bebauten das Land auf der anderen Seite.

So lernten sie in dieser Zeit wachsender Lebenstüchtigkeit, sich über das verfügbare Land zu verteilen.

Acht Jahre nachdem die *Tsi'naajinii* sich dem Stamm angeschlossen hatten, erblickten einige Leute in einer dunklen Nacht mehrere Feuer in einer fernen Berglehne im Norden.

Kundschafter wurden ausgesandt zu ergründen, wer dort lagerte. Und bald kehrten diese mit der Nachricht zurück, daß eine Gruppe von Fremden dort an einer Stelle haltgemacht hatte, die *Ta'neeszah* genannt wird. In der Sprache von *Bilagáana* bedeutet dieser Name Gestrüpp.

Diese Umherziehenden wurden eingeladen, sich den Navajoleuten anzuschließen, was sie mit Freuden taten.

Und so wurde der Stamm um einen weiteren Clan erweitert. Man gab ihm den Namen *Ta'neeszah' dine'é* – Gestrüppleute. Diese Leute sagten, sie seien Abkömmlinge der
Hadahoniye dine'é oder Trugbildleute. Wer sich die Mühe
macht hinzuschauen, kann die Überreste ihrer alten Hütten heute noch an der Stelle sehen, die man Gestrüpp
nennt.

Fünf Jahre nachdem die *Ta'neeszah' dine'é* sich dem Navajovolk eingegliedert hatten, schloß sich eine weitere Gruppe
dem Stamm an. Welche Götter sie geschickt hatten, weiß
niemand. Sie stammten von einem Ort namens *Dziłł'ah*,
was in der heutigen Sprache Schmaler Bergpaß bedeutet. Deshalb wurden sie *Dziłł'ahnii* oder Bergpaßclan genannt.

Die Kopfbedeckungen, Bogen, Pfeile und Pfeilhalter der
Neuankömmlinge glichen denen der Gestrüppleute. Daher
betrachteten sie sich als deren Anverwandte. Zwischen den
beiden Gruppen entstand sogleich ein Gefühl enger Zusammengehörigkeit. So eng wurde die Beziehung zwischen
ihnen, daß nun die Angehörigen des einen Clans nicht mehr
die des anderen heiraten können.

Dziłł'ahnii, die Bergpaßleute, wußten Korbflaschen und
Tragekörbe anzufertigen. Sie konnten auch irdene Töpfe
und andere nützliche Gefäße machen. Und all ihr Können
vermittelten sie den anderen.

So vermehrten sie in jener Zeit des Lernens die häusli-
chen Fertigkeiten des Stammes.

Fünf Jahre darauf schloß sich ihnen dort in den Niede-
rungen und an den Hochufern des San Juan ein weiterer
Clan an. Es war eine sehr große Gruppe, die von einem Ort
namens *Tábą́ą́h łigai* stammte; dieser Name bedeutet in der
Sprache von *Bilagáana* Weißes Ufer. Ganz in der Nähe liegt
heute die Stadt Santa Fe.

Von ihrem alten Wohnort aus hatten diese Leute schon seit langem immer wieder zu den Bergen fern im Westen geschaut, wo die Navajo lebten. Ob dort wohl jemand leben könne, hatten sie sich gefragt. Und wenn dort in der Ferne wirklich Leute lebten, würden sie dann wohl so sein wie sie selbst? Schließlich beschlossen sie hinzugehen und nachzusehen.

Zwölf Tage lang wanderten sie nach Osten, bis sie die Berge erreichten. Dann wanderten sie noch einmal acht Tage in die Berge hinein, bis sie endlich die Navajo fanden. Da sie nun einmal hier waren, ließen sie sich am *Tó nidoots'os* nieder, Wo-der-Fluß-schmal-wird.

Zwölf Jahre lebten sie dort, bebauten aber das Land nicht, sondern ernährten sich von Enten und Fischen. Sie freundeten sich mit den Navajo an, besuchten sie häufig und trieben Handel mit ihnen. Da sie aber kein Zeichen der Verwandtschaft mit den Navajo entdecken konnten, blieben sie in diesen Jahren zunächst unter sich.

Doch einer nach dem anderen, Familie für Familie, verlegten sie ihren Wohnort näher zum Tal des San Juan hin. Viele erlernten die Spiele und die Sprache der Navajo. Und viele andere vermittelten den Navajo ihre eigene Sprache. So wurden sie nach und nach doch ein Teil des Navajovolkes. Und schließlich wurden sie ein Clan, der den Namen *Tábąąha* erhielt; das bedeutet in der Sprache des Weißen Mannes Rand-des-Wassers-Clan.

Sie verlegten ihren Wohnsitz näher an die sanften und steilen Ufer des San Juan heran und ließen sich an einem Ort namens *Ha'atiin* nieder; in der Sprache von *Bilagáana* würde man diese Stelle Pfad,-der-hinaufführt nennen. Hier fanden sie ein ebenes Stück sandigen Boden, das sich für den Anbau eignete.

Auch unter den Leuten vom *Tábąąha*, vom Rand des Wassers, gab es einen Anführer, dessen Wissen und Weisheit

allen zugute kam. Sein Name war *Godtsoh* oder Großes Knie.
Er wies seine Leute an, die Sandebene rundum abzustecken,
um allen anderen damit deutlich zu machen, daß sie dieses
Land zu bebauen gedachten.

Diese Neuankömmlinge waren gute Jäger. Sie waren geschickt im Anfertigen von Waffen und geschickt in ihrer
Handhabung. Sie wußten das Wild aufzuspüren und zu erlegen. Demzufolge besaßen sie viele Hirschfelle, und sie hatten
auch gelernt, diese Felle zu bearbeiten, um schöne Hemden
und bequeme Umhänge daraus zu nähen. Und alles, was sie
konnten, vermittelten sie bereitwillig den anderen Clanen.

Auf diese Weise konnten die Leute in jener Zeit des Auf-
blühens und Gedeihens ihr Können als Jäger verbessern,
und sie vervollkommneten sich in der Kunst, Kleider anzufertigen.

Die Sprache der Leute vom Rand-des-Wassers-Clan war
eher dem heutigen Navajo ähnlich als der Sprache, die von
den anderen Clanen gesprochen wurde. Damals waren dies
noch durchaus verschiedene Sprachen. Die Leute konnten
sich untereinander noch nicht so leicht verständigen wie
heute.

Godtsoh und der Anführer des *Tsi'naajinii*, des Dunkler-
Waldstreifen-Clan, besuchten einander oft des Nachts. Und
jahrelang sprachen sie Nacht für Nacht miteinander, um aus
ihren verschiedenen Sprachen eine einzige zu machen. Sie
faßten den Plan, aus jeder Sprache jeweils die Wörter aus-
zuwählen, die sich am besten zu eignen schienen.

Sehr häufig erwiesen sich die Wörter der *Tábąąha* als die
einfachsten und besten. Doch ebenso häufig wurden die
Wörter der *Tsi'naajinii* für einfach und gut befunden.

So lernten die Clane der Navajo in jener Zeit des wachsenden Zusammengehörigkeitsgefühls miteinander zu sprechen.

Die *Tábąąha* waren gute Bauern, und was sie pflanzten, gedieh prächtig. Darin waren sie besser als alle ihre Nachbarn. Mitunter konnten sie nicht einmal alles ernten, was sie anbauten, so geschickt wußten sie den Boden zu bearbeiten. Dadurch blieb manchmal etwas ungeerntet auf den Feldern liegen. Sie bauten steinerne Vorratshäuser, ähnlich denen, die die Pueblo zwischen den Felsen bauten. Und darin lagerten sie große Mengen Mais. Diese Vorratshäuser stehen heute noch, und wer sie sehen will, braucht nur hinzugehen, so ist gesagt.[8]

6

Auch ist gesagt, daß die *Tábąąha* dreizehn Jahre am *Ha'atiin* geblieben seien, wo der Pfad hinaufführt. Und in jener Zeit geschah etwas, das das Leben in dieser Gegend bleibend veränderte, und bis auf den heutigen Tag spürt jeder, der hier lebt, die Folgen.

Offenbar hatte sich der große Häuptling *Godtsoh* oder Großes Knie zwölf Frauen genommen. Vier von ihnen waren aus dem *Tsi'naajinii*, dem Dunkler-Waldstreifen-Clan. Vier waren aus dem *Dziłł'ahnii*, dem Bergschlupfwinkelclan. Und vier waren von den *Ta'neeszah dine'é*, den Gestrüppleuten.

Er hatte diese Frauen im Tausch gegen riesige Mengen Korn bekommen, Korn aus den überreichlichen Ernten der *Tábąąha*. Die Frauen allerdings beeindruckten diese reichen Gaben wenig. Auch ihre Zuneigung gewann er damit nicht. Sie waren ihm nämlich untreu.

Er beklagte sich bei ihren Anverwandten und bei den Häuptlingen ihrer Clane über ihr Betragen. Alle waren einmütig der Ansicht, daß die Frauen unrecht handelten, wenn sie auch *Godtsoh* nicht gerade besonders mochten. Aber Ehebruch war eine Gefahr für die Harmonie, ohne die es in der Ehe nicht geht. Deshalb wurden die Frauen von der ganzen Verwandtschaft dringend gebeten, sich zu bessern.

Doch sie blieben weiterhin untreu. Bis die Clanhäuptlinge endlich die Geduld mit den Frauen verloren und *Godtsoh* rufen ließen. Und dies hatten sie ihm zu sagen:

»Es mag wohl sein, daß du wenig getan hast, um die Zuneigung deiner Frauen zu erringen«, sagten sie zu ihm.

»Gleichwohl schaffen sie Unordnung mit dem, was sie tun.

Deshalb erlauben wir dir, diese untreuen Frauen zu bestrafen.«

Da schnitt *Godtsoh* der nächsten Frau, die ihm trotzte und Ehebruch beging, das Geschlecht heraus. Daran starb sie.

Eine zweite Frau ließ sich nicht abschrecken von dem, was der ersten geschehen war, und beging wieder Ehebruch. Da schnitt *Godtsoh* ihr die Ohren ab, und auch sie starb daran.

Unbeirrt von dem, was der ersten und der zweiten Frau geschah, beging nun eine dritte abermals Ehebruch. Darauf schnitt *Godtsoh* ihr die Brüste ab, und auch sie starb.

Doch eine vierte Frau ließ sich von alledem nicht beirren und beging erneut Ehebruch. Da schnitt *Godtsoh* ihr die Nase ab. Sie starb nicht daran; sie lebte weiter, um für den Rest ihres Lebens als untreue Frau gebrandmarkt zu sein.

Fortan, so entschied *Godtsoh*, das Große Knie, sollte das Abtrennen der Nase die Strafe für Ehebruch sein. Und die anderen Männer pflichteten dem bei.

Doch die restlichen Frauen ließen sich von *Godtsohs* Beschluß immer noch nicht abschrecken. Er wuchs ihnen dadurch auch nicht mehr ans Herz, und sie alle schliefen weiterhin mit anderen Männern. Deshalb dauerte es gar nicht lange, bis auch diese Frauen ohne Nase waren.

Bald nachdem sie alle ihre Nase verloren hatten, kamen sie zusammen, um etwas gegen ihren Mann auszuhecken, so groß war ihr Haß auf *Godtsoh* und die anderen Männer geworden.

Sie machten kein Hehl aus ihrer Absicht, ihm etwas anzutun. Und bald wagte er es nicht mehr, mit irgendeiner von ihnen die Hütte zu teilen. Er schlief jetzt jede Nacht allein, mochte er noch so viele Frauen besitzen.

Obgleich er selbst an seiner mißlichen Lage mitschuldig war, begannen einige Leute ihn zu bedauern, und sie bereiteten eine Zeremonie für ihn vor, die über neun Nächte gehen sollte. Vielleicht, so dachten sie, konnte man damit die Ursache seines Unglücks aus dem Weg räumen.

Während der ersten Nächte der *Chantway*-Zeremonie blieben die verstümmelten Frauen in einer Hütte ganz unter sich. Voll Bitterkeit sprachen sie über die Grausamkeiten, die *Godtsoh* ihnen angetan hatte. Und mit ebensogroßem Groll sprachen sie darüber, wie schnell die anderen Männer ihm nachgegeben hatten. Sie würden es ihm heimzahlen. Und sie würden auch an allen anderen Männern des Stammes Rache nehmen.

»Wir werden die Navajoleute verlassen«, sprachen sie unter sich.

»Wir werden uns anderswohin wenden.

Wir sind keine Sklavinnen, die man für Korn verschachert.

Wir sind kein Wild, das man jagt und schlachtet.«

Die ersten acht Nächte der Zeremonie kamen und gingen, und schließlich brach die neunte und letzte Nacht herein. Wie es der Brauch war, wurde für die Tänze der letzten Nacht eine kreisförmige Umfriedung gebaut. Es war ein Kreis aus Zweigen, wie ihn die Navajoleute bis auf den heutigen Tag anlegen, um die neun Nächte dauernde Zeremonie des *Montain Chant* zum Abschluß zu bringen.[9] Und in dieser letzten Nacht war es üblich, daß jeder in den Kreis eintrat und mittanzte.

Auch die neun noch lebenden Frauen erschienen, als es an der Zeit war, in den Kreis einzutreten. Aber jede von ihnen trug ein scharfes Messer bei sich. Und während sie mit den anderen um das Feuer in der Mitte tanzten, schwangen sie ihre Messer. Das sah so bedrohlich aus, daß *Godtsoh* sich gar nicht zeigen mochte. Anstatt sich also an seinen Platz zu setzen, wo ihn jeder sehen konnte, versteckte er sich unter einer Wand aus Zweigen, die den Tanzplatz umgab.

Seine Frauen aber tanzten weiter, und sie wurden dabei immer lauter. Und bald bemerkten alle, daß sie sangen, während sie tanzten.

»Bééshlá áshiilaa«, sangen sie, während sie tanzten.

» Bééshlá áshiilaa! Bééshlá áshiilaa!«

Immer rund herum tanzten sie. Rund herum. Rund herum. Und immer wieder sangen sie ihr zorniges Lied:

»Das Messer hat mich entstellt«, sangen sie.

»Das Messer hat mich entstellt! Das Messer hat mich entstellt!«

Und sie nahmen beim Tanzen eine Haltung ein, wie um jedem Mann, der ihnen über den Weg lief, die Nase abzuschneiden. Und kein Mann besaß den Mut, sich ihnen entgegenzustellen.

Nach und nach zogen sich alle anderen aus dem Kreis zurück, bis nur noch die verunstalteten Frauen weitertanzten. Und sie tanzten immer rund herum und sangen ohne Pause ihr zorniges Lied, bis schließlich auch sie im Laufschritt den Kreis verließen und in die Dunkelheit davonstürmten, wo der Feuerschein sie nicht mehr erreichte.

Sobald sie nicht mehr zu sehen waren, begannen sie, die Leute zu verfluchen. Laut erschallten ihre Stimmen, so daß alle sie hören konnten.

»Möge das Wasser euch ersäufen!« fluchten sie.

»Möge die Kälte euch alle erfrieren lassen!

Mögen die Feuer euch verbrennen!

Möge der Blitz euch alle erschlagen!«

Ein ums andere Mal wiederholten sie ihre Flüche, wobei sie sich immer weiter entfernten, bis ihre Stimmen schließlich nicht mehr zu hören waren. Doch als sie schon längst auf und davon waren, klangen ihre Worte vielen Leuten noch in den Ohren.

Manche Leute behaupten, noch heute könne man die Stimmen von *Godtsohs* zornigen, nasenlosen Frauen hören, wenn der Nordwind weht:

«Mögen die Wasser euch ersäufen!

Möge die Kälte euch alle erfrieren lassen!

Mögen die Feuer euch verbrennen!

Möge der Blitz euch alle erschlagen!»

Wer in der Gegend des San-Juan-Tals unterwegs ist, braucht nur aufmerksam zu lauschen; wenn der Nordwind ein Sommergewitter oder einen Schneesturm bringt, dann kann er diese Stimmen auch heute noch hören.

Denn dorthin zogen sich *Godtsohs* Frauen zurück: in den hohen Norden.

Und dort wohnen sie bis auf den heutigen Tag. Ihr Zorn ist nicht verraucht, und von Zeit zu Zeit stoßen sie erneut ihre Verfluchungen der Navajoleute aus.

Von Zeit zu Zeit wenden sie ihre nasenlosen Gesichter nach Süden und wiederholen ihre Verwünschungen. Dann tobt der Nordwind und bringt im Winter kalten Schnee und heftige Stürme, im Sommer aber schwere Gewitter mit Wolkenbrüchen, Blitz und Donner, so ist gesagt.[10]

7

Auch ist gesagt, bald nach dieser denkwürdigen Zeremonie habe eine Gruppe von Ute die Navajo besucht.

Sie kamen im Frühsommer, als der Mais noch klein war, und blieben bis zum Frühherbst, als er reif wurde und geerntet werden konnte. Sie arbeiteten für die Navajo und halfen bei der Ernte. Gut ernährt und mit den Ernteüberschüssen beladen, so daß sie für den Winter gut versorgt waren, zogen sie wieder davon. Nur eine Familie blieb. Sie bestand aus einem Ehepaar, seinen beiden Töchtern und seinem Sohn.

Anfangs gedachten sie nach dem Aufbruch ihrer Leute nur noch ein kleines Weilchen zu bleiben. Doch dann blieben sie doch länger. Ein Tag verging und dann der nächste; ein Monat ging vorüber und dann der nächste; eine Jahreszeit verstrich und dann die nächste; ein Jahr kam und ging, und dann das nächste. Stets hatten sie vor, sich bald zu verabschieden, aber jedesmal verschoben sie den Aufbruch aus diesem oder jenem Grund. Schließlich blieben sie ihr ganzes Leben lang bei den Navajoleuten.

Insbesondere freundeten sie sich mit den Leuten vom *Tábąąha*, dem Rand-des-Wassers-Clan, an.

Sie lernten deren Sprache, und nach einem vollen Leben fühlten sie sich als ihre Verwandten.

Eine der beiden Töchter – ihr Name war *Ts'ah yisk'id*, und das bedeutet in der Sprache des Weißen Mannes Beifußhügel –, hatte einen *Tábąąha* geheiratet. Sie gebar häufig, wurde die Mutter vieler Kinder und starb schließlich in hohem Alter als geachtete Navajofrau. Von ihr stammt der Clan der *Ts'ah yisk'idnii* ab, die Beifußhügelleute. Dieser Clan ist dem Rand-des-Wassers-Clan so eng verbunden, daß kein Angehöriger des einen Clans einen Angehörigen des anderen heiraten darf.

Bald nach dem Abschied der Ute schloß sich eine weitere Gruppe den Navajo an. Diese Leute kamen wie ein anderer Clan, der schon früher zu den Navajo gestoßen war, vom *Tábąąha Łigai*, dem Weißen Ufer. Auch sie hatten zu den westlichen Bergen hinübergeschaut, die sie in der Ferne gesehen hatten. Auch sie hatten sich gefragt, ob dort wohl jemand lebte. Auch sie hätten gern gewußt, ob jene, die dort wohnten, Leute wie sie waren. Und so hatten schließlich auch sie beschlossen, selbst hinzugeben und sich umzusehen. Sie sprachen eine ähnliche Sprache wie die *Tábąąha*, und als darüber entschieden wurde, sie dem Navajovolk einzugliedern, wurden sie diesem wachsenden Clan zugerechnet.

Einige Jahre später kam eine große Gruppe aus der Gegend südlich des San-Juan-Tals, wo zu jener Zeit die Leute vom Stamm der Apachen gelebt haben sollen.

Diese Neuankömmlinge gaben zu verstehen, daß sie nicht nur auf Besuch gekommen seien. Sie hatten das Land der Apachen für immer verlassen und wollten jetzt Navajo werden. Unter ihren früheren Leuten hatten sie alle derselben Sippe angehört, und sie nannten sich *Tsézhin ndii aaí*, der Schwarzer-Fels-steht-wie-eine-Wand-Clan. So wurden sie vom wachsenden Navajovolk aufgenommen, behielten allerdings ihren alten Namen.[11]

Von Anfang an schlossen sie sich mit Vorliebe dem *Tábąąha* an, dem Rand-des-Wassers-Clan. Heute bilden sie mit ihnen eine so enge Gemeinschaft, daß kein Angehöriger der einen Gruppe jemanden aus der anderen heiraten darf.

Um diese Zeit herrschte im Pueblo von Zuni eine große Hungersnot.[12] Leute kamen von dort ins San-Juan-Tal, um bei den Navajo zu leben und so dem Hungertod zu entgehen. Sie lebten zunächst bei den *Tábąąha*, und obwohl sie Frauen bei sich hatten, bildeten sie nicht gleich einen eigenen Clan. Der Zuni-Clan sollte erst später entstehen.

Auch andere Pueblos wurden von Hungersnöten heimgesucht. Aus einer alten Siedlung namens *Tł'ógí*, nicht weit vom heutigen Pueblo Zia entfernt, kam eine Schar von halbverhungerten Leuten, die um Aufnahme in den Navajostamm baten. Sie wurden mit Freuden aufgenommen und erhielten den Namen *Tł'ógí dine'é*, die Leute vom Dorf *Tł'ógí*. Auch sie freundeten sich besonders mit den *Tábąąha* an.

Die nächste Gruppe, die sich den Navajo anschloß, bestand aus sieben Erwachsenen mit ihren Kindern, die von einem Ort namens *Tó'áhání* kamen. In der Sprache von *Bilagáana*, dem Weißen Mann, bedeutet dieser Name Nahe-dem-Wasser. Anfangs wohnten sie bei den *Dziłł'ahnii*, den Bergschlupfwinkelleuten. Doch bald erklärten sie ihre Absicht, sich dem Stamm als eigenständiger Clan anzuschließen. Da erhielten sie den Namen *Tó'áhání dine'é*, Clan-vom-Ort-nahe-dem-Wasser.

Als nächstes sollte sich dem wachsenden Navajovolk eine Schar von Leuten anschließen, die von einem Ort namens *Táchii'* kamen, und das bedeutet Rot-breitet-sich-im-Wasser-aus. Aus ihrer Überlieferung wurde deutlich, daß sie keine neuerschaffenen Leute waren. Irgendwie waren sie der Vernichtung durch die *Naayéé'* entgangen, wenn auch keiner mehr genau wußte, wie. Jedenfalls wurden sie aus diesem Grund als heilige Leute angesehen.

Da sie so zahlreich waren, wurden sie in zwei Clane aufgeteilt. Die eine Hälfte wurde *Táchii'nii*, der Rot-breitet-sich-im-Wasser-aus-Clan. Die übrigen wurden *K'ai' dine'é*, die Weidenleute.

Anfangs war es ihnen recht, als Leute zweier verschiedener Clane betrachtet zu werden. Aber in den Tagen, Monaten, Jahreszeiten und Jahren, die seither gekommen und gegangen sind, blieben sich diese beiden Clane so nahe, daß sie jetzt als ein einziger Clan angesehen werden.

Manchmal werden sie zusammen *K'ai' dine'é* die Weidenleute, genannt. Und manchmal nennt man sie zusammen *Táchii'nii*, Rot-breitet-sich-im-Wasser-aus-Clan.

Früher waren die Navajo ein kleines und schwaches Volk gewesen. Jetzt waren sie zu einem großen und starken Volk geworden. Einigen von ihnen, besonders den Jüngeren, fiel auf, wie sehr sie an Zahl und daher auch an Stärke zunahmen. Und dann und wann sprachen sie nun von Kriegszügen, so ist gesagt.

8

Auch ist gesagt, daß die Tage, Monate, Jahreszeiten und Jahre verstrichen, und die Leute angefangen hätten, über die großen Pueblos am Rio Grande zu sprechen.

Manche sprachen von den Geschichten, die bei diesen Leuten erzählt wurden, und von den vielen Dingen, die sie wußten. Manche meinten, sie könnten den Navajo vielleicht erzählen, wie es kam, daß gewisse Clane den schrecklichen *Naayéé'* entgangen waren. Und manche meinten, die Leute aus den großen Pueblos könnten vielleicht erzählen, wie sie selbst vor den Ungeheuern gerettet wurden.

So groß war die Neugier auf diese Leute, daß ein von Tatendrang getriebener junger Krieger einige andere Krieger um sich versammelte, um mit ihnen das Pueblo *Kiniłichíí* oder Rotes Haus zu überfallen.[13]

Einige Tage später kehrten sie mit etlichen Gefangenen zurück. Darunter war auch ein Mädchen, das der junge Krieger selbst geraubt hatte. Sie wurde seine Frau. Sie gebar ihm viele Kinder und starb im gesegneten Alter als geachtete Navajofrau. Von ihr stammt der Clan der *Kiniłichíí'nii* ab, der Rotes-Haus-Clan.

Die Angehörigen des Rotes-Haus-Clans stehen dem *Tsi'naajinii,* dem Dunkler-Waldstreifen-Clan, sehr nahe, denn das ist der Clan des Kriegers, der bei dem Überfall Anführer war. Die Mitglieder dieser beiden Clane dürfen untereinander nicht heiraten.

Anfangs wurden die Gefangenen aus dem großen Pueblo *Kinlíchíí*, dem Roten Haus, wie Sklaven behandelt. Aber ihre Nachkommen konnten allmählich in allen Bereichen des Navajolebens Fuß fassen und schließlich als freie Mitglieder des Stammes leben. Indem sie in andere Navajoclane einheirateten, vermehrten sie ihre eigene Zahl und die des ganzen Stammes. Sie bildeten wiederum einen eigenen Clan namens *Tlizíláni*. Heute würde man ihn den Viele-Ziegen-Clan nennen. Wie die Leute des Rotes-Haus-Clans stehen sie dem Dunkler-Waldstreifen-Clan sehr nahe.

Als nächstes kam eine Schar Apachen aus dem Süden. Zwei Clane jenes Stammes waren in dieser Gruppe vertreten. Das waren zum einen die *Deeshchíí'nii*, die man in der Sprache des Weißen Mannes Beginn-des-roten-Streifens-Leute nennen würde; und zum anderen waren es die *Tl'aashchí'í*, die man in der Sprache von *Bilagáana* Rotes-Tiefland-Leute nennen würde. Beide Gruppen gingen bald als zwei verschiedene Clane im Navajostamm auf. Doch sie wurden stets als nahe Verwandte betrachtet, so daß ihre Mitglieder nicht untereinander heiraten konnten.

Bald nach der Ankunft der Apachen kam eine weitere Gruppe von Ute in das Gebiet der Navajo. Sie schlugen ihr Lager am *Tsé'yik'ání*, dem Felsenkamm, auf, nicht weit entfernt von *Ha'atiin*, Wo-der-Pfad-hinaufführt. Diese Neuankömmlinge besaßen gute Waffen aller Art. Außerdem hatten sie zwei Arten von Schilden. Die einen waren vollkommen rund, während bei den anderen oben ein sichelförmiges Stück ausgespart war.

Anfangs mußten sie sich abseits halten, denn sie waren aufsässig und grob. Doch nach und nach lernten sie, sich zu benehmen und verschmolzen gänzlich mit dem Navajovolk. Sie bildeten einen Clan, der *Nóóda'í dine'é* genannt wurde, und das bedeutet in der Sprache, die *Bilagáana* spricht, Ute-Leute.

Nicht lange nachdem die Leute des Ute-Clans als vollwertige Mitglieder in den Navajostamm aufgenommen worden waren, stellten sie einen Kriegstrupp auf und überfielen eine mexikanische Siedlung. Dort hatte sich eine fremde Rasse an der Stelle niedergelassen, wo sich heute die Stadt Socorro befindet. Dieser Ort lag fern im Süden im Tal des Flusses, der Rio Grande genannt wird.

Sie raubten dort eine spanische Frau, die sie mitbrachten und zu einer Sklavin machten. Dann gaben sie sie einem der jungen Männer zur Frau. Sie wurde die Mutter vieler Kinder und starb schließlich in gesegnetem Alter als geachtete Navajofrau. Ihre Kinder galten als frei, und sie bildeten mit ihren Nachkommen die *Naakaii dine'é*. In der Sprache von *Bilagáana* bedeutet dieser Name Leute,-die-umherziehen; heute nennt man sie allerdings auch Mexikanischer Clan. Die Leute dieses Clans können keine Angehörigen der *Nóóda'í dine'é*, des Ute-Clans, heiraten.

In dieser Zeit, als die jungen Krieger solche Überfälle auf die spanischen Siedlungen machten, unternahm *Godtsoh* oder Großes Knie, Häuptling der *Tábąąhá* oder Rand-des-Wassers-Leute, vergebliche Anstrengungen, die Gesundheit und das Glück seiner früheren Jahre zurückzugewinnen. Obgleich er vor langer Zeit ein berühmter und geachteter Mann geworden war, begann er jetzt sein Alter zu spüren.

In jenen längst vergangenen Zeiten hielten die Leute häufig eine große Winterzeremonie ab, die sie *Naachid* nannten.[14] Damals glaubte man nämlich noch, daß man die Götter überreden könne, einem alternden Mann seine Jugend zurückzugeben. Diese Zeremonie dauerte den ganzen Winter lang; sie begann mit Ernte und endete erst, wenn im Frühjahr wieder die Saatzeit kam.

Die Navajoleute haben das *Naachid* längst aufgegeben, denn ihnen wurde klar, daß es jeder Generation von fünffingrigen Erdoberflächenleuten ziemt, der nächsten beizeiten Platz zu machen. Aber zu der Zeit, von der wir jetzt sprechen, wurden die Riten dieser Zeremonie an dem heiligen Ort *Tó aheedlį́* ausgeführt. Das ist dort, Wo-die-Flüsse-sich-vereinigen und wo *Naayéé' neizgháni*, der Ungeheuertöter, und *Tó bájísh chíní*, der Wassergeborene, jetzt leben.

In einer Nacht jenes längst vergangenen Winters, als die Riten des *Naachid* ausgeführt wurden, kamen einige Fremde vom Fluß herauf. Sie hatten erfahren, daß hier eine Zeremonie für einen so großen Häuptling wie *Godtsoh* abgehalten wurde, und daran wollten sie teilnehmen. Sie blieben, solange die Zeremonie dauerte, und halfen dann sogar noch bei der Bestellung der Felder. Schließlich wurden sie in den Stamm aufgenommen und bilden nun den Clan, der *Tó aheedlį́inii* genannt wird. In der Sprache des Weißen Mannes bedeutet das Wo-die-Wasser-sich-vereinigen-Clan. Sie leben in enger Gemeinschaft mit den *Nóóda'í dine'é*, dem Ute-Clan, und den *Naakaii dine'é*, dem Mexikanerclan.

Wenig später, im selben Winter, kam eine weitere Schar von Apachen aus dem Land im Süden, und auch sie wollten die Riten des *Naachid* miterleben. Anfangs lagerten sie abseits der Navajo am San Juan River.

Eines Abends besuchte eine Frau der *Tábąąhá* oder Rand-des-Wassers-Leute das Lager der Apachen und blieb die ganze Nacht dort. Bald darauf entdeckte man, daß sie sich einem jungen Apachen zugesellt hatte. Und als die Besucher wieder aufbrachen, stahl sie sich mit ihm davon.

Lange Zeit erfuhren ihre Leute nicht, was aus ihr geworden war. Aber viele Jahre nach ihrem Verschwinden fanden einige ihrer Angehörigen heraus, wo sie jetzt war. Und sie machten sich auf ins Land der Apachen, um sie zu überreden, zu ihren Leuten zurückzukehren. Obgleich sie inzwischen eine alte Frau war, tat sie es mit Freuden.

Mit ihr kamen ihr Mann und ihre drei Töchter. Es waren wunderschön anzuschauende Mädchen mit heller Haut und blondem Haar. Ihre Großmutter war hingerissen, als sie sie zum erstenmal sah, und wünschte sich, daß sie einen neuen Clan begründeten. Bald heirateten sie und zeugten nun selbst wieder Nachkommen, die *Litso dine'é* genannt wurden. Dieser Name bedeutet in der Sprache von *Bilagáana*, dem Weißen Mann, Gelbe Leute. Der Ehemann und Vater jener drei Mädchen erreichte ein gesegnetes Alter und starb als geachteter Navajo.

Wiederum in einer anderen Nacht des nämlichen Winters, da man für den gebrechlichen alten Häuptling *Godtsoh* die Riten des *Naachid* ausführte, kamen abermals zwei fremde Männer ins Land der Navajo. Sie wirkten müde und hungrig. Und in ihren Zügen erkannte man die Zeichen von Erschöpfung und Traurigkeit. Man sah ihnen an, daß sie von weither kamen.

Niemand konnte sich erinnern, je ihresgleichen gesehen zu haben. Doch wie staunten sie alle, als die beiden in einer Sprache redeten, die der Navajosprache sehr ähnlich war. Sie selbst zeigten sich überglücklich, bei den Navajo zu sein, denn gerade diese, so beteuerten sie immer wieder, hatten sie gesucht.

Auf die Frage, wer sie denn seien, erwiderten sie, sie seien die Kundschafter einer großen Schar umherziehender Leute. Sie alle waren vor langer Zeit aus einem Land fern im Westen aufgebrochen, das an ein großes Wasser grenzte, größer und weiter, als das Auge reichte. Sie alle waren, wie die beiden erschöpften Fremden versicherten, Verwandte der Navajo und wollten sich nun wieder mit ihnen vereinigen. Nur dazu waren sie so lange durch Gebirge und Wüsten gewandert.

Die Geschichte dieser großen Schar blutsverwandter Leute, die von so weither kamen, ist sehr hörenswert. Denn diese Leute sollten sich später tatsächlich den Navajo anschließen. Und zusammen sollten diese beiden Völker eine große Stammesgemeinschaft werden, so ist gesagt.

9

Auch ist gesagt, daß vier Berge die neue Heimat umgaben, die *Asdzą́ą́ nádleehé*, die Sich Wandelnde Frau, im Westen gefunden hatte.[15]

Diese Berge hatten dieselbe Lage wie die Berge um *Hajíínéí*, dem Aufstiegsort. Einer stand im Osten. Einer stand im Süden. Einer stand im Westen. Und einer stand im Norden.

Seit *Asdzą́ą́ nádleehé* ihr Haus auf dem schimmernden Wasser bezogen hatte, pflegte sie auf den vier Bergen zu tanzen.

Sie tanzte auf dem östlichen Berg, damit Wolken entstünden. Sie tanzte auf dem Berg im Süden, um Schmückendes und Kleidung zu schaffen. Sie tanzte auf dem Berg im Westen, um aller Art Pflanzen entstehen zu lassen. Und sie tanzte auf dem nördlichen Berg, auf daß es Getreide und Tiere gäbe.

Ihre Reisen des Tanzes begann sie auf dem östlichen Berg. Von dort aus wanderte sie zu dem Berg im Süden. Danach machte sie sich auf zu dem Berg, der im Westen steht. Und schließlich erreichte sie den Berg, der im Norden steht. So folgte sie dem Pfad von *Jóhonaa'éí*, ihrem Mann Sonne, während er dem Wechsel der Jahreszeiten zuschaute.

Doch wenn sie ihren Tanz auf dem nördlichen Berg beendet hatte, begab sie sich von dort aus nicht zum Anfangspunkt ihrer Reise im Osten. Niemals wagte sie, einen vollen Kreis zu beschreiben. Statt dessen verfolgte sie behutsam ihre Schritte über den westlichen Berg und den Berg im Süden zurück, bis sie schließlich den östlichen Berg wieder erreichte.

Doch obgleich sie tanzte, begann sie sich schon bald nach der Ankunft in ihrer neuen Heimat im Westen einsam zu fühlen, denn sie besaß dort keine Gefährten.

Die mit ihr gekommen waren, blieben nicht bei ihr. So fand sie sich alle Tage diesem Alleinsein preisgegeben. Und die Zeit zwischen dem Aufbruch ihres Mannes am Morgen und seiner Rückkehr am Abend schien ihr mit jedem Tag länger zu werden.

Eines Tages kam sie auf den Gedanken, die *Nihookáá dine'é*, die Erdoberflächenleute, könnten ihr Gesellschaft leisten, wie sie ja auch ihrer Schwester *Yoołgai asdzáá*, der Weißmuschelfrau, Gesellschaft leisteten.

So kehrte sie auch an diesem Tag nach ihrer Reise des Tanzes über die vier Berge zum östlichen Berg zurück. Auf der östlichen Berglehne setzte sie sich nieder. Und mit der rechten Hand rieb sie sich unter ihrem linken Arm etwas von der oberen Hautschicht ab.

Diese hielt sie eine Weile in der Hand, bis sie sich in vier Menschen verwandelt hatte, in zwei erwachsene Männer und zwei erwachsene Frauen.

Diese beiden Paare von fünffingrigen Erdoberflächenleuten sollten die Ahnen eines Clans werden, der zunächst keinen Namen erhielt. Wie wir noch sehen werden, sollte er den Namen *Honágháahnii* bekommen, und das bedeutet Umschreitet-einen-Clan. Damit aber hatte es noch eine gute Weile Zeit.

Danach rieb sie mit der linken Hand etwas Oberhaut unter ihrem rechten Arm ab.

Diese hielt sie eine Weile in der Hand, bis sie sich ebenfalls in vier Erdoberflächenleute verwandelt hatte, in zwei erwachsene Männer und zwei erwachsene Frauen.

Auch diese beiden Menschenpaare sollten die Ahnen eines Clans werden, der aber jetzt noch keinen Namen erhielt. Wie wir sehen werden, sollten sie beizeiten den Namen *Kin yaa'áanii* erhalten, und das bedeutet in der Sprache von *Bilagáana* soviel wie Turmhohes-Haus-Leute. Vieles sollte jedoch vorher noch geschehen.

Ebenso rieb sie nun mit der rechten Hand etwas Oberhaut von der Stelle unter ihrer linken Brust ab.

Diese hielt sie eine Weile in der Hand, bis sie sich ebenfalls in vier Menschen verwandelt hatte, in zwei erwachsene Männer und zwei erwachsene Frauen.

Auch diese beiden Erdoberflächenpaare mit fünf Fingern sollten die Ahnen eines Clans werden, der aber einstweilen noch ohne Namen blieb.

Wenn die Zeit reif war, sollten sie den Namen *Tó dích'íí'nii* bekommen, der in der Sprache des Weißen Mannes Bitteres-Wasser-Clan lautet. Doch zuvor hatten noch andere Dinge zu geschehen.

In gleicher Weise rieb sie sich nun mit der linken Hand etwas Oberhaut von der Stelle unter ihrer rechten Brust ab.

Ein Weilchen hielt sie diese Haut in der Hand, bis vier Erdoberflächenleute daraus geworden waren, wie sie sich heute noch in dieser Welt tummeln – zwei erwachsene Männer und zwei erwachsene Frauen.

Auch diese beiden Paare fünffingriger Erdoberflächenleute sollten die Ahnen eines Clans werden, aber einen Namen erhielten sie jetzt noch nicht. Zur rechten Zeit sollten sie *Bit'ąhnii* genannt werden, und das bedeutet in der Sprache des Weißen Mannes In-Seiner-Umhüllung-Leute. Doch bis dahin hatten sie noch große Mühsal zu erdulden.

Nun rieb *Asdząą nádleehé* auch von der Stelle zwischen ihren beiden Brüsten etwas von ihrer eigenen Haut ab.

Diese hielt sie in der Hand, bis sie sich in vier Menschen verwandelte, wie sie bis auf den heutigen Tag diese Welt bevölkern; zwei waren erwachsene Männer und zwei erwachsene Frauen.

Von diesen beiden Menschenpaaren sollte wiederum ein eigener Clan abstammen. Auch dieser erhielt nicht sogleich einen Namen. Wenn die rechte Zeit gekommen war, sollten sie sich jedoch den Namen *Hashtł'ishnii* erringen. In der heutigen Sprache bedeutet dieser Name Schlamm-Clan. Manches aber lag noch vor ihnen, bis das geschehen konnte.

Ganz zuletzt rieb sie sich von der Stelle zwischen ihren Schulterblättern etwas eigene Haut ab.

Diese Haut rieb sie in der Hand, bis vier Erdoberflächenleute daraus geworden waren; Leute wie wir, die wir als Säugling auf die Welt kommen, heranwachsen, alt werden und schließlich aus dem Leben scheiden. Zwei von ihnen waren erwachsene Männer und zwei erwachsene Frauen.

Diese beiden Paare sollten die Ahnen eines sechsten Clans werden. Einstweilen noch namenlos, sollten sie dereinst *Bit'anii* genannt werden, und das bedeutet Nahe-Ihrem-Körper-Clan. Doch vieles sollten sie noch erleben, und manches Leid stand ihnen noch bevor, bis das geschehen konnte.

Diesen zwölf ursprünglichen Paaren hatte sie dies zu sagen:

»Ich habe euch erschaffen, damit ihr in meiner Nähe lebt«, sagte sie.

»Ich habe euch erschaffen, damit ich euch sehen und mich an eurer Gesellschaft erfreuen kann.

Aber ich muß euch sagen, daß östlich von hier meine Schwester wohnt. Auch sie hat Erdoberflächenleute entstehen lassen.

Ihr habt also Verwandte.

Eines Tages möchtet ihr vielleicht dorthin gehen, wo sie wohnen. Oder eure Nachkommen werden sich vielleicht eines Tages dazu entschließen.

Wenn das geschieht, werde ich es verstehen.«

Darauf brachte sie sie von ihrem schwimmenden Zuhause zwischen den Bergen zum Festland, das sich von der Küste ostwärts erstreckte. Und sie setzte sie ab, auf daß sie dort lebten.

Dreißig Jahre lang lebten sie hier, und in dieser Zeit heirateten sie und bekamen Kinder, die selbst wiederum Kinder zeugten.

Am Ende dieser Zeit von dreißig Jahren riefen jene, die von den ursprünglichen zwölf Paaren noch lebten, ihre Nachkommen zu sich und sprachen zu ihnen. Inzwischen hatten sie den Namen *Dine'é naakits'áadah* bekommen, und das bedeutet in der Sprache des Weißen Mannes Leute der Zwölf.

Dies hatten sie ihren Kindern und Enkelkindern zu sagen:

»Wir sind alt geworden«, sagten sie ihnen.

»Zwei von uns sind schon gestorben. Einer unserer jüngeren Brüder, den wir liebten, ist schon gestorben. Und eine ältere Schwester, die sich um uns kümmerte und uns versorgte, ist gestorben.

Wir selbst haben keine Heimat. Und wir wissen nicht, wohin wir uns wenden könnten.

Wir sind hierher gekommen, um euch über das Wasser schauen zu lassen, dorthin, wo eure Großmutter *Asdzą́ą́ nádleehé* wohnt. Doch außerdem haben wir euch hier zusammengerufen, um euch etwas mitzuteilen, das sie uns vor vielen Jahren sagte.

Östlich von hier hat die Schwester von *Asdzą́ą́ nádleehé* ebenfalls Leute entstehen lassen.

Soweit wir wissen, sind es Leute wie wir und ihr.

Ihr habt also irgendwo Verwandte.

Und anders als wir seid ihr jung und stark genug, dorthin zu gehen, wo sie leben, und euch bei ihnen niederzulassen.«

Und um ihren Kindern und Kindeskindern zu zeigen, daß sie die Wahrheit sprachen, riefen die überlebenden *Dine'é naakits'áadah* zu *Asdzą́ą́ nádleehé* hinüber. Alsbald fiel ein sanfter Regen, und nach ihm wölbte sich ein Regenbogen über den Himmel. Sein eines Ende berührte die Stelle, wo sie alle standen. Von dort aus spannte er sich weit hinüber zu dem Ort, wo ihr Haus inmitten der vier Berge auf dem Wasser stand.

Als sie das sahen, überquerten sie alle die Regenbogenbrücke. Und drüben begrüßte *Asdzą́ą́ nádleehé* sie alle, besonders aber die *Dine'é naakits'áadah*. Sie umarmte jeden der noch lebenden zehn und beteuerte jedem ihre Freude, ihn zu sehen. Als sie sah, daß zwei gestorben waren, setzte sie zwei andere an ihre Stelle, die sie aus heiligem Türkis erschuf,

»Meine Kinder«, sagte sie zu ihnen.

»Ich weiß, weshalb ihr gekommen seid.

Dreißig Jahre lang habt ihr gelebt, wie ihr leben solltet.

In diesen Jahren habt ihr geheiratet und Kinder geboren. Und auch diese Kinder haben wiederum geheiratet und selbst Kinder gezeugt. Und auch deren Kinder werden wieder heiraten und Kinder gebären. So soll es für immer bleiben auf der Oberfläche dieser Welt.

Ihr aber, meine Kinder, seid alt und habt nichts, wohin ihr euch wenden könnt.

Vielleicht könnt ihr hierbleiben und bei mir wohnen.«

Mit diesen Worten öffnete sie vier Türen und zeigte ihnen vier Zimmer, die das mittlere Gemach ihres Hauses nach vier verschiedenen Seiten umgaben. In diesen vier Zimmern sahen die *Dine'é naakits'áadah* Schätze aller Art.

Sie sahen weiße Muschelschale. Sie sahen blaue Muschelschale. Sie sahen Türkise. Sie sahen Abalonenmuscheln. Sie sahen Speckstein, Achat, Rötel, Jett. Dieserart Dinge hatten sie nie zuvor gesehen. Und während sie all das betrachteten, sprach *Asdzą́ą́ nádleehé* sie erneut an und sagte dies:

»Meine Kinder«, sagte sie.

»Ich weiß, was eure Nachkommen denken.

Ich weiß, daß sie ihr Land dort an der Küste verlassen möchten, um ostwärts zu wandern und sich ihren Anverwandten jenseits der Berge anzuschließen.

Laßt sie nur.

Laßt sie ziehen, während ihr selbst hier bei mir bleibt.

Dann werden die Schätze, die ihr seht, euch gehören. Dieses Haus wird euer sein. Die Berge, die ihr ringsum seht, werden euer sein. Der Himmel droben wird euer sein.«

Und die *Dine'é naakits'áadah* willigten ein, bei *Asdzą́ą́ nádleehé*, der Sich Wandelnden Frau, zu bleiben. Ihre Kinder und Enkel kehrten ans Festland zurück, bezaubert von allem, was sie über die Leute gehört hatten, die jenseits der Wüste und der Berge im Osten lebten. Und jeder hatte die Geschichte anders gehört, und jeder war von anderen Einzelheiten gefesselt. Manche sprachen darüber, wie diese Leute lebten. Manche unterhielten sich darüber, was sie aßen. Manche redeten darüber, was sie auf ihren Feldern anbauten. Manche nannten die Namen verschiedener Clane.

Zwölf Tage lang konnten sie über nichts anderes sprechen. Zwölf Tage lang konnten sie an nichts anderes denken.

»Es sind unserer nicht gar so viele, wo wir jetzt leben«, erklärten einige von ihnen.

»Vielleicht wären wir dort besser dran, wo viele andere sind«, meinten andere.

Und immer weiter redeten sie so, bis sie am Ende jener zwölf Tage sicher waren, daß sie ostwärts ziehen wollten. Sie waren entschlossen, sich dort niederzulassen, wo die Enkel von *Yoołgai asdzą́ą́*, der Schwester ihrer Großmutter, lebten. Waren sie erst mit ihnen vereinigt, so sollten sie alle wie ein Volk sein. Und da sie nun entschlossen waren zu gehen, kamen sie überein, in vierzehn Tagen aufzubrechen.

Am Tag des Aufbruchs kam *Asdzą́ą́ nádleehé*, um ihnen Lebewohl zu sagen. Auch *Dine'é naakits'áadah*, die Leute der Zwölf, kamen, um sie noch einmal zu sehen.

»Meine Enkel«, sagte die Sich Wandelnde Frau zu ihnen. »Es ist eine lange, gefährliche Reise, die ihr euch anzutreten entschlossen habt.

Ihr werdet unterwegs Schutz brauchen.

Deshalb will ich euch fünf meiner Haustiere geben, die euch bewachen werden.

Ich gebe euch *Bįįh*, den sanftmütigen Hirsch. Ich gebe euch *Dahsání*, das aufrechte Stachelschwein. Ich gebe euch *Náshdóítsoh*, den mächtigen Puma. Ich gebe euch *Shash*, den furchtlosen Bären. Und ich gebe euch *Tł'iitsoh*, die große Schlange.[16]

Gebt acht auf diese Wesen. Behandelt sie gut, und sie werden euch nicht im Stich lassen. Sprecht nichts Böses in Gegenwart von *Shash*, dem Bären, oder *Tł'iish*, der Schlange, denn es könnte gut sein, daß sie die Dinge wirklich tun, die ihr sagt. *Bįįh*, der Hirsch, und *Dahsání*, das Stachelschwein, neigen weniger zu boshaftem Übermut. In ihrer Gegenwart könnt ihr reden, was ihr wollt.«

Außer diesen fünf Haustieren schenkte sie den Leuten fünf Zauberstäbe. Jenen, die einmal zum Clan der *Honágháahnii* werden sollten, gab sie den Stab aus Türkis. jenen, deren Clan dereinst unter dem Namen *Kin yaa'áanii* bekannt sein würde, gab sie den Stab aus weißer Muschelschale. Jenen, die zum Clan namens *Tó dich'íí'nii* werden sollten, gab sie einen Stab aus Abalonenschale. Jenen, deren Clan jetzt *Bit'anii* genannt wird, gab sie einen Stab aus schwarzem Stein. Und jenen, die einmal zum Clan der *Hashtł'ishnii* werden sollten, gab sie einen Stab aus rotem Stein.

»Diese«, sagte sie, »gebe ich euch außerdem zum Schutz. Durch sie vergrößert sich die Wahrscheinlichkeit, daß ihr wohlbehalten ans Ziel gelangt. Aber trotz allem werde ich selbst noch über euch wachen.«

So kam die Stunde des Abschieds. Und so sagten sie ihren Eltern, den Leuten der Zwölf, Lebewohl. Und sie verabschiedeten sich von ihrer Großmutter *Asdzą́ą́ nádleehé*, der Sich Wandelnden Frau. So also begann diese Reise. Es sollte eine lange und beschwerliche Wanderung werden, so ist gesagt.[17]

10

Auch ist gesagt, daß die Kinder der *Dine'é naakits'áadah* nach zwölf Tagen einen Bergrücken überquerten, von dem aus man auf eine endlose ebene Einöde hinausschaute.

Dort erspähten sie einige dunkle Punkte, die sich in der Ferne bewegten. Was das war, konnten sie nicht erkennen. Sie nahmen aber an, daß es sich um Leute wie sie handelte.

Sie zogen weiter, mieden jedoch die Richtung, in der sie die dunklen Punkte gesehen hatten. Statt dessen bewegten sie sich vorsichtig zwischen den Vorbergen am Rand der Ebene voran und tarnten sich dabei mit Zweigen. Und je weiter sie kamen, desto besser konnten sie die beweglichen Punkte in der Ferne erkennen.

Es waren tatsächlich Menschen. Daher blieben die Wandernden tagsüber zwischen den Hügeln und lagerten nachts im Wald.

Trotz aller Vorsicht waren sie jedoch von den Leuten der Ebene beobachtet worden. Und in der Nacht besuchten zwei von ihnen das Lager der Reisenden. Es waren *K'iiłsoii dine'é*, Leute vom Großen Kaninchenbusch, einem großen Stamm. Die Ebene, in der sie lebten, erstreckte sich weithin, und in ihren Gärten pflanzten sie Wassermelonen und Mais an. Die Wanderer aus dem Westen seien willkommen, bei ihnen zu lagern, sagten sie.

Da beschlossen diese, sich eine Weile auszuruhen. In der zweiten Nacht, die sie dort verbrachten, besuchten zwei weitere junge Männer der *K'iiłtsoii dine'é* das Lager. Einer von ihnen verliebte sich hier in ein Mädchen, und ehe noch viele weitere Tage vergangen waren, bat er, sie heiraten zu dürfen. Anfangs lehnten ihre Leute ab. Doch als er nicht abließ zu bitten und zu betteln und sie auch sagte, daß sie seine Frau werden wolle, willigten ihre Leute ein.

Solange die Leute dort bei den *K'iiłtsoii dine'é* verweilten, blieb er bei ihr im Lager. Nur die letzten beiden Nächte des Aufenthalts verbrachte die junge Braut bei seinen Leuten. Als die Reisenden zum Aufbruch rüsteten, beschworen sie den jungen Ehemann, sich ihnen anzuschließen. Er aber beharrte darauf, daß seine Frau bei ihm und seinen Leuten im Tal bleiben sollte, da man den Wandernden im Austausch für sie so viel von ihren Gütern überlassen hatte.

Lange Zeit wurde derart gestritten, wer bleiben und wer mitkommen sollte. Schließlich setzten sich die Verwandten der jungen Frau durch, und der junge Mann der *K'iiłtsoii dine'é* willigte ein, mit ihnen zu ziehen.

Inzwischen hatten sich noch vier weitere junge Männer seines Stammes in Mädchen aus der Schar der Wandernden verliebt. Auch sie wollten die Mädchen heiraten. Die Wandernden waren zwar bereit, ihren Töchtern diese Heirat zu erlauben, doch wollten sie sie nicht zurücklassen. So willigten die verliebten jungen Männer ein, sich ihnen anzuschließen. Ihre Leute hatten versucht, die Wandernden zu überreden, für immer bei ihnen zu bleiben, doch sie waren entschlossen, ihren langen Weg zu Ende zu gehen und sich ihren Verwandten im Osten anzuschließen. Und also zogen sie weiter, so ist gesagt.

11

Auch ist gesagt, daß sie frühmorgens das Lager abbrachen und den ganzen Tag marschierten.

In der Nacht erhob sich ein großer Wind. Und *Shash*, der furchtlose Bär, wurde unruhig. Die ganze Nacht lief er um ihr Lager herum, wachsam und mit unguten Gefühlen. Seine Unruhe bemerkend, schauten die Männer sich um und erblickten einige *K'iiłtsoii dine'é*, die zwischen Büschen und Sträuchern unweit des Lagers auf der Lauer lagen. Doch als der Bär brummte und knurrte, verschwanden sie. Am nächsten Morgen entdeckten die Leute, daß die Männer der *K'iiłtsoii dine'é*, die sich ihnen durch Heirat verbunden hatten, fort waren. Vielleicht machten sie mit ihren Leuten dort draußen gemeinsame Sache.

Am zweiten Tag wanderten sie, so weit sie nur konnten, und schlugen erst nach Einbruch der Dunkelheit das Lager auf. Und wieder bemerkten sie, wie *Shash*, der furchtlose Bär, unruhig wurde. Die ganze Nacht lief er im Lager hin und her, wachsam und voller Unbehagen. Erst als der Morgen graute und die Leute erwachten und sich regten, legte er sich nieder. Dann erst schlief er, während um ihn her die Vorbereitungen für den nächsten Tagesmarsch getroffen wurden.

Wieder marschierten sie an diesem dritten Tag, so weit sie konnten, und schlugen erst nach Einbruch der Dunkelheit das Lager auf. Und wieder bemerkten sie, wie *Shash*, der furchtlose Bär, unruhig wurde. Die ganze Nacht lief er von einer Seite des Lagers zur anderen, sichtlich wachsam und sichtlich voll Unbehagen.

»Was bist du so unruhig, unser Schutztier?« fragte ihn einer der Männer.

»Was läßt dich so ruhelos hin und her laufen und knurren?«

Shash, der Bär, gab nichts als ein Grunzen zur Antwort.

Er machte aber mit der Nase eine Bewegung zum Lager der *K'iiłtsoii dine'é* hin. Dann lief er wieder rastlos durch das Lager. Erst nach Tagesanbruch legte er sich zum Schlafen nieder, während die Leute zum bevorstehenden Tagesmarsch rüsteten.

Abermals marschierten sie, so weit sie konnten, und erst als der letzte Lichtschimmer vom Himmel verschwunden war, hielten sie an, um zu lagern. In dieser Nacht waren sie noch vorsichtiger als in den vergangenen Nächten und lagerten zur Sicherheit ganz nah beieinander.

Während dieser ganzen Nacht beobachteten viele von ihnen die Ruhelosigkeit von *Shash*, dem Bären. Doch anstatt wie zuvor wachsam und voller Unbehagen das Lager abzulaufen, setzte er sich diesmal auf einen Hügel in der Nähe, um über die Schlafenden wachen zu können. Und die ganze Nacht knurrte und brummte er dort. Erst nach Tagesanbruch schlief er ein, während die Leute die Vorbereitungen für den bevorstehenden Tagesmarsch trafen.

Bevor sie aufbrachen, schlug einer von ihnen vor, sich diesmal genau umzusehen.

»Laßt uns sehen, ob wir herausfinden können, was unseren Bären so beunruhigt«, wurde vorgeschlagen.

Da sandten sie zwei Kundschafter nach Osten und zwei nach Westen aus und trugen ihnen auf, das Lager im Bogen zu umschreiten und aus der Gegenrichtung zurückzukommen.

Die beiden, die nach Osten gingen, kamen zurück, ohne etwas gefunden zu haben. Die aber nach Westen ausgezogen waren, berichteten bei ihrer Rückkehr von einem seltsamen Gewirr von Spuren. Es war, als habe sich eine Gruppe von Männern leise ans Lager angeschlichen, sei dann erschreckt worden und habe die Flucht ergriffen. Doch ihre Spuren hatten nicht vom Lager in die Richtung, aus der sie gekommen waren, weggeführt, sondern waren einfach verschwunden.

Darauf berichteten etliche andere, sie seien in der Nacht durch das Brummen und Knurren von *Shash*, dem Bären, geweckt worden. Manche behaupteten sogar, sie hätten die Schreie erschrockener Männer und das Gebrüll einer angreifenden Bestie gehört. Oder zumindest hätten sie geträumt, solche Laute gehört zu haben. Alle Augen wandten sich dem Bären zu, der jetzt weniger unruhig wirkte als in den letzten Tagen. Da lag er und schlief so tief und fest, wie er seit dem Aufbruch aus dem Tal der *K'iiłsoii dine'é* nicht mehr geschlafen hatte.

Vier Tage lang zogen sie weiter. Und danach noch einmal vier Tage lang. Während dieser zweiten vier Tage hatten sie kein Wasser, und die Kinder weinten vor Durst. Einige der älteren Männer und Frauen klagten, sie könnten ohne etwas zu trinken nicht weitergehen.

Am fünften Tag des zweiten Teils dieser langen Wegstrecke hinter der weiten Ebene, in der die *K'iiłsoii dine'é* lebten, machten sie mittags halt und hielten Rat. Es begann damit, daß einer von ihnen diese Frage stellte:

»Wie sollen wir Wasser bekommen?« fragte er.

»Ohne Wasser können wir nicht weitergehen.«

Worauf ein anderer dies erwiderte:

»Laßt uns die Kraft unserer Zauberstäbe erproben«, erwiderte er.

»Gewiß hat unsere Großmutter *Asdzą́ą́ nádleehé* sie uns für solche Notfälle mitgegeben.«

Da nahm einer der Männer aus dem Clan, der den Türkisstab erhalten hatte, diesen Stab in die Hand und stieß ihn in den Boden, wo er gerade stand.

Er drehte ihn vor und zurück und rund herum, um ein ordentliches Loch zu machen. Vor und zurück schob und drückte er ihn. Rund herum zog er ihn. Immer tiefer grub der Stab sich ein, und immer breiter wurde das Loch.

Und während das Loch tiefer und breiter wurde, begann das Erdreich feucht zu werden. Dann sammelte sich Wasser darin, und endlich sprudelte es heraus wie aus einer Quelle.

Vom Durst überwältigt, warf sich eine ältere Frau aus einem anderen Clan über die Quelle und schöpfte sich das Wasser mit den Händen in den Mund. Dann schrie sie plötzlich auf:

»Es ist bitteres Wasser!« schrie sie. Aber es war kein Schrei des Entsetzens, sondern der Freude.

»Du hast bitteres Wasser zutage gefördert«, rief sie freudig. »Aber es löscht meinen Durst, und ich danke dir.«

Andere taten es ihr nach. Sie warfen sich zu Boden und schöpften mit den Händen.

»Bitteres Wasser«, riefen sie. »Bitteres Wasser.

Doch was schadet es, wenn es bitter ist? Du hast uns gerettet, indem du es quellen läßt, und wir danken dir dafür.«

»Der Name deines Clans soll Leute vom Bitteren Wasser sein«, rief einer der Älteren, der seinen Durst gelöscht hatte. Und alle anderen stimmten ihm zu.

So kam der Clan der *Tó dích'íí'nii* zu seinem Namen, denn so werden die Bitteres-Wasser-Leute in der Sprache der *Diné'é*, der Navajo, genannt, so ist gesagt.

12

Auch ist gesagt, daß die durstigen Wanderer, nachdem sie genug getrunken hatten, ihr Essen kochten und aßen. Dann deutete einer von ihnen auf einen Berg fern im Osten und machte diesen Vorschlag: »Laßt uns versuchen, die Lehne dieses Berges vor Einbruch der Nacht zu erreichen«, schlug er vor.

Sie sputeten sich und konnten den Berg tatsächlich noch bei Tageslicht erreichen. Kurz bevor sie an ihr Ziel gelangt waren, bemerkten sie Mokassinspuren; also mußten Leute wie sie ganz in der Nähe sein.

Am Fuß des Berges erblickten sie eine Gruppe von Baumwollpappeln. In der Annahme, daß sich dort auch eine Quelle finden würde, gingen sie geradewegs auf das Wäldchen zu. Und plötzlich sahen sie sich von unbekannten Leuten umringt, die dort lebten.

Diese Fremden begrüßten die Ankommenden herzlich. Sie umarmten sie und zeigten sich hocherfreut, Leute zu sehen, die ihnen so ähnlich waren. Sie baten die Wandernden zu erzählen, wer sie seien, woher sie kämen, welchen Zweck ihre weite Reise habe und was ihr Ziel sei.

Die Wandernden erzählten kurz ihre Geschichte. Und die Fremden erwiderten, nach ihrer eigenen Überlieferung seien sie eben dort in diesem Wäldchen erschaffen worden und hätten dort immer schon gelebt.

»Dieser Ort wird *Mą'iitó* genannt«, sagte einer von ihnen. Das ist der Name für Coyotequelle in der Sprache der *Diné* oder Navajo.

»Und wir sind *Mą'ii dine'é,* die Coyoteleute«, fuhr er fort.

Seit jener ersten Begegnung haben die Navajo diese Leute jedoch lieber *Mą'iitó dine'é* genannt, die Coyotequelleleute.

Vier Tage verweilten die Wandernden bei den Coyotequelleleuten. In diesen Tagen sprachen und sangen sie miteinander. Sie tauschten Geschichten aus, als wären sie alle von einem Volk. Und schließlich konnten die Wandernden aus dem Westen ihre neuen Freunde überreden, sich ihnen auf dem Zug nach Osten anzuschließen. Mit der Aussicht, Angehörige eines mächtigen Volkes zu werden, waren die *Mą'iitó dine'é* dazu mit Freuden bereit.

Am folgenden Tag brachen sie das Lager ab und machten sich auf, die Leute im Osten zu suchen, von denen sie gehört hatten.

Vor dem Aufbruch gaben die Coyotequellenleute jedoch noch zu bedenken, daß die Quelle hier im Wald die einzige im Umkreis von zwei Tagesmärschen sei.

»Habt keine Angst«, erwiderte einer der Wandernden.

»Wir wissen uns zu helfen. Wir können Wasser bekommen, wenn wir es brauchen.«

Den ganzen Tag wanderten sie in gnadenloser Hitze durch trockenes Gelände. Sie gingen so weit sie konnten und schlugen bei Einbruch der Dunkelheit ihr Lager auf, ohne eine Wasserstelle gefunden zu haben. Am nächsten Morgen machten sie sich erneut auf den Weg, mußten jedoch aufbrechen, ohne sich für den Marsch unter sengender Sonne mit Wasser laben zu können.

Gegen Mittag begannen viele der Älteren und manche Kinder über Durst zu klagen. Da machten sie halt und beschlossen, die Zauberkraft eines anderen der fünf Stäbe zu erproben, die *Asdzáá nádleehé* ihnen gegeben hatte.

Diesmal versuchte es ein Mann aus dem Clan, der den Weißmuschelstab bekommen hatte; er nahm den Stab und stieß ihn dort, wo er stand, in den Boden.

Er drückte und drehte ihn im Kreis herum, vor und zurück, bis er ein ansehnliches Loch geschaffen hatte. Immer rund herum bewegte er ihn, vor und zurück drückte und zog er ihn. Das Loch wurde weiter und weiter, während der Stab sich tiefer und tiefer in den Boden grub. Und als das Loch immer breiter und tiefer wurde, begann das Erdreich feucht zu werden. Wasser sammelte sich in der Öffnung, bis es schließlich wie eine Quelle hervorsprudelte.

»Vorsicht!« rief eine Mutter aus einem anderen Clan. »Das Wasser ist schlammig. Gewiß wird es unsere Kinder krank machen!«

Doch eine ältere Frau aus wieder einem anderen Clan war so durstig, daß sie sich über die Quelle warf. Und sie schöpfte sich mit den Händen das schlammige Wasser in den Mund.

»Mag sein, dieses Wasser ist schlammig«, sagte sie.

»Doch es löscht meinen Durst, und ich bin dankbar dafür.«

Und als die anderen sahen, daß sie keinen Schaden davon nahm, warfen auch sie sich über die Quelle und tranken.

»Was macht es, wenn dieses Wasser schlammig ist?« sagten sie.

Es lindert unseren Durst, und wir sind dankbar dafür.«

»Dafür soll der Name eurer Leute fortan Schlammwasserclan sein«, sagte einer der Älteren, der seinen Durst gelöscht hatte. Und alle anderen stimmten zu. So kamen die *Hashtł'ishnii* zu ihrem Namen, denn so nennt man den Schlammclan in der Sprache der *Dine,* der Navajo.

Als alle genug getrunken hatten, gingen sie weiter ostwärts durch die Wüste, bis die Nacht sich senkte. Wieder mußten sie an einer Stelle lagern, wo es kein Wasser gab, und sie ruhten sich aus, so gut sie konnten. Und abermals brachen sie am nächsten Morgen zu einem weiteren langen Tagesmarsch in der Sonnenglut auf.

Bis zum Mittag waren sie alle sehr durstig; die kleineren Kinder weinten schon und die älteren, schwächeren Leute stöhnten. So machten sie erneut halt, um die Zauberkraft eines weiteren der fünf Stäbe von *Asdzą́ą́ nádleehé* zu erproben.

Diesmal grub einer aus dem Clan, der den Abalonenstab bekommen hatte, ein Wasserloch. Er drückte und drehte ihn vor und zurück und rundherum, bis das Loch wieder so tief und breit war, daß Feuchtigkeit sich sammelte. Bald stieg Wasser in der Öffnung, und eine Quelle sprudelte hervor.

Da warf sich eine Frau, die ihren übergroßen Durst nicht länger bezähmen konnte, über das Wasserloch und trank. Dann schrie sie auf, doch ohne Entsetzen in der Stimme:

»Es schmeckt salzig!« schrie sie.

»Aber es erfrischt mich trotzdem, und ich bin froh, daß ich es habe.«

Da tranken auch die anderen. Und danach waren alle der Meinung, daß die Leute, die den Abalonenstab bekommen hatten, fortan *Tó dík'ózhi* heißen sollten, denn so wird der Salzwasserclan in der *Diné bizaad*, der Sprache der Navajo, genannt.

Als die Leute ihren Durst gelöscht hatten, zogen sie weiter ostwärts durch heißes, trockenes Land. Wieder mußten sie lagern, ohne eine Wasserstelle gefunden zu haben. Und abermals brachen sie am folgenden Tag ohne Wasser auf.

Auch diesmal mußten sie mittags haltmachen, als das Geschrei der Kinder und das Klagen der Alten ein Weiterwandern nicht mehr zuließ. Und diesmal grub einer aus dem Clan, der den Schwarzsteinstab erhalten hatte, eine Quelle. Reines, klares Wasser sprudelte hervor, und alle tranken nach Herzenslust. Nur ein Jüngling und ein Mädchen aus dem Clan, der den Schwarzsteinstab trug, tranken nicht.

»Wie kommt das?« fragte einer der Älteren aus einem anderen Clan.

»Anstatt zu trinken wie die anderen, steht ihr bloß da.«

Aber keiner der beiden antwortete. Sie standen nur schweigend da, das Mädchen mit unter dem Kleid am Körper verschränkten Armen. Deshalb wird dieser Clan jetzt *Bit'anii* genannt, und so kam der Nah-an-ihrem-Körper-Clan zu seinem Namen. Denn so werden diese Leute in der *Diné bizaad*, der Sprache der Navajo, genannt.

Wieder ging die Reise weiter, die die Leute ostwärts durch die Wüste führte. Abermals schliefen sie an einem Ort, wo es kein Wasser gab, und brachen am Morgen des nächsten Tages ohne Trinkwasser auf. Mittags gruben sie mit dem Rotsteinstab, den *Asdzą́ą́ nádleehé* ihnen mitgegeben hatte, eine weitere Quelle. Während aber die Leute tranken und ihre Gefäße füllten, waren diesmal keine Rufe oder Erklärungen zu hören. Da zogen die Leute weiter, ohne dem Clan, der den Stab trug, einen Namen zu geben.

Nach diesem Tage mußten sie zwei Nächte ohne Wasser verbringen. Am Mittag des zweiten Tages erreichten sie eine breite Schlucht, in der sie eine Quelle fanden. Deshalb gaben sie diesem Ort den Namen *Halgaitó*, was Quelle im Flachland in der *Diné bizaad*, der Sprache der Navajo, bedeutet. Und sie beschlossen, an diesem Tag nicht mehr weiterzuziehen. Sie wollten lieber den Nachmittag und die Nacht an dieser Stelle zubringen, wo es genügend zu trinken gab, so ist gesagt.

13

Auch ist gesagt, daß sie nach dem Aufbruch von *Halgaitó* fünfundzwanzig Tage lang weitergezogen seien. jeden Tag fanden sie genügend Wasser für ihren Bedarf, aber es wurde nun immer schwieriger, Nahrung zu beschaffen. Denn der Sommer war dem Herbst gewichen, und es war nun weniger zu finden. Trotzdem marschierten sie stetig weiter, bis sie an ein Flüßchen kamen, das westlich am *Dook'o'oosłíid* vorbeifloß; das ist der San Francisco Peak, den *Áłtsé hastiin*, der Erste Mann, als Markierung der westlichen Grenze in der fünften Welt geschaffen hatte.

Dort blieben sie fünf Nächte und fünf Tage lang, um zu jagen. Einem Mann, doch nur diesem einen, gelang es, einen Hirsch zu erlegen. *Baa'yinił'ini* war sein Name, und das bedeutet in der Sprache von *Bilagáana* Schaut-dem-Kampf-zu. Er schnitt seine Beute in kleine Stücke und verteilte sie, so daß jeder davon schmecken konnte.

Schließlich verließen sie den kleinen Fluß und zogen hinüber zur Ostseite des Berges. Dort machten sie bei einem Nebengipfel an einer Quelle halt, der niemand einen Namen gab.

Sie verbrachten dort mehrere Tage. Um das Lager errichteten sie eine Steinmauer zum Schutz vor dem scharfen Wind, der jetzt stetig von Norden zu wehen begann. Diese Mauer steht heute noch, und jeder, der hingeht, kann sie sehen.

Náshdóítsoh, der mächtige Puma, den *Asdzą́ą́ nádleehé* ihnen mitgegeben hatte, lebte in der Obhut der *Bit'anii*, des Clans, dem der Stab aus schwarzem Stein anvertraut worden war. Und als die Leute an der namenlosen Quelle lagerten, trugen sie ihm auf, für sie zu jagen. Er erlegte einen Hirsch, den man kochte und in kleine Stücke schnitt, so daß jeder wenigstens einmal kosten konnte. Ansonsten lebten sie von kleinen Beutetieren wie Eichhörnchen und Ratten, aber auch von Samenkörnern, die sie sammelten. Sie waren im Aufspüren und Erlegen von Wild noch ungeübt.

Auch *Shash*, der furchtlose Bär, half den Leuten, indem er gelegentlich ein Kaninchen tötete. *Bįįh*, der sanftmütige Hirsch, erlegte zwar keine Beute, aber er war ihnen ein Gefährte und fand für sich selbst genügend Nahrung. *Tł'iistsoh*, die große Schlange, und *Dahsání*, das aufrechte Stachelschwein, waren dagegen eher ein Ärgernis. Nicht genug damit, daß sie nichts zur Ernährung beitrugen und als Gefährten nicht viel hermachten, mußte man sie auch noch mitschleppen und füttern. Und während die Wandernden nun von der Quelle am *Dook'o'oosłííd*, dem San Francisco Peak, zum *Bidahóóchii'*, dem Rotstreifenberg, weiterzogen und sich von dort aus zum *Tsídii yilyá*, dem Schwarzen-Felsen-mit-einem-Vogel, begaben, überlegten sie immer häufiger, was mit diesen beiden anzufangen sei.

Schließlich hielten sie Rat und beschlossen, die Schlange und das Stachelschwein dort zwischen den Felsen und Kiefern des Navajoberges oder *Naatsis'áán* freizulassen, wie er in der *Diné bizaad*, der Sprache der Navajo, genannt wird. Diese beiden Tiere wurden in jener Gegend heimisch. Bald vermehrten sie sich auch, weshalb es östlich des San Francisco Peak bis auf den heutigen Tag so viele Schlangen und Stachelschweine gibt.

Als nächstes erreichten die erschöpften Wanderer einen Ort, der jetzt *Aghaałá* genannt wird, was in der Sprache des Weißen Mannes Viel Fell bedeutet. Diese Stelle liegt nahe bei den heutigen Wohnorten der Hopi. Sie lagerten dort zwischen den Gipfeln und versuchten sich erneut in der Jagd. Wenn ihr Hirsch auf Nahrungssuche ging, so bemerkten einige von ihnen, erschienen bald auch andere Hirsche. Da gingen etliche Männer dazu über, als Lockmittel beim Jagen Hirschmasken zu tragen.

Und die das taten, konnten viele Hirsche erlegen. Es war auch höchste Zeit, denn mit jedem Tag wurde es kälter, und die Leute benötigten warme Kleidung. Wenn sie die erlegten Hirsche zerteilt, zubereitet und gegessen hatten, fertigten sie aus den Fellen Kleidungsstücke an.

So schnell sie konnten, richteten sie viele Häute zu. Und während sie arbeiteten, wehte der Wind das Tierhaar gegen einen hohen Felsen, wo es bald einen großen Haufen bildete. Einer der Leute, die später den Namen *Honágháahnii* oder Umschreitet-einen-Clan erhalten sollten, schlug vor, den Ort *Aghaałá* zu nennen, weshalb er bis heute diesen Namen trägt.

Von *Aghaałá* zogen die Wandernden zum *Tséhootsooi biyázhi* oder Ort des Kleinen Gelben Felsens, wie *Bilagáana* ihn nennen würde. Und von dort gelangten sie zu einem Ort namens *Yootsoh* oder Große Perle. Sie schlugen nun ihr Lager häufiger auf und marschierten von Tag zu Tag immer weniger. Ihre Kräfte nahmen jetzt nämlich immer mehr ab. Manchmal blieben sie nur eine Nacht und schleppten sich dann weiter. Doch es kam jetzt auch häufiger vor, daß sie einen ganzen Tag oder auch zwei oder drei verweilten.

Es war inzwischen Spätherbst geworden. Frost überzog jede Nacht das Land. Morgens, wenn sie erwachten, war der Boden gefroren. Manche von ihnen begannen zu fürchten, der Winter würde sie überraschen, bevor sie ihr Ziel erreicht hätten. Andere hielten dagegen, wenn sie nur ihre Schritte beschleunigten, könnten sie ihre Verwandten um so schneller finden. Manche fürchteten, sie hätten sich verirrt. Andere begannen sich zu fragen, ob in diesem Teil der Welt wirklich ihre Verwandten lebten.

Immer langsamer und mühsamer marschierend, ereichten sie den Ort Große Perle. Dort fanden sie Mokassinspuren, die aber offensichtlich nicht frisch waren. Es war schon eine Weile her, daß jemand hier gewesen war.

»Gleichwohl«, sagte ein Angehöriger eines der Clane.

»Vielleicht sind das Fußabdrücke der Leute, die wir suchen.«

»Aber wenn sie es sind«, antwortete einer aus einem anderen Clan, »dann sind viele Tage vergangen, seit sie in dieser Gegend waren.«

»Wir sollten besser hierbleiben und überwintern«, sagte jemand anderes.

»Aber wir wollen endlich an unser Ziel kommen«, sagte wieder ein anderer.

»Wir sind müde! Viele unserer Alten fürchten, daß sie es nicht mehr erleben werden, unsere Verwandten zu sehen.«

»Aber wenn sie so müde sind«, sagte noch ein anderer, »wie können wir ihnen dann zumuten weiterzugehen? Die Älteren in unserer Gruppe klagen, daß sie einfach nicht mehr können. Unsere Kinder weinen vor Erschöpfung.«

Nun herrschten also verschiedene Anschauungen darüber, was weiterhin zu geschehen habe. Manche sprachen sich gegen den Weitermarsch im Winter aus. Andere hatten größte Bedenken, den Frühling abzuwarten. Selbst innerhalb der einzelnen Clane gab es jene, die bleiben, und jene, die weiterziehen wollten. Diese Spaltung in der Schar der Wandernden war tief und schwerwiegend.

So kam es, daß sich diejenigen, die das Überwintern am Ort der Großen Perle fürchteten, zum Weitermarschieren entschlossen, während sich die anderen, die Angst hatten weiterzugehen, zum Abwarten des Frühjahrs entschlossen. In allen Clanen kam es darüber zum Hader. Die weiterzogen, brachen auf, ohne sich von den Zurückbleibenden zu verabschieden. Die blieben, weigerten sich, den Scheidenden Lebewohl zu sagen.

Doch es dauerte nicht allzuviele Tage, bis die Zurückgebliebenen ihren Zorn zu bereuen begannen. Einer nach dem anderen begannen sie ihren Kummer zu fühlen. Einer nach dem anderen begannen sie für jene zu fürchten, die gegangen waren. Und nach und nach gestanden sie einander ein, daß sie ihre Stammesangehörigen vermißten. Da hielten sie Rat und beschlossen, zwei Botschafter auszusenden, um die anderen zu suchen und sie zu bitten, zurückzukehren.

Aber die Tage verstrichen, Sonne ging auf und unter, und ein Mond folgte dem anderen. Und keiner der beiden Kundschafter kehrte zurück. Keiner sollte je wieder gesehen werden. Da wurden zwei weitere Kuriere mit demselben Auftrag und derselben Botschaft ausgesandt.

Sie zogen aus, doch es gelang ihnen nicht, die ersten beiden Kundschafter zu finden. Sie kamen jedoch an einen Ort, wo die Schar der Weiterwandernden sich anscheinend in zwei kleine Gruppen geteilt hatte, vielleicht weil sie uneins waren, wohin man sich wenden solle.

Die Kundschafter folgten beiden Fährten, so weit sie konnten. Von einer der verlorengegangenen Gruppen sollen die Jicarilla Apachen abstammen, weshalb die Navajo diesen Stamm seither häufig besucht haben. Die andere verirrte Gruppe, so glaubt man, ist während jenes Winters gänzlich verschwunden. Vielleicht verirrten sie sich weit nach Norden, und ihre Nachkommen leben jetzt dort. Die Navajo sprechen bis heute noch manchmal von ihnen und nennen sie *Diné nááhódlóonii*, was in der Sprache des Weißen Mannes soviel wie Andere Navajoleute bedeutet.

Die zuletzt ausgesandten Kundschafter suchten weiter, solange sie es wagen konnten, denn sie hofften immer noch, wenigstens von einer der beiden Gruppen Spuren zu finden. Vielleicht, so dachten sie, während sie weitersuchten, könnten sie wenigstens einen oder zwei Versprengte finden.

Erst spürten sie der einen Gruppe nach, mußten dann aber aufgeben, und spähten nach Spuren der anderen. Immer weiter suchten sie, und das Wetter wurde immer schlimmer. Eines Nachts glaubten sie in der Ferne mehrere Lagerfeuer zu sehen, aber sie konnten sich dessen nicht sicher sein. Es herrschte dichtes Schneetreiben, die Feuer waren weit entfernt, der Wind heulte grimmig, und die beiden Männer waren sehr müde. Keiner besaß mehr genügend Kraft weiterzugehen. Sie fanden nie heraus, ob sie in jener Nacht wirklich Feuer gesehen hatten.

Schließlich verloren sie alle Hoffnung, ihre Stammesangehörigen je wiederzufinden. Jetzt fürchteten sie sogar selbst, sich verirrt zu haben. Ganz verzagt beschlossen sie, sich vor dem Wind und der Kälte in irgendein Tal zu flüchten. Und dabei, so scheint es, gelangten sie zufällig zum San Juan River und stießen auf die lang gesuchten Leute des Navajovolkes.

Diese glücklosen Botschafter waren eben jene beiden völlig entkräfteten Fremden, die während der Riten des *Naachid* in *Godtsohs* Lager getaumelt waren. Es waren diese beiden, die ihren hier lebenden Verwandten alles über die Wanderer aus dem Westen erzählten, so ist gesagt.[18]

14

Auch ist gesagt, daß die Leute, die am Ort der Großen Perle geblieben waren, sich zu Beginn des Frühlings wieder in der Gewißheit aufmachten, ihrem Ziel sehr nahe zu sein. Doch nicht lange, da ermüdeten einige Angehörige des *Tó dích'íí'nii* oder Bitteres-Wasser-Clans.

Vielen ihrer Kinder schwollen die Knie, und an den Füßen bekamen sie Blasen. Viele ihrer Älteren waren steif und von Schmerzen geplagt. Selbst manche Männer und Frauen, die sonst rüstig ausschreiten konnten, waren durch den langen Winter mit nur kümmerlichen Mahlzeiten geschwächt.

»Wir werden an diesem Baum haltmachen müssen«, erklärte ein Angehöriger dieses Clans.

»Mögen die anderen nur weitergehen, wenn sie wollen. Wir sind so weit gewandert, wie wir können. Wir werden uns hier eine neue Heimat schaffen. Schließlich sind wir hier ja ganz in der Nähe des Ortes, wo unsere Verwandten leben.«

So blieb ein Teil des Clans zurück, um dort zu leben, wo dieser einsame Baum stand. Sie wurden die Leute, die *Tsin sikaadniee* oder Knotiger-Baum-Clan genannt wurden. Bis auf den heutigen Tag sind sie den *Tó dích'íí'nii* oder Bitteres-Wasser-Leuten sehr eng verbunden, und kein Angehöriger des einen Clans darf ein Mitglied des anderen heiraten.

An einem Ort namens *Bįįh bitooh*, den *Bilagáana* Hirschquelle nennen würde, mußte eine andere Gruppe des Bitteres-Wasser-Clans haltmachen. Selbst nach der langen Winterruhe waren ihre Kinder noch fußlahm von den Märschen des letzten Sommers. Und die Alten waren einfach zu schwach, um weiterzugehen. So blieben sie bei einer Quelle, die ihre Schmerzen linderte, wie sie sagten.

Ein Mitglied dieser Gruppe hatte den Hirsch in seine Obhut genommen, den die Sich Wandelnde Frau ihnen mitgegeben hatte. An der Stelle, wo sie zu bleiben beschlossen, trugen sie nun ihrem Schutztier auf, mit den anderen bis zum Tal des San Juan zu gehen.

Doch er wollte jene nicht verlassen, die sich den ganzen weiten Weg um ihn gekümmert hatten. Er blieb bei ihnen, und viele seiner Nachkommen leben heute noch in dieser Gegend. Der Clan, der von jener Gruppe abstammt, ist seither *Bį́į́h bitoodnii* genannt worden, die Hirschquellenleute. Was aus *Bį́į́h*, dem sanftmütigen Hirsch, geworden ist, weiß niemand. Aber die Leute des Hirschquellenclans gedenken seiner bis auf den heutigen Tag mit besonderer Verehrung.

Die übrigen Wandernden setzten unterdessen ihren Weg fort. Und bald nach ihrem Aufbruch von der Hirschquelle erreichten sie *Ha'atiin*, Wo-der-Pfad-hinaufführt, und wo die Leute der *Tábąąhá* ihre Felder hatten. *Godtsoh* oder Großes Knie lebte noch, als die Wandernden aus dem Westen ankamen. Aber er war jetzt schon sehr alt und schwach. Kaum jemand hörte noch auf ihn oder folgte seinen Worten.

Als die Leute des *Tábąąhá*, des Rand-des-Wassers-Clans, und die Leute des *Hashtł'ishnii*, des Schlammclans, einander begegneten, waren sie überglücklich, einander zu sehen. Sie trugen einander Geschichten über ihre Lebensart und Überlieferung vor. Und sie erkannten viele Übereinstimmungen zwischen sich. Ihre Sprachen waren ähnlich. Ihre Namen hatten fast die gleichen Bedeutungen. In ihrem Kopfschmuck und allem anderen Schmuck unterschieden sie sich kaum.

Aus diesem Grund luden die *Tábąąhá* die *Hashtł'ishnii* ein, sich in ihrer Nähe niederzulassen. Bis auf den heutigen Tag sind sie so eng verbunden, wie zwei Clane nur sein können, und die Angehörigen des einen dürfen keine Mitglieder des anderen heiraten.

So war es auch mit vielen anderen Clanen der Navajo, die sich bestimmten Clanen der Neuankömmlinge aus dem

Westen besonders verbunden fühlten. Das ganze Frühjahr hindurch und weit in den Sommer hinein herrschte Jauchzen und Singen, Geschichtenerzählen und Tanzen. So vergingen die Tage und Monate, und die Neuankömmlinge erholten sich von den Leiden und Strapazen der langen Reise. Bald nahmen sie uneingeschränkt am Leben ihrer Anverwandten teil, als seien sie schon seit dem Beginn des Lebens in dieser Welt ein einziger Stamm gewesen.

Von den fünf zahmen Tieren, die die Einwanderer aus der Meerheimat ihrer Großmutter *Asdzą́ą́ nádleehé* mitgebracht hatten, war *Shash*, der furchtlose Bär, der letzte, der fortging. Sie hatten ihn ins Herz geschlossen, denn er hatte sie durch viele schwere Tage und lange Monate beschützt, hatte ihnen Nahrung beschafft und Gesellschaft geleistet. Sie wußten aber, daß er auf Dauer unter den fünffingrigen Erdoberflächenleuten nicht glücklich sein konnte. Da hielten sie Rat und beschlossen, ihn in die Freiheit zu entlassen.

»Geliebtes, treues Schutztier«, sagten sie traurig zu ihm.

»Du hast uns gute Dienste getan.

Durch viele schwere Tage und viele lange Monate hast du uns Gesellschaft geleistet und Nahrung beschafft. Du hast uns beschützt und bewacht. Wir sind dir dankbar und werden dir immer dankbar sein.

Doch wir sind jetzt unter unseren Verwandten in Sicherheit, und wir brauchen dich nicht mehr.

Könntest du bei uns bleiben, so wären wir glücklich. Doch wir sind von einer Art, und du bist von einer anderen.

In den Wäldern und zwischen den *Buttes* des *Ch'óshgai*, des Weißfichtenberges, sind andere deiner Art. So gut wie wir das Recht besitzen, unter unseren Leuten zu leben, hast du das Recht, bei deinen Verwandten zu sein.«

Als er diese Worte vernahm, betrachtete *Shash*, der furchtlose Bär, noch einmal gütig all jene, die einen so weiten

Weg mit ihm gegangen waren. Dann wandte er sich ab und machte sich auf zum Weißfichtenberg. Und seine Nachkommen leben dort bis auf den heutigen Tag in großer Zahl.

Unter den Leuten aus dem Westen war ein Clan, der noch keinen Namen hatte. Das war der Clan, dem *Asdzą́ą́ nádleehé* den Stab aus rotem Stein anvertraut hatte.

Diese Leute blieben nicht sehr lange an den Ufern des San Juan, sondern zogen an einen weiter südlich gelegenen Ort.

Eines Tages waren zwei von ihnen auf der Jagd und kamen an einen Ort namens *Tsé nahabiił*, in der Sprache des Weißen Mannes, so glaubt man, bedeutet dies Fels-bereit-zu-fallen. Dort fanden sie unter einigen hohen, überhängenden Felsen frische Fußspuren, von Leuten gemacht, die offenbar nichts an den Füßen trugen.

Sie folgten diesen Spuren eine kurze Strecke und bemerkten dabei einen Mann, der sie von einer hohen Felsspitze aus beobachtete. Als er merkte, daß er erspäht worden war, verschwand er. Aber die Jäger setzten ihm nach und stellten ihn auf der Rückseite des Felsens.

»Warum läufst du davon?« fragte einer von ihnen.

»Wir haben nichts Böses im Sinn«, versicherte der andere.

Bei diesen Worten blieb der Fremde stehen und ließ die beiden näherkommen. Da wußten sie, daß er ihre Sprache verstand. Und sie redeten ihn an, wie es unter ihresgleichen üblich war.

»Wo wohnst du, Bruder?« fragte einer.

»In einer Schlucht hoch droben auf jenem Berg«, anwortete er.

»Sind da noch mehr Leute wie du, Bruder?« fragte der andere Jäger.

»Wir sind eine ganze Schar«, erwiderte er.

»Wovon ernährt ihr euch?« fragten die Jäger.

»Vor allem von Samen«, erwiderte er. »Aber wenn das Glück mit uns ist, fangen wir eine oder zwei Waldratten. Und wenn es genügend Regen gibt, können wir einige Feldfrüchte anbauen.«

Da sagten die Jäger:

»Wir können euch zeigen, wie man jagt. Und wir können euch zeigen, wie man Mais in trockener Erde zum Wachsen bringt. Wir können euch zeigen, wie man Mokassins macht und wie man Häute gerbt, um Kleidung anzufertigen.

Bruder, sage deinen Leuten, sie mögen sich am Nachmittag hier einfinden. Unterdessen werden wir in unser Lager zurückkehren und unsere eigenen Leute herbringen.«

So kehrten die Jäger also nach Hause zurück, wo ihre Leute gerade ein Mahl aus Kaninchen und Samengrütze zubereiteten. Während sie alle aßen, erzählten die beiden den anderen von dem barfüßigen Fremden und von dem Gespräch, das sie mit ihm geführt hatten.

Nach der Mahlzeit stiegen sie alle in die Berge hinauf zu der Stelle, wo die beiden Jäger den Fremden gefunden hatten. Dort begegneten sie nun ihm und seinen Leuten. In jener Nacht schlugen sie ein gemeinsames Lager auf, tauschten Geschichten aus und erzählten einander von ihrer Lebensweise und Überlieferung.

Die Fremden berichteten, sie seien an der Stelle erschaffen worden, wo sie alle jetzt saßen. Vor sieben Jahren, so sagten sie, seien sie dort eingesetzt worden. jetzt lebten sie in der Nähe am *Naadą́ą́' biłatiin*, dem Maisspaß, wie *Bilagáana* ihn nennen würde. Sie kehrten jedoch häufig hierher zurück, um Früchte von den Kakteen und Yuccapflanzen zu ernten, die es hier reichlich gab.

Sie nannten sich *Tsédine'é*, was in der Sprache des Weißen Mannes Felsenleute bedeutet. Aber die Leute des noch unbenannten Clans gaben ihnen den Namen *Tsé nahabiłnii*, und das bedeutet Felsen,-bereit-zu-fallen-Clan, denn dort hatten die Jäger zum erstenmal einen von ihnen gesehen. Und als die Leute nun diesen Namen bekommen hatten, wurden sie als Navajoclan angenommen, und als Navajoclan fühlen sie sich noch heute, so ist gesagt.

15

Auch ist gesagt, daß die *Tsé nahabiłnii* ihre neu gefundenen Verwandten an eine Stelle in der Nähe führten, wo sie etwas Mais und einige Kürbisse lagerten. Dann schlugen sie ihnen vor, gemeinsam mit ihnen eine Reise zu unternehmen. Sie kannten im Süden einige Apachen, denen sie einen Besuch abstatten konnten, denn unter ihnen gab es Clane mit Namen, die denen mancher Navajoclane ähnelten.

Da gingen sie alle zum Versteck der Vorräte und buken Maisfladen, die sie unterwegs essen konnten. Dann brachen sie auf. Nach einiger Zeit erreichten sie fern im Süden ein Dorf mit dem Namen *Tsoohaanaa*, doch was dieser Name in der Sprache des Weißen Mannes bedeutet, ist nicht bekannt. Sie wurden dort freimütig als Freunde und Verwandte aufgenommen. Ja, die Apachen behandelten die Besucher so gut, daß sie eine Weile zu bleiben beschlossen.

Drei Jahre vergingen, bis die *Tsé nahabiłnii* den Entschluß faßten, nach Norden zurückzukehren und sich den Navajo im Tal des San Juan anzuschließen. Der Clan ohne Namen blieb jedoch noch vier weitere Jahre. Aber gegen Ende des vierten Jahres begannen die Leute von Heimkehr zu sprechen.

Ihre Apachenfreunde versuchten, sie zum Bleiben zu überreden, doch erfolglos. Und als sie all ihre Güter gepackt hatten und zum Aufbruch nach Norden bereit waren, stand eine alte Frau, die auf dem Boden gesessen und ihnen zugeschaut hatte, langsam auf und umschritt langsam die Schar.

Rund herum schnitt sie, rund herum, bis sie wieder an die Stelle kam, wo sie gesessen hatte. Viermal beschrieb sie einen solchen Kreis. Und als sie das letztemal an die Stelle kam, wo sie gesessen hatte, sprach sie diese Worte zu ihnen:

»Ihr seid ohne Namen gekommen, hier bei uns zu leben«, sprach sie zu ihnen.

»Und sieben Jahre lang habt ihr ohne einen Namen bei uns gewohnt.

Ohne einen Namen seid ihr uns gute Freunde gewesen. Ohne einen Namen habt ihr mit unseren Leuten Geschichten ausgetauscht.

Nun, ihr sollt uns nicht ohne Namen wieder verlassen.

Deshalb habe ich euch umschritten.

Von jetzt an soll man euch als den *Honágháahnii* kennen, den Umschreitet-einen-Clan. Fortan sollt ihr nicht mehr namenlos sein.«

So kam es, daß die Namenlosen einen Namen erhielten. Und der ist seither stets ihr Name geblieben.

Als die *Honágháahnii* in die Gegend des San-Juan-Tals zurückkehrten, stellten sie fest, daß die *Tsé nahabiłnii*, ihre Freunde vom Felsen-bereit-zu-fallen-Clan, sich unter den anderen Navajoclanen niedergelassen hatten. Sie hatten enge Bande zu den *Táchii'nii*, den Unter-roten-Wasser-Leuten, geknüpft, aber auch zu den *Deeshchíí'nii*, den Anfang-des-roten-Streifens-Leuten, den *Kin łichíí'nii* oder Rotes-Haus-Leuten, und den *Tsi'najinii* oder Schwarzer-Waldstreifen-Leuten. Bis auf den heutigen Tag sind diese fünf Clane wie ein großer Clan, und kein Angehöriger eines der Clane darf ein Mitglied eines der anderen heiraten.

Ebenso knüpften die Leute des *Honágháahnii* oder Umschreitet-einen-Clan innerhalb weniger Jahre enge Bande zu den Leuten des *Tł'ízílání* oder Viele-Ziegen-Clans, zu den Leuten des *Dziłtł'ahnii* oder Bergschlupfwinkelclans, zu den

Leuten des *Tó'áháni* oder Stelle-nahe-dem Wasser-Clans und zu den Leuten des *Nihoobáanii* oder Grauer-waagrechter-Streifen-Clans. So eng sind diese fünf Clane bis auf den heutigen Tag miteinander verbunden, daß keinem Angehörigen eines der Clane erlaubt ist, ein Mitglied eines der anderen zu heiraten.

So also wurden neue Clane in die Gemeinschaft der schon vorhandenen aufgenommen. Und so kam es, daß alte und neue Clane zu dem einen Stamm der Navajo verschmolzen, so ist gesagt.

16

Auch ist gesagt, daß zu der Zeit, als die *Honágháahnii* ins Tal des San Juan zurückkehrten, eine Gruppe von *Tábąąhá* für eine Weile zu dem Ort namens *Aghaałą́* oder Viel Fell gegangen sei.

In dieser Zeit schickten sie eines Tages zwei Kinder zum Wasserholen zur nahegelegenen Quelle. Sie taten, wie ihnen geheißen wurde und verließen das Lager mit zwei Korbflaschen. Mit vieren aber kehrten sie zurück.

»Und wo habt ihr diese beiden neuen Flaschen her?« wurden sie gefragt.

»Wir trafen an der Quelle zwei kleine Mädchen«, erwiderten die Kinder. »Und denen haben wir die Flaschen weggenommen.«

»Was?« schimpften die Eltern.

»Warum habt ihr das getan? Und wer sind die beiden Mädchen?«

»Das wissen wir nicht«, erwiderten die beiden.

»Wir wissen nur, daß sie hier fremd sind. Wir haben sie noch nie gesehen. Sie waren schmutzig und schlecht gekleidet. Sie wirkten wie ganz bedeutungslose Leute.«

Sogleich machten die Erwachsenen sich auf, die Mädchen zu suchen und ihnen die Flaschen zurückzugeben. Und sie brauchten gar nicht weit zu gehen, da sahen sie die Mädchen auch schon auf das Lager der *Tábąąhá* zukommen.

»Erzählt uns doch, wer ihr seid«, baten die Erwachsenen.

»Wir gehören zu einer Schar von Umherziehenden, die drüben auf jenem Berg lagern«, antworteten die kleinen Mädchen.

»Unsere Leute hatten wenig Glück bei der Jagd, und wir haben kaum etwas zu essen gehabt. Viele von ihnen sind müde. Viele andere sind krank und wund. Da haben sie uns geschickt, Wasser zu holen.«

Darauf erwiderten die Erwachsenen der *Tábąąhá*:

»Zuerst wollen wir euch einen Namen geben.

Wir werden eure Leute *Tó baazhní'azhí* nennen, der Zwei-kamen-ans-Wasser-Clan.

Dann werden wir die ungezogene Behandlung, die ihr durch unsere Kinder erfahren habt, wiedergutmachen. Kommt mit uns und ruht euch aus. Wir wollen euch zu essen geben und uns um euch kümmern. Wir wollen eure Leute mit Nahrung versorgen und ihnen jede Hilfe geben, die sie brauchen.

Wir werden etliche unserer jungen Männer zu der Stelle schicken, wo eure Leute lagern. Sie werden reichlich Nahrung und Wasser mitnehmen. Und sie werden alle eure Verwandten einladen, zu uns zu kommen und bei uns zu leben, sobald sie für dieses letzte Wegstück wieder Kraft geschöpft haben.«

Als die Wandernden bei den *Tábąąhá*, den Rand-des-Wassers-Leuten, ankamen, wurden sie als Freunde und Verwandte willkommen geheißen, und man sagte ihnen, sie würden künftig einen Namen haben. Unter dem Namen, den sie erhielten, schlossen sie sich als ein aufblühender Clan dem Volk der Navajo an. Bald sollten sie enge Bande zu den Leuten der *Tábąąhá* knüpfen, und bis heute dürfen Angehörige des einen Clans keine Mitglieder des anderen heiraten.

Bald nach der Ankunft der *Tó baazhní'azhí* oder Zwei-ka-men-ans-Wasser-Leute im Tal des San Juan schloß sich eine Gruppe von Apachen dem wachsenden Navajovolk an. Auch sie wurden von den *Tábąąhá* aufgenommen und waren bald Angehörige dieses Clans. Etwa zur gleichen Zeit kam eine Schar von Paiute, und auch diese Leute fanden Auf-nahme. Auch sie sind bis auf den heutigen Tag Angehörige dieses Clans, wenngleich auch jedermann weiß, daß sie an-deren Ursprungs sind und von ihrer alten Überlieferung manches behalten haben. Etwas später kam noch einmal ei-ne Abteilung Apachen ins San-Juan-Tal, und auch sie wur-den in den *Tábąąhá*-Clan aufgenommen.

Einige Jahre vergingen, bis der Stamm der Navajo erneut vergrößert wurde.

Das geschah, als eine Schar Zuni kam und ebenfalls von den *Tábąąhá* aufgenommen wurde.

Bald darauf kamen noch einmal eine Gruppe von Zuni, die sich mit denen, die früher gekommen waren, zusam-mentaten. Sie bildeten später einen eigenen Clan namens *Naasht'ézhí dine'é*. So hatten die Navajo früher alle Zuni genannt. In der Sprache des Weißen Mannes bedeutet dieser Name Waagerecht-schwarz-gestreifte-Leute. Sie hat-ten die Zunidörfer verlassen, weil es dort zuwenig Nahrung gab.

Kurze Zeit danach kamen Leute eines anderen Volks, diesmal von Westen. Sie trugen Gesichtsbemalung, und man nimmt an, daß sie einst zum Stamm der Mojave gehörten, der heute am unteren Colorado River lebt. Sie brachten den Namen *Dilahé'é* mit. In der Sprache von *Bilagáana* bedeutet dieser Name Vogelstimmenleute. Sie haben diesen Namen bis auf den heutigen Tag behalten.

Kurz darauf wurde aus mehreren Clanen ein Zug von Kriegern zusammengestellt. Sie sollten ein Dorf namens *Séí bee hooghan* angreifen, das man in der Sprache des Weißen Mannes Haus aus Sand nennen würde.

Dort raubten sie zwei Mädchen und brachten sie als Sklavinnen mit. Nahe ihrem früheren Zuhause hatte es einen Salzsee gegeben. Deshalb werden die vielen Nachkommen, die diese Mädchen bei den Navajo hatten und die schließlich einen eigenen Clan bildeten, bis heute *Áshįįhí* genannt, und das bedeutet in der Sprache des Weißen Mannes Salzclan. Und da die Mädchen von Angehörigen der *Tséníjíkiní* oder Wabenfelsenleute geraubt worden waren, sind diese beiden Clane bis heute eng miteinander verbunden. Kein Angehöriger des einen Clans kann ein Mitglied des anderen heiraten.

Als nächstes wurde aus mehreren Clanen ein Kriegerzug zusammengestellt, um die Leute des Jemez-Pueblo zu überfallen. Bei diesem Überfall raubte ein Angehöriger des *Tłʼaashchíʼí* oder Roter-Boden-Clans ein Jemez-Mädchen, das er einem Mann der *Nóódaʼídineʼé* oder Ute-Leute verkaufte. Und da auch sie viele Nachkommen hatte, wurde sie Ahnherrin eines Clans, der jetzt *Mąʼii deeshgiizhnii* genannt wird. Das bedeutet in der Sprache des Weißen Mannes Coyotepaßleute.

Nicht lange nach dem Überfall der Navajo auf *Séí bee hooghan*, das Sandhauspueblo, brach dort eine Hungersnot aus. Einige der dort Lebenden verließen deshalb ihre Heimat, um sich den Navajo anzuschließen. Sie behaupteten, einem Clan namens *Tábąąhá* angehört zu haben, und als sie erfuhren, daß es auch im Tal des San Juan einen Clan dieses Namens gab, baten sie darum, sich diesen Leuten anschließen zu dürfen.

Als nächstes kamen sieben Leute von einem fernen Ort namens *Tséyaanaato* oder Waagerechtes-Wasser-unter-den-Felsen. Sie sagten, sie seien nur auf einen kurzen Besuch gekommen, um die Navajo kennenzulernen. Aber die Tage und die Monate und die Jahreszeiten und die Jahre vergingen, und immer wieder verschoben sie den Aufbruch, bis sie sich schließlich zu bleiben entschlossen. Ihre Nachkommen sind unter dem Namen *Tséyaanaatoohni* oder Waagerechtes-Wasser-unter-den-Felsen-Leute bekannt. Dieser Clan erlebte keine Blüte wie die übrigen Clane und ist inzwischen ausgestorben.

Die Leute aus dem Westen, die *Asdzą́ą́ nádleehé,* die Sich Wandelnde Frau, aus der Haut unter ihrem rechten Arm erschaffen hatte und denen sie den Stab aus weißer Muschelschale gegeben hatte, die die anderen zunächst *Hashtł'ishnii* oder Schlammclan nannten und die nach langer Wanderschaft ins Tal des San Juan gelangt waren, schufen sich eine neue Heimat in der Nähe eines hohen Steinhauses über dem Fluß, das von einem früheren Volk erbaut worden war. Deshalb werden sie seither *Kiyaa'áanii* genannt, was in der Sprache des Weißen Mannes Stehendes-Haus-Clan bedeutet.

Und als *Bit'anii,* der Nah-an-ihrem-Körper-Clan, sein Lager an einem Ort namens *Tótsoh* oder Großes Wasser aufschlug, tauchten auf wunderbare Weise ein Mann und eine Frau aus dem See auf. Von diesem wundersamen Paar stammt ein Clan ab, der jetzt *Tótsohnii* genannt wird. Dieser Name bedeutet in der Sprache von *Bilagáana,* dem Weißen Mann, Großes-Wasser-Leute. Sie gesellten sich den Leuten des *Bit'anii* oder Nah-an-ihrem-Körper-Clan zu. So eng sind sie

ihnen bis auf den heutigen Tag verbunden, daß kein Angehöriger des einen Clans ein Mitglied des anderen heiraten
darf.

Die *Tótsohnii* waren die letzten Leute, die als ein eigener
Clan ins Volk der Navájo aufgenommen wurden. Von da an
mehrten die Leute ihre Zahl und ihre Kraft von innen heraus.
    Doch ihre Lebensfähigkeit als Stamm war nun gesichert.
Bis auf den heutigen Tag sind sie hier auf der Oberfläche der
fünften Welt ein blühendes Volk, so ist gesagt.

Das also sind die Dinge, die vor langer, langer Zeit geschahen, so ist gesagt.

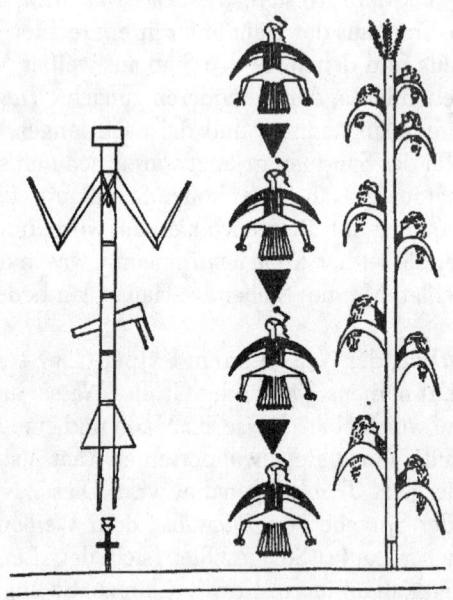

Anmerkungen

Wie dieses Buch entstand

[1] Pearce nennt die starke, tiefsitzende Voreingenommenheit der Europäer gegenüber Naturvölkern »Barbarei« (*savagism*). Turner verfolgt diese Neigung zurück bis über die Aufzeichnungen des Alten Testaments hinaus und zeichnet ihre Entwicklung nach, die sie im Verlauf der Eroberung der neuen Welt nahm.

[2] Eines der Dinge, über die ich heute noch staunen kann, ist die Tatsache, daß den Fragen, die ich so unbefangen aufzuwerfen begann, schon längst andere nachgegangen waren und immer noch nachgingen – nur war diese Arbeit vom akademischen Establishment und von der Literaturkritik weitgehend ignoriert worden. Das mag zum Teil daran liegen, daß die frühen Pioniere dieser Arbeit ihr Material allzu sehr für den Geschmack und die Vorurteile ihrer Zeit zurechtbogen, wie es etwa Schoolcraft in seiner rousseauistischen Sentimentalität tat, deren Auswirkungen bis weit in unser Jahrhundert hinein spürbar blieben (siehe etwa Canfield oder Cronyn). Gegen Ende des 19. Jahrhunderts traten jedoch Forscher auf, die objektiver und weniger voreingenommen waren. Einer der besten Textsammler jener Zeit ist Brinton. Andere, die sich vor allem um Franz Boas gruppierten, nahmen das indianische Material jetzt noch einmal genauer unter die Lupe und ermöglichten es nachfolgenden Forschern, die spezifisch poetische Dimension im Kulturgut von Naturvölkern zu erkennen. (Andrews gibt eine Bibliographie der Schriften Franz Boas'.) Da und dort stieß ich immer wieder auf interessante und provokative Publikationen, die aber von der Literaturwissenschaft kaum wahrgenommen wurden. Viele von ihnen waren alles andere als vollkommen, aber sie ließen doch mehr oder weniger deutlich durchblicken, daß es so etwas wie indianische Dichtung tatsächlich gab und daß sie durchaus erforschenswert war. Frances Densmore untersuchte zum Beispiel die enge Beziehung zwischen Poesie und Musik in analphabeti-

schen Kulturen. Alice Fletcher gab eine Anthologie heraus, an der die neue Objektivität der frühen Ethnographen abzulesen war. Paul Radin (1916) versuchte indianische Mythologie unter dem Aspekt einer poetischen Theorie zu betrachten. Nellie Barnes untersuchte nordamerikanische Stammesdichtungen, wenn auch unter formalistischen Gesichtspunkten. Mary Austin (1931) vertrat als eine der ersten die Ansicht, indianische Dichtung sei ein integraler Bestandteil der literarischen Tradition Amerikas. Die Werke solcher Autoren, so entdeckte ich nach und nach, waren nur ein kleiner Teil eines überreichlich vorhandenen Materials, das aber weder in offiziellen Lehrplänen noch an den Hochschulen eine Rolle spielte. Vieles davon ist in den Bibliographien zweier nützlicher (wenn auch unzureichender) Anthologien verzeichnet, die heute noch relativ leicht zu finden sind: Astrov; Day. Eine spätere und vollständigere Bibliographie findet sich in Marken.

3 Dabei hätte ich nur die Werke mancher englischer Dichter, vor allem aus der Zeit der Renaissance, mehr unter dem Aspekt des mündlichen Vortrags betrachten müssen, um auf die richtige Spur zu kommen. Erst neuerdings wird man wieder auf die innige Beziehung zwischen Musik und Poesie, auf das Verhältnis der bedruckten Seite zum mündlichen Vortrag aufmerksam. Siehe dazu Welsh, vor allem Kap. 8, S. 190-242.

4 Eine Liste früherer Anthologien gibt Marken, S. 11-17.

5 Witherspoon (1977) untersucht eingehend die philosophische Dimension der Schöpfungsthematik; siehe vor allem Kap. 1, S. 13-46.

6 Ich kenne keine Biographie, die Matthews' ganzes Leben beschreibt. Was ich über ihn weiß, entnahm ich seinen Papieren, die im Weelwright Museum aufbewahrt werden, und von Poor. Außerdem habe ich drei kurze Abrisse verwendet: *American Anthropologist* 7 (1905), S. 514-23; *Journal of American Folklore 18* (1905), S. 245-47; Link (1960).

7 Gummere wendet diesen Begriff vor allem auf die traditionelle Ballade in England und auf dem europäischen Kontinent an (S. 194), berücksichtigt jedoch auch seine Bedeutung in der »wilden« Poesie (S. 252-56). Gründlicher diskutiert Barnes diesen Begriff und bezieht ihn spezifisch auf den poetischen Stil indianischer Kulturen.

8 Die Episode, in der Erste Frau Genitalien erschafft, erscheint in Goddard S. 138 f., Vgl. zu dieser Thematik Haile (1932 a), S. 17 ff., und (1981 b), S. 210, sowie Reichard (o. J.).S. 19-21. Witherspoon (1975) bringt eine gründliche Erörterung der Beziehungen zwi-

schen Männlichem und Weiblichem im Kontext des Navajo-Ver-
wandtschaftssystems.

9 Detaillierte Erörterungen dieser Effekte in Toelken und Scott. Eine
kurze, für den Laien verständliche Erörterung der Navajosprache
in Kluckhohn und Leighton. S. 183-214. Etwas mehr ins Techni-
sche geht Witherspoon (1977), S. 47-150. Eine kurzgefaßte Gram-
matik legen Young und Morgan (1943) vor. Gründlicher erörtern
sie die Sprache in (1980).

10 Das Zitat stammt aus Matthews (1907), S. 54 f.

11 Reichard (1944 b) bietet eine bemerkenswert gründliche poetische
Analyse von Navajo-Gebeten. Sollte je eine umfassende Studie der
Navajo-Poetik angelegt werden, so könnte das nach den von ihr
dargestellten Prinzipien geschehen.

12 Siehe Hatcher; Reichard (1977); McGreevy. Vgl. S. 385-389.

13 Siehe auch Tedlock (1972 b); Hymes (1965, 1975 a), beide als Reprint in (1981), S. 35-64, 79-141.

14 Die Frage, wie indianische Erzählungen in den Druck zu über-
führen sind, ist höchst kompliziert, und ich maße mir nicht an, darüber das letzte Wort zu haben. Tedlocks für seine Texte sehr geeig-
nete typographische Gestaltung läßt sich auf eine lange Erzählung
wie die vorliegende kaum anwenden; das wäre so, als wolle man
einen Roman in Strophen schreiben. Den komplexen Charakter
dieser Frage stellen Hymes (1981) und Tedlock (1972 b) dar. Siehe
auch Ramsey. Grundlageninformationen über die generelle Frage
der Bedeutung mündlicher Überlieferung in der Literaturwissenschaft bieten Bascomb (1953); Taylor; Utley. Siehe auch Bascomb
(1954). Zur Klassifizierung mündlicher Erzählungen siehe Brun-
wand, S. 79-128.
Zur Einarbeitung sind die bibliographischen Angaben, S. 99-102
und 124-28, sehr hilfreich. Siehe auch Dorson, S. 147-66.

15 Zu der Zeit, als ich die Originale der Haile-Reichard-Manuskripte
entdeckte, waren bereits Teile daraus veröffentlicht worden, weitere sind inzwischen gefolgt. Keine dieser veröffentlichten Versionen
ist je als Dichtung behandelt worden, siehe dazu Haile (1943 a, b,
1978, 1979, 1981 a, b); Luckert (1975, 1979); Wyman (1957, 1962,
1965, 1970, 1975).

16 Andere Versionen und Fragmente der Navajo-Schöpfungsgeschichte finden sich an verschiedensten Orten. Einen bibliographischen Führer zu dieser Literatur bietet Spencer (1947), S. 12-30.
Später veröffentlichte Versionen sind King, Oakes und Campbell;
Link (1956); Fishler; O'Bryan; Newcomb; Yazzie; Haile (1981 a, b).

Siehe auch Wyman (1970), ein monumentales Werk, in dem unter anderem der philosophische Hintergrund des Navajo-Schöpfungs-zyklus deutlich wird.

[17] Als Beispiel mag die protokollierte Erklärung dienen, die Frank Goldtooth 1972 in diesem Zusammenhang abgab: »Dieser Gipfel wurde von Heiligen Leuten am Anfang gemacht. Als er gemacht wurde, wurde er nur von den Heiligen Leuten gemacht, nicht von den Weißen Leuten und nicht von irgendwelchen Indianern. Er wurde nur von den Heiligen Leuten gemacht, und dieses Ding hier, dieser San Francisco Peak, ist Gebete, er ist ein Gebet, und er sitzt in Gebeten und hat Weißmuschelperlen und Türkise und Apa-chetränen und Abalonen, und damit sitzt er da und auch mit Le-benspflanzen, mit dem Leben sitzt er da.« Vgl. diese Aussage mit der Erschaffung des San Francisco Peak, wie sie hier (S. 111) be-schrieben wird.

[18] Siehe z. B. Aberle (1967). Dies gilt auch für andere Stämme; siehe Dorris.

[19] Solche Generalisierungen sind nicht ohne Tücken, denn wir Au-ßenstehenden neigen dazu, die Weltsicht sogenannter primitiver Kulturen zu vereinfachen oder wichtige Züge ganz zu übersehen. Eine gute Einführung in die Weltsicht der Navajo und ihre Bedeu-tung für deren Kunst gibt Witherspoon (1977). Die Beziehung zwi-schen Dichtung und Kultur der Navajo thematisieren Luckert (1975) und Revard.

Erster Teil

[1] Geschichtenerzähler der Navajo verwenden häufig die Redewen-dung *jiní* (man sagt, er sagt, sie sagen), die ich hier mit »Es ist ge-sagt« wiedergebe. Schon Matthews (1902, S. 311, Anm. 26) be-merkt, daß für melodische Wiederholungseffekte häufig Varianten verwendet werden. Einer meiner Navajo-Informanten teilte mir mit, daß hier in Wahrheit die dritte Person Distributiv Plural (drei oder mehr) des Verbs *dajiní* vorliegt, die je nach den rhythmischen Erfordernissen auf zwei (*jiní*) oder eine (*djin*) Silbe verkürzt sein kann. Die Erzählung wird durch diesen Ausdruck, für den Zuhörer sofort erkennbar, in die Vergangenheit versetzt, und der Distribu-tiv Plural deutet an, daß schon viele andere diese Geschichte er-zählt haben, wodurch sie Gewicht und Autorität erlangt.

2 Der Ausdruck *Nílch'i dine'é* wird von anderen Autoren auch mit »Nebel-Leute« oder »Luft-Leute« übersetzt. Seine wörtliche Bedeutung ist »Wind-Leute«. Ich habe diese Übersetzung jedoch vermieden, um eine Verwechslung mit *Nílch'i*, dem Wind, auszuschließen, der in verschiedenen Gestalten eine große Rolle für die gesamte Erzählung spielt. Außerdem wollte ich mit der Übersetzung »Luft-Geist-Leute« einen Aspekt unterstreichen, der für die Mythologie der Navajo typisch ist: Alle Dinge und Naturkräfte sind hier von einer Lebenskraft durchdrungen, die sich ungefähr mit unserer Vorstellung von Seele deckt. Siehe Haile (1943 a).

3 Der Symbolwert der Farben in den Zeremonien der Navajo wird gleich zu Beginn der Erzählung deutlich gekennzeichnet. Allgemein gesagt repräsentieren die vier Farben die vier Himmelssektoren. Weiß, eine männliche Farbe, steht für den Tagesanbruch; Blau, eine weibliche Farbe, steht für das volle Tageslicht; Gelb, ebenfalls weiblich, ist die Abenddämmerung; und Schwarz, eine männliche Farbe, ist die Dunkelheit der Nacht. Einzelheiten in Reichard (1950), S. 187 ff., 206. Hatcher (S. 121-33) zeigt, daß die traditionelle Bedeutung der vier Grundfarben auch heute noch gilt, zumindest in der Kunst der Navajo. Offensichtlich besteht ein klarer Zusammenhang zwischen den Farben und der kosmischen Wirklichkeitsschau der Navajo. Siehe Wyman (1970), S. 369; Witherspoon (1977), S. 145 f.

4 Obwohl Matthews in seinem eigentlichen Text den nach Norden fließenden Wasserlauf nicht erwähnt, gibt er in einer Anmerkung (1897, S. 216, Anm. 19) zu verstehen, daß ein solcher Wasserlauf durchaus existiert haben könnte. Ich habe diesen Wasserlauf aufgenommen, weil zahlreiche Passagen im Text auf sein tatsächliches Vorhandensein hindeuten und weil die gesamte Anlage der Erzählung auch hier diese Symmetrie nahelegt.

5 Über die Bedeutung der Insekten für das Leben der Navajo spricht Wyman (1965), S. 19. Siehe auch Moon, S. 17.

6 Auch hier zeigt sich wieder die streng symmetrische Anlage, wie sie für den gesamten Eröffnungsteil charakteristisch ist. Was Hatcher über die Rhythmik der Navajo-Trockenmalerei sagt, gilt auch für die Erzählweise, die wir hier in der Schöpfungsgeschichte vorfinden: »Kleine Variationen in den Wiederholungen der Grundfiguren oder Aufbau-Elemente« (S. 75). Mills (S. 42) berichtet über die Verfahrensweise bei der Anlage eines Sandbildes, daß »die Navajo in der Nähe des Zentrums beginnen und von dort her nach außen arbeiten«, womit er nahelegt, daß dieses zeremonielle Ver-

fahren dem Prozeß des Aufstiegs entspricht, wie er hier beschrieben wird. Das Prinzip der symmetrischen Varianten ist jedoch beileibe nicht bloßes Dekor oder willkürliche Erzählstruktur, sondern wohl eher die Umsetzung intensiver Naturbeobachtung in eine stilisierte Kunstform. In diesem Wechselspiel der Naturkräfte spielt die Zahl vier immer wieder eine große Rolle, und zwar entweder direkt, etwa in den vier Himmelsrichtungen, den Jahreszeiten, den Phasen des täglichen Sonnenlaufs, den Mondphasen, oder in der Form der Paarung zweier Paare, etwa im Jahresmuster der beiden Sonnenwenden und Tag-und-Nacht-Gleichen: Ausdruck des grundlegenden Bestrebens, bei Gleichgewicht in der Form eine dynamischen Beziehung zwischen zwei Gegensätzen herzustellen.

7 Daß Anspielungen auf Sexualität weitgehend vertuscht werden, ist bei den Ethnographen des vorigen Jahrhunderts keine Seltenheit. Tatsächlich spielt aber das sexuelle Verhalten eine wichtige Rolle in den Erzählungen der Navajo. Kosmische Disharmonie oder soziale Unordnung werden häufig auf sexuelles Fehlverhalten zurückgeführt. Dafür findet man im vorliegenden Text etliche Beispiele. Die Harmonie zwischen den Geschlechtern ist daher ein Zentralthema der Navajokultur; siehe dazu Anm. 65, S. 379.
Bei den vorhandenen Fassungen dieser Episode werden im einzelnen unterschiedliche Gründe für den Zwist genannt, doch mit einer einzigen Ausnahme steht überall das sexuelle Verhalten im Hintergrund. Manche dieser Versionen zeigen deutliche christliche Einflüsse, sei es, weil die Informanten bereits selbst christianisiert waren oder weil sie Rücksicht auf den Glauben derer nahmen, denen sie diktierten,

8 Mangel an Selbstkontrolle tritt, vor allem in den Anfangsteilen der Erzählung, häufig als Ursache für soziale Konflikte und den Mangel an Solidarität auf – ganz im Gegensatz zum vierten Teil, wo diese Tugend ihre höchste Entwicklung findet und so die Vereinigung des ganzen Navajovolkes erst ermöglicht. Selbstkontrolle spielt in der Navajogesellschaft eine überragende Rolle und wird daher auch in der vorliegenden Erzählung zu einem Hauptmotiv. So besteht das Hauptproblem bei dem Streit zwischern Erstem Mann und Erster Frau (S. 74) vor allem darin, daß Erster Mann sich ärgern läßt und dadurch die Beherrschung verliert, worauf die lange Leidenszeit der Trennung von Männern und Frauen anbricht. Witherspoon (1977) verfolgt dieses Zentralmotiv der Kontrolle oder Beherrschung bis in die Sprachstruktur hinein.

⁹ Hier nimmt also der Aufstieg, ein Hauptmotiv vieler indianischer Kulturen, seinen Anfang. Ein Literaturführer zum Aufstiegs-Thema in der Navajo-Überlieferung findet man in Wyman (1965), S. 65-102. Wheeler-Voegelin und Moore bieten eine allgemeinere Studie des Aufstiegsthemas in Nordamerika. Als einer der Versuche, einen universalen Sinn in diesem Thema zu erkennen, sei Luckert (1976, S. 163) genannt. An anderer Stelle (1979, S. 146 f.) setzt Luckert den Aufstieg in Beziehung zu Geburt, Heilen und möglicherweise Wiedergeburt. Für die Bedeutung des Aufstiegsthemas könnte wichtig sein, was Wyman (1962, S. 27) über ein Gebet der *Windway*-Zeremonie sagt: »Dies ist eines der Gebete, das den Abstieg eines übernatürlichen Wesens, meist des Sprechenden Gottes, in die Unterwelten beschreibt, wo er das spirituelle Selbst des Patienten im ›Haus der von grundauf bösen Dinge‹ findet und ihn zurück in die Sicherheit geleitet, wobei er seine Schritte an furchtbaren Wächtern vorbei ... zurückverfolgen muß, bis der Patient wieder zu seinen Feldern und seinem Haus gelangt.« Die Unterwelten der Schöpfungsgeschichte erscheinen daher als Orte einer fehlerhaften kollektiven Vergangenheit, die in der Zeremonie wiedererlebt und korrigiert werden muß.

¹⁰ Vgl. Mills, S. 188 f.: »Unfähig, das Gute von außen aufzunehmen, und unfähig, das Böse abzulegen, mußten die Navajo in eine neue Welt weiterziehen – in einen noch nicht entweihten Lebensraum, in dem der Prozeß aufs neue begann, um schließlich im Aufstieg zur gegenwärtigen Welt seinen Höhepunkt zu finden. Der Aufstieg kann kaum als Flucht bezeichnet werden, denn er ist der wagemutige Aufbruch in einen neuen konzentrischen Raum, der größer und gefährlicher ist als der letzte.« Diese Aussage ist auch wichtig für das Verständnis der Sandmalerei, die ja letztlich ein Nachvollziehen des hier beschriebenen Schöpfungsprozesses ist. Als wesentlicher Bestandteil einer Heilungszeremonie der Navajo hilft die Sandmalerei dem Patienten, vom Ort seiner Krankheit zurück in diese Welt »aufzusteigen«, die zwar voller Gefahren, aber trotzdem übersichtlich ist und unter Kontrolle gehalten werden kann. Nicht unwesentlich für diese Kontrolle ist die Teilnahme an Aktivitäten, die wir künstlerisch nennen würden, etwa Musik, Weben oder Geschichtenerzählen.

¹¹ Zum Thema der frühesten Kontakte zwischen den Navajo und den Pueblovölkern siehe Young, S. 6. Spencer (1947, S. 86-92) faßt zusammen, wie die Pueblo in den gedruckten Fassungen der Navajo-Schöpfungsgeschichte dargestellt werden. Sie vergleicht auch die

sogenannten mythologischen Berichte mit historischen und ethno-
logischen Daten. Haile (1938, S. 17) weist darauf hin, daß der Ursprung der Pueblovölker »in den Navajolegenden stillschweigend
übergangen und als einfach gegeben hingenommen wird«. Übli-
cherweise wird davon ausgegangen, daß die Pueblo schon sehr lange im Südwesten leben, während die athapaskischen Navajo erst
später zuwanderten. Diese Anschauung muß noch weiter überprüft
werden. Siehe Forbes, S. XI-XXIII.

[12] Zum Begriff der Heiligen Leute siehe Wyman (1970), S. 312, Anm.
218. Das »Pantheon« der Navajogötter kann auf den ersten Blick etwas verwirrend sein, da ihre Namen sich in manchen Versionen
des Schöpfungsberichts beim Übergang von tieferen Welten zu
höheren ändern und weil ein Gott in manchen *Chantway*-Erzäh-
lungen einem Typus angehören kann, dessen sämtliche Mitglieder
denselben Namen tragen. Manche Erzähler sagen, ein Gott wie
Haashch'ééłti'í könne sich mit Lichtgeschwindigkeit fortbewegen
oder besitze gleichnamige »Doppelgänger«, die sich materialisie-
ren können, wo immer sie gebraucht werden oder gerade auftauchen wollen.

[13] Reichard (1950, S. 530) schreibt: »Mythologisch gesehen ist die
Hirschhaut ein Emblem des Lebens; im Ritual ist sie ein Symbol
des Lebens.« Grundsätzlich über den Gebrauch von Hirschhaut
schreibt Luckert (1975), S. 109. Hill (1938, S. 132-34) beschreibt,
wie heilige Hirschhäute beschafft werden. Siehe auch Matthews
(1902). S. 54.

[14] Was den Ursprung des Ersten Mannes und der Ersten Frau angeht,
weichen die niedergeschriebenen Berichte ziemlich weit voneinander ab, und zwar nicht nur, was die Umstände ihrer Erschaffung
und die daran Beteiligten angeht, sondern auch hinsichtlich des
Zeitpunktes. In manchen Versionen sind sie von Anfang an dabei,
also auch schon in der ersten Welt.

Wichtig ist außerdem, daß hier das zentrale Motiv der Paarbildung
eingeführt wird. Welche Bedeutung gerade der Paarbildung in der
Navajokultur zukommt, wird an den katastrophalen Spätfolgen der
späteren Trennung des Ersten Paares deutlich, nämlich in der Entstehung der Ungeheuer.

Matthews erkennt in diesem Teil des Schöpfungsberichts (aber
auch anderswo in der Überlieferung der Navajo) ein beginnendes
Verständnis für evolutive Zusammenhänge (1886 a, S. 9 f.): »Mit
der sonderbaren Empfindung, eine Art Ur-Darwin vor uns zu haben, sehen wir hier, wie die Tiere immer mehr den menschlichen

448

Charakter annehmen, bis die niederen Welten, die einst nur von fliegenden Tieren bewohnt waren, schließlich von Wesen bewohnt sind, die als Menschen angesprochen werden.«

15 Eine gründliche Untersuchung der Rolle des Windes als Gottheit in den Erzählungen der Navajo und als Kraft im Denken der Navajo bietet McNeley. Siehe vor allem S. 7-13, wo die Rolle des Windes in dieser Passage erörtert wird.

16 Die verschiedenen Berichte über das, was Erster Mann und Erste Frau nach ihrer Erschaffung taten, erörtert Reichard (1950), S. 433 ff.

17 Daß die männlichen und weiblichen Hauptpersonen den Wohnort der Götter aufsuchen und dort in Riten eingeführt werden, kommt in den *Chantway*-Mythen häufig vor. Eingehend wird dies von Spencer (1957, S. 100-218) erörtert. Die detaillierteste Einzelbeschreibung dieser Art findet sich in Wyman (1970), S. 219 ff.

18 Es ist nicht ungewöhnlich, daß solch eine Entscheidung von einer Frau gefällt wird. Matthews (1902, S. 17) schreibt, die Frau habe in der Navajokultur eine Position, die ihr »viel Unabhängigkeit und Macht« gibt. Auch unter den Übernatürlichen, so schreibt er, »ist das Weibliche stark und augenfällig«. Spencer (1947, S. 31-39) untersucht, wie die Ehe in den verschiedenen gedruckten Versionen der Schöpfungsgeschichte behandelt wird. Vgl. dazu die Äußerungen der Sich Wandelnden Frau auf S. 356 und Anm. 65, S. 479. Meine Quelle für diesen, den vorangehenden und den folgenden Abschnitt, die in Matthews' Fassung nicht vorhanden sind (und die er möglicherweise entstellt hätte, wäre sie ihm bekannt geworden), ist Goddard, S. 139 f.).

19 Verweise auf die Hermaphroditen katalogisiert Spencer (1947), S. 98–101. Haile (1932 b, S. 92, Anm. 6) definiert Hermaphroditen als Männer, »die Frauenarbeit tun«. Sie sind im Navajo-Schöpfungszyklus nicht ohne Status und scheinen nicht gegen ein besonderes Stigma ankämpfen zu müssen. In Hailes Beschreibung des Streits zwischen den Geschlechtern üben sie beachtliche Autorität aus. Bevor Erster Mann und Erste Frau zu einer Versöhnung kommen können, müssen sie die Zustimmung der Hermaphroditen einholen. Hailes Informant nennt sie *asdzániada'-iłíínii*, was soviel wie »Weib-verehrungswürdiger Onkel« bedeutet. Siehe Hill (1935), S. 273-79; Hill (1937).

20 Hill (1938) bezeichnet dies als die Hirschjagd »durch Anpirschen« (S. 123). Siehe auch S. 96, wo er auf den rituellen Charakter der Jagd hinweist. Einer seiner Informanten sagte beispielsweise über

das Abhäuten und Zerlegen eines Hirschs: »Der Sprechende Gott unterwies die Leute in dieser Art des Zerlegens.« Die Jagdtradition der Navajo, wie Luckert (1975) sie untersucht, wird hier sehr deutlich, weshalb ich annehme, daß es sich hier um einen besonders alten Teil der Erzählung handelt. Die Technik der Jagd in Verkleidung beschreibt Matthews (1887), S. 391 f.

21 Die folgende Erschaffung der männlichen und weiblichen Geschlechtsteile fehlt bei Matthews. Meine Quelle ist Goddard, S. 138 f.

22 Reichard (1950, S. 79) sieht Coyote als »Exponenten der Verantwortungslosigkeit«, als »unbeherrschten Aspekt entweder von Sonne selbst oder von einem seiner Kinder«. Sie bezeichnet ihn als »Kind des Himmels«, das »Lüsternheit auf der Erde repräsentiert, ein Gegenstück zur Promiskuität von Sonne als Himmelskörper«, und das »keine Regel beachtet«. Nach Weelwright (S. 55 f.) ist das Licht der Morgendämmerung seine Mutter, und er selbst ist in der vierten Welt der Feuerbringer. Newcomb (S. 138-50) gibt einen detaillierten und gut erzählten Bericht von Coyotes Heldentaten als Feuerbringer. Hill (1938, S. 72) berichtet, daß manche Navajo ihm die Gewalt über den Regen zuschreiben. Bis heute macht es Navajo aller Altersstufen größtes Vergnügen, Coyote wegen seiner vielen Mißgeschicke zu verspotten, was aber nicht ihre Verehrung für ihn mindert. Allzu leicht schleichen sich bei der Beurteilung Coyotes falsche Verallgemeinerungen ein, und für Nicht-Indianer ist es schwierig, Vereinfachungen zu vermeiden. Auf jeden Fall ist er eine der wichtigsten Gestalten in dieser Erzählung und unter sämtlichen Charakteren der Navajo-Überlieferung vielleicht der wichtigste. Siehe Anm. 3, S. 453; Anm. 32, S. 460; Anm. 44, S. 464. Es genügt nicht, ihn einfach amoralisch oder eigennützig zu nennen, obgleich er das oft genug ist. Ich sehe ihn letztlich als den Repräsentanten individualistischer Impulse in einer Stammeskultur, in der das Eigeninteresse den Bedürfnissen der Gruppe untergeordnet oder gar unterdrückt wird. Dieser Impuls mag manchmal gut und manchmal schlecht sein. Wichtiger als seine Einordnung und Bewertung ist jedoch die Anerkennung seiner Stärke und Anziehungskraft. Eine aufschlußreiche Entsprechung der Coyote-Gestalt bei den Navajo stellt der Trickster der Winnebago dar. Radin (1956) beschreibt seine Taten und Eigenschaften und analysiert sein Verhalten.

23 Über Coyotes Erscheinungsbild schreibt Fishler (S. 23): »Coyote war damals nicht, wie er jetzt ist. Körperlich war er zwar derselbe,

aber Haare besaß er nur unter den Armen, auf der Oberlippe, auf dem Kopf und um die Schamgegend.« Haile (1932 a, S. 6) teilt eine Erzählung mit, wie Coyote zu seinem prachtvollen Pelz kam, den er allerdings später wieder verliert; siehe hier S. 189 f.

24 In einer Schrift-orientierten Welt wie der unseren übersieht man leicht die Bedeutung der Namensgebung. Erster Mann und Erste Frau demonstrieren ihre Führerschaft, indem sie Orte und Dinge benennen und sie damit eigentlich erst erschaffen und sozusagen den Anlageplan einer ganzen Kultur erstellen. Siehe Witherspoon (1977), S. 131; und Revard, insbesondere S. 85.

25 Andere Aufgaben der Frauen nennt Matthews (1883), S. 207-24. Weitere Einzelheiten über die Arbeitsteilung bei Haile (1932 b), S. 3; und bei Spencer (1947), S. 21-31. Allgemein ist es Aufgabe der Frauen, den Boden umzugraben, Wasser zu holen, zu weben und zu flechten, zu kochen, Kleidung anzufertigen, sich um die Kinder zu kümmern. Männer jagen, roden die Felder, helfen beim Umgraben und geben den Frauen bei deren Arbeit »Anleitung und Unterstützung«.

26 Einen Leitfaden zu den verschiedenen gedruckten Versionen gibt Wyman (1965), S. 80-84. Unter den vielen verschiedenen Erklärungen für die Trennung werden Ehebruch und sexuelle Konflikte am häufigsten genannt. Der Grund für das Zerwürfnis ist jedoch letzten Endes nicht so wichtig wie die Tatsache, daß es überhaupt eintritt. Hier geht es grundsätzlich um die mangelnde Solidarität zwischen Männlichem und Weiblichem, die nur einen Teilaspekt sozialer Disharmonie darstellt; damit wird das Grundthema der ganzen Erzählung deutlich: die Notwendigkeit, Solidarität und Harmonie herzustellen. Dies wird die Sich Wandelnde Frau weiter unten (S. 357) noch aussprechen. Siehe dazu Anm. 65, S. 479.

27 In Haile (1932b, S. 5) findet sich eine Aufzählung all derer, die zu jener Zeit in der vierten Welt lebten: »Nun waren diese Bewohner, wie es scheint, die Wolfleute, die Blaufuchsleute, die Gelbfuchsleute, die Dachsleute, die Wildkatzenleute, die gefleckten Wildkatzenleute, die Bärenleute, die Heuschreckenleute, die weißen Heuschreckenleute, die Eulenleute, die Turteltaubenleute, die Piñoneroleute, die Seglerleute und die Adlerleute. Viele Leute lebten dort, wie ihr seht.«

28 O'Bryan liefert eine explizite Darstellung der sexuellen Frustration der Männer und Frauen (S. 8). Curly Toaxedlini, Hailes Informant, nimmt ebenfalls kein Blatt vor den Mund, und ich habe seine Dar-

stellung (1932 b, S. 19-22, Reprint in 1981 a, S. 23-27) zur Grundlage meiner Version dieses sexuellen Ausnahmezustandes gemacht, da sich bei Matthews kaum Anspielungen darauf finden, obgleich aus seinen unveröffentlichten Papieren hervorgeht, daß solche Episoden ihm bekannt waren.

29 In einer Anmerkung in Haile (1981 a, S. 23) deutet Luckert diese Episode so, daß »die Männer mit dem Beginn des Ackerbaus gezwungen waren, ihre traditionelle Rolle als Versorger zurückzuerobern. Sie mußten den Frauen den Ackerbau buchstäblich entreißen«. Wie sich herausstellen wird, kommen die Männer allein mit dem Ackerbau besser zurecht als die verlassenen Frauen, und die Trennung wird dazu führen, daß Erster Mann sein angeschlagenes Image als Versorger wiederherstellen kann.

30 Bei Haile (1981 b, S. 96) müssen die Frauen baden, weil »sie schmutzig, zerlumpt und heruntergekommen aussahen und der Geruch, der von ihnen ausströmte, stark an Coyote-Urin und dergleichen unappetitliche Dinge erinnerte«. Das Trocknen mit Maismehl hat hier nur die Bedeutung, daß Handtücher den Navajo unbekannt waren.

31 Bei Haile (1981 a, S. 33) kommt die Freude der Männer wie der Frauen deutlich zum Ausdruck: »Mei! wie die Leute (einander umarmend) umherpurzelten und ›mein Liebling‹ zueinander sagten, und wie sie weinten … ›Mein lieber Mann‹, sagte Erste Frau, als sie den alten Mann umarmte.« Andere Versionen schildern eine weitgehende Kapitulation der Frauen, als sie hier zum Ausdruck kommt. Siehe z. B. Fishler, S. 36; oder Weelwright, S. 48, wo die Frauen die Bedingung akzeptieren, sich künftig zu unterwerfen. Angesichts der Rolle, die weibliche Gestalten sonst in der Schöpfungsgeschichte spielen, und angesichts der Ausführungen Witherspoons (1975, S. 3-29) über Heirat und die Stellung der Navajo-Frau, kann ich diesen Ausgang der Episode nicht recht nachvollziehen.

32 Eine Variante dieser Episode findet sich in Newcomb, S. 23-56, die vor allem das Verhalten der einzelnen Tierleute betont. Diese Form der Nacherzählung ist ein Beispiel dafür, wie eine prototypische Darstellung in eine »Volkserzählung« für Kinder umgewandelt wird.

33 Young (S. 2) schreibt, er sei »versucht« die Wanderung aus der ersten in die gegenwärtige Welt eher als eine horizontale denn eine vertikale Bewegung zu betrachten und die Erste oder Schwarze Welt als den arktischen Norden zu interpretieren, den zweiten Ab-

schnitt als die nördlichen Plains und den letzten als das Gebiet der Rocky Mountains, wobei der Aufstiegsort die Stelle ist, wo die frühesten Vorfahren der Navajo auf ihr ursprüngliches Wohnland im Südwesten gelangten«. Es ist in der Tat ein faszinierender Gedanke, das Bild des Aufstiegs als eine Art Metapher für die Wanderung eines athapaskischen Stammes in den Südwesten zu verstehen; wir sollten jedoch nicht versuchen, den Inhalt solcher Geschichten einfach auf historische Fakten zu reduzieren, wie wir es mit den Zeugnissen unserer eigenen Vergangenheit so gern tun. Sie sind in erster Linie künstlerische Werke, in denen poetische Imagination eine wesentliche Rolle spielt.

Zweiter Teil

1 Die Abschnitte 1-6 erzählen die Erschaffung der fünften Welt. Sie enthalten eine philosophische Tiefe, die man nur allzu leicht übersieht. Es wäre falsch zu glauben, die Fähigkeit zu tiefen philosophischen Einsichten, wie wir sie aus anderen Kulturen kennen, gäbe es bei den Navajo nicht. Man befrage dazu ein Werk wie Kirk und Raven. Siehe auch Wyman (1970) S. 343 ff.

2 Zu den Glücksspielen der Navajo siehe Franciscan Fathers, S. 478-89. Wie viele andere Tätigkeiten, die wir als gänzlich diesseitig einschätzen, haben auch die Glücksspiele und andere Spiele bei den Navajo einen religiösen Hintergrund und sind häufig in der Mythologie verwurzelt. Siehe Aberle (1942). Spencer (1947, S. 93-97) gibt eine Darstellung des Stellenwerts von Spielen in der Navajo-Gesellschaft.

3 Witherspoon (1977, S. 131 f.) liefert uns den Hauptgesichtspunkt, nach dem Coyotes Verhalten hier und im weiteren Verlauf der Geschichte einzuordnen ist. Über die beiden zentralen Begriffe *hózhó* und *hochxo* schreibt er: »Ersterer beschreibt eine schöne, harmonische und geordnete Umwelt, letzterer eine häßliche, unharmonische und unordentliche Umwelt. Sowohl Ordnung als auch Unordnung entstehen zuerst im Denken und werden dann durch Sprechen und Handeln in die Welt projiziert.«
Coyote ist der Prototyp desjenigen, der Unordnung ersinnt und sie dann durch Sprechen und Handeln in die Welt projiziert. Selbst wo er der Ordnung das Wort redet, trachtet er eigentlich nach Unordnung. »Ordnung, die Grundlage des Navajorituals, verkehrt sich in der Gestalt des Coyote ins Gegenteil«, schreibt Reichard (1950,

S. 183). Sein zeremonieller Name ist *Áłtsé hashké*. Erster Schelter. Wie passend dieser Name ist, wird im Verlauf der Erzählung noch deutlicher. Wie an dieser Stelle, scheinen seine Worte gelegentlich von einer gewissen Klarheit und Weisheit zu zeugen, aber solche Sätze sind im allgemeinen nur hastig erfundene Rationalisierungen, mit denen er sein impulsives und ichbezogenes Handeln und Denken zu kaschieren sucht.

Fishlers Informant Frank Goldtooth schildert Coyote als einen, der als Gott begann, sich dann aber durch seine unbeherrschte Ichsucht selbst zu jener liederlichen und kläglichen Gestalt macht, als die er uns hier begegnet. Siehe auch Luckert (1979, vor allem S. 6-11), wo Coyotes Ursprung als »göttliche Person« erläutert wird. Und siehe Hill und Hill.

[4] Vgl. auch S. 342 f.

[5] Eine Darstellung der Varianten dieses ersten Todes gibt Spencer (1947), S. 108-111. Ergänzendes zu diesem Vorfall findet sich bei Haile (1942), vor allem S. 416. Die neuere Version in O'Bryan hat einen orpheushaften Beiklang. Fishlers (S. 31 f.) Informant läßt durchblicken, daß Coyote mit dem Ursprung des Todes zu tun hat. Haile (1943b, S. 87-92) bietet eine allgemeine Erörterung der Navajo-Eschatologie. Was der Tod auch heute noch bei den Navajo bedeuten kann, wird bei Mills (S. 13) deutlich.

[6] Einen gedrängten Kommentar zu den heiligen Bergen gibt Wyman (1970), S. 16-20. Siehe auch Reichard (1950, S. 20-22), wo die Details zu diesen Bergen in einer Graphik dargestellt sind.

Erster Mann und Erste Frau werden hier als Schöpfer aktiv, doch müssen wir uns den weiteren Verlauf der Geschichte vor Augen halten, in dem deutlich wird, daß sie die Erschaffung und Gestaltung der fünften Welt nicht allein bewerkstelligen. Sie brauchen Unterstützung und die Zusammenarbeit mit anderen. Sie brauchen auch den Rat anderer. Sie brauchen sogar opponierende Kräfte, wie sie von Coyote ausgehen. Was sie erschaffen und gestalten, geht natürlich von dem aus, was schon bestand, bevor sie selbst erschaffen wurden. Die Schöpferkraft ist hier etwas »Gemeinsames«, wie Allen deutlich macht. Erster Mann und Erste Frau sind lediglich in einer bestimmten Phase der Schöpfung die Träger dieser Kraft. Siehe Anm. 18, S. 470. Witherspoon (1977, S. 29) schreibt über die geistige Dimension der Schöpferkraft dieser beiden: »Was sie und die anderen durch ihre Gedanken entstehen ließen, waren die inneren Formen aller natürlichen Phänomene, die in den Strukturen und Abläufen dieser Welt im Vordergrund stehen würden.«

Ob wir diese »inneren Formen« als etwas Seelenartiges oder mehr im Sinne eines »primitiven« Animismus verstehen wollen, ihr Vorhandensein als wesentlicher Bestandteil des Schöpfungsgedankens bei den Navajo kündet jedenfalls von einem Glaubenssystem, das in seiner poetischen Qualität über die Vorstellungen hinausgeht, die wir uns normalerweise von den Wortkunstwerken analphabetischer Kulturen machen. Religion und Imagination, das scheint mir hier deutlich sichtbar zu sein, gehen Hand in Hand.

Die »innere Form«, die der Erste Mann den Bergen verleiht, ist eine Art innewohnende geistige Essenz, die auch allen anderen Dingen zukommt, etwa der Sonne, dem Mond, den Himmelsrichtungen usw. Die Beseelung der Naturdinge verleiht diesen erst ihren Zweck und ermöglicht, daß sie ihre Aufgabe erfüllen können.

Die Welt selbst wird dadurch ein bewegtes Kunstwerk. Haile (1938, S. 251, Anm. 13) schreibt, das Navajowort, das wir hier als »innere Form« übersetzen, bedeute wörtlich »es liegt darin«. In 1943 b, S. 69-77 führt er dieses Thema weiter aus. Der Glaube an eine innewohnende Lebensform scheint auch unter heutigen Navajo noch lebendig zu sein.

Wir finden die »inneren Formen« in den verschiedenen Erzählungen als reale Gestalten dargestellt – zumindest so real wie Ariel und Puck bei Shakespeare oder Dracula und Frankenstein in Hollywoodfilmen. Jeder von ihnen ist ein Animus »zum Anfassen«, so materiell und körperlich wie Leute oder Tiere aus Fleisch und Blut. Sie gehen, sprechen und essen und zeigen Gefühle wie Zorn oder Eifersucht.

7 Butte = Restberg oder Spitzberg; steil aus der Ebene auftagende einzelne Berge, häufig mit flachem Gipfel, wie sie für den Westen der USA und Kanada charakteristisch sind.

8 Über die Ursprünge dieser beiden Gottheiten und einiger anderer, die den heiligen Bergen zugeordnet sind, berichtet Wyman (1970), S. 395.

9 *Sisnaajiní* wird zuweilen mit *Dziłnaajiní* verwechselt und mit verschiedenen Bergen identifiziert, u.a. Sierra Blanca Peak oder dem Sleeping Ute Mountain. Seine genaue Lage ist schwer festzustellen; das gilt auch für andere Berge. Siehe Wyman (1970), S. 17-20; Reichard (1950), S. 19-25, 452 f.; van Valkenburgh (1974), S. 21.

10 Nach Wyman (1970, S. 16) leitet sich der Name *Tsoodził* (»Zungenberg«) »von der Tatsache ab, daß er im *Blessingway*-Mythos die Zunge der inneren Form der Erde ist«.

[11] *Dibé nitsaa* ist einer der heiligen Gipfel, deren Identität und Lage ungewiß sind. Siehe Wyman a.a.O.; Haile (1938), S. 42; van Valkenburgh (1974), S. 136.

[12] In der Version, die Haile nach der Erzählung seines Informanten Frank Mitchell aufzeichnete, werden nur zwei Zentralberge genannt. Sie gewinnen besondere Bedeutung, weil sie dem Sprechenden Gott und dem Grollenden Gott zugeordnet sind, die sich im Verlauf der Erzählung als Helfer der Leute in der fünften Welt hervortun und noch bei den heutigen Navajo wichtige Gottheiten darstellen. Man könnte wohl sagen, daß sie für die Belange der Menschheit von zentraler Bedeutung sind. Dies war vielleicht auch der Grund dafür, warum Erster Mann und Erste Frau ihre Berge so zentral plazierten. Siehe auch van Valkenburgh (1974), S. 29, 31.

[13] Soweit ich das in Gesprächen mit etlichen Navajo ermitteln konnte, handelt es sich bei »Trugbildsteinen« um Quarzkristalle. Wenn man hindurchschaut, ergeben sich Verzerrungen wie etwa beim Blick durch ein Prisma. Quarz ist ein sehr heiliges Gestein; man gebraucht ihn bei Opfern, für das Anfertigen heiliger Hirschhäute usw. Siehe die gelegentlichen Hinweise in Franciscan Fathers, S. 346-421, wo der Stein Bergkristall genannt wird.

[14] Mills (S. 168) berichtet, er habe bei seinen Forschungen festgestellt, daß die vier Berge, die die Grenzen der Navajowelt markieren, auch heute noch wichtig sind, selbst wenn vielen Navajo der genaue Stellenwert dieser Berge in der Stammesüberlieferung nicht mehr gegenwärtig ist. Die Erschaffung dieser Berge war zunächst ein Akt, der Ordnung in ein bis dahin allzu ungeordnetes und schwer zu kontrollierendes Universum brachte. Noch heute scheinen die Navajo die Welt außerhalb dieser Grenzen als ungeordnet, ja chaotisch zu empfinden.

[15] Da die Sonne im Navajo männlichen Geschlechts ist, wird hier im Folgenden entweder auf den Artikel verzichtet oder der Name, *Jóhonaa'éí*, gebraucht.

[16] Einen Führer zu den verschiedenen Fassungen dieses Berichts bietet Wyman (1970), S. 366 ff.

[17] Wyman (1970) begründet genauer, weshalb die Toten in die Obhut von Sonne und Mond gelangen (S. 386 f.) und wer dann bei Sonne leben wird (393, Fußn. 287).
Bei Haile (181 b, S. 140) singt der Sonnen-Träger: »jedesmal, wenn ich meine Reise von Ost nach West zurücklege, soll einer von euch Erdenleuten sterben. Dies ist meine Bezahlung.« Siehe außerdem

Wyman (1970), S. 380), wo anscheinend Coyote, der »Erfinder« des Todes, Sonne dazu anstiftet, einen Tribut zu verlangen. Darüber hinaus muß man sich vergegenwärtigen, daß Sonne in erster Linie zu einem Kriegsgott wird: In Teil III weiter unten bitten ihn seine Zwillingssöhne bei ihrem Vorhaben, die Ungeheuer im Kampf zu schlagen, um Beistand, was wiederum der klassischen aztekischen Vorstellung der Sonnengottheit entspricht.

Siehe auch Weelwright, S. 68, wo Sonne sagt: »Ich freue mich, wenn jemand stirbt, weil mich dies meine Bahnen ziehen läßt, und ich ziehe gern meine Bahnen.« Oder siehe Brian, S. 18-19, wo Sonne insistiert: »Soweit ist alles in Ordnung, aber ich werde nicht umsonst reisen. Ich werde reisen, wenn man mich mit dem Leben der Leute auf der Erde bezahlt, aller menschlicher Wesen, aller Tiere, die vier Beine haben, aller Vögel und Insekten der Luft, aller Fische und der Unterwasserleute.«

[18] Bei Wyman (1970, S. 372-74) ist es Coyote, der sich gegen die strikte Entgegensetzung von Tag (wo das Licht erlaubt, daß man sich umherbewegen kann) und Nacht (wo die Dunkelheit die Leute an einen Ort fesselt, so daß sie schlafen müssen) ausspricht. Nun, so meint er, sei es an der Zeit, letzte Hand an die Ordnung des Kosmos zu legen, damit jene, die lieber nachts aktiv seien, wenigstens ein bißchen Licht hätten. Deshalb schlägt er das System der Monate mit ihren wechselnden Mondphasen und Sternenbewegungen vor.

[19] Wieder ein Beispiel für Coyotes Neigung, Unordnung zu schaffen. Haile (1947), der die Navajo-Astronomie darstellt, gibt an, daß die Medizinmänner, die sich mit den Sternen auskennen, nur wenig von diesem Wissen mitteilen (S. 4).

[20] Reichard (1950, S. 70-75) gibt eine gute zusammenfassende Darstellung des Stellenwerts der Ungeheuer im Glaubenssystem der Navajo. »Die Ungeheuer«, so schreibt sie, »sind von Grund auf böse, die Folge abnormaler sexueller Ausschweifungen in einer tieferen Welt oder des Umstands, daß das bei ihrer Geburt vergossene Blut nicht rituell beseitigt wurde, weil die Mütter sie nicht annahmen.« Siehe auch Wyman (1970, S. 403), wo die Ungeheuer mit der Unfähigkeit, die Dinge heilig zu halten, in Zusammenhang gebracht werden. Und wenn wir lesen, was Witherspoon (1975, S. 15-22) über die traditionelle Vorstellung von Mutterschaft schreibt, so wird deutlich, daß die Mütter der Ungeheuer ihre Fehltritte noch dadurch verschlimmerten, daß sie ihre Kinder nicht anerkannten und nährten.

21 Als ich mit der Lektüre der verschiedenen gedruckten Erzählungen aus der Überlieferung der Navajo und anderer indianischer Völker begann, war es für mich ein großes Problem, zwischen menschlichen und nichtmenschlichen Gestalten zu unterscheiden. Nach und nach merkte ich aber, daß man diese Unterscheidung gar nicht nach den Kriterien der anglo-europäischen Tradition treffen muß. Die Beziehung zwischen Menschlichem und Nichtmenschlichem, wie sie für die Erzähltradition und die zeremonielle Tradition der Navajo eine Rolle spielt, wird einleuchtend von Luckert erklärt (1975, S. 133 f.). Er führt hierzu den nützlichen Begriff »prähumaner Flux« ein, der »die uranfängliche Verwandtschaft des Menschen mit allen Wesen der belebten Welt bezeichnet und zum Ausdruck bringt, daß sie alle Glieder ein und desselben Kontinuums sind«. In der weichen Welt der »vormenschlichen mythischen Zeit existierten alle Lebewesen noch in einem fließenden Zustand – ihre äußeren Formen waren austauschbar.« Selbst die Götter gehörten jener belebten Welt an, in der kein Lebewesen an eine bestimmte Gestalt gebunden war.

22 Young (S. 5 f.) spricht von »großen Ballungszentren der Bevölkerung«, die »im 12. und 13. Jahrhundert aufgegeben wurden«. Offenbar hinterließen diese »prähistorischen Pueblovölker« ein »Vakuum, das dann von den Ur-Navajo teilweise ausgefüllt wurde«. Diese »antiken befestigten Städte«, fährt er fort, »nehmen in den Navajo-Legenden als Wohnsitz übernatürlicher Wesen und Schauplatz mythischer Ereignisse breiten Raum ein.« Siehe auch Hester.

23 Diese Episode ist – schon durch den Hinweis auf die Mexikaner weiter unten – offensichtlich eine recht späte Hinzufügung. Der Wert der Geschichte von *Nááhwíílbįįhí*, dem Spieler, für die ganze Erzählung könnte darin bestehen, daß der Sprechende Gott und der Grollende Gott sich hier zum erstenmal direkt in die Angelegenheiten der Erdoberflächenleute einschalten. Vielleicht sind die Fäden aber auch feiner gesponnen. Das unsoziale Verhalten des Spielers ist hier deutlich als eine Form von Destruktivität gekennzeichnet. Nun ist zu bedenken, daß das Spielen selbst noch nicht als verwerflich gilt, jedoch leicht zu Exzessen führt, die man besser meidet. Übermäßiges Gewinnen wird offenbar als grob unsozial und übermäßiges Verlieren als schädlich für die Gemeinschaft betrachtet. So ist es eigentlich logisch, daß ein unmäßig gewinnender Spieler schließlich mit den Europäern identifiziert wird, mit deren Eroberungszügen die hier am Beispiel des Spielers geschilderte Gier und Sklaverei ins Leben der Indianer trat. Über die Bezie-

hung zwischen Glücksspiel und Mythologie in der Navajokultur siehe Aberle (1942). Den Einfluß der Spanier auf die Stämme im Südwesten erörtert Forbes. Siehe auch Anm. 31, S. 460.

24 Matthews (1902, S. 9) beschreibt *Haashch'éélti'í* als »Gott der Morgendämmerung und des östlichen Himmels. Er ist auch der Gott der jagdbaren Tiere, gilt jedoch nicht als deren Schöpfer.« Er steht in enger Beziehung zu *Hashch'éoghan*, der ungefähr gleich große Bedeutung besitzt.

Zum Ursprung des Sprechenden Gottes und des Grollenden Gottes siehe Wyman (1970), S. 357 ff., 495 ff. Der Sprechende Gott wird auch *Yeibicheii* oder Großvater Gott genannt. Siehe auch Reichard (1950), S. 476-80.

25 Der junge Ehemann wird zum Prototyp des »Kulturheros«, wie ihn Luckert (1976, S. 72 f.) beschreibt. Dort sagt er, der Kulturheros setze den Prozeß der Zivilisierung einer Gruppe in Gang, indem er »den Kampf gegen eine bislang als übermenschlich angesehene Wirklichkeit« aufnehme. Als Mittler »zwischen den Leuten und dem Ursprung der Nacht wird er selbst verehrungswürdig«. Die Leute werden ermutigt, ihm zu vertrauen »und seine revidierte Definition menschlicher Möglichkeiten und Begrenzungen zu akzeptieren«. Der junge Ehemann ist keiner der großen Kulturheroen der Navajo-Überlieferung, sondern eher Vorläufer von Gestalten wie *Leeyaa neeyáni* oder In-der-Erde-Aufgewachsen, der das von Coyote verursachte Böse überwindet (Abschn. 11-16 in diesem Teil), und *Naayéé' neizghání* oder Ungeheuertöter, der die wichtigste Rolle bei der Vernichtung der Ungeheuer im dritten Teil spielt.

Als eine eher nichtkriegerische Trickster-Version des Kulturhelden, stellt sich der junge Ehemann hier eher als ein Werkzeug dar; er führt den Willen der Übernatürlichen aus und verfolgt keine eigenen Ziele.

Die Götter besitzen seit jeher eine Vorliebe für Kostbarkeiten wie Edelsteine und Muscheln. Daher spielen diese bei den Erdoberflächenleuten eine besondere Rolle als Opfergaben. Reichard (1950, S. 306) weist darauf hin, daß Hilfeleistungen der Übernatürlichen für die Navajo kein einseitiges Geben, sondern eine Transaktion darstellen. Die Opfergaben verpflichten die Gottheit, das bereitzustellen, worum der Opfernde ersucht. Siehe auch Reichard (1944b).

26 Über *Hashch'éoghan* siehe Reichard (1950), S. 502-5. Seinen Ursprung erörtert Wyman (1970), S. 497.

[27] *Nílch'i*, der Wind, tritt hier noch recht unauffällig in Erscheinung, aber seine Bedeutung wächst im weiteren Verlauf des zweiten Teils und im dritten Teil beträchtlich. Witherspoon (1977, S. 29) äußert den Gedanken, *Nílch'i* könnte der gemeinsame Nenner für das Verständnis der weiter oben erörterten »inneren Formen« sein. Siehe auch NcNeley, vor allem S. 1-13; Reichard (1950), S. 497-500.

[28] O'Bryan beschreibt die Spiele im einzelnen (S. 56-70). Siehe auch Franciscan Fathers, S. 478-89.

[29] Derartige Flüche, so glauben die Navajo, können schlimme Folgen haben. Siehe Witherspoon (1977), S. 9; Reichard (1950), S. 275, wo sie schreibt: »Die Macht des Wortes ist im Bösen so stark wie im Guten.« Siehe auch weitere Beispiele im vorliegenden Band, S. 186 und 394 f. Siehe Franciscan Fathers, S. 444-46.

[30] In anderen Versionen der Schöpfungsgeschichte spielt *Begochídí* eine größere Rolle als hier. Er wird dort mal als Trickster, mal als Schöpfergott, mal als oberste Gottheit und mal als Vater der Ungeheuer geschildert. Mein Eindruck ist, daß er erst relativ spät Aufnahme ins Pantheon der Übernatürlichen fand und Züge von christlichen bzw. europäischen Einflüssen trägt.

[31] Dieses Thema ist vielen der zeremoniellen Erzählungen gemeinsam. Vgl. Matthews (1897), S. 53. Über die hier als »Mexikaner« bezeichnete Volksgruppe sagt Fishlers Informant Frank Goldtooth (S. 106): »Die Nachkommen von *Nááh wíúbį́į́hí* werden als Spanier angesehen.« Nach Forbes (S. 57) fand der erste beurkundete Kontakt zwischen Navajo und Spaniern im Jahr 1582 statt, weshalb diese von Matthews aufgezeichnete Episode nicht älter als 400 Jahre sein kann. Das läßt allerdings keinen Schluß auf das Alter der ganzen Erzählung zu. In großen Teilen reicht sie gewiß sehr viel weiter in die Vergangenheit zurück als diese Episode.

[32] Der Coyote-Zyklus scheint geradezu unerschöpflich zu sein. Matthews selbst führt in seinen Notizen immer neue Episoden an. Was davon schließlich in der gedruckten Version erschien, wurde anscheinend ausgewählt, um das Typische und dem Gesamtcharakter des Werks am meisten Entsprechende zu vermitteln. Wir sehen, wie Coyote sich gehenläßt, stets seinen Impulsen nachgibt, die Beziehung von Mann und Frau zum Zerrbild macht, Hexerei betreibt und diese Kräfte jener Frau vermittelt, die er verführt und mit List zu seiner Frau macht. Er führt genau jene Art von ordnungs- und harmoniefeindlichem Verhalten vor, das die fünffingrigen Erdoberflächenleute zu vermeiden lernen müssen, wenn sie sich im vierten Teil zu Clanen organisieren. Siehe Moon (S. 38-45), der

Coyote unter dem Gesichtspunkt der Jungschen Psychologie betrachtet; und siehe Paul Radin. Einen Überblick über die Coyotegeschichte des Navajo-Zyklus geben Hill und Hill. An Quellen sind neben Matthews (1897) und Luckert (1979) zwei unveröffentlichte Manuskripte zu nennen, nämlich Haile (1932 a) und Reichard (o J.).

33 Auch dies ist offenbar ein Verstoß gegen überkommene Bräuche. Siehe Hill (1938), S. 97: »Außer bei Hirschen (und in seltenen Fällen Kaninchen) wurde bei der Treibjagd niemals Feuer zur Hilfe genommen.«

34 Diesmal schließt Coyote also den Kreis. Vgl. dazu, was Mills (S. 151 f.) über offene und geschlossene Kreise in der Kunst der Navajo sagt. Reichard (1944b, S. 16) erklärt die Aversion gegen geschlossene Kreise bei der Herstellung von Decken mit Sandzeichnungen so: Wenn eine negative Entwicklung eingesetzt hat, sei es für den ganzen Stamm oder einen einzelnen, so glauben die Navajo, daß die Betroffenen in einen Kreis der Verwirrung oder Verblendung durch das Böse eingeschlossen sind. Keine hilfreiche Kraft kann mehr in den Kreis gelangen, und das Böse kann nicht hinaus. Diese Vorstellung findet ihren symbolischen Ausdruck in Ritualen und rituellen Handlungen.« Wenn Coyote also hier den Kreis schließt, so identifiziert er sich dadurch möglicherweise mit den Kräften des Bösen, was ihn mit der Ausübung von Hexerei in Verbindung bringt. Zu bedenken ist allerdings, daß Gut und Böse im Navajodenken keine absoluten Gegensätze bedeuten, sondern eher die beiden Seiten ein und derselben Münze sind. Alle Dinge, die das Böse hervorrufen oder symbolisieren, können bei entsprechender Handhabung ebenso das Gute hervorrufen oder symbolisieren. Man denke etwa an die Reifen, die im Verlauf der Erzählung immer wieder als Beschützer fungieren oder die Kräfte des Guten entfesseln. Siehe Reichard (1950), S. 564 f., 649-57; Franciscan Fathers, S. 415-17.

35 Es kommt häufig vor, daß Coyote unwillkommen ist. Bei Haile (1932 a, S. 25) begründen die »Seglerleute« und die »Spinnenleute«, weshalb sie ihn nicht an ihren Spielen teilnehmen lassen wollen: »Geh weg von hier, Coyote, erster Schelter! Mach es uns hier nicht unbehaglich! Entweihe diesen Ort nicht!« Das Unbehagen ist hier offenbar durchaus real, und das aus zwei Gründen: Erstens kommt darin das Gefühl der Verpflichtung gegenüber anderen (vor allem natürlich gegenüber Verwandten und Angehörigen desselben Clans) zum Ausdruck, das bei den Navajo stark entwickelt

ist. Zum anderen spiegelt sich darin ganz einfach die Befürchtung, Coyotes bösen Zauberkräften ausgesetzt zu sein, wenn man seine Wünsche nicht erfüllt.

[36] Matthews (1902, S. 6 f.) beschreibt, wie wichtig es für die Zeremonien der Navajo ist, daß die hierbei verwendeten Tiere, etwa in der Gestalt der heiligen Hirschhäute, zumindest einen Teil ihrer Lebenskraft oder Seele behalten, da sie sonst wirkungslos bleiben; er schildert auch die Methoden, die zur Bewahrung der Lebenskraft angewendet werden.

Coyote besitzt nun offenbar die Fähigkeit, seine Lebenskraft ganz aus eigener Kraft zu bewahren, und dieser Umstand erklärt seine Doppelnatur als ein heiliges und zugleich böses Wesen.

[37] Bei Fishler (S. 35) erzählt Frank Goldtooth, daß Erster Mann bei der Ausgestaltung der fünften Welt die erste Schwitzhütte machte, »um Krankheiten zu heilen und damit die Leute sich reinigen konnten«. Siehe auch Matthews (1902), S. 50-53; Luckert (1975), S. 142-46; Franciscan Fathers, S. 340-43. Wie Ethelou Yazzie aus Bird Spring, Arizona, mir mitteilte, werden in der Schwitzhütte Geschichten ausgetauscht.

[38] Siehe Luckert (1975, S. 140): »In der noch göttlichen Welt vormenschlicher Flux bedeutet die Verheiratung mit Tieren eine Verheiratung mit Göttern. Selbst nachdem menschliche Wesen und gewöhnliche Tiere auf unveränderbare Gestalten festgelegt wurden, haben die Götter ihre Gaben beibehalten, in Tierform zu erscheinen. Eine Verheiratung mit Tieren im Stadium der vormenschlichen Flux stellt darum immer einen heiligen Akt dar. Sofern in diesen Geschichten Nachkommen erwähnt werden, weisen sie immer auf die Anfänge neuer Familien und Stämme hin ...« Die nun folgende Verführungsszene basiert auf einer ähnlichen Darstellung in Reichard (o. J.), S. 19-21. Auch in Haile (1932a, S. 17-19) wird die Episode von Curly Toaxedlini ähnlich geschildert. Die Übereinstimmung zwischen diesen beiden unveröffentlichten Versionen der Verführungsszene war ausschlaggebend für meine Entscheidung, sie in den Text aufzunehmen.

[39] Typisch ist hier wiederum für Coyote, daß er die übliche Bewegungsrichtung (im Uhrzeigersinn) umkehrt. Außerdem verletzt er ein Tabu, indem er nach Norden uriniert. Siehe Wyman und Bailey; Wyman und Kluckhohn (1940), S. 19.

[40] Luckert (1975, S 49) gibt an, daß der jüngste Bruder traditionell »unsauber« (engl. *Sloppy*, etwa: »Schmuddel«) genannt wird. Auch Curly Toaxedlini, in Haile (1932 a, S. 30) nennt ihn so. Haile fügt

hinzu (S. 63, Anm. 8, daß »Unsauber« ein »Spitzname für den jüngsten der Familie ist, vielleicht weil dieser jüngste Bruder häßlich war und eitrige Triefaugen und eine Rotznase hatte.« Er ist in den Erzählungen der Navajo und anderer Stämme eine vertraute Gestalt; häufig hat er zunächst Entbehrung und Demütigung zu erdulden, nimmt dann aber bald Züge an, wie sie den Kultur-Heros kennzeichnen, erlangt Weisheit und Tüchtigkeit oder wird zum Wegbereiter des großen Kriegers, der eine neue Wirklichkeit gestaltet.

41 Diese Rollenumkehrung impliziert, daß eine Übertragung von magischer Macht stattgefunden hat. Die Frau, die er verführt hat, verfügt nun, wie sich bald zeigen wird, über unzerstörbare Lebenskraft.

42 Hier wird die Möglichkeit angedeutet, daß die Frau selbst über magische Kräfte verfügte. Siehe Reichard (1950, S. 139): »Die Navajo glauben, daß alle Geheimnisse, selbst die der Hexerei, beim Geschlechtsverkehr enthüllt werden.«

43 Luckert (1979, S. 225) gibt ein Beispiel dafür, wie Details der Schöpfungsgeschichte die zeremonielle Praxis mitbestimmen. An einem bestimmten Punkt der *Coyoteway*-Zeremonie wird der Patient rituell mit dem geschlagenen Coyote identifiziert. Er und alle anderen im Zeremonialhogan müssen sich bis auf Hemd und Lendenschurz entkleiden. »Dann ... singt der Leiter ein Lied über ›das Fell des Patienten‹.« Damit wird der Patient zum archetypischen Trickster, selber der Schöpfer seines eigenen Unglücks. Es gehört zu den Grundüberzeugungen der Navajo-Religion, daß ein Patient sich die Krankheit durch Fehler oder Vergehen selbst zugezogen hat. Demzufolge besteht das Wesen der Heilung und der dazu ausgeführten Zeremonie in Vergebung. Die Familie des Kranken nimmt allerlei Umstände und Kosten für diese Kur auf sich, ganz als wollte sie sagen: »Wir wissen zwar, daß du einen Fehler gemacht hast – einen Fehler, den Coyote selbst gemacht haben könnte. Aber das spielt für uns keine Rolle. Wir wollen nur, daß du gesund wirst.« Selbst Coyote genießt soviel Achtung, daß sein Leben und Wohlergehen als bewahrenswert gelten. »Coyote ist der erste Leidende«, sagt Luckert (1979, S. 97); es kommt vielleicht darauf an, was man unter Leiden versteht, aber jedenfalls ist es der erste, der in dieser Geschichte körperliche Schmerzen zu erdulden hat. Vielleicht ist es sogar eine seiner Funktionen, die Existenz körperlichen Unbehagens zu erklären. Und als erstes Opfer solchen Ungemachs löst er ein gewisses Mitleid aus, wie übel er sich auch benehmen mag.

[44] Sooft ich einen Navajo über diese Passage befragte, erhielt ich dieselbe Antwort, mochten es junge, in die Welt der Weißen integrierte Leute sein oder alte, die in der mythischen Vergangenheit lebten: Coyote starb nicht wirklich. Und wenn er doch starb, ist er wieder zum Leben erwacht. Mehr als jede andere Gestalt repräsentiert er Überleben, Durchhaltekraft und Fortdauer. Letztlich wird er als die Kraft gesehen, die alle Neigung zu destruktivem, dummen, unsozialem und dem Schöpferischen entgegenwirkenden Verhalten transzendiert. Es gibt andere Versionen, in denen Coyote nicht stirbt, sondern von seinen Leuten wiederhergestellt wird. Die *Chantway*-Erzählungen, die Bestandteil der Heilungszeremonien sind, können vom Medizinmann dem jeweiligen Krankheitsfall so angepaßt werden, daß sie ihre beste therapeutische Wirksamkeit entfalten. Es liegt nahe, die Geschichte in solchen Fällen und in diesem Kontext, wo sie als rituelles Drama abläuft, dahingehend abzuwandeln, daß Coyote nicht getötet, sondern nur verwundet und durch sorgfältige Pflege wiederhergestellt wird. Das ist der Coyote, mit dem der Patient sich in so einem Fall identifizieren soll.

[45] Die Frage nach dem Zustandekommen der Dinge ist einer der markantesten Züge der ganzen Erzählung. Matthews schreibt dazu in einem unveröffentlichten Manuskript mit dem Titel »Natural Naturalismus« (Repr. in Poor, S. 131-39): »Die indianischen Erzählungen und Lieder verraten eine genaue und von großer Unterscheidungskraft geprägte Naturbetrachtung. Große Teile indianischer Mythen sind den typischen Merkmalen und Eigenheiten von Tieren und den imaginativen Vorstellungen vom Zustandekommen dieser Dinge gewidmet.« Es dürfte wenig sinnvoll sein, die so gewonnenen Einsichten am Kenntnisstand der modernen Naturwissenschaft zu messen. Worauf es vielmehr ankommt, ist die Tatsache, daß die Indianer nicht nur alles zu benennen imstande waren, was ihnen begegnete, sondern es auch auf eine Weise zu erklären versuchten, die für ihre Lebensumstände und ihre Weltsicht einen Sinn ergab. Darin spiegelt sich menschliche Wißbegier und menschliches Beobachtungsvermögen – der spezifisch menschliche Impuls zu betrachten und zu erklären. Nach den Wurzeln dieses Verhaltens in der Evolution sollte man genauso intensiv suchen wie nach Fossilien und Artefakten, denn dieses Wissen würde das Wenige, was wir über die Entstehung von Kultur wissen, beträchtlich erweitern.

46 Die Neutralisierung des Bösen oder seine Umwandlung in etwas Nützliches wird zu einem festen Grundmuster bei der Vernichtung der Ungeheuer im dritten Teil. Vgl. Anm. 47, S. 476.

47 Obgleich er furchteinflößender ist als andere Tiere, zeigt er sich fügsamer als Coyote. Hill (1938, S. 38) zitiert einen Informanten folgendermaßen: »Ein Bär wird immer auf ein Gebet hören, das du sprichst. Du kannst auf ein Feld gehen, wo er gewesen ist und dort beten. Wenn er dann immer noch wiederkommt, ist es in Ordnung, ihn zu töten.«

48 Siehe Wyman (1970), S. 10. Haile (1942, S. 412) gibt eine umfassende Darstellung der Todeswohnung. Hill (1938) gibt an, daß das Land, auf dem solch ein Hoghan stand, nie wieder zu Ackerbauzwecken verwendet werden durfte. Stattdessen bebaute man die kleinen Felder rings um die Grundflächen früherer Häuser, in denen jemand gestorben war. Diese Abwehrhaltung gegenüber dem Tod ist bis heute noch sehr stark.

49 Der Name *Leeyaa neeyání* oder Unter-der-Erde-Aufgewachsen ist von großer Bedeutung, wenn wir ihn im Gesamtkontext der Navajo-Pueblo-Erzähltradition betrachten. Siehe zum Beispiel Wyman (1962), eine nach meiner Auffassung sehr alte Zeremonialerzählung, da hier unmißverständlich auf die Kiva-Kultur angespielt wird. Solche Beispiele zeigen, daß das Innere der Erde als ein Ort verstanden wird, an dem das Drama des Aufstiegs – symbolischer Ausdruck für die Entwicklung zu höherer Reife – sich wiederholt. Wenn Haile (1932 a, S. 50) darauf hinweist, daß *Leeyaa neeyání* und *Naayéé' neizghání*, der Ungeheuertöter, im Navajo-Bewußtsein eng miteinander verknüpft sind, so weist dieser Umstand darauf hin, daß die Episode mit Coyote und dem Sich Wandelnden Bärenmädchen ein voll integrierter (und nicht eingefügter) Bestandteil der ganzen Erzählung ist.

Dritter Teil

1 Mit dem dritten Teil, in dem die Ungeheuer erschlagen werden, erreicht die Handlung der Erzählung einen Höhepunkt. Es bleibt jedoch eine stilisierte Handlung, bei der Bewegung nur in fast choreographischen Mustern zum Ausdruck kommt. Eine nützliche Analogie ist hier die Navajo-Sandmalerei mit ihrer eigentümlichen Komposition aus Bewegung, Proportion und Beziehung. Daher

empfiehlt es sich gleich zu Beginn dieses Teils, sich eine Aussage von Hatcher (S. 171) vor Augen zu halten: »Wie die Symmetrie sich nicht der Entgegensetzung der bilateralen Form bedient, so ist die Bewegung, die hier von den Gestalten vermittelt wird, keine Bewegung von einander entgegengesetzten Aktionen. Die einzelnen Gestalten sind nicht allzu sehr in Aktion, vielmehr entsteht eine kollektive Bewegung. Wie Himmelskörper bewegen sich alle annähernd gleich schnell in dieselbe Richtung. Dies wird besonders deutlich, wenn man sich die Mythen vergegenwärtigt, die in den Sandbildern dargestellt werden. Illustrationen der europäischen Tradition würden sich auf die Kämpfe des Ungeheuertöters konzentrieren und viele entgegengesetzte Bewegungen schaffen, etwa durch Diagonalen und starke, aktive Linien voller bewegter Kurven, wie man sie auf zahlreichen Darstellungen vom Drachenkampf des Heiligen Georg findet. Das Sandbild verherrlicht jedoch in Inhalt und Form nicht den Konflikt, sondern die Ordnung, die aus ihm erwächst.«

2 Witherspoon (1975, S. 15) schreibt, die Leute hätten inzwischen »die Fähigkeit, sich zu vermehren, verloren«. Das gibt dieser Konfiguration von Überlebenden eine besondere Bedeutung. Das ältere Paar ist wegen seines Alters nicht mehr in der Lage, Kinder zu bekommen, während die jüngeren Geschwister sind, denen das Inzesttabu Nachkommen verwehrt.

3 Für diesen Teil (bis zum Ende von Abschnitt 1) habe ich Material aus Goddard (S. 59 ff.) verwendet.

4 Eine Erklärung für die schwarze Wolke erscheint in Wyman (1970), S. 140. Erster Mann erzeugte sie selbst, indem er das Medizinbündel in die Richtung des Berges (Gobernador Knob) hochhielt. In Anm. 122 heißt es dort, daß »die inneren Formen der Erde sowie der junge Mann und die junge Frau, ... im magischen Bündel des Ersten Mannes enthalten waren«. Version II von *Blessingway* impliziert überdies, daß der Erste Mann die »erste Ursache« für die Erschaffung der Sich Wandelnden Frau ist.

5 Erster Mann ist hier vielleicht als Prototyp des Navajo-Sängers oder Medizinmannes zu interpretieren, ein zum Anführer herangereifter Mann, der dadurch, daß er sich Erfahrung und Wissen erwarb, die Verantwortung für das Wohlergehen seiner Leute übernahm.

Vielfach wird der schamanische Akt so interpretiert, daß der Sänger-Heiler sich von seinem eigenen Körper trennt und sich in eine Anderswelt hinauswagt, in der nur Geister leben. Zumindest ist aber mit dem Singen, Beten und Rezitieren eine gewisse Art von geistiger oder übersinnlicher Wanderung und Vermittlung verbunden.

6 Mich erstaunt immer wieder, wie wenig die Literaturwissenschaft sich für die musikalischen Qualitäten von Liedern oder die poetischen Qualitäten von Gebeten interessiert. Vielleicht vernachlässigen wir diese Dimensionen deshalb so sehr, weil wir daran gewöhnt sind, Dichtung nur noch zu lesen und sie dadurch aus dem Kontext ihrer Darbietung gänzlich herauszulösen, so daß der Klang der menschlichen Stimme und ihre unmittelbare Wirkung auf die Zuhörerschaft als Gesichtspunkt ästhetischer Betrachtung ganz entfällt. Im Lager der Fachgelehrten scheint es von dieser Regel nur wenige Ausnahmen zu geben. Eine davon ist das Buch von Welsh. Siehe auch Mark W. Booth. Im übrigen scheinen es die Ethnographen zu sein, die für die Untersuchung der Beziehungen zwischen Dichtung, Musik und Gebet Pionierarbeit leisten. Siehe Reichard (1950), S. 279-300; und (1944 b), S. 35-49. Sandner (S. 61-67) betrachtet Lieder aus der erfrischenden Perspektive eines Nichtfachmannes, der ihnen zum ersten Mal begegnet und seine eigene Reaktion beim ersten Hören sorgfältig analysiert. Wie die Lieder in eine bestimmte Zeremonie der Navajo integriert sind, beschreibt McAllester. Der Stellenwert des Gesangs in der Navajo-Schöpfungsgeschichte weist darauf hin, daß die Beziehung zwischen Musik und Dichtung stärker ist und weitreichendere Implikationen hat, als die Literaturwissenschaft bisher vermutete.

7 Siehe Witherspoon (1977), S. 17. »Hohes Alter« oder »langes Leben« ist die Übersetzung von *są'ah naagháii*; »Glück« die Übersetzung von *bik'eh hózhǫ́*. Solche Übersetzungen werden allerdings dem eigentlichen Gehalt dieser wichtigen Begriffe nicht gerecht. Haile (1947, S. 17-22) erörtert zum Beispiel die Möglichkeit, daß sie zwei weibliche Gottheiten repräsentieren, die am Himmel zwischen den Sternen verborgen sind. Siehe auch die in der folgenden Anmerkung diskutierte Möglichkeit, daß die Sich Wandelnde Frau das Kind von *Są'ah naagháii askii* oder Langes-Leben-Junge und *Bik'eh hózhǫ́ atééd* oder Glücksmädchen ist. Reichard (1944b, S. 33) schreibt, im abstraktesten Sinne bedeutet *są'ah naagháii* »aus der Hilflosigkeit des Säuglingsalters zur voll entfalteten Reife des hohen Alters zu gelangen«; oder analog »aus hilfloser Krankheit zu gänzlich wiederhergestellter Gesundheit gelangen«. Der Ausdruck bezeichnet auch die Bewegung auf die Bestimmung des Menschen zu oder seine »endgültige Identifikation mit allem, was Gott ist«.

Vgl. Haile (1943 b). *Bik'eh hózhǫ́*, der Begriff, der vielleicht das höchste Ideal im Weltbild der Navajo bezeichnet, bedeutet das Zusammenspiel aller Dinge gemäß den kosmischen Regeln der Harmonie. Die beiden Ausdrücke demonstrieren in ihrer Vielseitigkeit, wie falsch die Annahme ist, daß schriftlose Völker keinen Zugang zu abstrakten Ideen haben.

[8] Es gibt mehrere Varianten dieser Episode, darunter auch eine, in der die Sich Wandelnde Frau das Kind von Langes-Leben-Junge und Glücksmädchen ist; siehe Wyman (1970), S. 47. Berücksichtigen wir nun, was Witherspoon (1977, S. 202) schreibt, nämlich daß *są'ah naagháii* oder langes Leben mit dem statischen Männlichen gleichgesetzt wird und *bik'eh hózhǫ́* oder Glück mit dem aktiven Weiblichen, so ist die Sich Wandelnde Frau tatsächlich das Kind zweier Grundideale der Navajo, die nach Wyman die innere Formen der Erde oder der Erde und des Himmels darstellen.

[9] Siehe Wyman (1970), S. 147. Viele Teilnehmer an dieser Versammlung sind innere Formen, die sich für die Überlebenden sichtbar manifestieren.

[10] Bei den traditionellen Zeremonien der Navajo ist es üblich, daß die Götter – beziehungsweise die Teilnehmer, die sie verkörpern – immer wieder erscheinen und verschwinden, wobei die Zahl der »Auftritte« genau festgelegt ist.

[11] Die Entdeckung der Sich Wandelnden Frau und der Weißmuschelfrau ist eines der großen Navajo-Mysterien. Siehe Reichard (1950), S. 26 ff. Haile (1947) schreibt, daß die Antworten auf Fragen über die beiden Göttinen sich in esoterischem Wissen verbergen, das von einer kleinen Gruppe von Medizinmännern sorgfältig gehütet wird. In der Sich Wandelnden Frau begegnen wir der wohl am meisten verehrten Gottheit der Navajo. Matthews (1986 a, S. 14) schreibt über sie: »Ihr Name bezeichnet die Frau, die sich wandelt oder verjüngt. Von ihr heißt es, daß sie niemals stillesteht, sondern eine alte Frau wird, um dann, wenn sie es will, wieder ein junges Mädchen zu sein; auf diese Weise durchläuft sie einen endlosen Zyklus von Leben, sich wandelnd, doch niemals sterbend … wir sehen in ihr niemand anderen als unsere Mutter Natur, die Göttin des sich wandelnden Jahres mit seiner Frühlingsjugend, seiner Sommer-Lebensmitte, seiner herbstlichen Vergreisung, alternd, um wieder jung zu werden.« Weiteres über sie und die Weißmuschelfrau in Matthews (1902), S. 31 f. Siehe auch Witherspoon (1977), S. 91; Wyman (1970), S. 72, 469, 514. Haile (1981 b, S. 156) beschreibt einige ihrer Züge.

468

[12] Zur Thematik der Paarbildung siehe Anm. 14, S. 448. Reichard (1950, S. 248 f.) schreibt über die Paarbildung, sie sei »das Mittel, mit dem Ausgewogenheit, Symmetrie und Kontrast geschaffen werden«. Indem jede Gestalt sozusagen in zwei Ausprägungen erscheint, gewinnt die Erzählung eine Darstellungsmöglichkeit für die Dualität in einem Individiuum, die äußere Dualismen widerspiegelt – Erde/Himmel, männlich/weiblich, Leben/Tod usw. Bei O'Bryan, S. 2, 14, besitzt selbst Coyote ein »Doppel«, nämlich Großer-Coyote-Der-Im-Wasser-Gestalt-Annahm.

Dieser ist es, der bei der Erschaffung der fünften Welt hilft, während *Mą'ii* der Trickster ist, der Bösewicht, Tunichtgut und Unordnungstifter. Siehe auch Franciscan Fathers, S. 140, 175, 351.

[13] Reichard (1950, S. XXXIX) schreibt: »Aus der Einsamkeit erwachsen einige der größten Kräfte, die ein Navajo sich vorstellen kann. Das Miteinander, das sich vom einzelnen zunächst auf seine engeren Familienmitglieder erstreckt, dann auf Clanangehörige, weitläufigere Verwandte, den ganzen Zusammenschluß von Clanen und schließlich sogar auf Fremde, scheint ein Ausdruck des Kampfes gegen die Einsamkeit zu sein.«

Witherspoon (1977, S. 202) konstatiert die Dichotomie von Männlichem (statisch) und Weiblichem (aktiv) und fügt hinzu, der schöpferische Impuls sei charakteristisch für das aktive, rastlose Weibliche.

[14] Eine Variante der »jungfräulichen Zeugung« findet sich in Wyman (1970), S. 195-98, 419, 517. Der Hauptunterschied besteht darin, daß hier nur eine Mutter vorkommt, Sich Wandelnde Frau, die fortan »für alles Gebären, für die Vegetation, für alles, was auf der Oberfläche der Erde existiert«, verantwortlich ist. Auch spielt Erster Mann hier bei der Zeugung der Zwillinge eine viel direktere Rolle. Er fordert Sonne auf, sie zu besuchen und mit ihr zu schlafen. Eine weitere Version liefert Haile (1938), S. 87. In wieder anderen Berichten, die nur die Sich Wandelnde Frau erwähnen, hat diese sowohl mit Sonne als auch mit dem Wasserfall Verkehr. Hinweise auf diese Texte gibt Reichard (1950), S. 29. Desgleichen bietet Spencer (1947, S. 54-60) einen umfassenden Leitfaden zu den verschiedenen Berichten der Zeugung, Geburt und das Aufwachsen der Zwillinge.

[15] Die Version die Wyman (1970, S. 528 ff.) von der Geburt der Zwillinge gibt, enthält auch einen Bericht ihrer ganzen Kindheit. Witherspoon (1975, S. 15) erörtert die Mutterschaft als das Geben

und Erhalten von Leben und beschreibt die Symbole, die diese Kräfte repräsentieren.

[16] Siehe Matthews (1902), S. 29: »Wassersprenger ist die wörtliche Übersetzung des Namens *Tó neinilí* ... Wir sprechen vom Regengott im Singular, aber es wird angenommen, daß es viele Götter dieses Namens gibt. Die Heimat des wichtigsten Regengottes scheint am *Tséyi* zu sein, doch außerdem soll an jedem Ort, wo es Himmels- oder Niederschlagswasser gibt, einer von ihnen wohnen. Meere, Flüsse und Seen scheinen eher unter der Herrschaft von *Tééhooltsódii*, dem Wasserungeheuer, zu stehen.«

[17] In der vorliegenden Version von Matthews treten Erster Mann und Erste Frau hier zum letzten Mal in Erscheinung. Es gibt jedoch andere Versionen, wo sie bis zur zweiten Rückkehr der Zwillinge von Vater Sonne und bis zum Aufbruch der Sich Wandelnden Frau nach Westen aktiv bleiben. Hier kommt es jedoch zum Konflikt, weil sie selbst im Osten bleiben müssen und strikt dagegen sind, daß die Sich Wandelnde Frau nach Westen aufbricht. Sie bleiben in dieser Version keine ganz und gar positiven Gestalten, weil sie dem Volk der Navajo Haß und Feindschaft schwören. »Und aus diesem Grund kommt alles Böse aus dem Osten, die Pocken und andere Krankheiten, Krieg und die weißen Eindringlinge.« (Matthews 1883), S. 224).

[18] Schöpfung ist in allen indianischen Überlieferungen ein »gemeinschaftliches Unterfangen«, und wie schon an der Erschaffung der fünften Welt mehrere Götter beteiligt waren, arbeiten jetzt auch mehrere zusammen, um die ungeheuertötenden Zwillinge zu erschaffen und großzuziehen. Weil Schöpferkraft ein »gemeinsames Vermögen« ist, gibt es hier keine absolute, alles überragende Gottheit wie in monotheistischen Traditionen. Siehe Allen, S. 146.

[19] Im folgenden wird nun erzählt, wie die Zwillinge erzogen und auf ihre Aufgabe, die Ungeheuer zu töten, vorbereitet werden. Weshalb auf so scheinbar umständliche Weise gegen sie vorgegangen wird, erklärt Frank Goldtooth in Fishler (S. 38): »Alle Götter taten sich zusammen, um die Mutter der Zwillinge entstehen zu lassen, denn sie selbst besaßen jeder für sich allein nicht genügend Macht, die Erde vom Bösen zu befreien. Hätten die Götter versucht, das Böse allein zu zerstören, so wären sie selbst vernichtet worden.«
Die beiden Söhne werden stets als Zwillinge bezeichnet, obgleich sie nach manchen Versionen weder vom selben Vater gezeugt noch von derselben Mutter geboren wurden.

20 Reichard (1950, S. 90 f.) schreibt dazu: »Der an Körper und Geist gesunde Navajo besitzt Kraft, Ausdauer und Standfestigkeit; Schwäche ist ihm ein Greuel. Die Jungen pflegten sich früher unaufhörlich zu ertüchtigen; sie setzten sich Kälte, Hitze, Hunger und Durst aus und unterzogen sich härtesten Ausdauerprüfungen.« Siehe auch Fishler, S. 44 f., Spencer (1947), S. 59; Dyk, S. 8 f.; Hill (1936), S. 7.

21 Solch ein grausames Verspotten steht nicht im Widerspruch zum Charakter einer Schutzgottheit. Im übrigen begegnen uns der Sprechende Gott und die anderen Übernatürlichen in den Erzählungen der Navajo immer wieder als Gestalten, die echten Humor besitzen.

22 Ungehorsam und Aufbegehren gegen Autorität begegnen uns in allen zeremoniellen Erzählungen. Siehe Spencer (1957), S. 66-69.

23 *Yé'iitsoh* und die anderen Ungeheuer, die uns hier begegnen, werfen ein bezeichnendes Licht auf die Dämonologie der Indianer und wohl auch anderer Kulturen. Häufig werden sie mit einer Art zügellosen Individualismus identifiziert, der in scharfem Gegensatz zu den kollektiven Wertvorstellungen der Stammesgesellschaft steht. Unter diesem Gesichtspunkt sind sie nicht nur gesellschaftsfeindlich, sondern bedrohen das Überleben einer ganzen Gruppe. An ihrem Ursprung, der normalerweise ganz explizit beschrieben wird, läßt sich bereits ablesen, in welcher Weise sie die Gesellschaft, in der sie wirksam sind, bedrohen. Aus der autoerotischen Vergeudung primärer sexueller Energien entstanden, repräsentiert der Riese hier eine höchst abscheuliche Form der achtlosen Vergeudung von Leben, die beinah ein ganzes Volk ausrottet.

24 Reifen und Kreise gewinnen im Verlauf der Erzählung immer mehr an Bedeutung. Vgl. Anm. 34, S. 461 f. und Anm. 28. S. 472. Siehe auch S. 336 f.

25 Hier beginnt nun das im Rahmen dieser Erzählung wichtigste Beispiel für ein Motiv, das wir als »Auszug in die Fremde« umschreiben können – ein nicht nur in den zeremoniellen Erzählungen der Navajo, sondern auch in den Erzähltraditionen anderer Kulturen sehr bedeutsames Motiv. Andeutende Beispiele für diese Suche in der Fremde finden wir bereits in vorangegangenen Teilen der Schöpfungsgeschichte, etwa im Aufbruch des Ersten Mannes zu dem umwölkten Berg in der Ferne. In den Navajo-Erzählungen begegnen uns immer wieder Einzelne und Gruppen, die ziellos die Wüste durchstreifen und von Kleintieren und wilden

Pflanzen leben. Manchmal handelt es sich dabei um Strafen für verantwortungsloses Abschlachten von Wild oder andere Vergehen.

Vollständig durchgeführt ist das Motiv des Auszugs in die Fremde für gewöhnlich aber erst dann, wenn die Götter in irgendeiner Form eingreifen und die Suche letztlich in einen Dienst an der Gemeinschaft einmündet, der der Protagonist angehört: dies ist der Kern der verschiedenen *Chantway*-Mythen der Navajo. In jedem Fall dient der Auszug in die Fremde dem Ideal von *są'ah naagháii* und *bik'eh hózhǫ́* – langes Leben und Glück. Dies geschieht ganz direkt auch dadurch, daß die Erzählstruktur des Berichts vom Auszug in die Fremde in die Heilungszeremonie übernommen wird und deren Struktur und Ablauf bildet. Siehe Wyman (1970), S. 474.

26 Die Leiter, die aus der Erde ragt, ist ein vertrautes Motiv in den Erzählungen der südwestlichen Stämme. Sie führt im allgemeinen in eine Erdkammer hinunter, in der ein wohlgesonnenes Schutzwesen haust, oder in eine Unterwelt-Wohnung, wo ein zorniger Gott, der eine Opfergabe erwartet, sich günstig gesonnen zeigt. Dieses Motiv könnte ein Zeugnis für den Einfluß der Pueblovölker auf die Navajo sein. Siehe z. B. Luckert (1979), S. 18 f., 199, 205; Wyman (1962), S. 98. Hier wird der Gedanke geäußert, daß die unterirdische Kammer mit ihrem wohlgesonnenen Geist eng mit dem Aufstiegsgedanken verknüpft ist, der in den indianischen Erzähltraditionen eine so große Rolle spielt.

27 Bei Fishler (S. 45 f.) ist es ein Spinnenmann anstatt einer Spinnenfrau; das mag an der untypisch männlichen Färbung des Berichts seines Informanten Frank Goldtooth liegen. In dieser Version wird auch nach der Zeit der Trennung von Männern und Frauen eine ziemlich weitgehende Kapitulation der Frauen als Bedingung für die Wiedervereinigung gefordert.

28 Hier ist der Reifen durch die Tatsache, daß er aus Federn besteht, eindeutig zu Luft und Wind in Beziehung gesetzt. Mit diesem Reifen geht also tatsächlich die Leben schaffende und Leben erhaltende Kraft des Windes auf sie über. Ein wichtiger Ausdruck dieser schöpferischen Kraft ist das Sprachvermögen, und was es auszurichten vermag, sehen wir, wenn die Zwillinge die feindseligen und mörderischen Mächte, denen sie unterwegs begegnen, mit Rezitation besänftigen. Die Kraft, die sie mit Hilfe des *naayéé' ats'os* ausüben, ist identisch mit der Kraft, die ihnen zuwächst, wenn *Níłch'i* selbst sie berät oder warnt.

[29] Die Bedeutung des Blütenstaubs für das Leben und vor allem die Erzähltradition der Navajo zu erklären, ist nicht einfach. Als die leichteste aller den Navajo bekannten Substanzen repräsentiert Pollen vielleicht die Kraft und das Durchdringungsvermögen von Licht und Geist. Zugleich ist Pollen Ausdruck für die Kraft des Windes und der Luft, für die unsichtbare, allgegenwärtige Lebenskraft, die sich den Lebewesen mitteilt. Reichard (1915, S. 582) faßt zusammen, auf welche Weisen Pollen in den zeremoniellen Erzählungen zugunsten der Götter und Helden wirkt. Noch die heutigen Navajo nehmen Pollen mit, wenn sie ihre vertraute Umwelt einmal verlassen, denn sie glauben, daß er für eine wohlbehaltene Heimkehr sorgt.

[30] Reichard (1950, S. 149) setzt den schamanistischen Medizinmann, den Leiter der Zeremonien, zu dem ausziehenden Helden in Beziehung, der in so vielen zeremoniellen Erzählungen vorkommt: »Wer Übernatürliche beherrschen will, muß mit der Hilfe von Mentoren beginnen, die ihm ein Vorwissen vermitteln; er muß bereit sein, Anstrengungen auf sich zu nehmen und sie zu seinen Gunsten zu nutzen; er muß sich Prüfungen unterziehen, die großen Mut erfordern; und letztlich muß er sich als Mensch mit dem Göttlichen identifizieren.«

[31] Reichard (1950, S. 71 f.) erörtert diese »Gefahren, die als Gottheiten aufgefaßt werden.« Varianten dieser Episode finden sich bei Wyman (1970, S. 535-39) und Weelwright (S. 95-97). An dieser letzteren ist interessant, daß der ältere Bruder die Ungeheuer in weniger gefährliche natürliche Dinge und Wesen verwandelt und ihnen einen nützlichen Zweck zuweist. Ein Beispiel also für die Verwandlung von Bösem in Gutes – vermittelt durch die Kraft der Sprache –, die auch in der vorliegenden Version immer mehr an Bedeutung gewinnt.

[32] Wyman (1970, S. 386 f.) berichtet, wer diese Wächter sind und wie sie dazu kamen, das Haus von Sonne gegen Eindringlinge abzuschirmen.

[33] Reichard (1950, S. 150) nennt die Ereignisse, die den Zwillingen auf dem Weg zum Haus ihres Vaters begegnen »eine vielschichtige Prüfung der Urteilskraft und des inneren Wertes, die erst zu Ende ist, wenn das Böse vernichtet und seine Kraft in die Hände des Menschen zurück gelangt ist.«

[34] Sonne hat eine Familie, und diese Tatsache wird keineswegs als merkwürdig empfunden. Wyman (1970, S. 387) beschreibt das Haus von Sonne im einzelnen. Siehe dort auch S. 392, Anm. 288:

»Das Haus von Sonne, mit gefährlichen Dingen geschmückt, ist letzte Autorität für Zeremonien, die nicht dem *Blessingway* zuzuordnen sind, insbesondere für Kriegsriten. Nicht Sonne selbst, sondern vielmehr sein Haus gibt solchen Riten die Kraft, das Böse zu beseitigen.«

35 *Jóhonaa'éí* wird hier als ein eher furchteinflößender Gott mit despotischem Auftreten und großer Macht eingeführt. Bei Haile (1938) wird den Jungen unterwegs mehrfach gesagt: »Euer Vater kennt keine Gnade.« Witherspoon (1975, S. 33) erörtert, welchen Einfluß diese Vorstellung vom zornigen Sonnengott bis heute auf die Kultur der Navajo ausübt.

36 Sonnes Frau zeigt sich verärgert, und in der Tat ist sie ja wohl betrogen worden. Indianische Gewährsleute scheinen diesen Charakterzug von *Jóhonaa'éí* nicht direkt verurteilenswert zu finden, räumen allerdings ein, daß durch sein Verhalten die Eifersucht in die Welt kam. Sein promiskutives Verhalten selbst muß noch nicht unbedingt Disharmonie erzeugen; dies geschieht vielmehr dadurch, daß er Versprechen gibt und sie dann heimlich bricht. Stabilität in der Ehe ist eines der wichtigsten Dinge, wie Reichard (1928, S. 58-73) darstellt, aber Monogamie ist dafür nicht der ausschlaggebende Faktor. Siehe auch Haile (1978), S. 156-58.

37 Wyman (1970, S. 541-46) gibt einen umfassenden Bericht von den Prüfungen, denen er seine Söhne unterzieht.

38 Für Frank Goldtooth (Fishler, S. 50) ist es nicht der Wind, sondern der Mond, der den Zwillingen hilft. Dies ist der einzige mir bekannte Bericht, wo der Mond als Schutzgottheit auftritt.

39 Bei den eher traditionell eingestellten Navajo ist es heute noch so, daß das erste Schwitzbad für den jungen Navajo zu einer Art Feuerprobe gemacht wird, bei der man ihn einer geradezu mörderischen Hitze aussetzt.

40 Bei O'Bryan (S. 81) appellieren die Söhne an Sonnes eigenes Interesse, denn wem sollte er noch scheinen, wenn keine Leute mehr da sind? Und welche Gegenleistung für seine tägliche Reise würde er erhalten?

41 Die Tatsache, daß *Jóhonaa'éí* auch der Vater von *Yé'iitsoh* ist, sagt etwas über die Beziehung zwischen Göttern und Dämonen in der Navajo-Überlieferung. Matthews (1886 a, S. 18) schreibt dazu: »Für uns mag der Unterschied zwischen einem Gott und einem Teufel sehr groß sein, aber das war bei unseren fernen Vorfahren nicht so, und bei den Naturvölkern ist es heute noch nicht so ... Selbst Luzifer gehörte einstmals dem Himmelsreich an ... Es braucht uns

daher nicht zu verwundern, wenn die Navajo die Götter einfach in freundliche und unfreundliche, in normale und ›fremde‹ Götter unterteilen ... Die letzteren sind unseren Teufeln äquivalent.« Über die Erzeugung des Großen Riesen und über die Frage, wer seine Mutter war, existieren verschiedene Anschauungen. Siehe Fishler, S. 54; Haile (1938), S. 79; Matthews (o. J. a), S. 30. Reichard (1950, S. 76) erklärt den Glauben, daß Sonne der Vater des Großen Riesen sei, folgendermaßen: »In der Zeit, als die Geschlechter getrennt lebten, war ein normales Geschlechtsleben unmöglich, und die Männer besaßen kaum einen Einfluß auf die Zukunft. Die Frauen könnten durch Selbstmißbrauch schwanger geworden sein, denn Federn, Geweihsprossen, Steine und Kakteen sind Manifestationen von Sonne, dem letztlich alle Zeugungskraft zugeschrieben wird.«

42 Dein Beginn eines Ereignisses oder dem Zeitpunkt, wo ein bestimmtes Ereignis zum ersten Mal stattfindet, wird bei den Navajo besondere Aufmerksamkeit geschenkt. Daher auch die große symbolische Bedeutung der Initiation. Siehe Reichard (1950), S. 248, wo sie auch schreibt: »Der Erfolg der ersten Attacke bei einem Überfall ist ein Omen für den Ausgang des ganzen Unternehmens.« Bei Haile (1938, S. 107) entsteht der Eindruck, daß Sonne mit dieser Bedingung sicherstellen möchte, daß er die Kontrolle über seine nun mit Waffen ausgerüsteten Söhne behält. Später sagt er dort, daß er den ersten Streich führen möchte, damit er sich nicht gar so elend fühle, wenn Yé'iitsoh getötet wird.

43 Siehe Reichard (1944 b, S. 26), wo sie erklärt, weshalb der schamanische Held über so präzise geographische Kenntnisse verfügen muß. Siehe auch Reichard (1950), S. 152: »Eine der schwierigsten Prüfungen des Helden ... bestand darin, jeden heiligen Ort auf der Erde zu benennen, wenn er aus großer Höhe das gesamte Panorama überblickte.«

44 Kein heutiger Navajo ist in der Lage, eine Bedeutung für diesen Ausdruck anzugeben, den Matthews in *Navaho Legends*, S. 115, benutzt. Er selbst gibt zwar in verschiedenen Vorarbeiten mögliche Übertragungen an, bleibt dann aber in der endgültigen Fassung bei dem indianischen Wort.

45 Der ältere Bruder, der bald den Namen *Naayéé' neizghání* oder Ungeheuertöter erhalten wird, tritt hier als Wortführer auf, da er impulsiv und draufgängerisch ist. In vielen Erzählungen wird er uns als der wagemutigere und kampflustigere der beiden geschildert.

Letztlich ist er ein Kriegsgott, und so sehen ihn die traditionellen Navajo heute noch.

46 Verschiedene Versionen des Krieges gegen die Ungeheuer führt Spencer an (1947, S. 81-86). In den meisten anderen Fassungen muß *Naayéé' neizgháni* in diesem Kampf auch Rückschläge hinnehmen. Bei Newcomb und Reichard (S. 30) wird er müde vom Kampf; bei Haile (1938, S. 123) droht ihm gar die Niederlage.

47 Hier zeigt sich erneut das zentrale Thema der Umwandlung von Bösem in Gutes, ein Motiv, das die Navajo-Überlieferung zu anderen indianischen Kulturen in Beziehung setzt. Siehe Luckert (1975), S, 46 f., 109, 146.

48 Matthews Äußerungen über die beiden Brüder (o. J. b) sind es wert, hier auszugsweise wiederholt zu werden: Ungeheuertöter, so sagt er, »ist der ältere und stärkere der beiden. Seine Mutter war die ältere und wichtigere Göttin.« Zusammen versinnbildlichen die beiden »Nacht und Tag, Licht und Dunkelheit, Hitze und Feuchtigkeit«. Einem von ihnen ist bestimmt, »am Tage zu wirken und die Feinde zu bekämpfen«. Der andere, »dessen Vater der Wasserfall war, bleibt zu Hause, um die Hütte zu behüten, während sein Bruder in den Krieg zieht«. Der eine ist kampflustig, während der andere »sanfter« ist, ein »bescheidener Gefährte«. Zur Namengebung der beiden und zur Umbenennung des zweiten siehe Young und Morgan, S. 812.

49 Reichard (1928, S. 13) zeigt sich überrascht, daß bei Matthews nichts vom *anáâji*, der Kriegstanzzeremonie, zu lesen ist. Für sie ist es »eine übliche und sehr wichtige Zeremonie«, die bei solch einer Gelegenheit angebracht ist und gewiß auch gefeiert wurde.

50 Von hier an gewinnt *Naayéé' neizgháni* eine eigene Identität und einen eigenständigen Charakter. Matthews (1886 a, S. 17) schreibt: »Er verläßt sich weniger auf seine Waffen als vielmehr auf seine Geistesgegenwart und Schläue. Er ist kein Feigling, kein Zauberer; was er beginnt, beendet er nie ohne Erfolg.«

51 Matthews (1902, S. 36-40; 1887, S. 451-55) beschreibt die Gebetsstäbe im einzelnen und erklärt ihre Funktion. Sie dienen zum einen als Opfergaben und zum anderen zum Übermitteln von Botschaften. Siehe auch Wyman und Kluckhohn (1940), S. 26-28; Reichard (1950), S. 254 f., 303-313, 675-79. Die hier verwendeten Stäbe könnten »sprechende Gebetsstäbe« (S. 308 f.) oder »warnende Gebetsstäbe« (S. 311) sein. Wyman (1970, S. 104) beschreibt die bei der *Blessingway*-Zeremonie verwendeten Gebetsstäbe. Gebetsstäbe sind heute noch wichtige Elemente der Zeremonien. Siehe

Franciscan Fathers, S. 396-98; Wyman (1965), S. 53; Luckert (1979), S. 139-44. Bei Luckert finden sich Fotos von Gebetsstäben, die 1974 bei einer *Coyoteway*-Zeremonie verwendet wurden (S. 140 f., 143 f.).

52 Vgl. Mills, S. 190: »Älterer Bruder wird mit Mut und Heldentum identifiziert, während jüngerer Bruder, der Daheimgebliebene, die neue Kraft entgegennimmt und dienstbar macht.«

53 Die Überlieferung ist reich an Zeugnissen dafür, »daß wilde Tiere Helfer der Menschen sind«. Siehe Reichard (1950), S. 142. Siehe auch Matthews (1887), S. 399-401. Wesentlich für diese Vorstellung ist wahrscheinlich die Jägertradition und der Begriff des »prähumanen Flux«. Wilde Tiere werden höher geachtet als Haustiere.

54 Matthews (1902, S. 6) erläutert die allgemeine Unterscheidung zwischen Männlichem und Weiblichem, wenn sie »auf zwei annähernd gleiche oder sonstwie vergleichbare Dinge« angewendet wird. Es ist üblich, so sagt er, »das gröbere, rauhere, stärkere und heftigere als männlich anzusehen und zu symbolisieren und dagegen das feinere, schwächere und sanftere als weiblich. So wird ein von Donner und Blitz begleiteter Schauer … Er-Regen genannt und ein einfacher Regenguß … als Sie-Regen bezeichnet; der turbulente San Juan River wird … Männliches Wasser genannt, während man den eher friedlichen Rio Grande als weiblich betrachtet.« Wenn die Sich Wandelnde Frau also Harmonie und Solidarität in der Beziehung fordert, die Sonne mit ihr eingehen will (siehe weiter unten im vorliegenden Band S. 356 f.), so spricht sie angesicht der Tatsache, daß alle Dinge zu einem der beiden Geschlechter in Beziehung stehen, im Grunde eine allumfassende kosmische Ökologie an.

55 Ein Beispiel für das prophetische Vermögen der Eule findet sich bei Matthews (1887), S. 389, 396. Siehe auch Reichard (1950), S. 455 f.

56 Haile (1938, S. 38) bestätigt ebenfalls, daß die Fledermausfrau zwar nach außen hin scheu erscheint, im Grunde aber ungeduldig und voller Verachtung ist. Es gibt andere Versionen, in denen noch deutlicher wird, daß die traditionellen Erzählungen durchaus auch eine psychologische Dimension aufweisen.

57 Für diese zweite Reise werden in den einzelnen Fassungen recht verschiedene Gründe angegeben. Bei Wyman (1970, S. 423-26) geht es beispielsweise darum, in den Besitz von Pferden zu kommen – offenbar eine jüngere Fassung. Bei Matthews (o. J.a. S. 40)

unternehmen die Zwillinge die zweite Reise, weil ihr Vater ihnen ausdrücklich aufgetragen hatte, die Waffen zurückzubringen, wenn sie die Ungeheuer getötet hätten.

58 An dieser Episode läßt sich beispielhaft erkennen, wie die Textfassung einer ursprünglich nur mündlich vorgetragenen Erzählung von der Voreingenommenheit des Autors (die ja die Voreingenommenheit seiner Kultur reflektiert) geprägt wird. In der ursprünglichen Fassung läßt Matthews (o. J. a, S. 41) *Jóhonaa'éí* zu seinen Söhnen sagen: »Bringt sie in den fernen Westen und baut ihr dort eine Hütte, wo ich mit ihr jeden Abend nach meiner Arbeit ruhen mag.« In der späteren Fassung heißt es aber: »... wo ich sie ... anschauen mag«. Hier dürfte für den Leser kaum noch zu erkennen sein, wie sehr *Jóhonaa'éís* Wunsch von sexuellem Verlangen geprägt ist.

59 Die Farbensymbolik der Navajo stellt Reichard (1950) im 12. Kapitel dar (S. 187-213).

60 Zur Bedeutung offener und geschlossener Kreise vgl. Anm. 34, S. 461 f. Zur Bedeutung der Reifen für die Kontrolle der Winde siehe auch Anm. 28, S. 472. Wie Wyman (1962, S. 142-55) darstellt, sind gut und böse im Navajo-Weltbild keine absoluten Prinzipien; ob ein geschlossener Kreis positive oder negative Ausstrahlung besitzt, hängt in erster Linie von seiner Handhabung ab. Einen weiteren Gesichtspunkt für die Wirkungsweise der Reifen in dieser Episode liefert Reichard (1944 b, S. 16): »Eine Methode, das Böse auszutreiben, besteht darin, es aus- und einzugrenzen. Das gilt vor allem für ungreifbare Formen des Bösen, wie sie durch Geister, Zauberei, Fremde oder unerkannte Fehler bedingt sein können. Die Austreibung kann daher zwei Richtungen nehmen: aus einem umgrenzten Raum, dem Zirkel der Verblendung, hinaus in den grenzenlosen Raum, oder aus diesem grenzenlosen Raum hinein in einen kontrollierbaren Schutzkreis.« Im vorliegenden Fall wird also das Böse, das die verbleibenden Ungeheuer repräsentieren, der Umwelt entzogen und in den Reifen »angereichert«, um dann in die reinigenden Stürme verwandelt zu werden.

61 Die Navajo legen seit jeher großen Wert auf den richtigen Umgang mit den Leichen erschlagener Feinde. Siehe McAllester, S. 8 f. Der dritte Teil (S. 177-218) von Haile (1938) beschreibt in der Hauptsache das »Aufräumen und Saubermachen«, das durch die Vernichtung der Ungeheuer notwendig gemacht wird.

62 Ich habe mir hier die Freiheit genommen, den Dialog zwischen der Sich Wandelnden Frau und Sonne erheblich auszuschmücken. Die

Grundlage dazu liefert Reichard (1950, S. 29): »In den ritualistischen Lehren stehen das Männliche und das Weibliche als Grundformen der Symbolik im Vordergrund; der dahinterstehende Gedanke lautet, daß etwas nur vollständig sein kann, wenn es eine Paarung aus Männlichem und Weiblichem ist.« An anderer Stelle (1928, S. 52) schreibt sie: »Die Navajofrau nimmt eine hohe soziale Stellung ein. In allen Familienangelegenheiten hat sie eine Stimme, und vielfach ist ihre Entscheidung ausschlaggebend, etwa wenn sie aufgrund der Tatsache, daß sie mehr materiellen Besitz als der Mann in die Ehe einbrachte, die Hand auf dem Familiensäckel hat. Reichtum ist allerdings nicht der Hauptgrund für das Prestige der Frau. Sie wird allgemein hoch geachtet, und die Geltung, die ihre Meinung in der Familie hat, ist schwer zu beschreiben.« In der Navajo-Gesellschaft, die matrilineal und matrilokal ist, hat die Frau schon immer Autorität und einen hohen Status besessen. Mir scheint, daß auch die Schöpfungsgeschichte diese Tatsache immer wieder veranschaulicht.

63 Zur Bedeutung der Edelsteine in der Navajo-Überlieferung siehe Reichard (1950), S. 208–13. Vgl. außerdem Wyman (1970, S. 110, Fußnote 91). Das Medizinbündel des Ersten Mannes enthielt »die üblichen vier Juwele, von denen ein jedes eine Maisrispe mit einem unsichtbaren Kolben repräsentierte ...« Es hat den Anschein, als habe Sich Wandelnde Frau mit ihrer Forderung nach diesen Juwelen gleichzeitig eine Schöpfungskraft beansprucht, die der Macht des Ersten Mannes bei seiner Schöpfung der Fünften Welt entspricht.

64 Da hier keine Haus- und Nutztiere genannt werden, nehme ich an, daß zumindest dieser Teil der von Matthews aufgezeichneten Darbietung vor der Ankunft der Spanier entstanden ist.

65 *K'é* oder Solidarität, d.h. Liebe, Freundlichkeit und Zusammenarbeit, ist das große Ideal des Verwandtschafts- und Gesellschaftssystems der Navajo; siehe Witherspoon (1975), S. 11-14, 37 ff. Die Solidarität, von der die Sich Wandelnde Frau hier spricht, ist das Prinzip, dessen weitere Entwicklung wir im Verlauf der Erzählung im einzelnen verfolgen können, bis die notwendige Harmonie für eine tragfähige Gesellschaftsordnung sich gebildet hat. Brennpunkt dieser Entwicklung ist die Beziehung zwischen Männlichem und Weiblichem, die ausgewogen sein muß, so daß keine der beiden Seiten das Übergewicht erhält: erst dann sind die Voraussetzungen für die Erschaffung der fünffingrigen Erdoberflächenleute geschaffen.

Erster Mann und Erste Frau hatten noch Schwierigkeiten, diese Ausgewogenheit herbeizuführen, und aus diesem Unvermögen entstanden letztlich die Ungeheuer, die die äußerste Bedrohung des Lebens repräsentieren. Die Sich Wandelnde Frau möchte nun diese harmonische Ausgewogenheit ein für allemal in der Weltordnung verankert wissen als die Solidarität von Himmel und Erde. Freilich ist dies kein statisches und unwandelbares, sondern vielmehr ein labiles und dynamisches Gleichgewicht, das stets bedroht ist, aber sich stets selbst wiederherstellt. Natürlich muß diese im Wechselspiel der Kräfte stets bedrohte Ausgewogenheit nicht nur zwischen der Sich Wandelnden Frau und Sonne hergestellt werden, sondern auch zwischen den Erdoberflächenleuten und den Göttern, zwischen Menschen und Tieren, zwischen all den scheinbar getrennt existierenden Elementen des Kosmos.

66 Wyman (1970, S. 187 ff.) berichtet genauer über die Einzelheiten ihres Aufbruchs in den Westen und über die Rolle, die sie dort spielt.

67 Die Sich Wandelnde Frau steht traditionell in enger Beziehung zu den Tieren, insbesondere zur Erschaffung der Haustiere. Siehe Wyman (1970), S. 244 ff.

68 Hill (1938, S. 167) weist darauf hin, daß »auf dem Navajo-Territorium zwar keine Büffel lebten«, daß sie aber in Mythen und Legenden erwähnt werden. Möglicherweise handelt es sich dabei um einen Einfluß, der von den Pueblovölkern ausging. Ich neige zu der Annahme, daß die Pueblo durch frühe Verbindung zu athapaskischen Völkern um die Büffel wußten, vielleicht aus der Zeit des regen Handels vor dem Eindringen der Spanier.

69 Auch bei Haile (1938, S. 87 f.) wird der »Mannbarkeitsritus« der Sich Wandelnden Frau erwähnt. Eine gründliche Untersuchung des Gegenstands leistet Frisbie. Siehe auch Wyman (1970), S. 9; Reichard (1928), S. 135-39; Franciscan Fathers, S. 345, 446. Bei Fishler, S. 40, wird der Ritus an Weißmuschelfrau vollzogen.

70 Siehe Mills (S. 163), der berichtet, »daß manche Leute es vermeiden, auch nur das Wort Schlange in den Mund zu nehmen, weil zwischen der Schlange und den Navajo Feindschaft besteht«. Hill (1936, S. 15) beschreibt die Zeremonie, die einem Angriff vorausgeht und schildert, wie die Männer sich Mokassins und Körper unter anderem mit Schlangensymbolen bemalen: »Die Schlange, so glaubt man, verleiht dem Mann Kraft und macht ihn so gefürchtet, wie die Schlange gefürchtet ist.«

71 Nach Wyman (1970, S. 22) verweilen sie dort nur kurz. Dann zogen sie in die neue Heimat ihrer Mutter im Westen, um dort bei ihr zu leben und das Medizinbündel des Ersten Mannes zu hüten, das bei der Erschaffung der Sich Wandelnden Frau eine Rolle gespielt hatte.

Vierter Teil

1 Hier beginnt vielleicht die im allgemeinen als Mythologie bezeichnete Navajo-Überlieferung sich mit Geschichte im modernen Sinn des Wortes zu überschneiden. Die Frage, ob und inwieweit solche mündliche Überlieferungen von historischem Belang sind, bleibt umstritten. Zu dieser Kontroverse, sofern sie sich auf die Kulturen des Colorado-Plateau und der Wasserscheide des oberen Rio Grande bezieht, siehe Eggan. Die Bibliographie auf S. 53 f. ermöglicht einen Einstieg in die Frage, »in welchem Maße mündliche Überlieferung die Erinnerung an tatsächliche Ereignisse enthält« (S. 34). Wie dieser Gegenstand sich heute aus indianischer Sicht darstellt, verdeutlicht eine Reihe von Artikeln aus der Zeitschrift The Indian Historian; siehe zum Beispiel Sobosan, Roesler, Cook, Ortiz. Alles in allem kann sehr wenig Gesichertes über die Zeit vor der Ankunft der Europäer gesagt werden.
Die Geschichte selbst, wie sie von Matthews gegen Ende des vorigen Jahrhunderts aufgezeichnet wurde, dürfte noch weitgehend frei von europäischen Einflüssen sein und stellt vermutlich, von wenigen Ausnahmen abgesehen, eine sehr alte Version dar. Die Bildung der Clane, wovon im vierten Teil erzählt wird, fand vermutlich zu einer Zeit statt, die wir in unserer schriftorientierten Sicht der Dinge gern den Beginn der historischen Zeit nennen. Der vierte Teil stellt den Höhepunkt der ganzen Geschichte dar, denn er bezeichnet den Beginn einer spezifischen Navajo-Identität. Jetzt zeigt sich, daß die verschiedenen Kultur-Heroen, allen voran *Naayéé' neizghání*, der Ungeheuertöter, in ihrer Bereitschaft zu selbstlosem Dienen zu Vorbildern werden: für die Bereitschaft einzelner Gruppen von Leuten, einander anzunehmen, sich zu Clanen zu organisieren, die Grenzen des Einheiratens festzulegen, die Land- und Hauswirtschaft zu institutionalisieren. Diese Bereitschaft zur Einigkeit erhält ihren besonderen Akzent dadurch, daß Sich Wandelnde Frau Gleichheit forderte und die kosmische Notwen-

digkeit der Solidarität zwischen Männlichem und Weiblichem deutlich machte.

2 Näheres über diesen zeremoniellen Kreis bei Reichard (1950), S. 535.

3 Möglicherweise gibt diese Passage einen Hinweis auf das tatsächliche Alter der Erzählung. Vgl. Reichard (1950), S 243: »Mit 102 Jahren wird die volle Lebensspanne des Menschen angegeben, eine unerklärlich hohe Zahl – vielleicht das Ideal eines langen Lebens.« Siehe auch Matthews (1890), S. 90; van Valkenburgh (1938), S. 3; Witherspoon (1977), S. 139; Wyman (1970). S. 139.

4 Die Namen der Untergruppierungen eines Stammes sind in aller Regel von Ortsnamen abgeleitet. Über Namen im allgemeinen siehe Matthews (1890), S. 102-5. Eine Aufschlüsselung der Clane und Gruppen in der Navajo-Mythologie gibt Spencer (1947), S. 60-70. Siehe auch Franciscan Fathers, S. 424-36. Das Clan- und Verwandtschaftssystem der Navajo ist recht verwickelt. Siehe Reichard (1928), S. 11-35, oder eine neuere Arbeit: Witherspoon (1975). Weitere Erzählungen zum Ursprung der verschiedenen Clane in Sapir und Hoijer, S. 80-97. Siehe auch Yazzie, S. 74-82. Zur Anzahl der Clane und ihrer Namen läßt sich nichts Endgültiges aussagen. Auch Matthews schrieb in der Einleitung zu *Navaho Legends*, S. 29: »Listen der Navaho-Geschlechter wurden aus verschiedenen Quellen gewonnen … doch keine der Listen stimmt völlig mit einer anderen überein.«

5 Siehe Reichard (1950), S. 246: »Ich glaube, daß die ungeraden (unpaarigen) Zahlen hier die Tatsache unterstreichen, daß die Leute sich ins Ungewisse hinauswagten, indem sie unbekanntes Gelände betraten.« Ungerade Zahlen bezeichnen Ungewißheit, Unordnung, das Unvorhergesehene etc. Gerade Zahlen versinnbildlichen für gewöhnlich das Gegenteil.

6 Im Vergleich mit der Aufstiegsgeschichte, wo zwischen den Luft-Geist-Leuten und den Bewohnern der zweiten und dritten Welt keine echte Solidarität entsteht, wird ein großer Unterschied deutlich. Die engen Bindungen, die jetzt entstehen, zeigen sich etwa an der augenblicklichen Bereitschaft, Hab und Gut mit den Neulingen zu teilen oder an dem warmen Empfang durch die Weißmuschelfrau, die die Neuankömmlinge als ihre Kinder begrüßt; später wird sich überdies noch zeigen, daß bestimmte Clane sich durch Heirat mit bestimmten anderen Clanen besonders eng verbinden. Siehe dazu Reichard (1928), S. 30: »Die Hauptfunktion des Navajo-Clansystems besteht darin, die Möglichkeiten der Eheschließung zu re-

geln und dadurch indirekt die Clane zu verbünden.« Weitere Einzelheiten hierzu auf S. 60-69. Über den Unterschied zwischen verwandtschaftlichen und anderen Formen der Solidarität siehe Witherspoon (1975), S. 64.

7 Was hier über die Weißmuschelfrau gesagt wird, gilt vermutlich für alle Heiligen Leute der Navajo-Schöpfungsgeschichte, auch für den Ungeheuertöter, den Wassergeborenen und andere. Vgl. Wyman (1970), S. 50: »Die Heiligen Leute verkündeten, daß sie nach dieser Zeremonie nie wieder persönlich erscheinen würden, und wer fortan behauptete, er habe einen der Heiligen Leute gesehen, würde damit schlimme Folgen auf sich ziehen. Sie fügten jedoch hinzu, daß ihre Gegenwart sich im Geräusch des Windes, in Adlerfedern, in manchen kleinen Vögeln, im Wachsen des Mais manifestieren werde.« Die offenkundige Gegenwart der Götter in diesen Dingen ist fester Bestandteil des Glaubens, der das gesamte Zeremonialsystem der Navajo trägt. Unter ganz bestimmten Umständen kann man die Götter dazu bewegen, sich zu nähern, doch darf man mit diesen Dingen auf keinen Fall leichtfertig umgehen. Ein junger Navajokünstler, mit dem ich über die Möglichkeit der Illustrierung dieses Buches sprach, betonte, daß jeder, der Bilder malen oder zeichnen wolle, sehr vorsichtig sein müsse. Es gibt in den zeremoniellen Erzählungen zahlreiche ähnliche Berichte vom Abschied Heiliger Leute – stets von der Versicherung begleitet, daß sie auch künftig in irgendeiner Form, meist als Naturereignisse, gegenwärtig sein würden. Wie in diesem Fall scheinen auch in anderen Episoden besondere Einzelpersonen dazu ausersehen, in Träumen die Verbindung zu den Göttern zu halten. Siehe Wyman (1970), S. 426-32.

8 Wie diese Landwirtschaft ausgesehen haben könnte, beschreibt Hill (1938). Aus verschiedenen Quellen, aber auch aus Gesprächen mit Fachleuten und indianischen Gewährsleuten habe ich den Eindruck gewonnen, daß dieser Kontakt zwischen dem Pueblo-Clan der *Tábąąhá* und den athapaskischen Navajo während der spanischen Gegenoffensive zum Aufstand von 1680 (siehe Forbes, S. 225-50) stattgefunden haben könnte. Viele der Rio-Grande-Völker sollen damals bei den Navajo Zuflucht gesucht haben, die in den entlegenen Gebirgs- und Wüstengegenden nordwestlich von Santa Fe lebten. Vielleicht hat dieser Kontakt aber auch früher stattgefunden, denn in dieser Version der Schöpfungsgeschichte finden sich hier keinerlei Hinweise auf irgendwelche spanischen Einflüsse.

[9] Einzelheiten über diese Zeremonie finden sich bei Matthews (1887), S. 386, 429, 431 f., 444. Der ausgelassene Teil seines Berichts erscheint in Poor, S. 121-26. Über den Zusammenhang zwischen Erzählung und Ritual liefert Kluckhohn (1942) eine gründliche Studie. Die beste Einführung in die Gesänge und die Zeremonialpraxis der Navajo bieten zwei gemeinsame Arbeiten von Wyman und Kluckhohn (1938, 1940), obgleich neuere Erkenntnisse einige der hier gemachten Aussagen überholt erscheinen lassen. Eine popularisierte, aber gute Darstellung findet sich bei Sandner (S. 41-92); sehr geeignet für den Einstieg in diese Thematik dürfte seine Bibliographie sein.

[10] Siehe Reichard (1950), S. 105 f.: »Manche Formen des Bösen – zum Glück nur wenige –, die das Ergebnis unvorstellbarer Grausamkeit darstellen, sind auf keine Art und Weise unter Kontrolle zu bringen.« *Godtsohs* Verhalten ist ein Beispiel für solche Grausamkeit. Bemerkenswert ist hier, daß bei aller Grausamkeit und trotz der schlimmen Folgen dieser Episode auch eine gewisse Komik innewohnt. Einen Parallelbericht gibt Haile (1938), S. 78–81. Der Unterschied zwischen den beiden Versionen weist darauf hin, daß der Erzähler oder Informant das Material in gewissem Umfang frei gestalten oder auch mit eigenen Erfindungen anreichern konnte. Im übrigen kann es sein, daß Matthews' Informanten damals noch recht unbekümmert draufloserzählten, während heutige Navajo sich vielfach recht verschwiegen zeigen. Einmal hörte ich dafür die Begründung: »Wenn alle unsere Geschichten aufgeschrieben sind, wird die Welt zu Ende gehen.« Gemeinsam ist beiden Fassungen das Augenmerk auf den Ehebruch und seine Folgen.

In beiden ist auch impliziert, daß *Godtsoh* zwar das Recht hatte, seine Frauen zu bestrafen, doch daß die Art der Bestrafung zu hart gewesen sei. Auf S. 138 weist Reichard darauf hin, daß eine untreue Ehefrau zwar ein schlechtes Licht auf sich selbst wirft – aber ebenso auf ihren Mann.

[11] Zur Aufnahme fremder Gruppen in den Stamm der Navajo siehe Reichard (1928), S. 19.

[12] Von Hungersnöten wird in den Erzählungen aller Indianerstämme immer wieder und sehr plastisch berichtet. Siehe z. B. Tedlock (1978), S. 33-64.

[13] Wyman (1970), S. 452, Anm. 339, erwähnt »eine Tendenz der Clane, sich durch Menschenraub zu vergrößern«. Einen Überblick über die Bräuche und die Traditionen der Navajo-Krieger gibt

Spencer (1947), S. 84. Das Bild des feindseligen Indianers hat sich, wie jedermann weiß, so sehr in den Köpfen der weißen Amerikaner festgesetzt, daß die Sache kaum noch objektiv zu betrachten ist. Gerade die Apachen und Navajo kamen in den Ruf, besonders wild, grausam und kriegerisch zu sein. Wer ein ausgewogenes Bild gewinnen möchte, sollte mit seiner Lektüre bei Forbes beginnen. Was er an Material zusammenträgt, läßt die athapaskischen Völker des Südwestens gar nicht so kriegerisch aussehen; vielmehr scheinen sie einen intensiven Handel mit den seßhaften Pueblo betrieben zu haben, die Felle für Decken und Kleidung von ihnen bezogen. Erst aufgrund der Unterdrückung durch die Spanier trat wohl das aggressive Element bei den Apachen und Navajo mehr in den Vordergrund. Aus dem vom Forbes gesammelten Material geht ebenfalls hervor, daß diese beiden Gruppen länger als die Pueblo zögerten, bis sie sich endlich zu Widerstand und Vergeltungsmaßnahmen entschlossen. Und gerade den Navajo scheint es immer schon lieber gewesen zu sein, in Ruhe gelassen zu werden – ein Zug, der heute noch sehr deutlich ist. Als aber die Strategie der Vergeltung einmal Fuß gefaßt hatte, blieb sie bestehen und entwickelte sich mit der Zeit zu einem tiefsitzenden Haß gegenüber dem Weißen Mann. Im allgemeinen neigten die Indianer viel weniger zu Feindseligkeiten und kriegerischen Auseinandersetzungen als die Spanier. Siehe z. B. Covey, S. 122-33; Hill (1936).

14 Siehe Spencer (1947), S. 79, über diese heute nicht mehr gebräuchliche Zeremonie, die »in erster Linie eine politische Versammlung« darstellte, »alle zwei bis vier Jahre stattfand« und »den ganzen Winter über dauerte, bis mit der Maisaussaat begonnen wurde«; Reichard (1928) S. 108-110; van Valkenburgh (1936), S. 17-22; Haile (1938), S. 26, 48; Hill (1936), S. 18.

15 Wyman (1970), S. 219, beschreibt die neue Heimat der Sich Wandelnden Frau vor der Küste des Pazifischen Ozeans im Westen. Siehe auch S. 445-47. Auch zu der nun folgenden Geschichte über die Wanderung nach Osten gibt es Varianten. Siehe Wyman (1970), S. 327-33; Franciscan Fathers, S. 428; Goddard, S. 165-79.

16 Das Navajowort *Łíí*, das im allgemeinen mit »Haustier« übersetzt wird, bezeichnet nach Matthews (1890), S. 106) nicht nur »die Haustiere späterer Zeiten, vor allem das Pferd, sondern auch einen Tier-Fetisch oder einen persönlichen Tier-Totem«.

17 Die Schöpfungsgeschichte der Navajo endet, wie sie begann: mit einer Wanderung. Allerdings besteht ein großer Unterschied zwischen dem fluchtartigen Aufstieg und dieser großen Vereinigungs-

bewegung, mit der die Erzählung beschlossen wird. Wanderungen oder ganz allgemein Bewegung scheinen eine sehr große Rolle im Bewußtsein der Navajo zu spielen. Über ihre »Leidenschaft für Geographie«, wie Wyman (1962, S. 78) es nennt, wäre manches zu sagen. An ihrer Redeweise fällt ihm auf, »daß Bewegung in allen Einzelheiten charakterisiert wird«. Der Navajo »lebt in seinen Vorstellungen und seiner Sprache in einem bewegten Universum«. Siehe auch Jett; von Valkenburgh und Walker; Hoijer.

18 Nach Wyman (1970, S. 457) dauerte diese Wanderung landeinwärts zwölf Jahre.

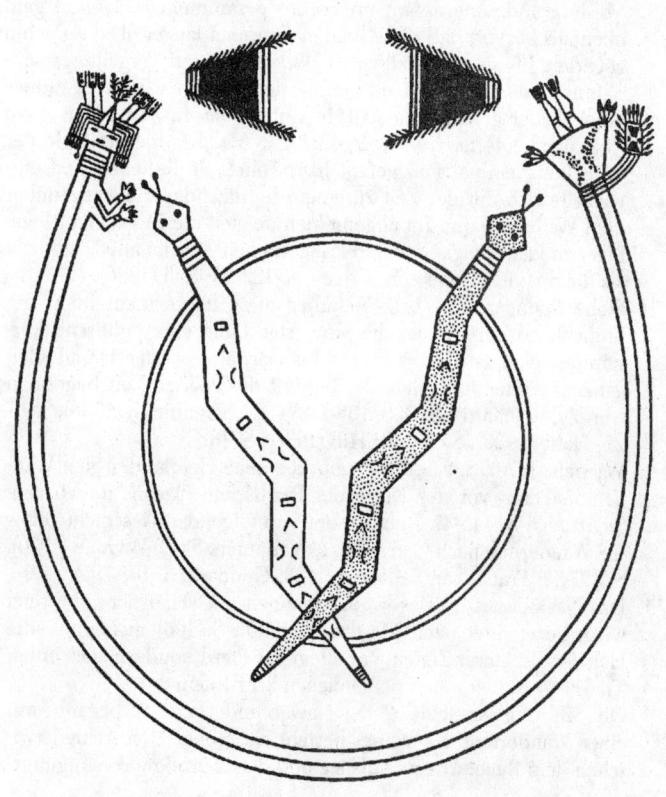

Zu den Sandbildern

Diese an bestimmte Zeremonien gebundenen symbolischen Bilder bestehen aus rotem, gelbem und weißem Sandstein in pulverisierter Form, sodann aus zermahlener Holzkohle. Sie werden auf einem geglätteten hellsandigen Boden »gemalt«: streng schematisierte Bilder von Wolken, Blitzen, Regenbogen, Gestirnen und Schlangen, den Vier Pflanzen (Mais, Bohne, Kürbis, Tabak) sowie langgezogenen menschenähnlichen Wesen, den »Heiligen Leuten«.

Ein solches Sandgemälde kann einen Radius von 30 cm haben, aber auch bis zu fünf Meter Durchmesser erreichen. Es muß an einem einzigen Tag hergestellt und vor Sonnenuntergang wieder gelöscht werden.

So war es im Grunde ein Sakrileg, als Forscher und Sammler den zutiefst religiösen Bildern »Dauer« zu geben suchten. Washington Matthews machte um 1880 als erster auf die Kunst der Navajo aufmerksam; er veröffentlichte Vierfarbreproduktionen mit einer detaillierten Beschreibung der Funktion dieser Bilder bei rituellen Gebeten (Chants).

Hintergrund solcher Riten ist die Vorstellung vom Universum als einer organischen Ganzheit; jede Störung der kosmischen Harmonie hat Krankheit oder Unglück zur Folge, und nur bestimmte magische Riten können sie abwenden bzw. die Balance wieder herstellen. Bevor ein Heilgesang angestimmt werden kann, muß die Ursache der Krankheit des Patienten ermittelt werden. Die Diagnose stellen dazu befähigte Medizinmänner. Häufig bedienen sie sich dabei des sog. Handzitterns: Zuerst werden Maispollen auf den Körper des Patienten gestäubt, dann auch auf den des Diagnostikers, der während dieses Vorganges bestimmte Geistwesen um Hilfe anruft. Im Verlauf dieser Zeremonie beginnt die Hand des Medizinmannes wie willenlos zu zittern. Hier zeigt die Art ihrer Bewegungen an, welcher Chant angestimmt werden muß, um den Kranken zu helfen.

Die Navajo-Chants umfassen hunderte mythischer Lieder. Ein jedes muß wortwörtlich vorgetragen werden; das ist Sache des Ritualmeisters. Neben der »Liturgie« ist für die Krankenheilung die Anfertigung eines Sandbildes wesentlich. Sobald das – mit dem Chant korrelierende – Sandbild vollendet ist, wird der Kranke daraufgesetzt. So gelingt es, einen direkten Kontakt zwischen ihm und den dargestellten mythischen Wesenheiten herzustellen bzw. zu ermöglichen.

Jedes Zeremoniell hat ein eigenes, ihm zugeordnetes Sandbild, das in seinen wesentlichen Bestandteilen einem festen Muster entspricht. Man kennt mittlerweile über fünfhundert solcher Sandbilder, die ursprünglich von den Pueblo-Indianern übernommen und bei den Navajo zur Vollkommenheit weiter entwickelt worden sind.

 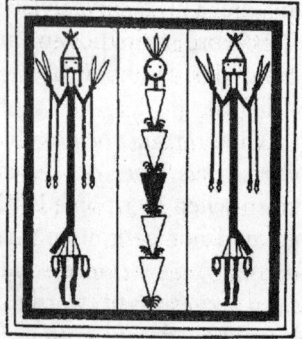

Die hier gezeigten 16 Sandbilder bieten einen Querschnitt. Das Frontispiz, dem Zeremoniell »Shooting way« (Pfeilweg) zugehörig, zeigt als Hauptfiguren die blaue Erde und den schwarzen Nachthimmel. Sie trägt das türkisfarbene Kleid des Sommerhimmels und sitzt auf einem schwarzen Nebel. Er ist von weißem Morgenlicht umgeben und sitzt auf einer blaudunstigen Wolke, zusammengehalten von einem Regenbogen – wie bei ihr. Die Erde (im Süden) hält einen Maiskolben und einen weißen Korb aus Muscheln und Pollen; der Himmel (im Norden) hält den sonnenroten Tabaksbeutel und einen Maiskolben. Der schwarze Kreis im Innern der Erde stellt den See dar, der den »Emergence Place« füllte, nachdem die »Luft-Geist-Leute« – die späteren Navajo – sich aus der Erdmitte emporgearbeitet hatten. Aus dem See entsprießen gelber Mais, blaue Bohnen, schwarze Kürbisse und schwarzer Tabak – die vier heiligen Pflanzen, die aus der Unterwelt mitgebracht wurden. Die Muster auf Brust, Armen und Beinen beider Figuren sind die gleichen, die während der Heilzeremonie den weiblichen oder männlichen Patienten aufgemalt werden. »Mutter Erde« und »Vater Himmel« werden als in Größe und Form identisch angesehen: als die zwei Hälften der Schöpfung, nebeneinandergelegt wie die Hälften einer in der Mitte durchgeschnittenen Melone.

Auf Seite 40 ist ein dem »Mountain-top-way« zugehöriges Sandbild dargestellt. Der Berg-Gesang war seinerzeit das erste einem größeren Publikum zugängliche Zeremoniell, dank Matthews' Farbreproduktionen. Es hilft gegen Geisteskrankheit, nervöse Leiden, Ohnmachtsanfälle – deren Ursache dem Bären, dem Stachelschwein oder der Schlange zugeschrieben werden. Das Bild selbst zeigt ein kleines Waisenmädchen, dargestellt an vier verschiedenen Orten. Das Motiv knüpft an eine Mythe an, wonach das Mädchen zum Regenbogen geht, der es gefangennimmt und vor den Berg-Obersten führt. Bei ihm erlernt sie den »Mountain chant« und will seine Sandbilder, auf einem Spinnennetz gemalt, am liebsten nachhause nehmen; der Mountain chief jedoch sagt ihr, die müsse ihr Volk mithilfe von Sand herstellen – und er bringt es ihr bei.

Auf Seite 99 sind »erster Tag« und »zweiter Tag« des sog. Beautyway abgebildet: zunächst die Erde (die Mutter), dann der Himmel (der Vater). Schlangen und Schlangenleute werden in diesem Zeremoniell betont. Es hilft gegen Infektionen, durch Schlangenbiß oder auch nur schlechte Träume hervorgerufen, gegen Rheumatismus und Halsweh. Der Legende nach »beginnt dort, wo die Schlange die Spur aufnimmt, Beautyway – und dort, wo der Bär die Spur aufnimmt, Mountain way«. Auch die Abbildung auf Seite 100 gehört zum Beautyway, sie zeigt Mondstrahlen- und Sonnenstrahlenleute, schwarze Nebel- und schwarze Wolkenleute in kosmischer Ausrichtung.

Der seltene »Rote Ameisenweg« (Red Antway) wird auf Seite 215 dargestellt: die gehörnte Kröte ißt Ameisen, die sie aus ihren Häusern holt. Ameisenleute, gehörnte Krötenleute und das sog. Gila-Monster sind Hauptthemen dieser ungewöhnlichen Zeremonie. Wer eine Kröte zertritt oder einen Ameisenhaufen umstößt oder wer von Ameisen gebissen wird, dem hilft sie.

Die Sandbilder auf Seite 216 zeigen oben den Windway und unten den Beadway oder »Perlenweg«. Windway umfaßt als Hauptthemen Kaktus- und Wolkenmenschen, Schlangen, Sonne und Mond, den Donner. Unser Bild zeigt eine blaugesichtige grüngehörnte Sonne, die Regenbogenblitze schleudert. Herz-, Lungen- und Hautkrankheiten können mittels dieses Sandbildes geheilt werden. Der »Perlenweg« gehört, wie auch der »Adlerweg«, zu den eher seltenen Gesängen, die zur Heilung von Lahmheit und Kopfkrankheiten führen.

Die beiden Bilder auf Seite 362 sind mit »Wasserwesen« (oben) und »Zwei spitze Felsen« (unten) benannt. Das erste, dem Shootingway zugehörig, der die von Blitz, Schlangen oder Pfeilwunden herrührenden Krankheiten abwehrt, zeigt weiße Unterwasser-Monster, aus denen Quellen und Brunnen hervorsprudeln; den blauen Donner, der fruchtbaren Regen schickt; die Große Otter, Bewohner der Flüsse, und verschieden geformte Wolkenmonster. Das untere Bild zeigt vier Schlangenpollen-Wesen, ein weißes männliches, genannt Schlangenspur, ein blaues weibliches (»Blauer Himmel«) ein gelbes männliches (»Wo das Feuer entfacht wird«) und ein schwarzes weibliches (»Regen kam, wo das Feuer brannte«).

Auf Seite 440 findet sich »Der Held des Mythos«, ein Navajo-Jüngling mit vier Adlern, die er jenseits der Himmel gefunden hat. Die drei schwarzen Dreiecke zwischen ihnen symbolisieren die Medizin, die sie ihm gaben. Die Maisstaude rechts steht für die Nahrung, die der Navajojunge von den Hopi erhielt.

»Zwei große Schlangen vor gelbem Haus«, eine weiße und eine blaue, stellt das Bild Seite 486 dar. Der sie einkreisende Wächter ist der Regenbogengott, und die beiden Medizintaschen (am oberen Bildrand) bewachen die Öffnung nach Osten. Das Bild gehört zur Pfeilweg-Zeremonie (Shootingway), ebenso wie das auf Seite 500 folgende »Die Endlos-Schlange«. Sie ringelt sich inmitten des Bildes, gesprenkelt mit allen Farben, wobei Weiß für Sterne, Blau für Pflanzen, Gelb für Pollen und Rot für Regenbogen steht. Umgeben ist die Endlosschlange von vier Schlangenwächtern: dem weißen Sonnenuntergang, dem blauen Tageshimmel, der gelben Abenddämmerung und der Nachtschwärze. Der alle fünf Schlangen einkreisende Wächter ist die Schwarzschlange, die wiederum mit allen Farben gefleckt ist. Der schwarze Wasserkrug und die weiße Wolke (am oberen Bildrand) halten nach Osten hin Wache.

Auf Seite 488 werden die Phasen I und II des Big Starway gezeigt. Links eine moosumgebene Quelle und »Sonnenlicht, das sich auf dem Wasser in den Farben des Regenbogens spiegelt«. Rechts der »Sohn des Regens«, der in

Zeiten der Dürre den Regen zurückhält; Seitenfiguren sind »Sohn und Tochter der Hitze, aus deren Händen starke Hitze entströmt.«

Das untenstehende Bild zeigt »Heilige Leute«: Vier mythische Frauengestalten, zwei schwarze und zwei weiße, die mit Truthahnfedern geschmückte Medizinstäbe in Händen halten. Der Regenbogengott ist der sie umgebende Wächter; weiße und gelbe Wiesel bewachen die Öffnung nach Osten. In einem Zeremoniell wie diesem manifestiert sich die Religion der Navajo.

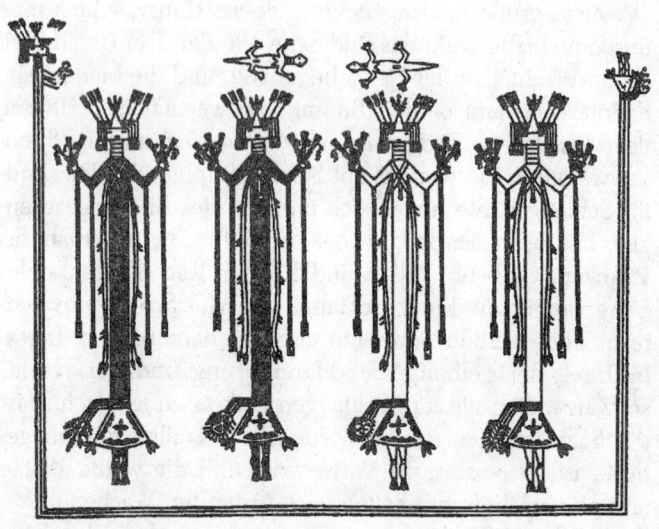

Die Navajo-Nation

Rund tausend Jahre, bevor Columbus 1492 an der Küste von San Salvador Fuß faßte, sollen die Navajo, die sich selbst als *diné* (»Volk«) bezeichnen, aus der Mitte Kanadas bis ins heutige Nordost-Arizona und nordwestliche New Mexico gewandert sein. Mit den indianischen Völkern, die sie während ihres langen Zuges nach Süden antrafen, sind sie anscheinend genau so hart und kriegerisch verfahren wie die mit ihnen sprachverwandten Apache(n). Das Navajo gehört zum südlichen oder Apache-Zweig der athapaskischen Sprachfamilie. Ihre Siedlungsform ist jedoch eine andere; im Gegensatz zu den Apache(n), die sich an einem Ort nie allzulange einrichteten, lebten die Navajo in sog. Hoghans: stabilen, aus Steinen, Lehm und Strohgeflecht errichteten kuppelähnlichen Rundhütten. Es gibt sie heute noch.

Leitete sich der Begriff »Apache« aus dem Wortschatz der Zuni-Puebloindianer ab, bei denen *apachu* »der Feind« heißt, so waren es die spanischen Konquistadoren, die dem Brudervolk der Apache den Namen *Apaches de Navajo* (»Apachen des bepflanzten Landes«) gaben, was sie später zu Navajo vereinfachten.

Heute sind die Navajo mit 200.000 Menschen das größte noch lebende Indianervolk Nordamerikas. Ihr Reservat, die Navajo-Nation, liegt inmitten der Bundesstaaten New Mexico, Arizona und Utah: ein Gebiet zweimal so groß wie Hessen. Die Navajo-Nation wird seit 1923 von einem Stammesrat, gebildet von den Repräsentanten der 88 Siedlungen, und einem direkt gewählten »Chairman« verwaltet. Sie hat Steuerhoheit wie ein amerikanischer Bundesstaat, eigene Polizei und eigene Gerichtsbarkeit. Das Durchschnittsalter der Bevölkerung – ein Viertel der indianischen Minderheiten in den USA – beläuft sich auf 18 Jahre, und die Geburtenrate liegt bei 2,7 %: daher wird im Jahr 2000 mit 250.000 Navajo-Einwohnern gerechnet. Freilich sind 90 Prozent der Erwerbstätigen mittlere Angestellte und Hilfskräfte. Und die Tatsache, daß die »Navajo Agricultural Products Industry« mit 19.000 Hektar der größte landwirtschaftliche Betrieb der USA ist, kann nicht darüber hinwegtäuschen, daß es in der Navajo-Nation nur wenige Betriebe der verarbeitenden Industrie gibt und daß sie über keine eigene Dienstleistungswirtschaft verfügt. Der Prozentsatz der Arbeitslosen ist wie in anderen Reservaten hoch (40 %).

Danksagung

Die Vorarbeiten zu diesem Buch beanspruchten viel Zeit, und die herkömmliche Literaturwissenschaft bot kaum Beispiele für mein Vorhaben. Um so dankbarer bin ich all jenen, die mir auf diese oder jene Weise geholfen haben.

An erster Stelle muß ich Charles Crow nennen, meinen inzwischen verstorbenen Lehrer am College und später an der Graduate School der University of Pittsburgh. Wie auch viele andere seiner Studenten lehrte er mich, auf mein eigenes Urteil zu vertrauen und verbissen zu arbeiten, um meine Überzeugungen zu erhärten. Ohne je selbst die Existenz einer indianischen Dichtung erwogen zu haben, las er meinen ersten Essay zu diesem Thema doch mit der für ihn typischen Vorurteilslosigkeit und drängte mich dann, meine Forschungen fortzusetzen. Neben ihm muß ich auch einen anderen früheren Lehrer und jetzigen guten Freund besonders erwähnen, Richard C. Tobias, der mich von Anfang an in meinem Vorhaben bestärkte und mir im Verlauf der Arbeit unbeirrbar mit Hilfe und Rat zur Seite stand. Besonders hervorheben möchte ich auch Bruce Clayton, meinen Freund und Kollegen am Allegheny College, der mir in all den Jahren immer wieder geduldig zuhörte und nie um nützliche Vorschläge verlegen war, wenn ich ihm meine Ideen zu formulieren versuchte und um ihre Ausarbeitung zu einem Manuskript rang. Dankbar erkenne ich auch die großzügige Unterstützung durch Lawrence Lee Pelletier an, der mir als früherer Präsident des Allegheny College behilflich war, die finanziellen Mittel für die ersten Phasen der Feldforschung zu beschaffen. Auch er bestärkte mich, vor allem am Anfang, in meinem Vorhaben.

Es gibt viele Namen, die ich hier unerwähnt lassen muß, doch einige, denen ich unschätzbar wertvolle Hilfen verdanke, möchte ich noch anführen. Mein Dank gilt Professor

James Barbour von der University of New Mexiko, dessen rege Anteilnahme im ersten Stadium meiner Arbeit eine willkommene Unterstützung war. Dankbar bin ich auch Professor Ekkehart Malotki von der Northern Arizona University, der sich meine Ideen von Transkription und Übersetzung anhörte und mir dafür seine Ansichten mitteilte, zu einem Zeitpunkt, als er an Erzählungen der Hopi arbeitete. Dank schulde ich auch Karl Luckert von der Southeast Missouri State University für seine Anleitung beim Aufspüren wichtiger Quellen und für seine überzeugende Deutung des Navajo-Materials. Dankbare Anerkennung gebührt insbesondere auch Katherine Spencer Halpern, die eine frühe Fassung der ganzen Übersetzung und zwei verschiedene Versionen der Einleitung las und mich bewog, meinen Gedanken über die Beziehung zwischen Kultur und Dichtung weiter nachzugehen.

Dorothy Jean Smith und Donald Vrabel, Bibliothekare in der Handbibliothek des Allegheny College, waren mir bei der Beschaffung von wichtigem Quellenmaterial stets behilflich. Mary Blumenthal, Kuratorin der Clinton P. Anderson Collection in der Zimmerman Bibliothek der University of Mexico, unterstützte mich bei der Identifizierung zentraler Quellen; das gleiche gilt für Katherine Bartlett, Archivarin des Museum of Northern Arizona, und ihre Kollegin Dorothy House, Museumsbibliothekarin. Alle drei kennen sich in den örtlichen Quellen bestens aus, und ich danke ihnen für ihr freundliches Entgegenkommen. Dr. Halpern, Professor Herbert Landar von der California State University in Los Angeles, Professor Andrew Welsh von der Rutgers University und Professor James Bulman vom Allegheny College lasen frühe Fassungen meiner Arbeit, teilweise oder ganz, und gaben wertvolle Anregungen. Professor Barre Toelken, University of Oregon, Professor Jarold Ramsey, University of Rochester, und Professor Robert Young, University of New

Mexico, lasen alle Teile einer späteren Fassung; dies tat auch Professor Carter Revard, Washington University, dessen Kommentare und kritische Anmerkungen sich als besonders hilfreich erwiesen. Großen Dank schulde ich auch Elizabeth C. Hadas, Cheflektorin der University of New Mexico Press, für ihre Geduld und ihre feste Hand bei der Redaktion des Manuskripts.

Dankbar erkenne ich darüber hinaus die Gastfreundlichkeit der University of New Mexico an, insbesondere des Anglistischen Instituts, wo man mir im akademischen Jahr 1971-72 einen Arbeitsplatz in geistig anregender Atmosphäre zur Verfügung stellte. Im akademischen Jahr 1978-79 durfte ich die Einrichtungen der Northern Arizona University in Flaggstaff benutzen; Irvy Goosen, der dort zu der Zeit Professor für moderne Sprachen war, ließ mich freundlicherweise an seinem Kurs über die Navajo-Sprache teilnehmen. Er half mir nicht nur bei der richtigen Schreibung von Navajo-Eigennamen, sondern sorgte auch für die Vervollkommnung meines Umgangs-Navajo. Hermann K. Bleibtreu, seinerzeit Direktor des Museums of Northern Arizona, und Susan McGreevy, damals Direktorin des Weelwright Museum in Santa Fe, machten mir die Einrichtungen ihrer Institute zugänglich; ich habe etlichen ihrer Mitarbeiter für großzügige Unterstützung zu danken. Und schließlich gilt mein Dank auch der National Endowment for the Humanities, einer Stiftung, die mich im akademischen Jahr 1978/79 mit einem Forschungsstipendium unterstützte, das mir erlaubte, einen Großteil des Materials in einem einzigen Jahr zusammenzutragen.

In einem Werk wie diesem können nicht alle Quellen durch veröffentlichte oder unveröffentlichte schriftliche Arbeiten belegt werden. Ich habe deswegen besonders meinen indianischen Informanten für ihre Hilfe zu danken. Neben Martin Vigil, mit dem ich im Spätsommer 1969 im Tesuque

Pueblo eine unvergeßliche Vier-Stunden-Sitzung hatte, nach der alles möglich schien, sind dies vor allem: Roseann Sandoval Willink, die aus dem Pueblo Pintado in New Mexico stammt und meine erste Navajo-Lehrerin war. Unter ihrer geduldigen und freundschaftlichen Anleitung gelang es mir, auch in einige der feineren Züge dieser Sprache und Kultur vorzudringen. Ihr Cousin Arthur Sandoval aus demselben Pueblo war der erste von vielen, die mir wichtige Aspekte des Stammeslebens erklärten. Mescalito, ein alter Geschichtenerzähler aus der gleichen Gegend, erlaubte mir, eine lange Geschichte aufzunehmen, die er im Spätwinter 1972, während der traditionellen Zeit des Geschichtenerzählens, in der örtlichen Schule des Bureau of Indian Affairs vortrug. Ich habe dieses Band immer wieder abgehört und mir den Tonfall seiner Stimme genau vergegenwärtigt. Ungezählte Stunden verbrachte ich mit Avery Jimerson und seiner Frau Fidelia im Alleghany-Seneca-Reservat in Salamanca, New York, hörte ihnen zu, wenn sie sangen oder sprachen, sah sie beim Tanzen in der Küche oder im Cold Spring Longhouse oder war Zuschauer, wenn sie die Tänze der Seneca Youth Dancers leiteten. An ihrem Beispiel wurde mir klar, daß es auch in einem letztlich wissenschaftlichen Unterfangen einen Freiraum gibt für ein nirgends aufgezeichnetes Wissen, das sich bei langen Besuchen zwischen Menschen fremder Kulturen einstellt, die gute Freunde geworden sind.

Harry Bilagody jr. aus Tuba City, Arizona, stellte sich für etliche Sitzungen zur Verfügung, bei denen wir im Winter 1979 abends an einem warmen Feuer im Zeremonial-Hogan seiner Familie saßen und Einzelheiten der Navajo-Schöpfungsgeschichte erörterten. Diese Gespräche gehören zu den besten und intensivsten Diskussionen über Dichtung, die ich je geführt habe. Ebenso danke ich Dr. William Morgan aus Fort Defiance in Arizona, der mehr oder weniger der offizielle Lexikograph des Navajo ist. Er half mir bereitwillig bei bestimmten archaischen Navajo-Ausdrücken, die ich sonst nicht hätte verstehen oder transkribieren können. Dankbar bin ich auch Ethelou Yazzie von der Little Singer School in Bird Spring, Arizona, für ihre Hilfe bei linguistischen Einzelheiten. Besonders danken möchte ich noch Danny Blackgoat aus Flagstaff, Arizona, für seine äußerst wertvolle Hilfe bei der Übersetzung einiger sehr schwieriger alter Passagen.

Vielen anderen Navajo, von denen ich nicht einmal die Namen kenne, habe ich zu danken für kleine, aber wertvolle Hilfen bei der Vertiefung meines Wissens. Ich möchte mich an dieser Stelle für meine manchmal taktlos erscheinende Zudringlichkeit entschuldigen und schätze um so mehr die Gastfreundschaft, die mir überall auf dem Reservat begegnete. Dankbare Anerkennung schulde ich in gleicher Weise für die großzügige Gastfreundschaft, die mir von manch einem Bewohner indianischer Siedlungen entgegengebracht wurde: in Old Oraibi und Walpi im Hopi-Reservat, in den Pueblos Acoma, Taos, Tesuque und vor allem Santo Domingo, bei den Seneca-Gemeinschaften in Jimersontown und Cold Springs im ländlichen New York sowie im Tuscarora-Reservat bei den Niagarafällen.

Selbstverständlich ist keine der genannten Personen, Gruppen oder Instutionen verantwortlich für meine Irrtümer. Ohne ihre Hilfe wären mir noch weit mehr unterlaufen, und ich entschuldige mich vor allem bei ihnen für die Fehler, die ich gemacht habe. Dies gilt ganz besonders für die Mitglieder indianischer Gemeinschaften, die mir geholfen haben; letzten Endes habe ich von ihnen etwas sehr Wichtiges gelernt: Wo Kulturen ohne schriftliche Überlieferung noch lebendig sind, kann der persönliche Kontakt für den Forscher so wichtig sein, wie es Bücher in einer Bibliothek sind.

An den Schluß setze ich den Dank, den ich meiner Familie schulde, meiner Frau Joan, meiner Tochter Lisa und meinem Sohn Aaron, deren Leben über einen langen Zeitraum eng mit dieser Arbeit verbunden war. Dreimal begleiteten sie mich für länger Zeit in den Südwesten und nahmen das manchmal unstete und unruhige Leben an fremden Orten fern von zu Hause auf sich. Oft mußten sie sich mit meiner Abwesenheit abfinden, wenn ich viele Tage unterwegs war und während dieser Zeit keinerlei Kontaktmöglichkeiten bestanden. Noch häufiger hatten sie allerdings meine Geistesabwesenheit zu ertragen, wenn ich zu Hause am Manuskript arbeitete oder darüber nachdachte. Stets gaben sie sich Mühe, mein Tun zu verstehen, und gewährten mir jede moralische Unterstützung. Und diese Art von Hilfe ist letztlich die wertvollste. Ich widme ihnen dieses Buch in Dankbarkeit und Liebe.

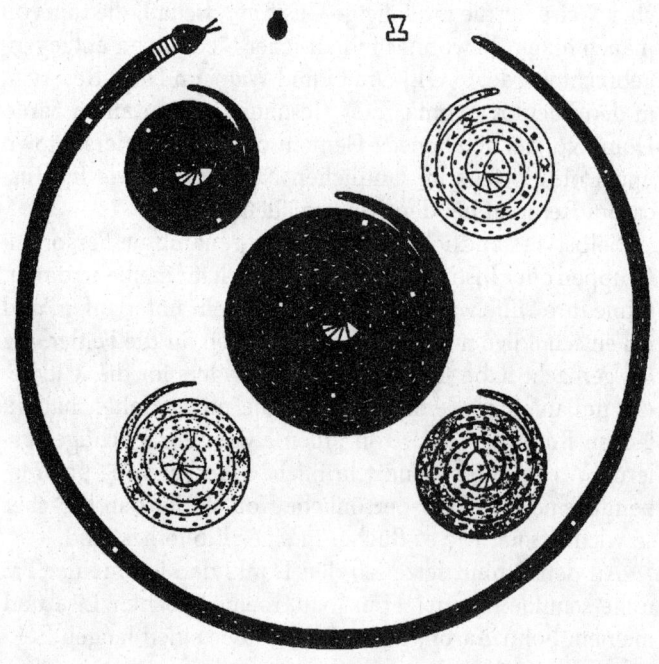

Literaturverzeichnis

Eine eingehende, 189 Titel umfassende Bibliographie bietet Peter Iverson, »The Navajos. A critical Bibliography«, Bloomington and London 1976 (Indiana Univ. Press). Einen gesellschaftspolitischen Überblick aus neuerer Zeit gibt René Königs »Navajo-Report 1970-1980. Von der Kolonie zur Nation«, Neustadt/Weinstr. 1980 (arca).

Aberle, David: Mythology of the Navaho Game of Stick Dice. In: *Journal of American Folklore*, Vol. 55 (1942), S. 144-54.

–, Some Sources of Flexibility in Navaho Social Organization. In: *Southwestern Journal of Anthropology*, Vol. 19 (1963), S. 1-8.

–, The Navajo Singer's Fee. Paymentor Prestation? In: Dell H. Hymes and William Elmer Bittle (Hrsg.), Studies in Southwestern Ethnolinguistics. Meaning and History in the Language of the American Southwest. Den Haag 1967, S. 15-32.

Allen, Paula Gunn: The Sacred Hoop. A Contemporary Indian Perspective on American Literature. In: *Cross Currents*, Vol. 26 (1976), S. 144-63.

Andrews, H. A. et al.: Bibliography of Franz Boas. In: *American Anthropologist*, Vol. 45 (1943), S. 67-109.

Astrov, Margot: American Indian Prose and Poetry. New York 1962.

Austin, Martha A.: Saad Ahaah Sinil. Dual Language. Phoenix, Ariz. 1974 (Navajo Curriculum Press)

Aveni, Anthony F.: Old and New World Naked-Eye Astronomy. In: *Technology Review*, Vol. 81 (1978), Nr. 2, S. 60-72.

Bingham, Sam: Umgeben von heiligen Bergen. Navaho, Geschichten und Erfahrungen über das Land. Hannover 1985.

Boas, Franz: Stylistic Aspects of Primitive Poetry. In: *Journal of American Folklore*, Vol. 67 (1954), S. 333-49.

Bolton, Herbert E.: Coronado. Knight of Pueblos and Plains. Albuquerque 1949 (University of New Mexico Press).

Booth, Mark W.: The Experience of Songs. New Haven 1981 (Yale University Press).

Brinton, Daniel: Library of American Aboriginal Literature. 5 Vols. Washington, D. C. 1881-1933 (Bureau of American Ethnology).

Brugge, David M.: Long Ago in Navajoland. Window Rock 1965 (Navajo Tribal Museum, Navajoland Publications, Series 6).

Brunvand, Jan Harold: The Study of American Folklore. An Introduction. New York 1965.

Chisholm, James: Navajo Infancy. An Ethiological Study of Child Developernent. Berlin 1983.

Cook, Liz: American Indian Literatures in Servitude. In: *The Indian Historian*, Vol. 10 (1977), Nr. 1, S. 3-6.

Cronyn, George W.: American Indian Poetry. An Anthology of Songs and Chants. New York 1934.

Day, A. Grove: The Sky Clears. Poetry of the American Indians. New York 1951. Reprint Lincoln 1964 (University of Nebraska Press).

Dorris, Michael: Native American Literature in an Ethnohistorical Context. In: *College English*, Vol. 41 (1979), S. 147-62.

Dorson, Richard M.: Folklore. Selected Essays. Bloomington 1972 (Indiana University Press).

Dundes, Alan: The Study of Folklore. Englewood Cliffs, N. Y. 1965.

Durán, Fray Diego: Bock of the Gods and Rites and the Ancient Calendar. Norman 1971 (University of Oklahoma Press).

Dyk, Walter: Son of Old Man Hat. A Navajo Autobiography. New York 1938.

Fishler, Stanley A.: In the Beginning. A Navajo Creation Myth. Salt Lake City 1953 (University of Utah Press).

Fletcher, Alice: Indian Story and Song from North America. Boston 1900. Reprint New York 1970.

Forbes, Jack D.: Apache, Navaho and Spaniard. Norman 1960 (University of Oklahoma Press).

Franciscan Fathers: An Ethnologic Dictionary of the Navajo Language. St. Michaels, Ariz. 1910.

Frisbie, Charlotte Johnson: Kinaaldá. A Study of the Navaho Girl's Puberty Ceremony. Middletown 1967 (Wesleyan University Press).

Goddard, Pliny Earle: Navajo Texts. In: *American Museum of Natural History. Anthropological Papers*, Vol. 34 (1933).

Goosen, Irvy: Navajo Made Easier. Flagstaff, Ariz. 1971.

Greenway, John: Literature among the Primitives. Hatboro, Penna 1958 (Folklore Associates).

Gummere, Francis E.: Origin Legend of the Navaho Enemy Way. New Haven 1938 (Yale University Press).

-, Origin Legend of the Navaho Flintway. Chicago 1943 (University of Chicago Press)

-, Waterway. A Navajo Ceremonial Myth Told by Black Mustache Circle. In: *American Tribal Religions*, Vol. 5. Flagstaff 1979 (Museum of Northern Arizona Press)

-, Women Versus Men. A Conflict of Navajo Emergence. In: *American Tribal Religions*, Vol. 6 Lincoln 1981 (University of Nebraska Press)

-, Upward Moving and Emergence Way. The Gishin Biye Version. In: *American Tribal Religions*, Vol. 7, Lincoln 1981 (University of Nebraska Press)

502

Hatcher, Evelyn Payne: Visual Metaphors. A Formal Analysis of Navajo Art. St. Paul 1974 (American Ethnological Society, Monograph 58).

Hester, J. J.: Navajo Migrations and Acculturation. Albuquerque 1962 (University of New Mexico Papers in Anthropology, No. 6).

Hetmann, Frederik: Die Spur des Navahos. Leben und Geschichte der indianischen Stämme im Südwesten der USA. Ravensburg 1983.

Hill, W. W.: The Status of the Hermaphrodite and Transvestite in Navaho Culture. In: *American Anthropologist*, Vol. 37 (1935), S. 273-79

–, Some Navaho Culture Changes During Two Centuries. In: *Smithsonian Miscellaneous Collections*, Nr. 100 (1940), S. 395-415.

–, Navaho Humor. General Studies in Anthropology, Nr. 9. Menasha, Wisc. 1943.

Hill, W. W. and Dorothy W. Hill: Navaho Coyote Tales and their Position in the Southern Athabascan Group. In: *Journal of American Folklore*, Vol. 58 (1945), S.317-37.

Hoijer, Harry: Cultural Implications of Some Navajo linguistic Categories. In: *Language*, Vol. 27 (1951), S. 111-20.

Hymes, Dell: Folklore's Nature and the Sun's Myth. In: *Journal of American Folklore*, Vol. 88 (1975), S. 345-69.

–, In Vain 1 Tried to Tell You. Essays in Native American Ethnopoetics. Philadelphia 1981 (University of Pennsylvania Press).

King, Jeff, Maud Oakes and Joseph Campbell: Where the Two Came to their Father. A Navajo War Ceremonial. New York 1943.

Kluckhohn, Clyde: Patterning as Exemplified in Navaho Culture. In: L. Spier, A. 1. Hallowell and St. S. Newman (Hrsg.), Language, Culture and Personality. Menasha, Wisc. 1941 (American Anthropological Association).

Kluckhohn, Clyde and Dorothea Leighton: The Navaho. Garden City, N. Y. 1962.

Kücholl, Verena: Soziokulturelle Wege des Heilens. Eine ethnomedizinische Analyse und Interpretation des Samkhya und der Heiltradition der Navaho. Frankfurt a. M. 1982.

Landar, Herbert: Language and Culture. New York 1966.

Levy, Jerrold E.: Fate of Navajo Twins, In: *American Anthropologist*, Vol. 66 (1964), S.883-87.

Link, Margaret Schevill: The Pollen Path. A Collection of Navajo Myths. Stanford 1956 (Stanford University Press).

–, From the Desk of Washington Matthews. In: *Journal of American Folklore*, Vol. 73 (1960), S. 317-25.

Lord, Albert, B.: The Singer of Tales. Cambridge, Mass. 1960 (Harvard University Press).

Luckert, Karl W.: The Navajo Hunter Tradition. Tuscon 1975 (University of Arizona Press).

–, Olmec Religion. A Key to Middle America and Beyond. Norman 1976 (University of Oklahoma Press).

–, Navajo Mountain and Rainbow Bridge Religion. Flagstaff 1977 (Museum of Northern Arizona Press).

–, Coyoteway. A Navajo Holyway Healing Ceremonial. Flagstaff 1979 (Museum of Northern Arizona Press).

McAllester, David P.: Enemy Way Music. A Study of Social and Aesthetic Values as Seen in Navajo Music. In: *Papers of the Peabody Museum of Archaeology and Ethnology*, Vol. 41 (1954), Nr. 3.

McGreevy, Susan: Navajo Sandpainting Textiles at the Wheelwright Museum. In: *American Indian Art*, Vol. 7 (1981), Nr. 1, S. 55-61.

McNeley, James Kale: Holy Wind in Navajo Philosophy. Tucson 1981 (University of Arizona Press).

Marken, Jack W.: The American Indian. Language and Literature. Goldentree Bibliographies in Language and Literature. Arlington Heights, Ill. 1978.

Matthews, Washington: A Part of the Navajo Mythology. In: *American Antiquarian*, Vol. 5 (1983), S. 207-24.

–, Mythic Dry-paintings of the Navajos. In: *American Naturalist*, Vol. 19 (1985), S. 931-39.

–, The Gods of the Navajos. An unpublished lecture. Box VIII, Item # 398. Matthews Papers, Wheelwright Museum. Santa Fe 1886.

–, Deities and Demons of the Navajos. In: *American Naturalist*, Vol. 20 (1886), S. 841-50.

–, The Mountain Chant. A Navajo Ceremony. Washington, D. C. 1887 (Bureau of American Ethnology).

–, The Gentile System of the Navajo Indians from Their Creation and Migration Myth. In: *Journal of American Folklore*, Vol. 3 (1890), S. 89-110.

–, Marriage Prohibitions of the Fathers' Side Among the Navajos. In: *Journal of American Folklore*, Vol. 4 (1891), S. 78 f.

–, Songs of Sequence of the Navajos. In: *Journal of American Folklore*, Vol. 7 (1894), S. 185-94.

–, Navaho Legends. Boston 1897 (American Folklore Society).

–, Seeking the Lost Adam. In: *Land of Sunshine*, Vol. 10 (1899), S. 113-25.

–, The Night Chant. A Navajo Ceremony. Memoirs of the American Museum of Natural History, Vol. 6. New York 1902.

–, Navajo Myths, Prayers, and Songs. In: *University of California Publications In Archaeology and Ethnology*, Vol. 5 (1907), S. 21-63.

–, Notes on Navajo Cosmology. Unpublished papers, Box III, Folder 1, Item 193. Matthews Papers, Wheelwright Museum, Santa Fe o. J.

–, Untitled lecture on the Navajo war gods. Unpublished papers, Box VIII, Item 446. Matthews Papers, Wheelwright Museum, Santa Fe o. J.

–, Untitled manuscript on culture heroes. Unpubhshed papers, Box IX Folder 2, Item 595. Matthews Papers, Wheelwright Museum, Santa Fe o. J.

–, Untitled notebook. Unpublished papers, Item 674, unboxed. Matthews Papers, Wheelwright Museum, Santa Fe o. J.

–, Untitled notebook. Unpublished papers, Item 707, unboxed. Matthews Papers, Wheelwright Museum, Santa Fe o. J.

Mills, George Thompson. Navajo Art and Culture. Colorado Springs 1959 (Taylor Museum).

Moon, Sheila: A Magie Dwells. A Poetic and Psychological Study of the Navaho Emergency Myth. Middletown, Conn. 1970. (Wesleyan University Press).

Mooney, James: In Memoriam: Washington Matthews. In: *American Anthropologist*, Vol. 7 (1905), S. 514-23.

Nelson, Ralph: Popol Vuh. The Great Mythological Book of the Ancient Maya. Boston 1976.

Newcomb, Franc (Johnson): Navaho Folk Tales. Santa Fe 1967 (Museum of Navajo Ceremonial Art).

Newcomb, Frank (Johnson) and Gladys Reichard: Sandpaintings of the Navajo Shooting Chant. New York 1975.

Oakes, Moud: Where the Two Came to Their Father. New York 1943.

O'Bryan, Aileen: The Diné. Origin Myths of the Navaho Indians. Bureau of American Ethnology, Bulletin 163. Washington, D. C. 1956.

Olin, Caroline Bower: Navajo Indian Sandpainting. The Construction of Symbols. Diss. Stockholm 1972.

Ong, Walter J.: The Presence of the World. New Haven 1967 (Yale University Press).

–, Interfaces of the Word. Ithaca 1977 (Cornell University Press).

Ortiz, Alfonso: Some Concerns Central to the Writing of ›Indian History‹. In: *The Indian Historian*, Vol. 10 (1977), Nr. 1, S. 17-22.

Page, Evelyn: American Genesis. Pre-Colonial Writing in the North. Boston 1973.

Park, Clara Claiborne: The Mother of the Muses. In Praise of Memory. In: *The American Scholar*, Vol. 50 (1981), S. 55-71.

Pearce, Roy Harvey: Savagism and Civilization. A Study of the Indian and the American Mind. Baltimore 1953.

Poor, Robert Marshall: Washington Matthews. An Intellectual Biography. M. A. Thesis, University of Nevada, Reno 1975.

Quasha, George, and Jerome Rothenberg: America, a Prophecy. A New Reading of American Poetry from Pre-Columbian Times to the Present. New York 1973.

Radin, Paul: Literary Aspects of North American Mythology. Canada Geological Survey Museum Bulletin No. 16. Ottawa 1951.

–, The Trickster. London 1956.

Raglan, Lord: The Hero. A Study in Tradition, Myth and Drama. London 1936.

Ramsey, Jarold: The Teacher of Modern American Indian Writing as Ethnographer and Critic. In: *College English*, Vol. 41 (1979), S. 163-69.

Reichard, Gladys A.: Social Life of the Navajo Indians. In: *Columbia University Contributions to Anthropology*, Vol. 7. New York 1928.

–, Individualism and Mythological Style. In: *Journal of American Folklore*, Vol. 57 (1944), S. 16-25.

–, Navajo Religion. A Study of Symbolism. Bollingen Series XVIII. Princeton 1950 (Princeton University Press).

–, Sandpaintings of the Male Shooting Chant. New York 1975.

–, Navajo Medicine Man. Sandpaintings and Legends of Miguelito. New York 1939. Neusausgabe 1977.

Roessel, Robert A., jr., and Dillon Platero: Coyote Stories of the Navajo People. Phoenix 1974 (Navajo Curriculum Press).

Rooth, A. B.: The Creation Myths of the North American Indians. In: *Anthropos*, Vol. 52. (1957), S. 497-508.

Sandner, Donald: Navaho Symbols of Healing. New York 1979.

Sapir, Edward, and Harry Hoijer: Navajo Texts. Iowa City 1942 (Linguistic Society of America).

Spencer, Katherine: Reflection of Social Life in the Navaho Origin Myth. University of New Mexico Publications in Anthropology, No. 3. Albuquerque 1947.

–, Mythology and Values. An Analysis of Navaho Chantway Myths. Philadelphia 1957 (American Folklore Society).

Striether, Sabine: Zwischen zwei Sprachen. Über Sprache und Identität im Kulturwandel der Navaho Indianer. Frankfurt 1986.

Tedlock, Dennis: Finding the Center: Narrative Poetry of the Zuni Indians (1972). Reprint, Lincoln 1978. (University of Nebraska Press).

–, Pueblo Literature. Style and Verisimilitude. In: *New Perspectives On the Pueblos*, ed. Alfonso Ortiz. Albuquerque 1972. (University of New Mexico Press).

–, The Spoken Word and the Work of Interpretation In American Indian Religion. In: Traditional American Indian Literatures. Texts and Interpretations, hrsg. Karl Kroeber. Lincoln 1981 (University of Nebraska Press).

Toelken, Barre, and Tacheeni Scott: Poetic Retranslation and the ›Pretty Languages‹ of Yellowman. In: Traditional American Indian Literatures. Texts and Interpretations, hrsg. Karl Kroeber. Lincoln 1981 (University of Nebraska Press).

Turner, Frederik: Beyond Geography. The Western Spirit Against the Wilderness. New York 1980.

Utley, Francis Lee: Folk Literature: An Operational Definition. In: *Journal of American Folklore*, Vol. 74 (1961), S. 193-206. Reprinted in Dundes: 7-24.

Vansina, Jan: Oral Tradition. A Study in Historical Methodology. Chicago 1961.

Van Valkenburgh, Richard F.: A Short History of the Navajo People. Window Rock, Arizona: U. S. Department of the interior, Navajo Service. Reprinted in Navajo Indians III. Garland Series in American Indian Ethnohistory. New York 1938.

–, Navajo Sacred Places. New York 1974.

Waters, Frank: Masked Gods. Navajo and Pueblo Ceremonialism. New York 1950.

Welsh, Andrew: Roots of Lyric. Primitive Poetry and Modern Poetics. Princeton 1978 (Princeton University Press).

Wheeler-Voegelin, Erminie, and Remedios W. Moore: The Emergence Myth in Native North America. In: Studies in Folklore. In Honor of Distinguished Service Professor Stith Thompson, hrsg. W. Edson Richmond. Westport Conn. 1972.

Wheelwright, Mary: Navajo Creation Myth. The Story of the Emergence by Hasteen Klah. Santa Fe 1942 (Museum of Navajo Ceremonial Art).

Witherspoon, Gary: Navajo kinship and Marriage. Chicago 1975 (University of Chicago Press).

–, Language and Art in the Navajo Universe. Ann Arbor 1977 (University of Michigan Press).

Wyckoff, Theodore: The Navajo Nation Tomorrow. In: *American Indian Law Review*. Vol. 5 (1977), S. 267-97.

Wyman, Leland C.: The Sandpaintings of the Kayenta Navaho. An analysis of the Louisa Wade Wetherill collection. Albuquerque 1952. Reprint Millwood, N. Y. 1977.

–, Beautyway. A Navaho Ceremonial. Bolling Series LIII. New York 1957.

–, The Windways of the Navaho. Colorado Springs 1962 (Taylor Museum).

–, The Red Antway of the Navaho. Santa Fe 1965 (Museum of Navajo Ceremonial Art).

–, Blessingway. Tucson 1970 (University of Arizona Press.)

–, The Mountainway of the Navaho. Tuscon 1975 (University of Arizona Press).

Wyman, Leland C., and Flora Bailey: Navajo Upward Reaching Way. Objective Behavior, Rationale and Sanction. University of New Mexico, Albuquerque 1943. Bulletin No. 389.

Wyman, Leland C., and Clyde Kluckhohn: Navaho Classification of Their Song Ceremonials. Memoirs of the American Anthropological Association. No. 50. Menasha, Wisc. 1938.

–, An Introduction to Navaho Chant Practice. Memoirs of the American Anthropological Association, No. 53. Menasha, Wisc. 1940.

Yazzie, Ethelou: Navajo History. Many Farms, Arizona 1971 (Navajo Community College Press).

Young, Robert W.: The Role of the Navajo in the Southwestern Drama. Gallup, N. Mex. 1968.

Young, Robert W., and William Morgan: The Navajo Language. Washington, D.C. 1943 (Bureau of Indian Affairs). Reprints 1969, 1976, Salt Lake City.

–, The Navajo language. A Grammar and Colloquial Dictionary. Albuquerque 1980 (University of New Mexico Press).

Zolbrod, Paul G.: The Study of Native American Poetry. In: *Modern Language Studies*, Vol. 3 (1973), S. 38-96.

–, Big Giant and the Monster Slayers. An Introductory Look at Navajo Ceremonial Poetry. In: *Proceedings of the Seventh Congress of the International Comparative Literature Association*, hrsg. Milan V. Cimic, Juan Ferrate, and Eva Kushner. Montreal 1979.

Zolla, Elemire: The Writer and the Shaman. A Morphology of the American Indian. New York 1973.

Christina Cerny
Die Regenbogenschlange
Vom spirituellen Reichtum
der australischen Ureinwohner

Australien ist ein Land, in dem der *Traum*, die
»Große Geschichte« der Ureinwohner, immer
noch lebendig ist – ablesbar von jenen, die ihre
geheime Sprache kennen. Das mächtigste Schöp-
ferwesen der stets gegenwärtigen Traumzeit ist die
Regenbogenschlange. Ihren Spuren folgend, reisen
wir in die Welt der Aborigines, ihrer Geschichten,
Symbole und Urbilder, die an unseren eigenen
Ursprung – unser geistiges Eins-Sein mit Erde und
Kosmos – erinnern. Es ist eine Reise, die auch in
die Tiefe unserer Seele führt. Die Regenbogenschlange stellt ein komplexes kosmologisches Gebäude dar, in dem die großen geistigen Prinzipien
verborgen liegen. Sie warten nur darauf, in Bewegung gesetzt zu werden, damit das gesamte Universum ein einziges klangvolles Lied wird, das die
Farben des Regenbogens in sich trägt.

ISBN 3-404-70138-0

Durch China zu reisen bedeutet, sich auf heiligem
Boden zu bewegen. Einen der heiligen Berge Chinas
zu erklimmen heißt, eine Reise in eine tausend Jahre
alte Vergangenheit zu unternehmen. Die Seele Chinas
zu verstehen, heißt zu erkennen, daß das Land – nach
der Vorstellung seiner Bewohner – selbst heilig ist.
Dieses Buch ist ein Führer zu dieser Seele des Reichs
der Mitte, zu den spirituellen Stätten, zu Tempeln und
Klöstern voller Geheimnisse. Wir begegnen Buddha,
Lao Tse und Konfuzius und werden in eine Welt ent-
führt, die aufregender und fremder nicht sein kann.

ISBN 3-404-70140-2

BASTEI
LÜBBE

Manfred Böckl
Die Botschaft
der Druiden
Weisheit aus der Anderswelt

Vor 2 500 Jahren vermochten die Druiden das »Tor in die Anderswelt« sowohl geistig als auch real zu öffnen. Ziel dieses Überschreitens der »Brücke von Avalon« war das Erkennen einer vierten Dimension, die mit den drei bekannten unsichtbar und dennoch greifbar verflochten ist. So schufen die weisen Frauen und Männer der Kelten eine Kosmologie, die Mensch, Natur und Weltall harmonisch in Einklang bringt.

Später versuchten die römischen Eroberer mit brutaler Gewalt, dieses »Große Wissen« auszumerzen, doch verborgen lebte die Botschaft der Druiden weiter – und kann nach ihrer Wiederentdeckung zum Ausweg aus dem gegenwärtigen Dilemma der Menschheit werden.

ISBN 3-404-70133-X

Indien gilt als *das* Land der Weisen und Heiligen. Magie, Glaube an die beseelte Natur, mystische Landschaften, tiefe Frömmigkeit, yogische Rituale und esoterisches Wissen – all diese Elemente vereinen sich zu Indiens spirituellem Bewußtsein.

Dieses Buch führt den Leser durch den Wirrwarr der Glaubensrichtungen und religiösen Traditionen auf dem Subkontinent. Es stellt führende religiöse Oberhäupter vor und verrät, wo sich heilige Orte und berühmte Ashrams befinden. Dieser Kultur- und Reiseführer erleichtert es jedem, den magischen Pfaden in Indien zu folgen.

ISBN 3-404-70131-3